KB263460

일본사의 변혁기를 본다

—사회인식과 사상—

일본사의 변혁기를 본다—사회인식과 사상

초판 1쇄 인쇄 2011. 8. 26.
초판 1쇄 발행 2011. 8. 31.

엮은이　　　김용덕
펴낸이　　　김경희
펴낸곳　　　㈜지식산업사
　　　　　　본사 • 경기도 파주시 교하읍 문발리 520-12
　　　　　　　　전화 (031)955-4226~7 팩스 (031)955-4228
　　　　　　서울사무소 • 서울시 종로구 통의동 35-18
　　　　　　　　전화 (02)734-1978　팩스 (02)720-7900
　　　　　　한글문패　　　지식산업사
　　　　　　영문문패　　　www.jisik.co.kr
　　　　　　전자우편　　　jsp@jisik.co.kr
　　　　　　등록번호　　　1-363
　　　　　　등록날짜　　　1969. 5. 8.

책값은 뒤표지에 있습니다.

ⓒ 김용덕, 2011
ISBN 978-89-423-9008-3 (93910)

이 책을 읽고 지은이에게 문의하고자 하는 이는
지식산업사 전자우편으로 연락 바랍니다.

일본사의 변혁기를 본다

―사회인식과 사상

김용덕 엮음

지식산업사

책머리에

　　변혁기는 옛 것을 바꿔 새로운 것을 만들어 내는 시기이다. 그러나 그 구분과 의미는 관점에 따라 다양하다. 일본의 변혁기는 더욱이 '만세일계萬世一系의 천황'이 지속되어 왔다는 점에서, 천황제의 존속과 완전히 분리되기 어려운 성격을 지니고 있다. 물론 정치사적으로는 고대 율령제국가의 성립, 가마쿠라 막부鎌倉幕府와 무가武家지배의 시작, 전국시대戰國時代의 끝막음과 새로운 통일정권의 형성, 근대 서양과의 접촉과 변화, 20세기 초 사회적 격변과 강국화强國化, 패전과 그 이후의 체제변화 등을 역사적 변혁기로 보는 데는 대체로 동의할 것이다.

　　변혁의 계기는 일본사의 특성상 외국과의 제도적, 사상적 연관성(전통시대의 중국 또는 한반도, 근대의 서양)을 떼어 놓고는 생각하기 어려울 것이다. 시대가 지나면서 내부적 성숙과 변화에 따라 변혁의 계기가 만들어지기도 하였다. 변혁기를 인식하는 데 또 하나 유의해야 할 것은, 천황의 위치 또는 천황에 대한 인식이 저변에 깔려있다는 점이다. 근대 이전 시기에 견주어, 근대 이후에는 '서양을 극복하기 위한 방법으로서 서양화西洋化'가 강조되었다. 이는 선진강대국 일본을 만들기 위한 이념으로 그 기능을 하면서, 국가주의화 방향과 결부되기도 하였다.

이 책에 실린 글들은 정치적 변혁기 당시에 일본인들이 어떤 구상을 했고, 그 시대를 어떻게 그려보며 이해하려 했는가 하는 것을 다룬 것이다. 말할 것도 없이 각자의 전공분야에 따라 연구주제는 일관되지 않고 포괄적이지도 않지만, 큰 틀에서 보면 변혁기의 '사회인식과 사상'을 다루고 있다. 각 글들은 그 시대를 이해하는 데 하나의 관점을 제공할 수도 있을 것이다.

일본역사에서 집권적 고대국가체제를 갖추게 된 것은 가장 의미 있는 최초의 변혁일 것이다. 〈고대 일본의 율령제律令制 도입과 국가권력의 시각화視覺化〉(이근우)는 7세기 중엽에서 8세기 초에 걸쳐 중국으로부터 율령제가 도입된 뒤, 그것이 고대 일본의 통치에 활용되는 과정을 밝히려 하였다. 통치의 정당성과 효율성을 높이려 할 때 권력을 가시화하는 것은 당연한 과제였으며, 여기에 율령제와 함께 도성제都城制와 역로제驛路制가 도입된 것이다. 이 과정은, 일본사회가 중국의 율령제에 어떻게 적응할 수 있는가를 시험해 보고, 동시에 일본사회에 대한 새로운 인식이 일어나는 계기가 되기도 하였다.

고대에서 중세로 넘어가는 계기는 무사단武士團의 수장이 정치적 지배권을 장악하게 되는 가마쿠라 막부의 등장으로 이해되고 있다. 〈가마쿠라기鎌倉期 사상의 전환〉(남기학)은, 막부 성립 후 시차時差를 두고, 13세기 초에 발생한 조큐承久의 난을 통해 천황 측의 공가公家

권력이 무사武士권력에 제압되고, 무가정권이 이후 세속적 통치권을 행사하게 되는 일본사의 특성을 밝히려 한 것이다. 무사정권은 조큐의 난 뒤 유교적 덕치사상을 표방함으로써 공가정권에 대한 자신의 적대 행위를 정당화하는 한편, 신기神祇신앙에도 막부의 존재를 부각시켜 일본적 토착성의 면에서도 그 위치를 인정받으려 하였다. 또한 막부는 조큐의 난을 계기로 '무위武威'에 입각한 지배를 주장하였고, 이후 그것을 사회적으로 널리 용인받을 수 있었다.

가마쿠라 막부 이후 도쿠가와 막부에 이르는 7백여 년 동안 장군 지배의 성격이나 방식이 불변한 것은 아니었다. 가장 큰 분기점은, 명실상부한 전국全國권력을 행사하게 되는 오다 노부나가織田信長에서 도요토미 히데요시豊臣秀吉에 이르는 전국통일의 과정이었다. 〈무로마치室町 후기의 정치사상〉(박수철)은 15세기 말부터 일본의 전국戰國시대를 거쳐 오다 노부나가로 이어지는 통일과정에서 천도天道와 공의公儀관념이 어떻게 형성되어 활용되었는가를 밝히고자 하였다. 무사정권이 자신의 권력을 공의로 규정함에 따라, 하극상下剋上의 전국시대에는 지방의 다이묘大名까지도 공의를 자처하였다. 그러나 오다 노부나가는 무로마치 막부를 극복하기 위해 새로운 관념이 필요하였다. 천도나 천天에 대한 관심이 높아지면서, 오다 노부나가가 이를 적극적으로 활용하였다.

일본의 역사에서 근대 이전과 근대 이후는, 서양 강국들의 힘을 인식하고 이에 대응하는 시점에서 나뉜다. 〈막말기幕末期 일본의 대외론〉(박훈)은, 개항 후 개국화친론開國和親論은 친막부親幕府이고, 쇄국양이론鎖國攘夷論은 반막부反幕府라는 단순 구분을 비판하고, 쇄국양이론에 대해서는 국내 체제개혁 문제와 결부하여 그 실상을 다시 파악하려 한다. 즉 '쇄국론'은 완벽한 쇄국을 의미하는 것이 아니라 '한정적

8

개국'을 포함한 것이고, 이는 외압을 일정 기간 피해보려는 피전책避
戰策이기도 하였다. '양이론'은 피전이 아니라 오히려 주전主戰이 해방
강화海防强化로 연결될 것이라는 '주전과 해방강화'노선을 제창하였다.
이 점에서 양이론은 수구守舊와는 다른 입장이다. 한편 도쿠가와德川
말기의 대외론은 불변의 신념이라기보다 정략적 요소를 갖고 있었다.
결국 대외론의 차이는 결정적인 대립을 가져오지 않고, 메이지 정부
에 의해 하나로 수렴될 수 있었다.

〈막말유신기幕末維新期의 조선관朝鮮觀〉(현명철)은 조선에 대한 두 가
지 입장, 곧 임진왜란 뒤 성립된 대등교린의 관계 속에서 조선을 외
국으로 보는 관념과, 조선을 견제의 대상이자 일본의 하위국으로 보
는 정한론征韓論적 경향이 개항 이후 어떻게 변화하여 가는가를 다루
었다. 강요된 개항으로 일본은 서양열강에 대하여 맞설 수는 없는 상
황에서 서양화, 근대화를 추진하였다. 그러나 주변국, 특히 조선에 대
해서는 우월의식을 가지고 견제하려 하는, 이중적이고 복합적인 입장
이었다. 과거 '조선정복'의 허구적 역사관이 여기에 이용되어, 이 시
기 조선침략의 명분을 갖추게 되었다.

〈문명개화기 메이로쿠샤明六社의 서양문화 인식〉(김용덕)은 메이지
초기 어떻게 하면 서양으로부터의 압력을 벗어나 자주독립을 확보할
수 있는지를 놓고 벌인 지식인들의 논의를 추적하였다. 문명개화와
부국강병을 바람직한 것으로 본 이들에게, 국제관계란 서양을 기준으
로 한 문명의 선·후진성을 반영하는 것으로 보였다. 그러나 궁극적으
로 서양을 이겨내 독자적인 강국을 만들어야 한다고 주장한 이들은
'문명'을 이를 위한 하나의 수단으로 보기도 하였다.

20세기에 들어서며 일본은 세계의 강국대열에 끼게 되었다. 그와
함께 당연히 사회의 다양한 요소들이 각각의 소리를 내기 시작하였

다. 선진적 주장과 함께 강국으로 가는 방향에 관한 논의들이 펼쳐진 것이다. 〈러일전쟁 이후 수양론修養論의 발전〉(원지연)은, 러일전쟁 이후 수양론이 급속히 유행한 배경에는 제국주의적 국제체제에 편입된 일본에서 청년층에게 새로운 구실을 맡기려는 정부당국의 기대와 함께, 고착되어 가는 사회계층 안에서 상승이 불투명해진 청년층의 불만이 사회로 폭발하지 않도록 내면화하는 기능이 있었음을 지적한다.

〈다이쇼기大正期 여성해방의 사상과 논쟁〉(이은경)은, 다이쇼 시기라는 20세기 초의 개방화시기에 벌어진 '모성보호논쟁'을 통해, 여성의 위치와 사회, 국가의 관계를 밝히려 하였다. 스웨덴 평론가의 글이 이러한 논쟁을 촉발한 계기가 된 한편, 수입된 사회주의 이론도 논쟁을 더욱 다채롭게 하였다. '양처현모' 교육에서 깨어나기 시작한 여성들이 제1차 세계대전을 전후하여 급격하게 변하는 정치·경제·사회적 시대상황을 반영하는 것이기도 하였다.

이 책은 서울대학교에서 일본사 공부를 시작하고, 그 뒤로도 오랫동안 편자와 함께 정기적으로 모임을 가져온 연구자들이 공통주제를 택하여 쓴 글들을 모은 것이다. 한국에서 일본역사를 본령으로 하는 연구자들의 모임이기 때문에 서로 진지한 토론과 정보교환으로 도움을 주고 자극을 받는 보람을 항상 느낄 수 있었다. 아마도 한국의 일본사 연구자들이 독창적인 연구를 어느 정도의 수준까지 해왔는지를 이 시점에서 보여주는 것이기도 할 것이다.

일본역사에 관한 전문연구서는 꽤 있으나, 관심 있는 사람들이 접근할 수 있는 연구서가 드문 현실을 감안하여, 이 책은 될 수 있는대로 읽기 쉽게 서술하려고 노력하였다. 그렇다고는 해도 학술서의 성격 때문에 한정된 독자층을 상대로 할 수밖에 없는 이러한 연구서의 출간을 맡아준 지식산업사의 김경희 사장님과 편집 실무를 담당한 분들께 깊은 감사를 드린다.

마지막으로, 서울대학교에서 편자로부터 첫 일본사 강의를 듣고 일본사에 뜻을 두어, 히토쓰바시 대학에서 학위를 받고 돌아와 정력적으로 활동하다가 갑자기 우리 곁을 떠난 고 김광옥 교수(부산대학교)의 영전에 이 책을 바치며, 우리 모두의 아쉬움을 표하려 한다.

2011년 8월

김 용 덕

차 례

책머리에 • 5

고대 일본의 율령제律令制 도입과 국가권력의 시각화視覺化 • 이근우

머리말 ·· 15

1. 도성都城의 출현 ··· 17

2. 역로驛路 ··· 33

3. 율령제와 일본사회의 특질 ··· 44

맺음말 ·· 53

가마쿠라기鎌倉期 사상의 전환 • 남기학

머리말 ·· 57

1. 유교적 덕치사상의 수용 ··· 60

2. 신기신앙神祇信仰의 변용 ··· 72

3. '무위武威'의 사회적 정착 ·· 85

맺음말 ·· 99

무로마치室町 후기의 정치사상 • 박수철

머리말 …………………………………………………………………… 103

1. 천도天道와 하극상下剋上의 시대 …………………………………… 108

2. 공의公儀와 중세 국가권력 ………………………………………… 120

맺음말 …………………………………………………………………… 133

막말기幕末期 일본의 대외론 • 박훈

머리말 …………………………………………………………………… 137

1. 쇄국수구론에서 소극적 개국론으로 ……………………………… 144

2. 양이개혁론: '주전主戰'주장을 통한 내정개혁 …………………… 149

3. 적극적 개국론: 부국강병과 해외팽창 …………………………… 156

맺음말—막말기 일본 대외론의 특징 ……………………………… 162

막말유신기幕末維新期의 조선관朝鮮觀 • 현명철

머리말 …………………………………………………………………… 167

1. 근세 일본 조선관의 두 축 ………………………………………… 169

2. 막부 말기 권력의 이동과 조선관의 변화 ……………………… 174

3. '정한征韓'이 중심이 된 메이지 시기 조선관 ………………… 183

4. 열강의 국제정치학에 영향을 받은 조선관 …………………… 190

맺음말 …………………………………………………………………… 197

문명개화기 메이로쿠샤明六社의 서양문화 인식 · 김용덕

머리말 ··· 201

1. 일본의 국제적 위치인식과 불평등조약의 극복 ····················· 207

2. 서양인의 국내여행과 시장개방 ·· 218

3. 근대적 정부형태의 모색 ·· 228

4. 대의기관代議機關의 수용 ··· 238

맺음말 ··· 247

러일전쟁 이후 수양론修養論의 발전 · 원지연

1. 러일전쟁 뒤의 일본사회와 수양론 ······································· 251

2. 성공의 모델—니토베 이나조新渡戶稻造 ································· 254

3. 청년의 형성 ··· 259

4. 《실업지일본實業之日本》과 사회교육 ······································· 262

5. 수양의 목적 ··· 267

맺음말 ··· 274

다이쇼기大正期 여성해방의 사상과 논쟁 · 이은경

머리말 ··· 279

1. 양처현모良妻賢母와 신여성의 등장 ·· 283

2. '모성보호논쟁'(1)—모성 실현과 경제적 독립 ····················· 292

3. '모성보호논쟁'(2)—사회주의·가정·생활 ························· 310

맺음말 ··· 320

찾아보기 • 326

필자소개 • 335

고대 일본의 율령제律令制 도입과
국가권력의 시각화視覺化

이 근 우

머리말

600년부터 수나라에 사신을 파견하기 시작한 왜倭는 마침내 수·당의 율령제를 받아들이기 시작하였다. 국가의 규모나 사회의 성격이 다른 일본열도 사회는 왜 중국적인 율령제를 받아들였을까? 이 의문에 답하기 위해서는 율령제 시행의 의미를 되짚어 볼 필요가 있다. 또한 율령제와 더불어 시행되었지만, 율령에 자세한 규정이 없는 도성제都城制·역로제驛路制·예제禮制의 의미도 함께 생각해 보지 않을 수 없다.

수·당대에 완성된 율령은 관품官品에 바탕을 둔 관직제官職制와 관인제官人制, 주현향리제州縣鄕里制와 호적戶籍·계장計帳에 의거한 인민지배人民支配, 조용조제租庸調制·부병제府兵制 등을 통한 조세와 노역의 수취를 특징으로 하는 법적 체계이다. 이러한 율령은 국가 통치의 이념을 보여주는 기본법이었다. 곧 유교적인 왕권사상에서 볼 때, 율령제는 천명을 받은 왕조의 기본이념을 명시함으로써, 위정자가 거처하는 도성이 세계질서의 중심이며, 또한 위정자가 정치를 행하는 공간이 하늘과 땅을 매개하는 도성이라는 사실을 피통치자에게 인식시키는 제도였다. 다시 말하면, 율령제는 형벌과 행정에 관한 법규를 바탕으로 천자天子, 즉 황제皇帝가 있는 장소를 중심으로 한 공간질서를 명문화함으로써, 천자를 정점으로 하는 계층질서를 시각화하는 제도의 하나이다.[1] 이와 같은 국가권력의 시각화라는 관점에서 율령제를 비롯한 도성제·역로제·예제 등을 일괄적으로 파악할 수 있다. 권력을 가시화함으로써 통치의 정당성과 지배의 효율성을 높이려는 의도에서, 다양한 제도들을 시행한 것이라고 볼 수 있다.

또한 일본 고대사회에 율령이 수용되는 과정은, 일본사회와 중국사회가 서로 어떻게 다른지를 자각하는 과정이자, 이질적인 사회에서 성립된 율령을 변용하여 자국에 적용하는 과정이었다고 볼 수 있다. 이와 같이 이질성의 확인을 통하여 고유성을 자각하게 되었고, 또한 이질적인 제도를 수용한 결과 사회의 변화가 시작되었다는 점에서 율령제가 시행된 시기는 일본 고대의 변혁기였다고 할 수 있다.

이 글에서는 우선 도성제와 역로제를 시행한 의미를 살펴보고, 나아가서 일본 율령과 당 율령의 차이점을 정리하고자 한다. 이러한 각종 제도의 시행으로 일본열도 사회의 경관은 크게 바뀌게 된다. 근대라는 시기를 상징하는 철로와 근대적인 건축물들이 종래와는 전혀 다른 경관을 만들어낸 것처럼, 도성과 역로 그리고 주춧돌 위에 기둥을 세우고 그 위에 기와를 덮은 궁궐, 관청, 역가驛家, 사원과 같은 새로운 건축물이 도처에서 종래의 경관과 선명한 대비를 이루며 자리 잡

---

1) 妹尾達彦, 〈都城と律令制〉, 《日唐律令比較研究の新段階》, 山川出版社, 2008, 99쪽.

게 되었다. 그런 의미에서 율령제를 지향한 7세기 중엽부터 8세기 초는 변혁의 시대라고 할 수 있다.

1. 도성都城의 출현

663년 백강구白江口전투에서, 신라와 당의 연합군에 패배한 왜는 급히 도성을 더 내륙인 비와호琵琶湖 주변으로 옮겼다. 이를 오미경近江京이라고 한다. 그리고 이곳에서 일본 최초의 율령으로 일컬어지는 오미령近江令이 반포되었다고 한다(668). 오미령이 법전의 형태로 반포되었는지는 의문이 있지만, 다이카개신大化改新 이후 축적된 단행單行 법령을 모아서 오미령이라는 이름으로 시행되었을 가능성이 있다. 그 뒤 임신壬申의 난이라는 내란으로 왕위에 오른 덴무天武 천황은 다시 도성을 아스카飛鳥의 기요미하라궁淨御原宮으로 옮겼으며 또한 아스카 기요미하라령飛鳥淨御原令을 반포하였다(689). 덴무가 죽은 뒤 그의 황후로 왕위에 오른 지토持統 천황은 본격적인 도성인 후지와라경藤原京을 조성하고 다이호율령大寶律令을 반포하였다(701). 710년에 헤이조경平城京으로 천도한 뒤 곧 법령의 개정이 추진되어 요로령養老令(757)이 반포된다. 이처럼 새로운 도성으로 천도하면서 연속적으로 오미령·기요미하라령·다이호령·요로령이 반포되었음을 알 수 있다. 앞에서 지적한 바와 같이, 새로운 도성이 확정되었다는 것은 궁을 중심으로 한 종래의 지배원리와는 다른 새로운 지배원리가 성립되었음을 보여주는 것이다. 궁宮으로부터 경京으로 변화한 것이야말로, 고대 율령제 국가가 성립되었음을 보여주는 것일 뿐만 아니라, 종래와는 전혀 다른 경관을 연출하는 데 이바지하였다.

18

(1) 궁

　종래 일본 고대에는 왕족들이 각각 자신들의 경제적인 기반으로서 토지와 인민들을 보유하고 있었는데, 이들의 집적체가 곧 궁이라고 할 수 있다. 예를 들어 구사카베 황자草壁皇子의 시마궁島宮, 다케치 황자高市皇子의 가구야마궁香來山宮, 구사카베 황자忍壁皇子의 이카즈치궁伊加土宮 등을 들 수 있다.[2] 이렇게 궁을 보유하고 있던 왕족이 왕위에 오르면 곧 그곳이 정사政事의 중심지가 되기도 하였다. 중국 도성제의 영향으로 궁도宮都[3]가 고정되기 이전에는 왕이 바뀔 때마다 그 왕이 거처하는 궁을 지배의 중심지로 삼았기 때문에, 덴무를 ‘아스카기요미하라궁에서 천하를 다스린 천황飛鳥淨御原宮治天下天皇’이라고 부르는 것과 같이 왕명도 궁을 중심으로 하는 인식이 자리 잡게 되었던 것이다.

　시마궁을 사례로 들어보면, 먼저 ‘도島’라는 지명은 ‘도대신島大臣’이라고 불렸던 소가노 우마코蘇我馬子의 저택에서 비롯된 것이다. 우마코馬子는 아스카천飛鳥川 가에 있던 자신의 집에 작은 못을 파고 그 안에 섬을 만들었기 때문에 당시 사람들이 신기하게 생각하여 그를 도대신이라고 하였다. 그의 저택이 소가 씨蘇我氏 멸망(644)과 더불어 왕실의 소유가 되었다. 그 뒤 천황의 생모 등 왕족 가운데에서도 유력자들이 이곳에 거처하게 되면서 도궁으로 불리게 된 것으로 보인

---

2) 슈制에서는 친왕의 거처는 ‘宮’이라고 하고 일반 황자의 거처는 ‘第·宅’ 등으로 구분하고 있어서, 그 이전에도 宮을 보유할 수 있는 왕족은 大王의 아들의 자격을 갖춘 자에 한정되었을 가능성이 있다.
3) 일본에서는 흔히 ‘都城’이라는 용어 대신 ‘宮都’라는 용어를 쓴다. 藤原京의 경우처럼 주위를 감싸는 城이 없어서 都城이라는 용어를 쓰기 어렵기 때문이다.

다. 조메이 천황舒明天皇의 어머니인 누카데히메 황녀糠手姬皇女와 고쿄쿠 천황皇極天皇의 어머니인 기비히메 왕吉備姬王이 모두 도황조명島皇祖命[4])이라고 불렸는데, 이는 그들이 도궁에 거처하였기 때문일 것이다. 덴무 천황도 이 궁에 깊은 관심을 가지고 있었으므로, 그 아들 구사카베 황자도 늦어도 황태자가 된 이후 지토持統 10년(696) 2월부터는 이곳을 보유하고 있던 것으로 생각된다. 도궁의 경우는 다른 궁과는 달리 헤이조平城 천도 이후 750년경까지 존속하고 있었다. 즉 도궁은 천황가의 전장田莊이기도 하며 황태자의 지위에 있는 황족이 보유하던 관행이 있었던 것으로 생각된다.[5]) 즉 궁 자체가 재산으로서 상속되는 대상이었음을 짐작할 수 있다.

그 가운데에서도 가장 많은 궁이 있었던 곳이 아스카飛鳥 지역이다. 스이코 천황推古天皇의 도유라궁豊浦宮·오하리다궁小墾田宮을 비롯하여 많은 궁들이 있었다. 조메이의 아스카노오카모토궁飛鳥岡本宮·다나카궁田中宮·우마사카궁厩坂宮·구다라궁百濟宮, 고쿄쿠皇極의 아스카노이타부키궁飛鳥板蓋宮, 사이메이齊明의 아스카노이타부키궁飛鳥板蓋宮·아스카노가하라궁飛鳥川原宮·노치노아스카노오카모토궁後飛鳥岡本宮·아사쿠라노다치바나노히로니와궁朝倉橘廣庭宮, 덴무의 시마궁島宮·아스카노오카모토궁飛鳥岡本宮·아스카노기요미하라궁飛鳥淨御原宮 등이다. 그 가운데 오카모토궁은 조메이·덴무로 전세傳世되고 있음을 알 수 있다. 아스카의 여러 궁 가운데 주목할 필요가 있는 곳은 스이코의 오하리다궁小墾田宮과 나니와궁難波宮이다.

---

4) 천황의 생모 등에 대한 존칭이다(스메미오야노미코토).
5) 岸俊男, 〈皇子たちの宮〉, 《古代宮都の探究》, 塙書房, 1984, 72~75쪽.

(2) 오하리다궁과 나니와궁

오하리다궁은 스이코 천황이 조영한 궁으로 전기 나니와궁과 더불어 궁에서 경으로 전환되는 과정에서 중요한 위치를 차지한다. 우선 오하리다궁(603~630) 단계에서 대왕이 기거하는 대전이 있는 내리內裏와 신하들이 의례와 정무를 집행하는 조정朝廷이 남북으로 대치하는 구조가 나타난다. 다만 이 시기에는 내리의 대전大殿이 대왕이 일상적으로 기거하는 사적 공간으로서의 침전寢殿과 조정에 대한 공적 공간인 정전正殿이 분화되지 않은 상태였다.6)

문헌적인 연구를 통해서도 오하리다궁은 남문(궁문)을 들어서면 조정이 있고 좌우에는 관인들이 사무를 보는 건물이 들어서있는 조당朝堂이 있으며, 그 북쪽에는 대문(혹은 閣門), 다시 그 안에는 대전이 있는 구조가 복원된 바 있다.7)

구조적인 변화뿐만 아니라, 이 오하리다궁에서는 후대의 율령제와 연결되는 여러 가지 의미 있는 조치들이 단행되었다. 대표적으로 들 수 있는 것이 관위冠位의 제정과 17조 헌법의 반포다.

603년 12월에 처음으로 관인의 등급을 관冠의 색깔과 재료 등으로 구분하는 관위제가 제정되었다.8) 이듬해에는 쇼토쿠 태자聖德太子가 제정한 것으로 알려져 있는 헌법 17조가 반포되었다.9) 이와 더불어

---

6) 今泉隆雄,〈律令制都城の成立と展開〉,《講座日本歷史》2, 東大出版會, 1984. 44~45쪽.
7) 岸俊男,《日本古代宮都の研究》, 岩波書店, 1988.
8)《日本書紀》推古 十一年 十二月 戊辰朔 壬申, 始行冠位 . 大德 ·小德·小仁· 大禮·小禮 ·大信幷·小信·大義·小義·大智·小智, 十二階. 竝以當色, 縫之. …… 十二年 春正月 戊戌朔, 始賜冠位於諸臣, 各有差.
9)《日本書紀》推古 十二年 夏四月丙寅朔戊辰, 皇太子親肇作憲法十七條. 一曰, 以和爲貴, 無忤爲宗. 人皆有党. 亦少達者. 是以, 或不順君父. 乍違于隣里. 然

궁을 출입하는 의례에도 변화가 생긴다. 곧 궁문을 들어올 때 무릎을 꿇고 두 손을 땅에 짚은 상태에서 문지방을 넘도록 한 것이다.[10] 또한 608년에 수나라 사신 배세청裴世淸을 조정에서 접견하는 등 외교적인 의례에도 변화가 생긴다.

이에 대해 전기 나니와궁(652~686)[11]은 다이카개신을 단행한 이후에 처음으로 조영된 궁성으로서 규모에서나 내적인 구조, 그리고 조영 재원의 조달방식 등에서 종래의 도성과는 현격한 차이를 보인다는 점에서 주목할 필요가 있다.[12] 전기 나니와궁에서는 모든 건물이 굴립주건물掘立柱建物[13]로, 오하리다궁과 마찬가지로 내리와 조정이 대치하는 구조이지만, 내리에서 정전 구역과 전전前殿 구역이 분리되고 있으며, 조정에는 동서로 마주보는 조당朝堂이 출현한다. 오하리다궁에서는 내리의 대전이 대왕의 사적인 공간과 공적인 공간으로 구분되지 않은 상태였으나, 전기 나니와궁에 와서 기능에 따라서 2개의 공간으로 분화된 것이다. 이 전전은 후에 조정과 조당의 정전이 되며, 기능적으로 대극전大極殿의 전신이라고 할 수 있다. 한편 8개 이상의 건물이 있는 조당은 조정朝政을 행할 때 관사官司 별로 착좌着座하는 관행에서 비롯된 것으로 후지와라궁 이후의 12조당과 기본적으로 같은 구조이다. 이러한 구조는 아스카노기요미하라궁飛鳥淨御原宮

　　上和下睦, 諸於論事, 則事理自通. 何事不成. ……
10) 《日本書紀》推古 十二年 秋九月, 改朝禮. 因以詔之曰, 凡出入宮門, 以兩手押地, 兩脚跪之, 越梱則立行.
11) 難波宮은 전기와 후기 2차례 조영되었고, 後期 難波宮은 726년에 조영하기 시작하였으며, 784년에 長岡京이 조영되면서 사용되지 않기에 이르렀다.
12) 吉川眞司, 〈難波長柄豊碕宮の歷史的位置〉, 《日本國家の史的特質》古代·中世, 思文閣出版, 1997.
13) 땅에 구덩이를 파고 기둥을 직접 묻고, 지붕은 노송나무 껍질로 덮은 일본의 전통적인 건축양식을 말한다.

(672~694)에도 큰 변함없이 이어졌던 것으로 보고 있다.14)

이상의 과정을 거쳐 드디어 후지와라경이 조영되기에 이른다. 그리고 다시 헤이조경으로 궁도를 옮기게 된다. 이 시기야말로 일본의 율령제 고대국가가 탄생한 때이기도 하다. 궁을 중심으로 대왕의 지배로부터 경을 중심으로 한 천황의 지배로 전환된 것이다. 이 과정에서 대부분의 궁은 소멸되었다. 경의 탄생이야말로 새로운 지배 질서의 등장을 알리는 것이자, 율령제 국가의 등장을 알리는 신호탄이었다.

(3) 후지와라경

후지와라경(694~710)15)은 일본 최초로 바둑판 형태의 조방제條坊制를 시행한 궁도였다. 후지와라경은 덴무 시기부터 기획된 것으로 보이지만, 지토 시기에 들어서 조영이 확정되었고, 694년에 천도하였다. 후지와라궁은 경역의 한 가운데 위치하였으며, 남북 12조條 동서 8조로 구획되었다. 궁역宮域 안에는 남쪽의 주작문朱雀門부터 조당16)·대극전·내리가 일직선으로 배열되어 있었다. 그러나 707년에 다시 천도 논의가 있었고, 710년에는 나라 분지의 북쪽인 헤이조경으로 천도하게 되면서, 후지와라경은 아주 짧은 기간 기능한 궁도가 되었다.

〈표1〉과 같이 정궁正宮을 중심으로 관련시설들이 모여 있는 궁의 단계에서 경의 성립에 이르는 중요한 획기는 676년경으로 여겨지고 있다. 이 무렵부터 '경'·'경사'와 같은 용어가 《일본서기》에 빈번하게

---

14) 今泉隆雄, 앞의 글, 45~50쪽.
15) 후지와라경은 학술적인 용어이고, 그 宮은 藤原宮이라고 하지만 주변의 京域은 新益京이라고 하였다.
16) 朝堂은 관인들이 조회하는 공간으로 공식적인 의례 때 천황이 出御하는 正殿인 大極殿의 남쪽에 위치하였다.

<표1> 후지와라경 관련 기사

연 대		관 련 기 사
676	덴무 5	이 해에 새로운 성[新城]에 도읍하고자 하였다.
682	덴무 11	신성에 관인을 보내어 그 지형을 살피게 하였다.
684	덴무 13	관인과 음양사陰陽師·공장工匠 등을 기내畿內에 보내 도읍할 만한 곳을 살펴보게 하였다. 천황이 경사京師를 순행하여 궁실을 지을 땅을 정하였다.
690	지토 4	다케치 황자高市皇子와 천황이 후지와라궁의 땅을 살펴보았다.
691	지토 5	사자를 신익경新益京에 보내 진제鎭祭를 지내도록 하였다.
692	지토 6	정월 천황이 신익경의 도로를 살펴보았다.
		5월, 관인을 보내 후지와라궁의 땅에 진제를 지내도록 하였다.
		6월, 천황이 후지와라궁의 땅을 살펴보았다.
693	지토 7	후지와라궁의 땅에 행차하였다.
694	지토 8	정월 후지와라궁에 행차하였다가 그날 환궁하였다.
		12월, 후지와라궁에 천거遷居하였다.

나타날 뿐만 아니라 '경직京職'·'경내京內' 및 '기내' 등의 표현도 676년에 덴무 천황의 신성으로 천도할 것을 계획한 사실과 연관되어 사용되기 시작한다. 682년에는 관인들을 신성에 파견하여 지형을 살펴보도록 하였으며, 덴무 천황 자신도 그곳에 행차하였다. 또 684년에는 직접 경사를 순행하여 궁실을 지을 곳을 정하였다고 하였다. 이처럼 덴무의 발안으로 추진된 신성, 즉 새로운 도성이야말로 후지와라

경이며, 후지와라경의 유적에서는 조방도로條坊道路17)의 흔적 등이 확인되어 본격적인 도성의 조영이 시작된 것으로 파악되고 있다.

　후지와라경은 역대천궁歷代遷宮의 관행을 초월하는 항구적인 도성을 추구하였으며, 궁의 중추부는 궁전으로서는 처음으로 초석와즙건물礎石瓦葺建物18)이 세워졌고, 여러 곳에 분산되어 있던 관사 및 궁실을 한 곳에 집중시켜 규칙적으로 배치하였다. 동시에 종래의 궁과는 달리 광대한 경역京域을 갖추고 종횡의 도로로 경역을 구획하였으며, 경역의 대부분은 기본적으로 관인층을 대상으로 택지로 나누어주었다. 이처럼 경역은 무엇보다도 씨족을 그들의 본관지로부터 분리시켜 율령관인律令官人으로 경내에 거주토록 하기 위한 영역이었으며, 관인들의 집주공간集住空間이었던 셈이다.19)

　후지와라궁에서는 내리의 공적 공간으로서 대안전大安殿 일곽과 조당의 정전인 대극전大極殿이 구분되면서, 신하의 출입을 원칙적으로 허용하지 않는 천황의 독점적 공간의 성격을 갖는 대극전이 비로소 성립된다. 대극전은 조당에 대하여 천황이 군림하는 독자적인 정전正殿이며, 대극전-조당의 성립은 천황과 신하의 국가적인 의식·정무·향연의 장이 성립되었음을 의미한다. 아울러 대극전과 조당에 종래의 전통적인 건물 대신에 기단·초석과 기와지붕을 갖춘 새로운 건축양식이 도입되었다. 후지와라궁의 조영은 기요미하라령의 편찬과 시행에 따른 율령국가의 성립과 대응되는 것이며, 특히 대극전의 성립은 천황이라는 칭호가 성립되면서 대왕제大王制로부터 천황제天皇制로 전화

---

17) 조방도로란 궁도 내부를 동서로 관통하는 條와 남북을 관통하는 坊이라는 도로를 말한다.
18) 주춧돌을 놓고 기둥을 세워, 그 위에 기와로 지붕을 덮은 건물을 말한다.
19) 小澤毅, 〈天武天皇の造都事業と藤原京〉, 《別冊歷史讀本》 王城と都市の最前線, 新人物往來社, 1999.

되는 과정과 대응되는 것이다.[20]

　이러한 후지와라궁의 변화와 맞물려서 경의 구조에도 근본적인 변화가 나타난 것으로 파악되고 있다. 즉 후지와라궁을 포괄하는 후지와라경의 단계에서 본격적인 경역京域이 출현하고 아울러 경역을 종횡으로 구획하는 조방제의 흔적을 후지와라경에서는 분명하게 확인할 수 있다고 한다. 이처럼 계획적으로 조성된 도성이라는 점에서 이전의 도성과 구별되는 후지와라경은 첫째, 조방제를 채용하고 계획적으로 궁지를 조성한 점, 둘째 대극전이 성립되었다는 점, 셋째, 중앙의 여러 관사가 궁에 집중되었다는 점에서, 율령제적인 도성 및 궁실이 일단 성립되었다고 할 수 있다. 흔히 다이호령을 일본 고대율령국가의 성립으로 보고 있지만, 그보다 앞서 종래의 궁과는 전혀 다른 경관을 창출한 후지와라경의 조영이야말로 시각적인 측면에서는 이미 고대율령국가의 출현을 알리는 사건이라고 할 수 있을 것이다.

(4) 헤이조경[21]

　헤이조경으로 천도한 이유는, 무엇보다도 먼저 후지와라경을 중심으로 한 지역이 기내호족畿內豪族의 근거지로서 새로운 율령제도를 시행하는 데 장애가 되었기 때문이다. 둘째로는 기존에 성립되어 있는 궁, 사찰 등의 시설이 착종되어 있는데다가, 지형적으로 경역 안에 산지가 있는 등 이상적인 도성을 완성하는 데 어려움이 있었기 때문이다.

---

20) 今泉隆雄, 앞의 글, 50~52쪽.
21) 이하의 내용은 李根雨의 〈日本의 都城制—平城京〉(《강좌한국고대사7—촌락과 도시》, 가락국사적개발연구원, 2002)를 중심으로 간략히 정리한 것이다.

이와 달리 헤이조경은 북쪽이 높고 남쪽이 낮은 지형이었으며, 지역 전체가 평탄하여 경역을 설정하는 데 무리가 없었다. 또 이 지역에는 비록 기내호족들이 자리하고 있었지만 중소호족에 지나지 않았기 때문에 정국을 운영하는 데 영향을 줄 정도는 아니었다. 뿐만 아니라 헤이조경은 기즈천木津川을 통해 야마시로山背 기즈木津 지역, 그리고 나니와難波 지역과도 연결되어 수운이 편리한 곳이기도 하였다.

그밖에도 율령제의 성립 및 정비과정에 주목하여 천도의 원인을 찾기도 한다. 우선 아스카기요미하라령의 원리에 입각해서 조영된 후지와라궁이, 뒤에 다이호령이 제정되면서 새로운 이념과 어긋나는 부분이 생겨서 천도하게 되었다는 견해22)가 있다. 또한 다이호령의 시행으로 도성에 대한 원리적인 전환이 발생하여 후지와라경의 정비가 이루어졌으나, 종래의 요소를 안고 있는 후지와라경은 다이호령 아래의 도성으로서는 응집화가 충분하지 못하였기 때문에 천도로 그러한 과제를 해결하였다고 보는 견해23) 등 율령의 시행과정과 결부시켜 이해하려는 주장도 있다.

한편 중국과의 관계에서 그 원인을 찾기도 하는데, 702년에 출발하여 704년과 707년에 귀국한 견당사遣唐使가 장안長安 대명궁大明宮이라는 중국 황제의 압도적인 권력 장치를 견문하고 돌아와, 이에 대항하는 시설을 조영하게 된 것으로 보기도 한다.24)

---

22) 北村優季, 〈藤原京と平城京〉, 《東北文化論のための先史學歷史學論集》, 1992.
23) 仁藤敦史, 〈倭京から藤原京へ―律令國家と都城制〉, 《國立歷史民俗博物館研究報告》45, 1992(仁藤敦史, 《古代王權と都城》, 吉川弘文館, 1998에 다시 실음). 특히 仁藤는 태상천황 천황 황후 皇太子宮이 해체되지 않은 채 家産과 家政機關으로서 內裏 안에 온존하고 있었던 점과 京戶의 集住 및 官人化가 불충분하였던 점을 미해결의 과제로 지적하였다.
24) 阿部義平, 〈古代宮都中樞部の變遷について〉, 《國立歷史民俗博物館研究報告》3, 1984; 淺野充, 〈古代天皇制國家の成立と宮都の門〉, 《日本史研究》338.

이렇게 새로운 도읍으로 정해진 헤이조경은, 일본의 도성제 전개과정에서 한 정점을 보여준다. 내리, 대극전, 조당원, 조집원朝集院 등을 갖춘 궁과 조방제에 따라 구획되고 종횡으로 뻗은 대로를 갖춘 경京이 헤이조경에 이르러 완성된 형태로 나타난다. 한편 헤이조경과 같은 중국적인 도성의 대극에는 굴립주건물로 이루어진 왕 혹은 대왕의 거처인 궁25)이 있다. 원래 대왕의 거소는 대왕의 일상적인 공간으로 거기에는 다른 유력호족들의 거관居館과 마찬가지로 대왕 및 그 일가의 활동을 지탱하는 가정기관家政機關이 부속되어 있는 형태였지만, 6세기 중엽 이후 사무적인 처리를 중심으로 하는 집정공간執政空間으로서 조당이 궁의 일부로 자리 잡게 된다.

이 조당이 중앙집권체제를 추구하는 과정에서 점차 정비되면서, 아울러 대왕의 공적인 성격을 드러내기 위한 의식적인 공간으로서 대극전에 상당하는 공간이 건설된다. 7세기 후반에 율령의 편수작업과 병행하여, 종래 각 유력호족의 거관 등에 분산되어 있던 국정에 관한 기능이 점차 각종 관아시설로 궁이나 조당 주변에 집중되면서, 결과적으로 육관六官 혹은 팔성八省의 관사로 자리 잡게 된다. 비로소 대왕의 사적인 공간과 공적인 공간이 통합된 새로운 차원의 궁이 성립되는데, 이 단계에 해당하는 것이 아스카노기요미하라궁이다. 그리고 헤이조경 단계에 이르러 이러한 궁이 조방제에 따라 정연히 구획된 경역을 갖춘 경으로 거듭나게 된다.26) 곧 호족연합정권의 수장인 대왕의 거처로부터 율령제 국가의 천황이 군림하는 경으로 이행하는 과정이 곧 헤이조경이 성립되는 과정이다.

---

25) 미야宮는 존귀함을 뜻하는 '미'와 집을 뜻하는 '야'로 이루어진 말이다.
26) 小林泰文, 〈宮と京の成立〉, 《別冊歷史讀本—王城と都市の最前線》, 1999.

(5) 내리·대극전·조당

율령국가의 중추부라고 할 수 있는 내리·대극전·조당을 중심으로 살펴보면, 대극전과 조당은 조정朝政, 조참朝參, 고삭告朔, 선조宣詔, 상표上表, 서위敍位, 임관任官 등의 정무, 즉위의卽位儀, 조하朝賀, 불교행사 등의 의식, 절연節宴(1월 1일, 7일, 16일, 17일 등)을 비롯하여 외국사절에 대한 향연 등을 치르는 장소였다. 이러한 정무나 의식이 행해질 때, 대극전은 천황이 출어出御하는 공간이었다. 한편 조당과 조정은 신하들의 공간으로서, 조당은 신하들이 착좌하여 정무와 향연에 임할 때 사용하고, 조정은 신하들이 열립列立하여 여러 가지 의식에 참여하는 데 사용하였다.

좀 더 구체적으로 살펴보면, 조정과 조당으로 구성된 이른바 조당원朝堂院(엄밀하게는 太政官院)에 대해서, 이를 의례의 공간으로 보는 견해와 정무의 공간으로 보는 견해가 있다. 8세기에 들어서도 조당원을 조정의 공간으로 보는 기시 도시오岸俊男의 견해가 통설로 되어 있으며,27) 이마카와 다카오今川隆雄가 이를 더 심화시킨 논의를 전개하고 있다.28) 이에 대하여 조당에서는 구두결재, 조사에서는 문서 기록을 통한 실무처리가 행해져, 두 개의 공간이 기능을 분담하고 있었던 것으로 보는 견해가 제기되었다. 요시카와 신지吉川眞司는 조당을 본질적으로 '5위 이상 관인들의 시후공간侍候空間'으로 파악하고, 조당은

---

27) 岸俊男, 〈朝堂の初步的考察〉, 《橿原考古學硏究所論集 創立三五周年記念》, 吉川弘文館, 1975(岸俊男, 《日本古代宮都の硏究》, 岩波書店, 1988에 다시 실음)

28) 今泉隆雄, 〈平城宮大極殿朝堂考〉, 《日本古代史硏究》, 吉川弘文館, 1980.(今泉隆雄, 《古代宮都の硏究》, 吉川弘文館, 1993에 다시 실음) 및 今泉隆雄, 〈再び平城宮の大極殿朝堂について〉, 《律令國家の構造》, 吉川弘文館, 1989. (今泉隆雄, 《古代宮都の硏究》, 吉川弘文館, 1993에 다시 실음)

다이카전대大化前代의 대신大臣 대부大夫들이 대왕궁의 합문閤門 밖에서 시후하여 국정을 보던 장소에서 비롯되었으며, 조사曹司는 대왕궁의 가정기구家政機構 및 각 궁이나 저택의 가정기구에서 말미암은 것으로 이해하였다.29)

이러한 대극전과 조당에 대한 이해를 바탕으로, 헤이조궁의 대극전과 조당을 살펴보면, 우선 대극전을 중심으로 한 구획이 동서로 두 개 존재한다는 점이 문제가 된다.30) 시기적으로 차이가 있기는 하지만, 두 개의 대극전 가운데 동쪽의 대극전 구획에는 천황의 일상의 거처인 내리를 비롯하여 대극전·조당·조집전朝集殿31)이 남북으로 배치되어 있으며, 대극전은 내리에 부속된 형태를 취하고 있다. 이에 대하여 서쪽의 대극전 구획(중앙구 대극전이라고도 한다)에는 내리와 조집전이 없으며, 대극전 및 대극전의 전정前庭과 조당이 확인된다.

또 동구의 조당에는 12개의 건물이 배치되어 있고, 중앙구 조당에는 4개의 건물이 있어서 그 기능의 차이가 있었음을 짐작케 한다. 이러한 양 조당의 구조적인 차이는 헤이안궁平安宮의 팔성원八省院과 풍락원豊樂院의 차이와 대응된다. 대극전 구획도 차이가 있어서, 중앙구의 대극전 앞에는 전체 구획의 2/3에 해당하는 넓은 전정이 마련되

---

29) 吉川眞司, 〈宮廷儀式と大極殿·朝堂院〉, 《古代都城の儀禮空間と構造》, 奈良文化財研究所, 1996.

30) 종래에는 동서의 대극전이 시간적인 차이를 두고 따로 조영된 것으로 파악하는 경향이 있었으나, 현재에는 서로 다른 목적으로 동시에 2구획이 조영되었다고 보는 것이 일반적이다. 전자의 견해를 대표하는 것으로는 阿部義平, 〈古代宮都中樞部の變遷について〉, 《國立歷史民俗博物館研究報告》3, 1984 및 奈良國立文化財研究所, 《平城宮發掘調査報告》Ⅱ·Ⅺ, 1962·1982 등이 있다. 한편 연구사는 岩永省三, 〈平城宮〉, 《古代都城の儀禮空間と構造》, 奈良文化財研究所, 1996에 자세하다.

31) 조집전이란 아침에 조정의 관인들이 집무를 시작하기 전에 모여서 대기하는 공간이다.

어 있고, 대극전 건물도 **2m** 높이의 기단 위에 세워져 있다. 건물 자체도 초석와즙건물礎石瓦葺建物로, 동구 대극전 및 조당이 굴립주회즙건물堀立株檜葺建物[32)인 점과 대비된다. 이는 천황과 상급 관인 집단의 역학관계를 반영하는 것으로 생각된다.[33)

(6) 조방제와 도로

내리, 대극전, 조당이 헤이조궁의 핵심 부분이라고 한다면, 조방제와 이에 바탕을 둔 도로는 경역 전체를 규율하는 원리였다고 할 수 있다. 조방제는 단순히 도성 내부의 가로를 정비하는 차원이 아니라, 국가와 인민, 지배자와 피지배자가 어떻게 서열화하는가를 시각적이며 형식적으로 명확히 보여주는 수단이었다. 곧 조방제는 인적 물적 자원의 이동수단인 도로와, 지배의 거점인 궁성 및 지배계급과 이를 지탱하는 중하급관료군의 거주지를 일정한 계획성 아래 배치한 고대적인 도시 설계방식이었다.[34)

일반인들이 궁성 내부에 접근할 수 없었던 점을 생각한다면, 조방제를 통해서 표출된 공간이야말로 도성의 일반주민들이 율령국가의 체계를 체험할 수 있는 장이었다. 자신들의 거주지가 조방제에 따라서 구획되었을 뿐만 아니라, 거주지의 위치 자체가 율령국가 내부에 차지하는 서열을 반영하고 있기 때문이다. 경 안의 호戶들은 집 앞의 도로를 청소할 의무도 지고 있었다.[35)

---

32) 주13 설명 참조
33) 李根雨 , 〈日本의 都城制—平城京〉, 《강좌한국고대사7—촌락과 도시》, 가락국사적개발연구원, 2002, 344~351쪽.
34) 山中章, 《日本古代都城の硏究》, 柏書房, 1997, 45쪽.
35) 《延喜式》左右京職京路掃除條. 凡京路皆令當家每月掃除.

북쪽으로부터 1조一條, 2조, 3조 순으로 구획된 속에서 5조 북쪽지역에 관사 관련 건물이나 5위 이상의 상급관인의 택지가 주로 배치되었으며,36) 그 남쪽에 중하급 관인들이 거주하였다. 또 동서로 1방一坊에서 4방까지의 배치에서도 궁성 가까운 곳에 고위귀족들의 저택이 밀집해 있었으며, 대로에 면해 문을 낼 수 있는 등의 특권을 가져,37) 조방제 안에서 계층차가 명백하게 드러나고 있다. 아울러 귀족들은 관위에 상응하는 넓은 택지를 분급받을 수 있었고, 하급관인이나 일반 경호京戶들은 상대적으로 좁은 택지를 차지하였다.38)

(7) 사원

사원 또한 도성을 구성하는 중요한 시설로서 기능하였다. 경내의 사찰은 도성 조성 계획의 일환으로 건설된 것이라고 생각할 수 있다. 헤이조경 내부에 있었던 것으로 확인되는 사찰로는 서대사西大寺·서륭사西隆寺·법화사法華寺·흥복사興福寺·원흥사元興寺·기사紀寺·대안사大安寺·당초제사唐招提寺·약사사藥師寺·관세음사觀世音寺 등이 있으며, 동대사東大寺가 경역의 동쪽 외곽에 자리하고 있었다.39)

---

36) 田中琢, 《平城京》, 岩波書店, 1984, 132쪽.
37) 《續日本紀》, 左右京職言, "三位以上宅門, 建於大路, 先已聽許. 未審身薨. 宅門若爲處分", 勅, 亡者宅門不在建例.; 《延喜式》 凡大路建門屋者, 三位以上及參議聽之. 雖身薨卒, 子孫居住之間, 亦聽. 自餘除非門屋, 不在制限. 其城坊垣不聽開.
38) 택지의 계층차이는 이미 持統朝부터 확인되고 있다. 《日本書紀》 持統六年(691) 十二月 乙巳條. 右大臣宅地四町, 直廣貳以上二町, 大參以下一町, 勤以下至無位, 隨其戶口, 其上戶一町, 中戶半町, 下戶四分之一.; 《續日本紀》 天平六年(734) 九月 辛未條. 班給難波京宅地. 三位以上一町以下, 五位以上半町以下, 六位以下四分之一町以下.
39) 西川幸治, 〈都城の京觀〉, 《都城》, 社會思想社, 1976.

헤이조경 안의 사찰 가운데 각사角寺, 식규사殖槻寺, 관세음사觀世音寺 등은 천도 이전부터 나라 지역에 있던 사찰이었다.[40] 다른 사찰들은 도성의 구획인 조방제 토지구획에 따라 건설되었다. 한편 후지와라경과 아스카 지역에 있던 사원을 대거 헤이조경으로 이전하기도 하였다. 이러한 점은 나가오카경長岡京·헤이안경平安京 천도와 현저하게 다른 특색이다. 후지와라경에 있던 사원으로는 대관대사大官大寺, 약사사藥師寺, 법흥사法興寺, 천원사川原寺 등이 있었는데, 그 가운데서 716년에 대안사와 약사사, 718년에 원흥사가 각각 옮겨 세워지기 시작한 것으로 보인다.[41] 이러한 관립대사官立大寺에 이어 후지와라 씨藤原氏의 씨사氏寺인 산계사山階寺가 흥복사로 옮겨 세워져 720년에 완성되면서, 헤이조경의 4대 사찰로 자리 잡게 된다. 그 밖에도 기씨紀氏를 단월檀越로 하는 기사紀寺, 가즈라키 씨葛城氏의 갈목사葛木寺 등도 옮겨 세워지는 등, 천도 뒤 약 10년이 지난 720년 무렵에는 '도하사십팔사都下四十八寺'라고 하여 48개의 사찰이 도성 안에 있었음을 알 수 있다. 그 뒤에도 헤이조경에는 계속 사찰이 건립되었는데, 그 대표적인 것으로 법화사, 동대사, 당초제사, 서대사, 서륭사 등의 관사 및 관원사菅原寺 하야사下野寺, 아축사阿閦寺, 좌백원佐伯院 등의 씨사를 들 수 있다.[42]

이들 사원은 기단에 초석을 갖추고 기와를 덮은 건축물로서 그 특이한 외관이나 규모, 높이, 색채 등에서 당시 도성 내의 일반적인 건물을 위압하는 것이었다. 이처럼 사원건축은 불교교리의 구현이라는 관념적인 측면을 떠나서, 건물 그 자체가 지배자 및 율령정부의 권력

---

40) 直木孝次郎, 《奈良》, 吉川弘文館, 1985, 37~41쪽.
41) 中井眞孝, 〈宗敎と學問〉, 《奈良》, 吉川弘文館, 1996.
42) 直木孝次郎, 앞의 책, 166~175쪽.

과 권위를 상징하는 것이었다고 할 수 있다.

그 가운데서도 동대사는 율령정부가 지향하는 중앙집권적 국가의 이데올로기의 상징물로서 기능하였다. 전국에 건립된 국분사國分寺를 총괄하는 동대사에는 당시 최대 규모의 건조물로서 752년에 완성된 대불전大佛殿이 있고 그 안에는 노사나불상盧舍那佛像이 있었는데, 이 또한 율령정부의 권위와 경제력을 과시하는 수단이기도 하였다.

이처럼 새로운 천황이 바뀔 때마다 혹은 수시로 궁을 옮기던 단계로부터 궁도가 건설되고 정치의 중심지가 고정되면서, 일본의 고대국가는 면모를 일신하게 된다. 궁도 안에 상하급 관인을 비롯하여 일반 백성까지 집단 거주하게 되면서, 수많은 사람들이 모여 사는 도시가 출현하였다. 궁도 중앙에는 폭 약 100m, 길이 수 km에 달하는 주작대로朱雀大路가 남북으로 뻗어있고, 이 대로를 중심으로 동서남북으로 달리는 도로들이 바둑판처럼 궁도를 구획하였다. 곳곳에 금당과 불탑을 갖춘 사원들이 자리하였고, 동서 두 곳의 시장에서는 물품을 교역하려는 사람들도 붐비게 되었다. 그러한 변화는 가시적이었고, 율령국가가 의도한 바는 바로 정치 중심지의 가시화, 권력의 가시화였다고 해도 지나친 말이 아닐 것이다.

2. 역로43)

도성이 지배의 중심지를 가시적으로 보여주는 공간이었다고 한다면, 일본열도 사회 전체에 고대 율령국가의 등장을 가시적으로 보여주는 장치는 바로 역로였다고 할 수 있다. 역로는 기내畿內와 칠도七

---

43) 이하의 내용은 이근우의 〈일본고대의 계획도로에 대하여〉(제24회 한국고대사학회 합동토론회, 《동아시아 고대의 길》, 2011)를 요약·발췌한 것이다.

34

道를 중심으로 총 길이 6,400km에 이르는 직선도로로 조성되었다. 곳에 따라서는 수십 km에 이르는 구간에서 직선으로 뻗은 역로는 도성을 직접 볼 수 없는 지방의 백성들에게는 율령국가의 권력을 각인시키는 강력한 수단이었다고 할 수 있다. 역로의 규모는 중앙의 지방에 대한 명령을 신속하게 전달하고 변방에서나 지방에서 일어난 중요한 사건을 중앙에서 보고하는 실용적인 목적을 벗어난 것이다. 9~12m에 달하는 도로 폭을 갖춘 역로는 물론이고 16km 간격으로 설치된 400여 개에 달하는 역가驛家는 새로운 시대의 도래를 알리는 신호였다고 할 수 있다. 이제 기내 지역의 계획도로와 역로에 대하여 살펴보고자 한다.

(1) 기내의 계획도로

일본에서도 오랫동안 고대의 도로는 기껏해야 근세의 도로 정도의 폭을 가지고 있는 자연발생적인 도로에 가까운 것으로 생각해 왔다.[44] 에도시대江戸時代의 가도街道는 5가도라도 겨우 2칸(약 3.6m)에 불과했고, 사람이 걸어 다니는 것을 원칙으로 하였고 자연 지형을 따라 굴곡과 높낮이의 차이가 심한 상태였다.[45] 그래서 1960년대까지만 해도 고대 교통로 연구는 역가의 위치비정에 치우쳐 있었다.[46] 이는 도로에 대한 일반적인 선입견과 더불어 고고학적인 발굴의 한계에 따

---

44) "고대에는 도성과 그 주변을 제외한 7도제국의 도로는 보행과 마행을 전제로 만들어졌으며, 그 도로의 폭은 2m 정도로 충분하였다."(田名網宏, 《古代の交通》, 吉川弘文館. 1969, 56쪽.
45) 木下良, 〈古代の道路はなぜ直線道路なのか〉, 《新視點日本の歷史3》, 新人物往來社, 1993. 250~257쪽.
46) 上田正昭 編, 《探訪古代の道》1卷, 法藏館, 1988, 25쪽.

르는 측면도 적지 않았다. 고분이나 건물과 같이 다량의 부장품이나 일정한 구획 속에 많은 유구遺構를 중심으로 한 발굴이 주로 이루어졌기 때문이다. 이에 대해서 도로는 넓은 면적을 발굴해야 그 존재를 확인할 수 있고, 또한 유물도 그렇게 많이 발굴되지 않았기 때문이다.

그러나 1970년대에 먼저 나라 분지 안의 직선도로에 주목하게 되었다. 나라 분지 안의 상도上ツ道·중도中ツ道·하도下ツ道·횡대로橫大路와 같은 직선적인 계획도로가 있다는 사실을 지적한 것은 기시 도시오였다.[47] 이후 기내 지역을 중심으로 직선도로에 대한 관심이 커지면서 다양한 연구가 이루어졌다.[48] 특히 사료가 풍부하게 남아있는 하도의 중요성이 크게 두드러졌다.[49]

하도는 폭이 약 23m에 달하며 나라 분지의 중앙을 거의 25km에 걸쳐 관통하는 직선도로였다. 〈그림1〉에서 볼 수 있는 바와 같이, 후지와라경의 서쪽 경계일 뿐만 아니라, 헤이조경이 조영될 때 도성의 중앙, 곧 주작대로가 하도를 거의 그대로 확장하는 형태로 이용하다고 있다는 사실도 밝혀졌다.[50] 또한 나라 분지의 조리제條里制[51]의

47） 岸俊男, 〈大和の古道〉, 《日本古文化論攷》, 吉川弘文館, 1970; 〈古道の歷史〉, 《古代の日本》5, 角川書店, 1970; 〈都城と律令國〉, 《岩波講座日本歷史2》, 岩波書店, 1975.

48） 和田萃, 〈橫大路とその周邊〉, 《古代文化》26-6, 古代學協會, 1974; 藤岡謙二郎 編, 《古代日本の交通路》(전4권), 1978~1979.

49） 上田正昭 編, 《探訪古代の道》1卷·2卷, 法藏館, 1988.

50） 위의 책, 80쪽.

51） 條里制는 일본에서 8세기 중엽부터 중세 후기까지 사용된 토지구획제도를 말한다. 대체로 동서 방향과 남북 방향으로 직교하는 평행선으로 109m(1町)의 정방형을 이루게 하였다. 109m 사방의 면적은 1町步이며 이를 중앙에서는 坊, 지방에서는 坪이라고 하였고, 다시 6坪 사방(36坪)을 1里라고 하였다. 1里 속의 縱列을 條, 橫列을 里라고 한 데서 條理制라는 명칭이 생겼다. 종래에는 조리제가 반전수수법과 관련이 있는 것으로 생각하였으나, 실제로 조리제는 8세기 중엽의 墾田永年私財法의 시행과 연관되어 있는 것으로 보고 있다.

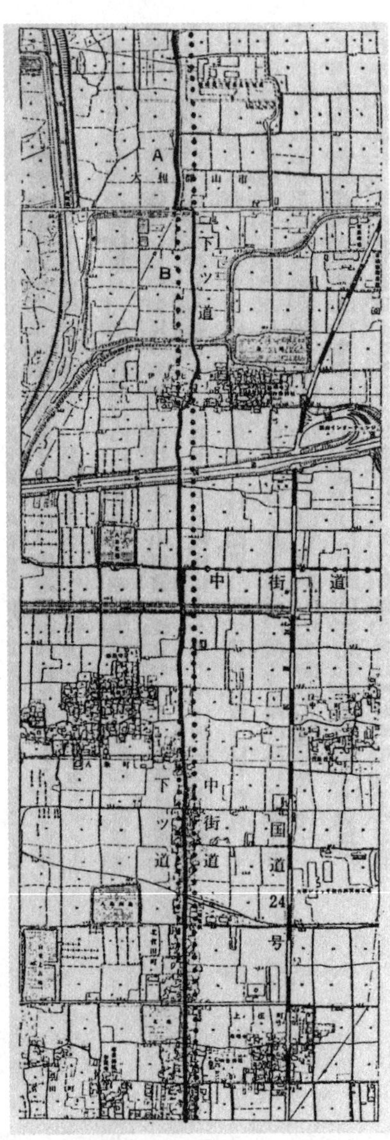

〈그림1〉 하도下ッ道의 흔적
(上田正昭 編, 《探訪古代の道》1巻, 34쪽에서)

기준선이기도 하였다(그림1). 또한 나라시대에는 북쪽으로 뻗어나가서 산양도山陽道 및 서해도西海道, 남쪽으로는 기로紀路로 이어져 남해도南海道로 연결되기도 했다(그림2). 즉 서일본의 주요도로가 모두 하도에서 출발한 셈이다.52)

한편 기내의 계획도로에 대한 이해와 역가에 대한 조사가 진척되면서, 전국적으로 역로의 흔적이 발굴·조사되기에 이르렀고, 고대의 도로에 대한 인식은 크게 바뀌게 되었다. 즉 기내만이 아니라 전국적으로 넓은 도로 폭을 가진 직선도로가 존재한다는 사실이 확인되기에 이른 것이다.

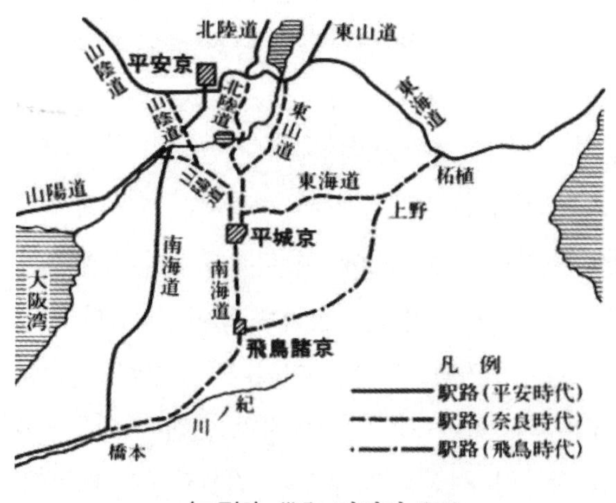

〈그림2〉 畿內 지역의 驛路

(2) 역로의 발견

역로의 존재가 확인된 것은 1990년대의 일이다. 기노시타 료木下良

---

52) 上田正昭 編.《探訪古代の道》1卷, 法藏館, 1988, 36쪽.

는 항공사진을 통하여 효고현兵庫縣에서 일직선으로 연결되는 도로 흔적을 확인하였다. 거의 같은 시기에 요시모토 아키히로吉本昌弘 또한 효고현의 충적평야 지역에서 두 역가를 연결하는 직선도로의 흔적을 발견하였다. 그리고 이 도로 주변에서 한 변 109m(1町)를 단위로 하는 조리제의 흔적도 확인됨으로써, 역로가 조리제의 기준선이 되었다는 사실도 알게 되었다.

이처럼 역로는 역가와 역가를 직선으로 연결하는 계획도로이며 도로폭도 일정한 규격을 갖추고 있음을 알게 되었다. 또한 구릉의 말단부나 대지부에서는 땅을 깎아내었고, 골짜기처럼 낮은 지형은 제방을 쌓아 도로를 개설하였다. 또한 도로면에는 작은 돌을 깔아 노면을 포장한 예도 확인되었다. 또한 단단하게 다진 층이 여러 층 발견되는가 하면, 인마의 왕래도 생긴 경화면, 통나무를 깔아 통행의 편리를 꾀한 흔적 등이 발견되기도 하였다.53)

역로의 폭은 9~12m이고 장소에 따라서는 20m에 달하는 경우도 있다. 도로의 좌우에는 2~4m에 이르는 도랑이 있어서 도로의 배수 및 주변지역과 역로를 구별하는 목적으로 이용되었다.

이처럼 역로는 중앙과 지방 사이의 정보전달을 목적으로 설정된 계획 도로였다. 역로는 도성 및 각 지방 거점 사이를 최단거리로 연결하고자 가능한 한 직선을 이루도록 건설되었기 때문에, 기존의 자연 경관을 크게 바꾸었을 뿐만 아니라, 구분전 지급을 위한 조리제의 기준선으로도 기능하였다.

또한 역로에는 30리(현재의 약 16km) 간격으로 역(역가)을 두었다.54) 역가에는 역마驛馬를 비치하였는데, 대로에는 20필, 중로에는

---

53) 高橋美久二, 〈古代の交通路〉, 《古代史の論点3—都市と工業と流通》, 小學館, 291~314쪽.

10필, 소로에는 5필을 두도록 하였다. 역로를 이용하는 사자使者는 역령驛鈴을 필요로 하였으며, 역령에는 사용할 수 있는 말의 수剋가 표시되어 있었다.

이처럼 율령제의 성립과 더불어 7도를 중심으로 한 역로가 8세기 초에는 완성된 것으로 보인다. 도성 주변에서는 24~42m에 달하는 도로 폭을 가진 직선도로가 출현하였으며, 지방에서도 6~12m의 폭을 가진 도로들이 등장하였다. 그러나 8세기 말부터 9세기 초에 걸친 행정개혁을 통해서 점차 쇠퇴하기 시작하여, 10세기 말에서 11세기 초에는 그 모습을 감추기에 이르렀다.

역로제와 더불어 지방에는 지방 거점 간을 연결하는 전로傳路와 전마傳馬라는 제도로 존재하였다. 도로폭은 6m이며 각 군郡마다 5필의 전마를 갖추도록 되어 있었다.

(3) 역가

역가는 지방장관이 운영 책임을 맡고 있었으며, 역가의 실무는 역장이 담당하였다. 역장에는 역호驛戶 가운데서 부유하고 재간 있는 자가 종신직으로 임명되었다. 만약 죽거나 늙고 병들거나 집안이 가난하여 소임을 감당할 수 없는 경우에만 교체하도록 하였다. 또한 말이나 마구 등에 없거나 부족한 것이 있으면 전임자에게 징수하도록 하였다.55) 역장은 역가의 관리, 역 재정의 수지, 역사의 역마·역자 제

---

54) 《令義解》〈廐牧令〉 凡諸道須置驛者, 每卅里置一驛若. 地勢阻險及無水草処, 隨便安置, 不限里数. 其乘具及蓑笠等, 各準所置馬數備之.

55) 《令義解》〈廐牧令〉 凡驛, 各置長一人. 取驛戶內家口富幹事者爲之. 一置以後, 悉令長仕. 若有死老病及家貧不堪任者,立替. 其替代之日, 馬及鞍具缺闕, 並徵前人. ……

공 등 일체의 역무를 담당하는 대신 과역(조·용·잡요)이 면제되었
다.56) 역가의 시설로서는 역장의 사무 공간, 역자의 대기소, 역사 일
행의 휴식 숙박시설, 취사장 등이 있었고, 옥외에는 역마의 마구간,
인마용 식수를 제공하기 위한 우물, 역을 운영하기 위한 재원인 역기
도驛起稻 및 술, 소금 등을 보관하기 위한 창고, 그리고 역문驛門 등이
있었다.

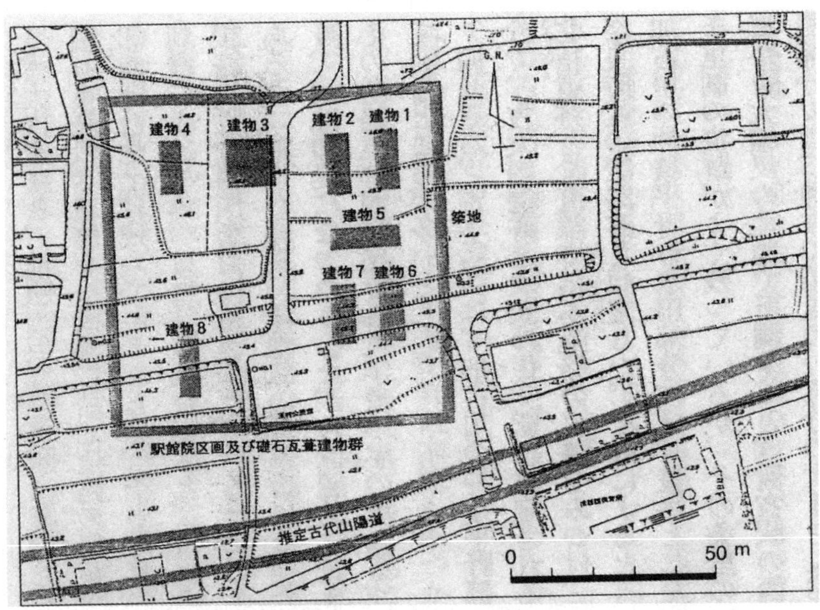

〈그림3〉 播磨國 布勢驛家 중심부 복원도(高橋久美二, 〈古代の交通路〉에서)

---

56) 《令義解》〈賦役令〉 凡舍人·史生·伴部·使部·兵衛·衛士·仕丁·防人·帳內·資
人·事力·驛長·烽長·及內外初位長上·勳位八等以上·雜戶·陵戶·品部·徒人在
役., 竝免課役. 其主政·主帳·大毅以下, 兵士以上, 牧長帳·驛子·烽子·牧子·國
學博士·医師·諸學生·侍丁·里長·貢人得第未叙, 勳位九等以下, 初位及殘, 竝,
免徭役. 其坊長·價長, 免雜徭.

(4) 역로의 조성 배경과 소멸

역로가 최소한 9m, 최대 20m라고 하는 넓은 폭을 가진 도로였고, 산을 깎고 계곡을 메우면서까지 직선적으로 개설된 도로였다는 사실이 고고학적인 조사를 통해서 밝혀졌다. 그러나 이러한 역로의 실태에 대해서 의문을 가지지 않을 수 없다. 명령과 정보의 전달을 위한 도로라고 하기에는 너무나 폭이 넓기 때문이다.

그래서 역로가 외국에서 오는 사신들에게 일본 고대국가의 힘을 과시하기 위한 것으로 보기도 한다.[57] 당, 신라의 사신이 왕래하는 산양도山陽道가 특히 대로로 정해져, 다른 역로보다 도로 폭이 넓을 뿐만 아니라, 역가마다 20필의 말을 비치하고 또 기와를 덮은 역가가 일정한 간격으로 배치되어 있었다. 이는 헤이조경의 나성이 남쪽 면에만 축성되어 있었던 것과 궤를 같이 한다. 그러나 모든 역로를 외국의 사신들이 이용한 것은 아니다.

그래서 역로는 지방에 대하여 중앙의 경제력이나 기술력을 과시하려는 의도도 있었던 것으로 생각할 수 있다. 종래의 자연발생적인 도로와는 전혀 다른 규모를 가진 역로를 전국적으로 건설하여 중앙이 보유하고 있는 경제력과 기술력을 보여줌으로써, 중앙의 지방에 대한 통제력을 강화하고 한편으로는 지방이 중앙에 순종할 수 있도록 하려는 정치적인 의도도 배제할 수 없을 것이다.

또한 군사적인 목적도 생각할 수 있다. 진秦의 직도直道가 군사적인 목적으로 건설된 것처럼, 일본의 고대도로가 직선으로 기획된 것도 군사적인 목적에 비롯된 것으로 추측해 볼 수 있다. 역전제驛傳制가

---

57)《日本後紀》大同 元年 五月 丁丑. …… 但長門國驛者, 近臨海邊, 爲人所見. 宜特加勞, 勿減前制. 其新造者, 待定樣造之.

병부성兵部省 소관이었던 점에서도,58) 변경 지역에 병력을 신속하게 파견하기 위해서 역로가 정비되었을 가능성이 확인된다.

역로가 소멸된 것은 율령제에 기초한 국가지배 질서가 이완된 결과라고 할 수 있다. 나라시대 말기부터 헤이안시대 초기에 걸쳐서 행정개혁이 활발히 이루어졌는데, 역전제의 경우에도 역가와 역마, 전마를 삭감하는 조치를 취했다. 그 결과로 전로가 역로에 통합되기도 하고, 현지 실정과 동떨어진 역로는 사용되지 않았으며, 전로가 역로의 기능을 대신하는 경우도 생겼다. 이 과정에서 역로가 없어지거나 남은 역로도 6m 폭으로 좁아지는 경우가 많았다. 이를 나라시대까지의 전기 역로에 대비되는 개념으로 후기 역로라고 부르기도 한다. 10세기 후기부터 11세기 초기에는 역전제도 역로도 자취를 감추게 된다. 10세기 전기에 편찬된 《연희식延喜式》은 역로와 전로가 기능하던 거의 마지막 단계를 모습을 보여주는 것이라고 할 수 있다. 한편으로 역로와 전로의 통폐합이 진행되던 시기 이후에 편찬된 것이기 때문에, 8세기 초에 역전제가 본격적으로 정비된 시기의 실상과는 상당히 동떨어진 것일 가능성이 크다.

고대 중앙집권국가의 도로망 정비는 세계적으로 공통된 현상이라고 할 수 있다. '모든 길은 로마로 통한다'라는 말처럼, 기원전 3세기 무렵 이탈리아 반도를 통일한 로마는 광대한 영역에 방사상의 직선도로를 개설하였다. 같은 무렵 중국을 통일한 진의 시황제도 국내 순찰 목적의 폭 50步(약 70m)의 치도馳道, 흉노의 침입에 대비하려는 군사적인 목적의 직도直道를 정비하였다. 《사기史記》에서는 산을 깎고 계곡을 메워 직도를 건설하였다고 하였는데, 그 유구가 역시 일부 확인

---

58) 《令義解》, 〈職員令〉 兵馬司. 正一人. 掌牧及兵馬·郵驛·公私馬牛.

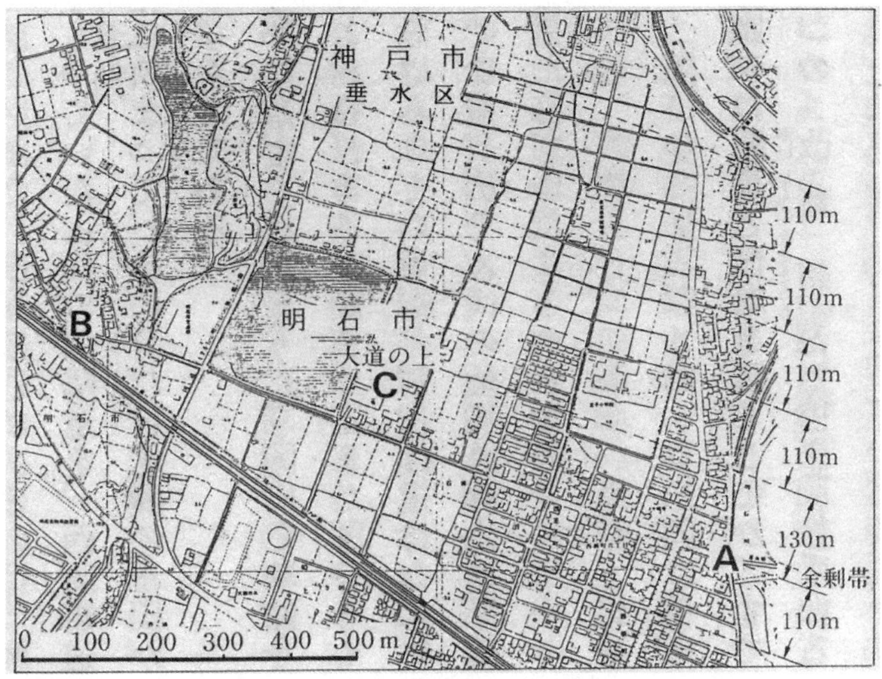

〈그림4〉 明石市 明石川 西岸에 나타나는 條理制 잉여구역
(木下良, 《古代のはなぜ直線道路なのか》에서)

되었다. 이처럼 중앙집권적인 체제를 갖춘 고대국가는 중앙과 지방을 긴밀히 연결하고 유사시에는 신속하게 병력을 이동시키고자 직선적인 도로망을 정비하였다.

일본 고대국가의 경우도 수·당의 율령을 이어받으면서, 법제의 채용에 그치지 않고 전국적인 통제력을 발휘하고자 직선적인 도로망도 함께 받아들인 것으로 보인다. 역로는 자연경관을 바꾸어 놓으면서, 고대의 일본열도에 이질적인 공간을 연출하였다. 역로의 조성 과정 자체는 아직 밝혀지지 않은 채 의문으로 남아있지만, 역로는 여러 곳에 그 흔적을 남겼다. 행정구역의 경계가 되기도 하고, 후대의 도로로 이용되기도 하였으며, 경작지의 일부로 편입되기도 하였다. 물길과 관계없이 일직선의 제방으로 남아있기도 하고, 거주지가 되기도 하였다. 그리고 역로는 일본 고대 율령제의 도입과 더불어 성립되었으며, 율령제가 이완되는 11세기에 들어서 그 기능을 상실하게 된다.

3. 율령제와 일본사회의 특질

일본의 율령은 외형적으로는 수·당의 율령과 거의 유사하지만, 그 내실에서는 적지 않은 차이를 보인다. 대표적인 차이를 들자면, 황제와 천황의 존재양태, 군주와 상급 관인─일본의 경우는 중앙호족─의 관계, 상급 관인의 지위와 특권, 가족제도, 인민의 존재양태와 생업 등을 들 수 있다. 일본 율령이 수당의 율령과 어떤 차이를 드러내는지를 정리해 봄으로써, 일본사회의 특질을 드러내 보고자 한다.59)

(1) 천황天皇과 태정관太政官 · 동궁東宮

일본의 율령 관제 가운데 그 핵심에 있는 것이 바로 태정관이라고 할 수 있다. 태정관제에 대해서는 고유법과 중국적인 제도가 결합된 것이라고 보는 견해가 일찍부터 제기되어 있다. 먼저 덴무 시대에 천황 직속으로 천황의 명령 출납을 담당하는 납언納言을 중심으로 태정관이 설치되었으며, 한편으로 대변관大辨官 아래 행정실무를 담당하는 육관이 편성되었다. 지토대에 완성된 기요미하라령에서는 태정관과 대변관이 통합되면서 율령제 아래의 태정관이 성립된 것으로 보인다.

---

59) 이하의 내용은 大津透의 〈律令法と固有法的秩序─日唐の比較を中心に〉 (《新體系日本史2─法社會史》, 山川出版社, 2001)를 정리한 것이다.

원래 덴무 시대의 태정관에는 국사를 논의하는 의정기구의 성격은 없었으나, 지토 시대 이후 다이호령에서는 고유법의 씨족제적인 원리가 반영되기에 이른다. 원래 야마토 지역을 중심으로 한 야마토 정권 안에는 오오미大臣 오무라지大連을 중심으로 각 우지氏의 대표인 대부가 합의하는 대부회의가 있었다. 이를 계승한 태정관은 당의 상서성尙書省보다 조직이 크고 군주의 대권에도 개입할 수 있었던 점에서 권력의 핵심구조가 중국과 달랐음을 알 수 있다.

　팔성의 경우도 고유법 시대의 대왕의 사적인 가신 및 가산조직과 관련된 궁내성宮內省과 같은 성을 비롯하여, 주계료主計寮, 주세료主稅寮 두 부서만 거느린 민부성民部省처럼, 국가재정의 성립과 더불어 새롭게 만들어진 성이 있다. 이와 같이 일본의 율령법은, 고유법과 새로운 율령법이 공존하는 형태로 성립되었다는 점에 주목할 만하다.

　한편 당의 동궁이 황제의 신료기구를 축소한 형태의 복잡한 조직인 데 대하여, 일본의 경우는 극히 간단한 조직으로 황태자의 교육 및 가정家政 수행 기능만 담당하고 있어서, 당과 같이 황태자가 국정에 참여한다는 원리가 채용되지 않았다. 또한 황태자가 춘궁방春宮坊에 속해있는 관인에 대한 근무평정권을 갖지 못하였고, 친왕親王이나 중궁中宮과 같은 경제적인 기반도 없었다. 이는 황태자에게 정치적인 기반을 부여하지 않기 위한 조치라고 생각할 수 있으며, 그만큼 황태자제 자체의 실질이 일본사회에서 성숙되어 있지 않은 현실을 반영한 것이라고 할 수 있다.

(2) 관위제

　일본 관위제의 특징을 보여주는 것으로 위기位記가 있다. 위기는 당의 공식령公式令 고신식告身式에 연원을 두고 있는 것이기는 하지만, 고신과 위기는 큰 차이가 있다. 위기가 처음 사용된 것은 지토 3년 6월에 기요미하라령淨御原令이 반포된 시기로 생각된다.[60] 고신은 어떤 관직에 임명한다는 임명장의 의미를 가지는 데 대하여, 위기는 어떤 관위를 보유하게 되었음을 증명하는 문서이다. 즉 전자는 관직에 대한 것이고, 후자는 관위에 대한 것이다.

이러한 차이는 영의 규정 자체에도 반영되고 있다. 당에서는 '관품령官品令'이라는 편목이 있지만, 일본에서는 '관위령官位令'이 있다. 외형적으로 보면 관품은 관직官職[官]의 품계이고, 관위는 관인의 위계라고 할 수 있고 큰 차이가 없다고 할 수 있다. 그러나 실제로는 이 두 편명의 차이가 두 사회의 차이를 극명하게 보여주고 있다고 할 수 있다. 당의 관품령에는 관품이 속하는 각 관직을 나열하고 있다. 그 속에는 산관散官·훈관勳官도 포함하고 있으나 직사관職事官을 위주로 하고 있으며, 그 용어에도 알 수 있듯이 관직의 품계를 나타내는 것이다. 이에 대해서 관위령은 위계별로 그에 상당하는 관을 나열하고 있는데, 결정적인 차이는 산관이 포함되어 있지 않다는 것이다. 이는 일본의 관위가 처음부터 당의 산관과 같은 성격을 가지고 있기 때문이라고 할 수 있다.

예를 들어 당나라에서는 대장군大將軍 이세적李世勣이라고는 쓰지만, 정삼품正三品 이세적이라고는 쓰지 않는다. 대장군이 정삼품이기는 하지만 그것은 관의 등급이지 관인의 등급은 아니기 때문이다. 그러나 일본에서는 사정이 다르다. "정삼위正三位 이소노가미노아손마로石上朝臣麻呂를 대재수大宰帥로 삼았다"고 한 것처럼, 정삼위라는 관위를 관

---

60) 黛弘道, 《律令國家成立史の研究》, 吉川弘文館, 1982, 369쪽.

인의 이름에 직접 붙여서 사용하고 있다. 당의 경우와 반대로 정삼위란 관인의 등급이며 대재부의 장관인 대재수라는 관직은 정삼위의 관인이 임명될 수 있는 자리일 뿐이다. 즉 관직이 우선이 아니라 관인이 우선인 것이다.

나아가서 일본의 경우는 관위만을 가지고 있어도 실직과는 상관없이 위록位祿과 위봉位封이 지급되는 관인 중심의 체계를 가지고 있었다. 이는 일본 고대 사회의 관인이 수·당의 관인과 본질적으로 차이가 있었음을 보여주는 것이다. 관인의 이러한 지위는 조祖·부父의 관위에 따라서 자손에게 관위를 부여하는 음위제蔭位制, 대학과 국학의 입학 자격, 고과평정 및 서위제敍位制의 운용 등에서 확인할 수 있다.

또한 일본에서는 5위 이상을 귀족으로 간주하였고, 신분 · 경제적으로 많은 특권을 가지고 있어서, 6위 이하의 관인과는 큰 차이가 있다. 우지라고 불리는 도성과 기내에 본거지를 둔 전통적인 씨족, 즉 야마토 정권大和政權을 구성하였던 기내 호족이 5위 이상에 오를 수 있는 것으로 여겨졌다. 또한 5위 이상은 천황을 가까이에서 모시는 대부로서 일체감을 가지고 있었고 모든 관인과 여러 관사를 대표하는 존재이기도 했다. 동시에 태정관의 의정에도 참여할 자격을 가지고 있었다. 이 집단 내부에서는 관위의 질서가 중요하였다.

이에 대해서 6위 이하는 관직의 질서가 우선하고 있었으며, 고과령·선서령 등이 엄격히 적용되는 대상 역시 6위 이하의 관인이었다. 이들이 5위로 진입하는 경우는 극히 예외적인 경우로 간주되었으며, 부득이한 경우는 외종5위하外從五位下라는 관위를 부여하여 우회하는 경로를 취하도록 하였다. 그러나 관위는 기본적으로 개인에게 부여되는 것이기 때문에 가격家格으로 결정되던 고유법 시대와는 다른 원리가 작동되기 시작하였다고 볼 수 있다. 즉 어떤 우지를 대부의 반열에 올리는 일은 힘들지만, 한 개인을 대부에 임명하는 것은 훨씬 용이하였다. 그래서 개인적인 공로 등을 바탕으로 원래 대부에 속하지 않은 신분의 관인들이 5위 이상으로 진입하는 경우도 적지 않게 발생했다. 대부분의 경우 5위 이상으로 승진할 수 있는 가문과 그렇지 않은 가문은 그 씨성이라고 하는 외형적인 표지로 확인할 수 있도록 되어 있었다. 그래서 대부로 새롭게 승진하는 개인은 씨성, 특히 성을 새롭게 부여받게 되는 것이 일반적이었다.

(3) 문서행정과 구두전달

율령 관인제의 특징 가운데 하나는 문서행정이다. 천황의 명령인 조칙 이하 각종 공문서의 서식을 비롯하여 관인사회 내부의 질서, 복무규정, 소송수속 등 관인제를 운영하는 데 필요한 규정을 담고 있는 것은 공식령公式令이다. 그러나 관제의 구조, 문서행정의 침투 정도, 행정 처리의 수속 등에서 당과 일본은 상당한 차이를 보여준다. 즉 문서행정이라는 명문 규정에도 아랑곳 하지 않고 그 뒤에는 명령의 구두전달이라는 관행적인 방식이 온존하고 있었다. 관인이 일정한 관위에 서위되는 경우에는 앞에서도 언급한 위기가 작성되지만, 임관 때는 당나라와 같은 고신을 만들지 않고 대신 임관 대상자들을 세워 놓고 직접 구두로 이름을 불러서 그 관직에 임명되었음을 전달하였다. 천황의 명령인 조서詔書도 선명宣命이라는 형식으로 백관들을 모아 놓고 구두로 전달하는 것을 전제로 작성되었다. 관사 내에서 사무 결제를 하는 경우에서도 당나라에서는 판관, 통판관, 장관이 차례로 자필로 문서에 판위을 기입하는 방식이었으나, 일본에서는 실무자인 주전主典이 문서를 읽으면, 이를 듣고 부서의 책임자인 판관判官 이상

복수의 관인이 또한 구두로 결재하는 방식이 유지되었다. 그런 점에서 일본의 문서행정은 중앙의 기내가 지방을 통치하는 경우에만 중요한 의미를 지녔다고 할 수 있다. 즉 물리적으로 구두로 명령하거나 보고할 수 없는 경우에 문서의 수수가 주로 이루어진 것이다.61)

(4) 선서령選敍令 · 고과령考課令 · 학령學令

당나라의 선거령選擧令이라는 편명은 일본에서는 선서령이라고 하였다. 당령은 관리의 임관 및 인사에 대한 선選과 관리등용을 위한 거擧로 나누어져 있었지만, 일본에서는 위계를 부여하는 서위敍位가 중심이었기 때문에 당령의 임관에 관한 규정이 서위와 대폭 관련된 규정으로 바뀌었다. 그래서 《영의해令義解》에서 선서령의 선은 관직 임명, 서는 관위 수여로 이해하고 있다.

고과령에는 관인들은 내장상內長上·내분번內分番·외장상外長上·외분번外分番의 4종류로 나누고, 이들에 대한 근무 평정 방법, 고문考文의 처리, 고과考課의 최종결정, 국학國學과 대학大學에서 공진貢進된 공거자貢擧者에 대한 관리등용시험 부과 등이 규정되어 있다. 그러나 엄격하고 객관적으로 보이는 근무평정 방법도 하급 관인들에게만 적용되고, 상급관인의 승진 등은 천황의 판단에 맡겨졌다. 또한 대학은 5위 이상의 자손 및 동서사부東西史部의 자제, 8위 이상의 자제로서 간절히 원하는 자, 국학은 군사郡司의 자제로 한정되었으며, 당나라와는 달리 일반 서민은 입학 자격이 없었다. 또한 5위 이상은 음위蔭位로

---

61) 이에 대해서는 구두 전달 자체가 중국의 관행이었다고 보는 견해가 있다.
東野治之, 〈大寶令成立前後の公文書制度〉, 《律令制社會の成立と展開》, 吉川弘文館, 1989, 115~130쪽.

출신出身하기 때문에, 학문적인 능력으로 출신하는 것은 하급실무관인에 국한되었다. 음위제 자체도 상급관인이 신분을 세습할 수 있는 기제로 작동하였다.

〈표2〉 요로령養老令의 음위 규정

관인의 위계	적자嫡子	중자衆子	적손嫡孫	중손衆孫
정·종1위	종5위하	정6위상	정6위상	정6위하
정·종2위	정6위하	종6위상	종6위상	종6위하
정·종3위	종6위상	종6위하	종6위하	정7위상
정4위상·하	정7위하	종7위상		
종4위상·하	종7위상	종7위하		
종5위상·하	정8위하	종8위상		
종5위상·하	종8위상	종8위하		

〈표3〉 과시급제科試及第에 따른 관위 수여

	상상제 上上第	상중제 上中第	갑제 甲第	을제 乙第
수재시 秀才試	정8위상	정8위하		
명경시 明經試	정8위하	종8위상		
진사시 進士試			종8위하	대초위상
명법시 明法試			대초위상	대초위하

(5) 군사郡司와 인민편제

군은 대군大郡(16~20리), 상군上郡(12~15리), 중군中郡(8~11리), 하군下郡(4~7리), 소군小郡(2~3리)으로 크기에 따라 등급을 매겼다. 당나라에서는 현만이 아니라 주까지도 호수戶數에 따른 등급을 정하고 있었으나, 일본령에서는 국國[62])에 대하여 호수에 따른 등급은 규정되어 있지 않았다. 이는 국이 수취 단위로서의 성격을 갖지 않았음을 말해준다. 그런 점에서 군을 장악하고 있는 군사郡司의 구실이 중요했다.

아울러 국까지는 중앙에서 관인을 파견하지만, 군사는 현지의 호족 및 유력자들을 중앙에서 임명하였고, 기본적으로는 종신직이었다. 군사에 임명된 사람들은 먼저 국國에 선고選考한 다음에 중앙의 식부성式部省으로 보내지면, 다시 식부에서 시련試鍊이라고 하는 과정을 거쳐 천황에게 군사 후보자들을 보고하는 복잡한 절차를 거치도록 하였다. 이러한 절차와 관련하여 군사는 기내의 천황에 대하여 기외畿外의 해당지역 지배자로 간주하고 천황과 군사가 직접 만나서 그 지배복속 관계를 설정하는 외교의 역으로 파악하기도 한다.

군을 기내와는 다르게 천황에 복속하는 외부라고 관념하였기 때문에, 군사들은 비록 관위를 가지고 있지만, 국사國司 등 중앙의 관위, 곧 내위內位를 가진 사람에 대해서는 그 고하를 막론하고 하마례下馬禮를 행해야 하는 등 차별을 받았다. 그런 점에서 율령제는 중앙집권적인 법제에도 아랑곳하지 않고 실제로는 기내와 기외, 국과 군 사이에 단절이 존재하는 이중적인 지배체제였다.

---

62) 郡의 상위 행정단위를 國이라고 하였고, 일본 전체에 50여 개의 국이 있었다. 행정단위를 국이라고 한 것은 일본이 스스로 천자의 나라라고 주장하려면 그 내부에 제후국이 필요하였기 때문이다.

수·당의 호령과 달리 일본에서는 사농공상의 사민四民 규정을 받아들이지 않았다. 또한 양천제良賤制라는 원칙은 있었지만 일본의 천인은 중국과는 천인의 실질이 전혀 다른 것이었다. 또한 장인匠人, 악인樂人 등의 특수 기능을 가진 사람들을 관인으로 편입한 것도 특징적이다. 특히 수공업자들을 의술이나 음양술 등 방기方伎 관인들과 같이 조직한 것은 고유법 시대의 도래인들이 보유하고 있었던 각종 기술을 존중한 전통이 반영된 것이라고 볼 수 있을 것이다. 또한 각 관사에 소속된 품부品部·잡호雜戶 제도 역시 부민제部民制의 원리를 율령제 속으로 편입한 것이라고 할 수 있다.

또한 당령에서는 관인의 출신 모체로서 호를 파악하였지만, 일본에서는 경작지를 분배하는 반전班田과 과세의 단위를 호로 편성하였다. 촌락의 편성에서도 중국에서는 자연구분인 촌村－인隣과 인위적 구분인 향鄕－이里－보保라는 2중구조로 되어 있으나, 일본에서는 자연적인 구분은 촌을 설정하지 않았으며, 이－보라는 인위적인 행정구획만을 만들었다. 또 한 호마다 한 명의 병사를 낼 수 있도록 균등하게 편성하고 있어서, 호령이 과세 및 징병을 위한 정치적인 목적이 강하였다는 사실도 지적되고 있다. 50호로 구성된 1리의 경우에도 당나라와는 달리, 1리의 과정課丁의 수가 균등하도록 하여, 세역의 수취를 효율적으로 수행하도록 한 것으로 보인다. 균등한 복수의 이로 구성된 군은 정량적으로 그 재정을 파악할 수 있으며, 그런 의미에서 군은 군사가 정해진 세물稅物을 납부하는 단위였다고 할 수 있다. 당에서는 조체 납부의 책임이 이정里正에게 있었으나, 일본에서는 이장里長이 아니라 군사郡司가 그 구실을 맡고 있었다.

맺음말

율령법이 중국에서 고도로 발달된 법체계를 거의 그대로 수용한 것이라면, 일본의 고유법은 율령법 수용 이전에 일본열도사회에서 통용되던 법체계라고 할 수 있다. 고유법 단계와 율령법 단계의 주요 요소들을 나열해 보면 아래와 같다.

〈표4〉 고유법과 율령법 내용 비교

항목	고유법 단계	율령법 단계	비고
군주	대왕	천황	
중앙호족	신臣·연連·반조伴造	공경대부公卿大夫	
지방호족	국조國造	군사郡司	
관인의 경제기반	부민部民·전장田庄	직봉職封·위봉位封·위록位祿	
의정기구	대부 합의제	태정관	
법제	관행법	성문법전 편찬	율·령·격·식
행정	구두전달	문서행정	문자·인장·목간·종이
지배원리	부민제·둔창제屯倉制	공지공민제公地公民制	반전제

이처럼 율령은 중국의 법제를 새롭게 받아들이면서 이전 시기의 사회제체가 변혁되는 계기를 마련하였다. 율령제의 민중지배는 관행법을 그 내부에 흡수하고 있는 국조법 그 자체에 근원을 두고 있으

며, 율령제는 그 토대 위에 서 있었다. 즉 율령국가는 중국적인 율령제와 야마토 정권에서 유래하는 씨족제의 이중구조로 파악할 수 있다. 그러나 일본 고대의 고유법에 대한 자료는 거의 존재하지 않으며, 또한 율령법 자체도 중국의 율령을 그대로 받아들인 것이 아니라, 일본사회의 특질을 반영하여 특정 내용을 수정한 경우도 적지 않은 점을 감안한다면, 일본 고대의 율령 속에서 오히려 고유법의 영향을 확인할 수 있을 것이다.

일본의 고대국가는 중국적인 율령제·도성제·역로제 등을 받아들이고자 노력하였다. 그러한 제도들은 일정 기간 동안 실질적으로 기능하였지만, 시간의 흐름과 더불어 본래 의도를 상실하였다. 각종 제도를 만든 이유는 여러 가지로 생각할 수 있겠지만, 일본이라는 고대국가의 권위를 과시하려는 측면을 무시할 수 없었을 것이다. 《일본서기》가 일본이라는 국가의 시간적인 범위와 역사를, 《풍토기風土記》가 공간적인 범위를, 《신찬성씨록新撰姓氏錄》이 그 주요 구성원들을, 율령제가 국가의 제도를 보여주는 것이라고 한다면, 도성·국아國衙[63]·국분사[64]·역로·역가 등은 국가를 가시적으로 보여주는 장치였다고도 할 수 있을 것이다. 덧붙여 율령은 각종 장치들을 효율적으로 운용하기 위한 소프트웨어였다.

권력의 시각화라는 점에서 보면, 일본 고대의 변혁기는 크게 두 차례 있었다. 첫 번째는 3세기 중엽 경을 중심으로 출현한 전방후원분前方後圓墳으로 상징되는 호족연합정권의 성립 시기이다. 각 지역의 호

---

63) 국을 다스리기 위한 정청을 말한다. 중앙에서 파견된 국사들이 주재하는 공간이었다.
64) 국마다 설치된 승사와 니사를 말한다. 이 또한 중앙의 권력을 지방에 과시하는 수단의 하나였다.

족들이 전방후원분을 정점으로 하는 묘제를 공통적으로 받아들이면서, 일본열도에는 그 길이가 몇 백 미터에 달하는 전방후원분이 출현하게 된다.[65] 거대한 인공 구조물이 등장한 것이다. 두 번째 변혁기는 도성·역로 등으로 대표되는 율령국가의 성립시기이다. 도성은 국가권력의 중심지를 보여주는 장치였다면, 역로는 전국을 하나로 통합하고 있는 권력을 지방에 과시하기 위한 장치였다고 할 수 있을 것이다. 예제禮制와 의례儀禮 역시 권력을 가시화하는 방법이라고 할 수 있다. 이 글에서는 예제나 사상까지는 다루지 못했지만, 변혁기의 사상까지는 다루지 못했지만, 변혁기의 모습을 그려내고자 노력하였다.

■ 참고문헌

《일본서기》, 전용식 옮김, 일지사, 2002.
《속일본기》, 이근우 옮김, 지만지, 2009.

구태훈 외, 《일본전통사회의 이해》, 방송대출판부, 2007.
다테노 카즈미 외, 《일본 고대에 있어서의 천도》, 서경문화사, 2004.
박석순, 《일본고대국가의 왕권과 외교》, 경인문화사, 2002.
아미노 요시히코 지음, 남기학 옮김, 《일본사회의 역사 上》, 소화, 1999.
아사오 나오히로 외 지음, 연민수 옮김, 《새로 쓴 일본사》, 창작과 비평사, 2003.
연민수, 《일본 고대국가의 형성과 백제》, 일조각, 2009.
이영 외, 《일본고중세사》, 방송대출판부, 2007.

---

65) 白石太一郞, 《古墳とヤマト政權》, 文春新書, 1999.

이근우, 〈日本의　都城制—平城京〉, 《강좌한국고대사7—촌락과　도
　시》, 가락국사적개발연구원, 2002.

이근우, 〈日本의　都城制—平城京〉, 《강좌한국고대사7—촌락과　도
　시》, 가락국사적개발연구원, 2002.

가마쿠라기鎌倉期 사상의 전환

―조큐承久의 난亂을 통해서 본―

남 기 학

머리말

1221(承久3)년 5월, 고토바 원後鳥羽院을 중심으로 한 교토京都 조정과 호조 씨北條氏를 중심으로 한 가마쿠라 막부鎌倉幕府와의 무력충돌이 일어난다. 이른바 조큐承久의 난亂의 발발이다. 내란기의 군사적 통솔자이자 막부의 창립자로서 카리스마를 지니고 있던 미나모토노 요리토모源賴朝가 죽은 뒤, 부친 요리토모와 마찬가지로 독재를 지향했던 미나모토노 요리이에源賴家는, 1203년 호조 씨를 비롯한 막부의 고케닌御家人들의 반발에 부딪혀 실각하고, 그 동생 미나모토노 사네토모源實朝가 가마쿠마도노鎌倉殿에 옹립되어 막부에서는 호조 씨 주도의 싯켄정치執權政治가 발족해 있었다. 같은 무렵 교토에서는 고토바 상황後鳥羽上皇이 독재자로서 조정 내의 권한을 강화하고, 사네토모와의 친밀한 관계로 자신의 주도 아래 공가公家·무가武家의 융화정책을 적극 추진하고 있었다. 교토 귀족문화의 기풍이 농후했던 사네토모에

대하여 고케닌들의 우려는 강했고, 그러한 가운데 1219년 사네토모가 살해되자 상황은 더 이상 막부에 기대를 하지 않게 되었다. 게다가 자신이 요구한 두 개 장원莊園의 지토地頭 폐지 요구도 거절되자, 상황은 점점 막부 타도의 결의를 굳혀 마침내 거병하기에 이르렀던 것이다. 그러나 이 전란은 겨우 한 달 만에 막부 측의 압도적 승리로 끝났다. 조정 측이 막부 측에게 힘없이 패배하고, 전쟁의 책임을 물어 세 상황이 유배되고 천황이 폐위되는 전대미문의 사태를 초래한 조큐의 난은, 정치사적으로뿐만 아니라 사상사적으로도 실로 커다란 사건이었다.

정치사적으로 보면, 이것을 계기로 종래의 공가 정권公家政權과 무사 정권武士政權과의 역학관계가 완전히 역전되었다. 조큐의 난 뒤 조정과 막부의 관계는 무사 측이 황위계승자를 사실상 결정하는 권한을 행사했던 점에 단적으로 드러나 있다. 막부정치면에서는 군사적 성과를 바탕으로 호조 요시토키北條義時의 권력이 강화되었고, 그의 아들 야스토키泰時가 호조 씨 주도 아래의 싯켄정치를 확립할 수 있었다.

조큐의 난이 사상사의 흐름에 미친 영향은 지대하였다. "지금과 같이 비천한 백성과 싸워 군주가 멸망한 예는 이 나라에서 전혀 듣지 못했다"[1]고 남북조南北朝시대의 귀족이 토로하고 있듯이, 이 사건은 그 이전의 전란과는 본질적으로 의미가 달랐다. 일찍이 1156년 호겐保元의 난은 '주상主上과 상황上皇의 권력투쟁(國諍)'[2]을 무사의 힘을 빌려 해결했던 점에서, 일부 귀족에게 '무사의 세상'[3]이 도래했음을 감지하게 한 사건이었다. 헤이시平氏의 시대에는 다이라노 기요모리平

---

1) 《增鏡》, 〈新島守〉, 《日本古典文學大系》87, 岩波書店, 1965, 277쪽.
2) 《保曆間記》, 《群書類從》26, 1쪽.
3) 《愚管抄》卷4, 〈鳥羽 崇德〉, 《日本古典文學大系》86, 岩波書店, 1967, 206쪽.

淸盛가 1179(治承3)년 쿠데타를 일으켜 고시라카와 원정後白河院政을 정지시키고 한때 인사권을 장악하기도 했다. 또한 미나모토노 요리토모가 가마쿠라 막부를 창립한 뒤 전국의 군사 경찰권과 함께, 한정된 범위에서 지방 현지의 지배권을 획득하기에 이르렀다. 하지만 막부의 주재자는 정이대장군征夷大將軍으로서 어디까지나 왕권의 틀 안에 자리매김한 존재였고, 겐지(미나모토씨) 쇼군源氏將軍은 조정(천황)의 권위를 매우 존숭하였다. 이렇게 볼 때, 군주가 '비천한 백성'과의 전쟁에서 참패하여 폐위·유배당하는 결과를 가져온 조큐의 난은 당대 사람들에게 엄청난 충격이었을 것이다.

조큐의 난은 "신손神孫(아마테라스 오미카미天照大神의 자손)인 천황이 일본의 통치자이다"라는 신손위군神孫爲君(神孫君臨) 사상, 그 재위在位는 무궁히 계속된다고 보는 보조무궁관寶祚無窮觀, 황실을 절대신성시하는 태도, 조정의 적(朝敵)은 반드시 멸망한다는 관념 등, 고대 이래의 전통적인 사상과 관념에 적지 않은 동요를 가져왔다. 그와 함께 종교 면에서도 공가와 무가의 신기신앙神祇信仰이 새로운 양상을 띠게 되었고, 특히 황실과 막부의 수호신인 하치만신八幡神의 성격이 어느 정도 변모를 겪지 않을 수 없었다. 또한 이 난을 통하여 공가귀족公家貴族을 비롯한 동시대인들은 무사 정권의 가공할 만한 무력과 그 위세를 생생하게 체험할 수 있었다. 이러한 역사적 체험은 자신이 사는 시대에 대한 자각과 그에 따른 독특한 사상적, 정신적 영위를 수반하게 마련이었다.

조큐의 난은 극히 충격적인 사건이었기 때문에 정치, 사상, 종교 등 여러 방면에서 커다란 의문과 문제를 당시 및 후대의 사람들에게 던졌다. 이 글에서는 이 사건이 지닌 사상사적 의의를 정치사상, 신기신앙, 사회의식의 세 가지 측면에서 살펴보려고 한다. 이를 통해

13세기 초 전란을 계기로 하는 가마쿠라기 사상 전환의 모습을 구체적으로 파악할 수 있을 것이다.

1. 유교적 덕치사상의 수용

유교적 덕치사상은 유덕자위군론有德者爲君論, 치세안민론治世安民論, 역성혁명설易姓革命說 등을 담고 있다. 이 사상이 역성혁명설을 제외하고 일본사상사에 본격적으로 받아들여지게 된 것은 조큐의 난이 빌미가 되었다. 물론 유교적 덕치사상은 일본 고대국가에서 받아들여지고 있었지만, 그것은 어디까지나 신손神孫이 일본의 군주가 된다고 하는 신손위군설을 자명한 전제로 한 것이었다. 그러나 공가세력과 무사세력의 무력 대결에서 무사 측의 승리로 끝난 그 난의 결과는 신손으로 여겨지는 천황, 또한 천황을 중심으로 한 공가 정권의 신성불가침성이란 신화를 무너뜨렸고, 그로 말미암아 유교적 덕치사상이 일본 사회에서 신손위군설이란 강고한 틀을 넘어 기능하게 되었던 것이다.4)

조큐의 난의 결과는 공가귀족들에게 신손위군설에 안주하는 것이 잘못된 것임을 깨우쳐 주었다. 공가정권은 깊은 충격 속에서 무엇이 이러한 결과를 초래했는지 근본적으로 자신을 돌아보고, 바람직한 정치의 방향이란 과연 무엇인가를 진지하게 모색하지 않을 수 없었다. 조큐의 난 직후에 저술된 《육대승사기六代勝事記》(1223~1224년경 성립)는 당시 공가귀족이 이 사태를 어떻게 받아들였는지 그 일단을 잘 보여주고 있다.

---

4) 玉縣博之, 〈南北朝期の公家の政治思想の一側面〉, 《日本中世思想史研究》, ペリカン社, 1998, 177~178쪽.

《육대승사기》는 "우리나라는 원래 신국神國이다. 인왕人王의 위位를 계승하는 것은 이미 아마테라스 오미카미天照大神의 황손皇孫이다. 무엇 때문에 삼제三帝가 동시에 유배의 수치를 당하는가?"라는 질문을 던지고, 이에 대하여 "신하의 불충不忠은 실로 나라의 부끄러움이지만, 보조寶祚의 장단長短은 정치의 선악善惡에 달려 있다. …… 제범帝範에 두 개의 덕德이 있다. 지인知人과 무민撫民이다"라고 답하고 있다.5) 작자는 유교적 덕치론에 입각해서, 고토바 원後鳥羽院이 선정善政을 펴지 않았기 때문에 아마테라스 오미카미의 황손임에도 삼제(後鳥羽·順德·土御門)가 유배를 당하는 비극적 사태가 초래되었다고 해석한다. 따라서 제왕은 보위를 유지하기 위해서는 선정을 해야 하며, 그 요체는 지인(인재의 등용)과 무민(백성에 대한 위무)이라고 강조한다. 즉 아마테라스 오미카미의 황손이 왕위에 있더라도 덕을 쌓고 선정을 하지 않으면 그 보위는 지켜지지 않는다는 도덕적 감계鑑戒를 피력하고 있는 것이다. "문장文章이 부족하고 궁마弓馬에 뛰어나다"6), "위덕威德을 마음대로 부리는 데 자만하여 만방萬方의 무육撫育을 잊고, 또한 근신近臣과 총애하는 여성을 편애하며 사해四海의 청탁淸濁을 분별하지 않았다"7)고 고토바 원의 부덕과 정치의 잘못을 비판하고 있는 이유도 여기에 있었다.

선정·무민에 대한 강조는 조큐의 난 이후 공가 정권의 기조를 이루게 된다. 물론 유교적 선정·무민사상 자체는 "(군주는) 만민을 자식과 같이 생각하고 무육의 은혜를 베풀어야 한다"8)고 하듯이, 이미 왕

---

5) 弓削繁 校注, 《六代勝事記·五代帝王物語》, 三弥井書店, 1999, 96~97쪽.
6) 위의 책, 70쪽.
7) 위의 책, 75쪽.
8) 《玉葉》安元1(1175)년 9월 3일조.

조의 이상적인 통치이념으로 난 이전에도 존재했지만, 사실상 대다수 귀족들의 단순한 장식적인 교양이나 공허한 문자인 학문에 그치고 있었다고 할 수 있다. 그것이 정권 차원의 현실적인 정치지향으로 자리 잡게 된 역사적 계기는 바로 조큐의 난이었던 것이다.

13세기 중·후반 공가 정권을 이끈 고사가 원後嵯峨院은, 막부의 평정제評定制를 참조하여 1246년 원院의 평정評定을 성립시키고, 종종 신제新制를 발포하여 선정·무민을 주지로 한 정치를 추진하였다. 평정중評定衆의 한 사람이자 고사가 원정後嵯峨院政의 주요 멤버였던 태정대신太政大臣 도쿠다이지 사네모토德大寺實基는 만년에 조정으로부터의 정치 자문에 응하여 자신의 의견서를 제출하였다.9) 그것에 따르면, "인민을 번거롭게 하지 않고 신사神事를 진흥할 것", "조세·부렴賦斂은 인민을 번거롭게 하지 않게", "잡소雜訴 등은 인민의 번거로움 없이 신속하게 처리해야 할 것", "관민官民 모두 풍족해야 할 것" 등 오로지 민중의 고통을 없애는 데 주안점이 있었다. 또한 군주에게는, "단지 마음을 자책하고 잘못을 뉘우치며 사람을 존중하고 자신을 가볍게 여기면 고천高天이 낮게 들리고 감응이 빨리 올 것이다"고 하여 '덕화德化'를 강조하고 있다. 그의 의견서는 "무민의 조치와 검약의 법령은 수차례의 제부制符에 요점·대략이 빠짐없이 기술되어 있다. 그대로 시행한다면 부족함이 없을 것이다"라는 말에 집약되어 있듯이, 기본적으로 유교적 선정·무민을 사회현실 속에서 실현하려는 방안이었다고 할 수 있다. 특히 그것을 위해 '민의民意'와 '시의時宜'를 헤아릴 것을 제언하는 등 유교의 민본정신을 주어진 상황에 따라 실현하려고 노력

---

9) 〈德大寺實基政道奏狀〉, 《中世政治社會思想》下, 《日本思想大系》22, 岩波書店, 1981, 138~148쪽. 이 의견서는 實基가 출가한 뒤인 1266~1272년 사이에 작성된 것이다(같은 책, 〈解說〉, 391쪽).

한 것이 주목된다. 그에 대해서 다가 무네하야多賀宗隼는 "널리 민중의 실상을 관찰하고 깊게 이해하면서, 한편으로 정치가로서 반성에 힘쓰는 동시에 다른 한편으로 무한한 동정을 민중에게 쏟고 있다"10) 고 지적하고 있다.

고사가 원정 아래 조정이 1263년 '덕정德政'의 일환으로 선포한 공가 신제公家新制에는 위와 같은 선정·무민의 현실적 지향을 담고 있는 것이 주목된다. 본래 저변 민중의 구제를 의미하는 무민은 통치자에게 요구되는 초역사적인 정치사상에 지나지 않지만, 이 시대의 무민은 현실의 인식, 그것에 대한 대응방식에 구체적인 정책을 포함하고 있었다. 예를 들어 "토민土民이 도탈逃脫하여 전지田地가 황폐하다"는 지방의 실태에 대하여 고쿠시國司의 대관代官 규제로 '제국諸國 토민의 안도'를 실현하려고 하고, 또한 '토민'의 '관저官底에 대한 참소參訴'를 법적으로 보증함으로써 고쿠시의 불법적인 세금 징수를 억제하려고 하는 등 무민사상의 법적 표현들이 나타나 있었다.11)

고사가 원이 1272년 사망한 뒤 조정에는 고후카쿠사 천황계後深草天皇系의 지묘인 통持明院統과 가메야마 천황계龜山天皇系의 다이카쿠지 통大覺寺統의 두 파로 나뉘는 황통의 분열·대립이 생겨났다. 이 이상한 정국이 이후 조정의 정책 결정에 커다란 영향을 주었다. 그 하나가 고사가 노선의 계승이라고도 할 '덕정'에 대한 더 깊은 기울어짐이다. 양 통兩統은 각각 황통을 계승할 자격의 하나를 '올바른 정도政道'를 시행할 수 있는 점에 구하고 의욕적인 선정을 펴려고 경합하였다. '어느 쪽이 더 좋은 선정(덕정)을 정책으로 내걸고 실행하는가'라

---

10) 多賀宗隼, 〈太政大臣德大寺實基及び左大臣公繼に就いて〉, 《鎌倉時代の思想と文化》, 目黑書店, 1946, 236쪽.
11) 〈弘長3(1263)년 8월 13일 宣旨〉, 《中世政治社會思想》下, 44쪽.

는 또 다른 차원의 경쟁원리가 작용했던 것이다.[12]

　이상과 같이 조큐의 난 이전까지 신손위군설을 자명한 전제로 하여 유교적 덕치사상─선정·무민을 단지 이상적인 통치이념으로 표방하는 데 그쳤던 공가정권은 이제 선정·무민의 정치를 황위의 보지를 위한 필요조건으로 인식하게 되었고, 이후 양 통의 대립·분열이란 사태와 얽히면서 선정·무민의 실행 여부야말로 통치자의 자격, 즉 황위(황통)의 계승에 직결되는 요건으로 여기기에 이르렀던 것이다. 그리하여 가마쿠라 말기에 이르면, 신손위군설에 안주하는 것이 올바르지 않을 뿐만 아니라, 신손위군설 자체에 문제점이 있다는 지적마저 나타나게 된다.

　유난히 유교 사상과 학문에 조예가 깊었던 하나조노 천황花園天皇은 1330년 2월, 황태자 가즈히토 친왕量仁親王에게 써준 《계태자서誡太子書》[13]에서 다음과 같이 말하고 있다.

　　아첨하는 어리석은 사람은 다음과 같이 생각한다. 우리나라는 황윤皇胤이 일통一統하니, 외국과 같이 덕으로 솥[鼎]을 옮기고 세력勢力으로 사슴[鹿]을 쫓는 나라와는 다르다. 그러므로 덕德이 미약하더라도 이웃나라가 (우리나라를) 엿볼 위험이 없고, 정치가 어지러워지더라도 이성異姓이 찬탈할 우려는 없다. 이것은 저 종묘사직宗廟社稷의 도움이 다른 나라들보다 탁월하기 때문이다. 그러므로 선대先代의 여풍餘風을 조금 받고 나라를 크게 망치는 일이 없다면 수문守文(先祖의 제도·법칙을 지키며 武力을 사용하지 않고 다스리는 것)의 양주良主로 족할 것이다. 어찌 반드시 덕화가 당우唐虞(聖帝인 唐堯와 虞舜)와 육율陸栗에 미치지 못함을 한

---

12)　笠松宏至, 〈鎌倉後期の公家法について〉, 《中世政治社會思想》下, 411쪽.
13)　〈花園上皇誡太子書〉, 《鎌倉遺文》第39卷 30938号.

탄할 필요가 있겠는가?

즉 일본은 황윤 일통이기 때문에 외국과 같은 선양禪讓·방벌放伐의 예는 없고 이성異姓 찬탈의 우려도 없으니, 단지 종묘사직의 도움에 의지하면 된다고 하는 언설은 아첨하는 어리석은 사람의 생각일 뿐이라고 단언한다. 이어서 천황은 다음과 같이 말한다.

> 박덕薄德을 가지고 신기神器를 보지하고자 바라지만, 그것이 어찌 이치에 합당하겠는가? …… 설령 우리나라에 이성異姓의 엿봄이 없다고 하더라도 보조寶祚의 수단脩短(길고 짧음)은 대개 이것에 달려 있다.

천황은 황태자인 자가 역성혁명의 우려가 없다는 관념에 안주하는 것을 배척하고 군덕君德 함양의 필요성을 역설한 것이다. 조큐의 난 직후 《육대승사기》에 피력되었던, 보위의 장단은 정치의 선악에 달려 있다는 인식과 정확히 일치하고 있는 것을 알 수 있다. 당시 고다이고 천황後醍醐天皇의 막부 타도의 움직임을 예의주시하던 하나조노 천황의 위기감은 매우 커서 "중고中古 이후 병혁兵革이 계속되어 황위가 점차 쇠퇴하니 어찌 슬프지 아니한가? …… 형세가 필시 토붕와해土崩瓦解에 이를 것이다"고, 황태자가 '현주賢主'가 되지 않으면 이 위기를 극복하기 어려울 것임을 강력히 훈계하고 있었다.

한편, 비슷한 시기에 요시다 사다후사吉田定房는 고다이고 천황에게 막부 타도의 기도를 간언하는 글14)을 올렸다. 여기에서 그는, "왕자王者는 만민의 부모이다. 천하를 집으로 삼으며 민서民庶를 자식으로 삼

---

14) 〈吉田定房奏狀〉, 《中世政治社會思想》下, 149~154쪽.

는다", "왕자는 인仁으로써 폭暴을 이긴다"고 덕치사상을 전개하였다.
동시에 그는 유교적 덕치사상의 입장에서 신손위군설의 문제점을 다
음과 같이 날카롭게 지적하였다.

　　　외국의 왕위 계승을 보면 그에 따른 중흥中興이 매우 많다. 이것은 이
　　성異姓이 거듭 나오기 때문이다. 본조는 천조天祚가 한 혈통이므로 쇠퇴
　　가 날로 심하여 중흥을 기대할 수 없다.

이상의 사례는 아마테라스 오미카미의 자손이 일본의 군주(천황)가
된다는 신손위군설 자체를 부정하지는 않더라도, 군주의 선정·무민을
요구하는 유교적 덕치사상의 입장에서 신손위군설의 문제점을 인식하
고 그것에 안주하는 것을 경계하고 있다. 이것은 조큐의 난 이후 공
가의 정치사상의 주된 흐름이었던 것이다.

한편, 무사 정권은 조큐의 난 뒤 새로운 정치의 체제와 그것을 뒷
받침할 정치이념을 모색하여야 했다. 비록 조정 측에서 난을 일으키
기는 했으나. 막부는 군사권문軍事權門15)으로서 자신이 수호해야 할
국가에 정면으로 대결하여 군주인 천황과 세 상황을 처벌했다는 점에
서 대의명분상 부담을 떠안았다. 무사정권이 국가의 수호자라는 본래
적 구실을 견지하려는 이상, 이러한 사태에 대한 납득할 만한 설명과
자기 정당화의 논리가 필요했다. 여기에서 떠오른 것이 막부 창립 이
래 조정 측으로부터 받아들였던 유교적 덕치사상이라는 보편적인 통

---

15) 鎌倉幕府가 武力을 가지고 朝廷(天皇)을 지키는 國家의 守護者로서 軍事權
　　門의 역할을 담당했던 것에 대해서는 黑田俊雄, 〈中世の国家と天皇〉, 《日本
　　中世の国家と宗教》, 岩波書店, 1975 참조.

치이념이었다. 덕치사상에 따르면, 군주에게는 제덕帝德이 필요하고 무도한 군주는 토벌해도 좋다는 논리가 성립하며, 따라서 막부의 참월僭越 행위를 불가피한 것으로 시인할 수 있었기 때문이다.

《묘에상인전明惠上人傳》에 보이는 다음의 기사는 조큐의 난 뒤 일정한 시간이 지난 시기에 만들어진 이야기이지만, 막부의 행위를 유교적 정도론政道論으로 정당화하고 있는 흥미로운 부분이다. 호조 야스토키北條泰時가 "천하에 왕토가 아닌 것이 없다. 조정에 태어난 자는 마땅히 군주의 마음에 맡겨야 한다. 그러므로 (조정과) 전쟁하는 것은 사리에 어긋난다"고 하자, 호조 요시토키北條義時는 "그것은 군왕君王의 정치가 올바르고 나라가 잘 다스려질 때의 일이다. 지금 이 군왕의 시대가 되어 나라가 어지럽고 편안치 않으며 상하만민이 모두 근심을 안고 있다. 그러나 간토關東가 지배하는 분국分國(關東御分國)만 이러한 횡난橫難이 미치지 않아 만민이 안락하다. 만약 군주가 일통을 한다면 재화災禍가 사해에 가득차고 재앙이 천하에 널리 퍼져 편안할 일이 없고 인민이 크게 근심하게 될 것이다. 이것은 사사로움을 생각해서 말하는 것이 아니라 천하의 사람들의 한탄을 대신해서 말하는 것이다. 설령 신의 가호가 다하고 목숨을 잃는다고 해도 통탄할 일이 아니다"라고 답하고 있다.16)

야스토키의 발언은 이른바 왕토왕민사상王土王民思想에 바탕을 두고 신하된 자가 군주와 적대하는 것은 부당하다고 주장하는 것이고, 이와 달리, 요시토키의 입장은 유교의 천하·천명사상에 근거하여 군왕의 정치가 올바르지 못할 때에는 '천하의 사람들'을 위해 군주를 토벌해도 좋다는 논리이다. 결국 야스토키는 부친의 뜻에 따라 출진하

---

16) 《明惠上人傳》, 《渋柿》, 《群書類従》27, 149쪽.

면서 "천하의 도움이 되어 인민을 편안히 하고 불신佛神을 일으킨다 면"[17)이라고 기원하고 있다.

남북조시대의 저작인 《매송론梅松論》에서도 비슷한 기술이 보인다. "나라는 왕토가 아닌 것이 없다. 그러므로 일본과 중국 모두 칙명을 따르지 않는 자는 고금을 통틀어 안전한 적이 없다. …… 만약 천명 을 피하기 어렵다면 결국 전쟁을 멈추고 항복해야 할 것"이라는 야스 토키의 주장에 대해서, "그것은 군왕의 정도政道가 올바른 때의 일이 다. 근년 천하의 형세를 보건대, 군왕의 정치는 옛날로 돌아가 실질 을 잃었다. …… 결국 천하의 평안을 위하여 천도天道에 맡겨 전쟁을 해야 할 것"이라는 요시토키의 반론을 싣고 있다.[18)

그런데 유교적 덕치사상은 이러한 소극적인 방어의 논리에 그치지 않고, 난이 일어난 뒤 공가 정권에 대한 압도적인 힘의 우위를 바탕 으로 무사 정권의 존재의의에 대한 적극적인 주장을 가능케 하였던 것을 지나칠 수 없다. 조큐의 난 뒤 무사 정권의 새로운 정치체제와 정치이념을 확립한 것은 바로 호조 야스토키였다.

야스토키는 합의제에 바탕을 둔 싯켄정치의 이념인 '도리道理'를 제 창하고 그것에 입각한 선정을 실시하여 백성을 편안케 하는 것을 막 부의 임무로 삼았다.[19) 그가 1232년 무사 정권 최초의 성문법인 〈어 성패식목御成敗式目〉을 제정한 근본 취지도 "토민의 안도를 꾀하는 것"[20)에 있었다. 또한 식목 제42조에는 백성이 도탈할 때 영주가 처

---

17) 위의 책, 150쪽.
18) 《梅松論》, 《群書類従》20, 146쪽.
19) 玉懸博之, 〈鎌倉武家政権と政治思想〉, 《日本中世思想史研究》, ペリカン社, 167쪽.
20) 〈北條泰時消息〉, 《中世政治社會思想》上, 《日本思想大系》21, 岩波書店, 1972, 39쪽.

자를 억류하고 자재資財를 빼앗는 것이 '인정仁政'에 어긋난다고 금지하고 있고,21) 기근이 발생했을 때 야스토키가 궁민의 구휼에 힘쓴 것22)도 잘 알려져 있다.

야스토키에 이어 호조 도키요리北條時賴는 유교적 선정·무민사상을 한층 발전시켰다. 도키요리도 또한 "민서의 번거로움을 없애기 위해", "궁민을 구제하기 위해" 여러 가지 선정과 무민정책을 추진하였다.23) 특히 그는 1253년, 백성들을 직접 지배하는 현지의 지방영주 지토다이地頭代에 대한 엄격한 규제를 통해 일상에서 무민을 실현하려고 법령을 제정하는 등,24) 야스토키의 시대보다 훨씬 강력하고 철저한 무민정책을 시행하였다. 도키요리는 '올바른 정도'에 따라 천하 만민을 편안케 하는 것을 목표로 한 무민론을 표방하면서, 막부의 존립 근거는 무민을 널리 천하에 실현하는 데 있다고 하였다.25)

본래 호조 씨는 미나모토노 요리토모의 정치이념의 정통한 계승자로서 스스로를 자리매김하고, 자신이 이끄는 무사 정권의 존립 근거와 정당성을 확보하려고 하였다. 신분적 한계로 막부의 고케닌 지배의 정통성을 결여한 호조 씨는 점차 자신에게 권력을 집중시키면서 유교적 선정이념, 즉 덕치사상을 적극적으로 받아들이고 표방하였다.26) 특히 도키요리의 시대에 호조 씨 가독家督인 '도쿠소得宗'의 전제권력이 수립되면서 이러한 노선은 최고 절정에 달했다.27) 도키요리

---

21) 〈御成敗式目〉第42條, 《中世政治社會思想》上, 31쪽.
22) 《吾妻鏡》寬喜3(1231)년 3월 19일조, 貞永1(1232)년 11월 13일조, 天福 1(1233)년 7월 9일조.
23) 위의 책, 建長3(1251)년 6월 5일조; 9월 5일조.
24) 《中世法制史料集》第1卷 鎌倉幕府法, 岩波書店, 1955, 〈追加法〉282~294.
25) 玉懸博之, 〈南北朝期の公家の政治思想の一側面〉, 178쪽.
26) 南基鶴, 〈鎌倉幕府 執權 北条氏의 정치사상—撫民思想의 재음미—〉, 《日本歷史硏究》30, 2009, 41쪽 이하.

는 야스토키와 같이 무가령武家領에서 무민의 덕정을 실현하려고 했을 뿐만 아니라, 더 나아가 조정에 덕정을 요청해서 무가령과 다른 영역에서도 덕정을 실현하려고 했다.28) 이것은 그가 공가·무가의 세계를 아우르는 일본의 모든 영역을 대상으로 한 무민을 지향했던 것을 보여준다. 그는 국가의 종묘인 이세 신궁伊勢神宮에 기원문을 올려 '백성을 풍요롭게 하는 것'이 자신의 바램이라고 무민의 실현을 자임하고 있고,29) '국토의 안온과 질역 퇴치'를 위해 전국의 사원·신사에서 대반야大般若·최승最勝·인왕경仁王經 등을 전독轉讀할 것을 명하기도 했다.30) 이렇듯 유교적 덕치사상, 특히 무민사상은 가마쿠라 막부가 전국적인 정권으로 존립하는 이념적 근거를 제공하였던 것이다.

유교적 덕치사상은 그 뒤 호조 씨 도쿠소의 전제정치가 심화되면서 정권 차원의 강한 이념적 지향성을 점차 상실하게 되지만, 덕치사상 그 자체는 가마쿠라 막부가 전국적인 정권으로 존립하는 근거로서 무가사회에 정착한다. 예를 들면, 호조 도키무네北条時宗의 시대에 평정중 등 요직을 역임하며 도키무네를 보좌했던 가네사와 사네토키金

---

27) 時賴는 1250년, 將軍 藤原賴嗣의 《帝範》 강의에 출석하고 있고, 《貞觀政要》를 書寫해서 賴嗣에게 바치고 있다(《吾妻鏡》建長2년 5월 20일조; 5월 27일조). 또한 1263년에는 將軍 宗尊親王이 《帝範》의 강의와 《臣軌》의 강독에 출석하고 있다(앞의 책, 弘長3년 6월 26일조; 7월 18일조; 8월 6일조). 일찍이 北條政子가 《貞觀政要》를 일본어 가나假名로 번역하게 했었고, 將軍 源實朝도 몇 차례 《貞觀政要》의 會讀·談義에 출석했던 사례가 있다(弓削繁, 〈軍記物語の政道觀をめぐって〉, 和漢比較文学会 編, 《軍記と漢文学》, 汲古書院, 1993, 76쪽). 하지만 특히 時賴의 시대에 들어 이러한 사례들이 집중적으로 나타난 것은 유교적 정도론이 이 시기에 본격적으로 수용되었던 것을 말해준다.
28) 玉懸博之, 〈鎌倉武家政権と政治思想〉, 170쪽.
29) 《吾妻鏡》正嘉1(1257)년 4월 15일조.
30) 同文應1(1260)년 6월 12일조. 最勝王經·仁王經은 法華經과 함께 鎭護 國家의 三部經이라 일컬어져 예부터 帝王이 전독시켰던 것이다.

澤實時는 위정자의 자세에 대해서, "마음에 사사로움이 없고 사람을 위해 세상을 위해 생각하고 행한다면, 사람들이 원망하지 않고 하늘은 그 덕과 함께 할 것이다"[31]라고 말하고 있다. 이 사네토키의 견해는 위정자는 하늘 아래에서 천하 만민을 위한 선정을 펼쳐야 한다는 유교의 정도론·덕치사상과 부합하는 것이다.

또한 호조 사다토키北條貞時의 시대인 1308년, 히키쓰케슈引付衆이었다고 추정되는 다이라노 마사쓰라平政連가 사다토키에게 올린 간언서[32]도 주목할 만하다. 여기에서는 출가한 사다토키를 가리켜 "성인聖人은 세상을 위해 나오고 현자賢者는 백성을 위해 사니 선각禪閣(사다도키)이 바로 그 사람이다"라고 하면서, "인군仁君의 공은 침식을 잊고 선정을 행하는 것"임을 역설한다. 그리고 "선각이 재속했을 때에는 오로지 패업霸業을 지탱했는데, 출가한 지금은 점차 정무에서 멀어졌다"고 지적하고, "군자는 치세를 안락으로 삼는다. 어찌 주연酒宴의 환락을 제멋대로 하고 이세理世의 안락을 태만히 하겠는가?"라고 간언하고 있다. 마사쓰라는 "호조 씨 일족(御一門)의 사람들, 여러 다이묘의 가문들이 (선각의) 방문을 일생의 희망으로 여기고 접대를 위해 여생의 남은 자금을 모두 사용한다"고, 사다토키에 추종한 나머지 본분을 잊은 당시 지배층의 실태를 꼬집는 것도 잊지 않고 있다. 호조 씨 도쿠소는 이미 사다토키의 시대에 절대 권력화 속에서 정권 담당자로서 긴장감을 상실하고 본연의 지배이념을 돌아보지 않고 내버린 것을 엿볼 수 있다. 마사쓰라는 그러한 사다토키에게 선조의 시대를 본받아 선정·무민을 실행할 것을 요청한 것이었다. 비록 정권 차원에서 유교적 덕치사상을 실현하려는 지향성을 상실했지만, 덕치사상 자

---

31) 〈北條實時家訓〉, 《中世政治社會思想》上, 348~349쪽.
32) 〈平政連諫草〉, 《鎌倉遺文》第30卷 23363號.

체는 무가사회에 널리 수용되었던 것을 알 수 있다.

이와 같이 무사 정권은 조큐의 난 뒤 유교적 덕치사상을 본격적으로 받아들이고 표방함으로써, 공가 정권에 대해 자신의 행위를 정당화하고, 무사 정권이 존립하는 의의를 적극 주장할 수 있었으며, 나아가 가마쿠라 막부 호조 씨(도쿠소)의 정권이 전국적인 정권으로서 존립하는 사상적 근거를 획득하기에 이르렀던 것이다. 유교적 덕치사상은 다음 무로마치室町 정권에 의해 받아들여져 그 정치이념의 기조를 이루게 된다.[33]

2. 신기신앙神祇信仰의 변용

조큐의 난에서 조정 측이 참패한 것에 대해서 막부의 공식 역사서인 《아즈마카가미吾妻鏡》는, "아마테라스 오미카미天照御大神는 도요아키즈시마豊秋津洲의 본주本主이고 황조皇祚의 조종祖宗이다. 그러나 85代의 지금에 이르러 무슨 연유로 백황百皇 진호鎭護의 서약을 바꾸어 삼제三帝와 두 친왕親王에게 유배의 치욕을 안기게 하였는가? 무엇보다도 의아한 일이다"[34]라고 기술하고 있다. 앞서 살핀 《육대승사기》에서 "우리나라는 원래 신국이다. 인왕의 위를 계승하는 것은 이미 아마테라스 오미카미의 황손이다. 무엇 때문에 삼제가 동시에 유배의 수치를 당하는가?"라는 질문을 던진 것과 같은 인식이다. 주쿄 천황仲恭天皇이 즉위식도 치루지 못한 채 폐위를 당하고 세 상황과 두 친왕이 유배당하는 전대미문의 사태는 공가·무가를 가리지 않고 '신국' 일본의 정체성에 대한 회의마저 불러일으키기에 충분했다. 그것은 천

---

33) 玉懸博之, 〈南北朝期の公家の政治思想の一側面〉, 180~182쪽.
34) 《吾妻鏡》承久3(1221)년 閏10월 10일조.

황가의 조상신이자 국가의 종묘신인 아마테라스 오미카미의 백황 진호의 서약의 절대성에 대한 의문에 단적으로 나타나 있다.

'백황 진호' 또는 '백왕 수호' 사상에서 말하는 백왕설百王說이란 백왕의 제왕이 이어진 뒤 전국에 쟁란이 일어나 이윽고 모든 것이 공空으로 돌아간다는 일본국에 관한 일종의 예언설이다. 헤이안平安 중기 이후 특히 불교의 말법사상末法思想이 성행하는 상황에서 이 예언설도 말법사상의 일익一翼을 형성하게 되었다.35) 원래 고대 이래 '백왕'이란 백인百人 백대百代를 의미하는 것이 아니라 영원한 왕위 계승을 의미하고 있었으나, 헤이안 말기의 원정院政 시대에 들어서 백인이라는 한정된 수로 간주하는 관념이 나타났다.36) 조큐의 난 전야에 지엔慈圓은 《우관초愚管抄》에서 "신神의 시대는 알지 못한다. 인왕人王의 시대가 된 진무 천황神武天皇의 치세 이후 왕은 백대라고 하는데, 이미 많이 남지 않아 84대가 되었다."37), "백왕을 세건대 현재 16대가 남았다."38)라고 위기적인 백왕관百王觀을 표명하고 있었다.

백왕을 수호하는 것은 무엇보다 천황가의 조상신 아마테라스 오미카미임은 말할 나위도 없다. 《풍수황태신어진좌본기豊受皇太神御鎭座本紀》에 "종묘사직의 영靈, 득일무이得一無二의 맹盟, 백왕의 진호가 분명하다"39)는 기술이 그 대표적인 예이다. 조큐의 난에서 천황이 폐위되고 세 상황이 유배되었을 때, 종래까지 믿어 의심치 않았던 아마테라스 오미카미의 백왕 수호 신앙이 흔들리는 것은 당연했다. 난 후에

---

35) 我妻建治, 《神皇正統記論考》, 吉川弘文館, 1981, 333~334쪽.
36) 高木豊, 〈鎌倉仏教における国王のイメージ〉, 《古代·中世の社会と思想》, 三省堂, 1979, 260~261쪽.
37) 《愚管抄》卷3, 129쪽.
38) 《愚管抄》卷7, 342쪽.
39) 《豊受皇太神御鎭座本紀》, 《續群書類從》1 上, 46쪽. 刊記에 文治11년(1185) 4월 21일 書寫했다고 쓰여 있다.

성립한 《호겐모노가타리保元物語》에도 "이세 대신궁伊勢大神宮(天照大神)이 백왕을 수호하겠다는 서약을 하였다. 그러나 지금 26대의 천황(御門)을 남겨놓고 당금(後白河天皇)의 치세에 왕법이 다한 것은 애석한 일이다."[40), "이것은 어찌 된 세상인가? 아마테라스 오미카미는 백왕을 수호한다는 서약도 끝났는가?"[41)라는 표현이 보인다.

한편, 백왕 수호의 신앙 혹은 사상은 아마테라스 오미카미만이 아니라 제2의 종묘신인 하치만신八幡神(八幡大菩薩)에도 발견된다. 예를 들면, "하치만 대보살八幡大菩薩은 옛날 십선十善의 군君(應神天皇)이다 …… 지금은 백왕의 운세를 돕고",[42) "하치만 대보살은 …… 백왕을 보위하는 실로 본조本朝의 종묘이다.",[43) "대보살 …… 백왕 진호의 서약이 틀림없다."[44) 등의 사례가 있다. 이러한 하치만의 백왕 수호 사상도 아마테라스 오미카미의 그것과 함께 조큐의 난을 계기로 동요하지 않을 수 없었다. 난의 발생 얼마 전인 1212년, 하치만지쿠리궁八幡千栗宮의 신관神官은 "하치만 대보살은 백황 수호의 존신尊神, 진호 국가의 영사靈社이다."[45)라고 주장했지만, 난 뒤 니치렌日蓮은 "제82대 오키 법황隱岐法皇(後鳥羽院)의 치세에 …… 아마테라스 오미카미·쇼하치만正八幡의 백왕 백대의 서약이 깨지고 왕법이 이미 다했다. 간토의

---

40) 《保元物語》(半井本), 《保元物語 平治物語 承久記》, 《新 日本古典文學大系》43, 岩波書店, 1992, 35쪽.

41) 《保元物語》(古活字本), 《保元物語 平治物語》, 《日本古典文學大系》31, 岩波書店, 1961, 358쪽.

42) 應德3(1086)년 2월 29일 〈永置僧 六□於宇佐御許山勤修法華三昧記〉, 《本朝文集》卷53(石毛忠, 〈《吾妻鏡》の政治思想—鎌倉幕府の政治思想序説—〉, 《季刊日本思想史》58, 2001, 30쪽에서 재인용).

43) 康和4(1102)년 〈宇佐宮新堂願文〉, 《江都督願文集》(위의 글)

44) 保延3(1137)년 4월 3일 〈石淸水檢校法印光淸起請文〉, 《平安遺文》第5卷 2367号.

45) 〈大宰府在廳官人解〉, 《鎌倉遺文》第4卷 1927号.

곤노다이이후權大夫 호조 요시토키北條義時가 아마테라스 오미카미·쇼하치만의 뜻으로 국무를 담당했다.",46) "하치만 대보살의 백왕 서약도 깨져 82대의 오키 법왕, 치세를 간토에 빼앗겼다."47)라고 말하고 있다. 그는 심지어 "간토는 이 악법·악인惡人(後鳥羽)을 물리쳤으므로 18대를 이어서 백왕이 될 것이다"48)라고, 호조 요시토키가 82대에 끊어진 백왕을 계승하는 자가 되었다고 단정하기도 했다.

조큐의 난을 계기로 아마테라스·하치만의 백왕 수호에 대한 의구심이 사회 일각에서 제기되는 것과 관련하여, 백왕 수호의 역할이 두 신에 한정되지 않고 널리 확대된 것이 주목된다. 《고금저문집古今著聞集》(1254년 성립)에 따르면, "무릇 우리나라는 신국으로서 대소신기大小神祇, 부류部類·권속眷屬·권화權化의 도道, 감응感應이 널리 통한다. 이른바 진구황후神功皇后가 삼한三韓을 정벌할 때에도 천신지기天神地祇가 모두 나타났다. 이것에 의해 황공하게도 이십이사二十二社의 존신尊神을 정하여 오로지 백왕 백대의 진호에 나섰다"49)고 하여, 백왕 수호의 역할이 종묘의 두 신으로부터 이십이사의 신들에까지 확대되고 있다. 이십이사란 국가의 중대사, 천변지이天變地異가 일어날 때 조정으로부터 봉폐사奉幣使가 파견되는 22개의 신사로서, 이세 대신궁·이와시미즈 하치만궁石淸水八幡宮 외에 가모賀茂·마쓰오松尾·히라노平野 등 20개의 신사를 가리킨다.50) 물론 조큐의 난 이전에 곤고부지金剛峰寺

---

46) 建治3(1277)년 6월 25일〈賴基陳狀〉, 《鎌倉遺文》第17卷 12764号.
47) 建治4(1278)년 2월 23일〈日蓮書狀〉, 《鎌倉遺文》第17卷 12986号.
48) 위의 글.
49) 《古今著聞集》卷1, 〈天地開闢の事並びに神祇祭祀の事〉, 《日本古典文學大系》 84, 岩波書店, 1966, 49~50쪽.
50) 平安시대 중기부터 중세에 걸쳐 조정으로부터 특별한 숭경을 받은 신사로서 伊勢·石淸水·賀茂·松尾·平野·稻荷·春日(이상을 上七社라고 함), 大原野·大神·石上·大和·広瀨·竜田·住吉(이상을 中七社라고 함), 日吉·梅宮·吉田·広

등이 백왕 수호의 역할을 주장한 예[51]도 있지만, 널리 사회적 공감대를 얻었다고는 할 수 없다. 그러나 《고금저문집》과 같은 13세기 중엽의 설화집에 이십이사 전체가 등장한 것은 백왕 수호가 이제 두 종묘신의 전유물에서 벗어난 것을 말해준다. 난 이후에도 아마테라스·하치만의 두 종묘신이 여전히 백왕 수호의 중심적 역할을 담당하고는 있지만,[52] 종래와 같이 독점적·절대적 지위를 유지하기는 어려웠을 것이다. 《묘에상인전》에 따르면, "우리나라는 신대神代부터 지금 90대에 이르기까지 대대로 황위를 계승하여 다른 혈통이 섞이지 않았다. 백왕 수호의 삼십번신三十番神은 말대末代라고 해도 분명하다고 한다."[53]라고 기술되어 있다.

조큐의 난 뒤 국가의 종묘신인 아마테라스 오미카미와 하치만신의 독점적인 백왕 수호 신앙이 동요하는 한편, 무가사회에서는 이와시미

田·祇園·北野·丹生·貴布禰(이상을 下八社라고 함)의 22개 신사를 가리키며, 祈雨 등의 일이 있을 때마다 사신을 보내 봉폐를 하였다. 필두의 伊勢 이외에 모두 畿內에 있었는데, 1039년 처음으로 畿外 近江國(大津市)의 日吉를 더해 二十二社가 되었다(《國史大辭典》, 〈二十二社〉).

51) 1186년 5월, 金剛峰寺의 上申書(解狀)에서는 궁중 眞言院의 修法과 神泉苑에서의 祈雨의 秘法 등은 "이 모두가 百王 鎭護의 鴻基이고 萬民 安樂의 기도이다"라고 하여, 眞言宗이 백왕 수호의 역할을 담당하고 있다고 주장하고 있다(《鎌倉遺文》第1卷 101号).

52) 《保元物語》와 같은 시기에 성립한 《平家物語》에서도 "옛날 아마테라스 오미카미가 백왕을 수호한다는 서약이 있었다. 그 서약이 아직 바뀌지 않아 石淸水의 혈통(石淸水八幡의 祭神인 應神天皇의 자손)이 아직 끊어지지 않은 데다가, 아마테라스 오미카미의 日輪의 빛도 아직 땅에 떨어지지 않았다"라고 기술되어 있다(《平家物語》下, 《日本古典文學大系》33, 岩波書店, 1960, 348~349쪽).

53) 《明惠上人傳》, 《渋柿》, 146쪽. 三十番神이란 한 달 30일을 매일 교대로 如法經을 守護하는 30개의 신을 가리킨다. 즉 熱田·諏訪·広田·気比·気多·鹿島·北野·江文·貴船·伊勢·八幡·賀茂·松尾·大原野·春日·平野·大比叡·小比叡·聖真子·客人·八王子·稲荷·住吉·祇園·赤山·建部·三上·兵主·苗鹿·吉備津등의 신들이다(《日本国語大事典》, 〈三十番神〉).

즈 하치만石淸水八幡과 쓰루가오카 하치만鶴岡八幡이 확연히 구별되고, 쓰루가오카 하치만이 무신武神 내지 가마쿠라 막부의 수호신으로서 성격을 강하게 띠게 되었던 것이 주목된다.54) 《육대승사기》에 따르면, 막부의 고케닌들은 아마쇼군尼將軍 호조 마사코北條政子의 궐기 호소에 따라 "하치만 대보살이 어찌 죄 없는 우리들을 인도해 주지 않겠는가? 새벽에 말의 채찍을 들겠다"55)라고 서약했다고 한다. 또한 호조 야스토키는 일군一軍의 대장으로 가마쿠라를 출발할 때 먼저 하치만 대보살에 찾아가, "이번의 상락上洛이 도리에 어긋나면 즉시 야스토키의 목숨을 거두고 후생後生을 도와주시길. 만약 천하의 도움이 되어 인민을 편안히 하고 불신佛神을 일으킨다면 불쌍히 여겨 주시길."56)이라고 기원하였다.

여기서 하치만 대보살은 교토에 있는 이와시미즈 하치만이 아니라 가마쿠라에 있는 쓰루가오카 하치만으로, 특별히 무사 정권에 대해서 가호를 내리고 있는 신이다. 유포본流布本 《승구기承久記》(1242~1249년 사이 성립)에 따르면, 호조 요시토키 토벌을 명하는 고토바의 원선院宣을 거부했던 교토슈고京都守護 이가 미쓰스에伊賀光季는 관군官軍의 공격을 받아 자살을 하면서, "동쪽을 향해 세 번 절을 하고서, '南無歸命頂禮(예불할 때 하는 말), 가마쿠라 하치만 대보살·와카미야 삼소若宮三所여, 곤노다이후權大夫(요시토키)를 위해 목숨을 왕성王城에 버렸다'고 기도하고 …… 할복했다"57)고 기술되어 있다. 바로 부근에 있는 본사本社이자 또한 같은 신을 제사지내는 이와시미즈 하치만을 배알

---

54) 石毛忠, 〈北条執権の政治思想〉, 石田一良 編, 《日本精神史》, ペリカン社, 1988, 151쪽.
55) 弓削繁 校注, 《六代勝事記·五代帝王物語》, 83~84쪽.
56) 《明惠上人傳》, 《渋柿》, 150쪽.
57) 松林靖明 校註, 《承久記》, 《新撰日本古典文庫》1, 現代思潮社, 1974.

하지 않고 쓰루가오카 하치만을 배알한 것은 같은 신령神靈이라도 신사神社가 다르면 신으로서의 성질도 달라지는 것을 보여준다.58)

쓰루가오카 하치만은 미나모토노 요리토모의 선조인 미나모토노 요리요시源賴義가 1063년 이와시미즈 하치만궁의 분령分靈을 가마쿠라에 권청勸請한 것에서 유래한다. "선조의 곤겐權現은 본조의 진수鎭守이다"라고 하듯이, 하치만신은 본래 미나모토 씨의 우지가미氏神·무신武神임과 동시에 종묘신宗廟神·진호국가신鎭護國家神이기도 하였다.59) 요리토모는 요리요시가 권청하고 요시이에義家가 수복修復했던 쓰루가오카 와카미야鶴岡若宮를 특히 존숭하고 그것을 자신의 하치만 신앙의 중심으로 삼았다. 요리토모는 자신이 세이와 천황淸和天皇의 혈통인 '귀종貴種'이며 무가의 동량棟梁임을 보장하는 우지氏 신사로서 쓰루가오카 와카미야를 숭상했던 것이고, 가마쿠라 막부의 주군인 가마쿠라 도노, 나아가 쇼군으로서 권위가 확립되는 동시에 쓰루가오카 하치만궁을 막부의 수호사守護社로까지 발전시켰던 것이다.60)

요리토모의 시대에는 이와시미즈 하치만과 쓰루가오카 하치만 두 신의 신격神格이 구별되지 않았다. 요리토모가 1190년 11월 교토에 올라 섭정攝政 구조 가네자네九條兼實를 만났을 때, "백왕을 수호해야 한다"는 "하치만의 탁선託宣에 따라 줄곧 군왕에게 귀복歸服했다"61)고 말한 것은, 그것을 여실히 보여준다. 요리토모 스스로 자기에게 백왕 수호의 탁선이 있었다고 하는 것은 무가 정권이 종묘사직의 신으로서 하치만신의 뜻에 입각한 것이라는 주장이었다. 그는 백왕을 수호해야

---

58) 奧田眞啓, 《武士団と神道》, 白揚社, 1939, 133~134쪽.
59) 石毛忠, 〈《吾妻鏡》の政治思想―鎌倉幕府の政治思想序説―〉, 18~21쪽; 中野幡能, 《八幡信仰》, 塙新書, 1985, 172쪽 이하 참조.
60) 石毛忠, 위의 글, 22쪽.
61) 《玉葉》建久1(1190)년 11월 9일조.

한다는 하치만신의 탁선을 대의명분으로 하여 무가의 정치적 지위를 유리하게 이끌려 하고 있었다.62) 그러나 조정과 막부가 정면충돌하는 상황이 되면 사정이 달라질 수밖에 없었다. 미나모토 씨의 우지가미·무신인 동시에 종묘신·호국신이라는 하치만신의 양면적 성격은 더 이상 유지될 수 없었기 때문이다.

1221년 5월 19일 고토바의 군사 동원 소식이 가마쿠라에 전해지자, 막부는 바로 다음날 20일, 쇼겐보莊嚴房 율사律師와 쓰루가오카 하치만궁 별당別当에게 '세상 평온'을 위한 기도를 명하였다. 이어서 5월 25일 동국東國의 무사 19만을 대거 출진시키고, 다음날 26일에는 '세상 평온'을 기원하는 기도로서 쓰루가오카 하치만궁에서 인왕백강仁王百講이 행해졌다. 이것은 '간토에서 최초의 예'였다. 또한 같은 날 쓰루가오카 와카미야에서 싯켄 호조 요시토키의 기도로 속성제屬星祭가 행해졌고, 이어서 백일의 천조지부제天曹地府祭가 시작되었다. 6월 15일 관군이 패배하고 막부군이 교토를 점령했는데, 이날 마침 간토의 기도가 결원結願하는 날이었다. 《아즈마카가미》에서는 이것에 대해 "불佛의 힘, 신神의 힘이 아직 땅에 떨어지지 않았음을 숭상해야 한다"고 기술하고 있다. "슬프게도 85대의 말세末世를 맞이하여 황가皇家가 끊어지려 하는가"라며 탄식하는 한편, 쓰루가오카 하치만 궁을 비롯한 신불의 가호로 승리한 것을 자축하고 있다.63) 여기에서 쓰루가오카 하치만은 오로지 무신이자 막부의 수호신으로서, 아마테라스 오미카미가 수호하는 백왕(황손)을 토벌하는 동국의 무사들에게 특별한 가호를 내리고 있을 뿐이었다.

조큐의 난에 즈음하여 무사 정권을 지지한 하치만신은 교토의 이

---

62) 石毛忠, 〈《吾妻鏡》の政治思想―鎌倉幕府の政治思想序説―〉, 23쪽.
63) 《吾妻鏡》 해당 연월일.

와시미즈가 아니라 가마쿠라의 쓰루가오카 하치만이었고, 아마테라스 오미카미의 지지를 받는 조정 측에 대하여 쓰루가오카 하치만이 막부를 지지하였다. 하치만신이 있다는 확신은 막부에게 자신과 용기를 주었다. 조큐의 난의 승리는 신기신앙 면에서는 아마테라스 오미카미와 가스가묘진春日明神 등 조정 측의 수호신에 대한 막부의 수호신 하치만신의 승리를 의미했다. 《고금저문집》에는 하치만이 다케노우치 스쿠네武內宿禰를 불러들여 "세상이 어지러워지려 한다. 잠시 도키마사時政의 아들(요시토키)이 되어 세상을 다스려라"[64]고 했다는 이야기를 전하고 있는데, 조큐의 난에서 막부의 승리를 이끈 호조 요시토키를 하치만신의 신명神命에 입각한 다케노우치 스쿠네[65]로 묘사하고 있다. 이것에 따르면, 요시토키는 하치만신의 뜻을 받들어 난을 진압한 것이었다. 이 설화는 가마쿠라 말기에도 이어져 요시토키는 '다케노우치 오카미武內大神의 환생'[66]으로 언급되고 있다.

《승구기》의 최고본最古本으로 알려진 지코지본慈光寺本(1230~1240년 사이 성립)에서는, 이가 미쓰스에의 최후에 대해서 "하치만 대보살·가모賀茂·가스가春日여, 나의 뜻을 불쌍히 여겨 들어주소서"[67]라고 하치만을 가모·가스가와 병기하고 있는데, 여기에서 하치만은 이와시미즈 하치만을 가리킨다. 이것은 앞서 살핀 유포본의 기술과 차이를 보인다. 조큐의 난을 계기로 쓰루가오카 하치만이 막부의 수호신으로서 성격을 분명히 하고 가마쿠라 고케닌이 이와시미즈 하치만과 구별하

---

64) 《古今著聞集》卷1, 〈北条義時は武內宿禰の後身たる事〉, 64쪽.
65) 八幡宮의 祭神으로 여겨진 應神天皇을 도와 공을 세웠다고 전해지는 전설 상의 인물이다.
66) 德治3(1308)년 8월일 〈平政連諫草〉, 《鎌倉遺文》第30卷 23363号.
67) 《承久記》(慈光寺本), 《保元物語 平治物語 承久記》, 《新 日本古典文學大系》43, 岩波書店, 1992, 322쪽.

여 쓰루가오카 하치만을 신앙하는 태도가 동국東國사회에 나타났지만, 그것을 바라보는 교토 귀족들의 시선은 매우 복잡했던 것을 짐작케 한다.

조큐의 난 뒤 가마쿠라 막부의 신기신앙의 변화는 이상에서 살핀 하치만신의 무신 또는 막부의 수호신으로서 성격 강화 내지 순화에만 그치지 않는다. 이 점은 1232년 호조 야스토키가 제정한 무사정권 최초의 성문법인 〈어성패식목〉의 기청문起請文에서 엿볼 수 있다. 여기에는 "범천梵天·제석帝釋·사대천왕四大天王, 통틀어 일본국중日本國中 육십여 주六十餘州의 대소신기大小神祇, 특히 이즈伊豆·하코네箱根 양소兩所 곤겐権現, 미시마다이묘진三嶋大明神·하치만 대보살·덴만다이지자이텐신天滿大自在天神의 부류·권속"이라는 불교의 수호신과 하치만신을 포함한 여러 신들이 열거되어 있는데, 무엇보다 아마테라스 오미카미와 가스가묘진이 언급되지 않은 것이 눈에 띈다.

요리토모의 시대에 하치만신은 아마테라스 오미카미와 가스가묘진 또는 그 어느 한 쪽과 병기되는 것이 통례였다. 예를 들면, 요리토모는 1189년 7월 오슈奧州 후지와라 씨藤原氏 토벌에 나서 군기軍旗를 만들어 쓰루가오카 별당방別當坊에서 가지加持하도록 했는데, 그 군기에는 '이세 대신궁·하치만 대보살'이 함께 새겨져 있었다.68) 또한 지엔은 《우관초》에서 '(이세)대신궁과 하치만 대보살의 어교시御教示'를 강조하는 한편,69) 신대의 유계幽契에 입각한 하치만신과 가스가묘진의 백왕 수호를 확신하고, 이 두 신의 결합에 따른 공가·무가의 공존을 기대하고 있었다.70) 이러한 점에서 하치만신을 단독 기술한 기청

---

68) 《吾妻鏡》文治5(1189)년 7월 8일조.
69) 《愚管抄》卷7, 329쪽.
70) 石毛忠, 〈《吾妻鏡》の政治思想—鎌倉幕府の政治思想序説—〉, 23쪽. 慈圓은

문은 가마쿠라 막부의 신기신앙이 공가의 신기신앙에서 일정 정도 독립한 것, 즉 탈공가성脫公家性의 일면을 엿보게 해준다.71)

  기청문에서 특기할 만한 또 하나의 사실은 하치만신이 이즈·하코네곤겐, 미시마다이묘진의 뒤에 기술되어 있다는 점이다. 이즈·하코네는 고대 이래 산악신앙山岳信仰의 중심지였고, 가마쿠라 시대에 들어서 간토의 수호신으로 존숭되어 왔다. 이즈·하코네곤겐에 참배하는 이른바 니쇼모데二所詣도 1182년 8월, 호조 마사코 안산安産 기도의 봉폐사 순견巡遣 이후 종종 행해졌다. 또한 미시마다이묘진은 이즈반도伊豆半島 개발의 조신祖神, 이즈제도伊豆諸島의 조성신造成神으로서 가마쿠라 시대에 들어 '도카이도東海道 제일의 명사名社'로 존숭되었고, '일본총진수日本總鎮守 미시마다이묘진'(《잇펜상인회전一遍上人繪傳》)으로 일컬어지기도 했다. 이즈의 국부國府가 있던 지역이기 때문에 이즈국伊豆國의 이치노미야一宮이기도 했다.72) 요리토모는 1188년 1월, 처음

  황실의 祖神인 아마테라스 오미카미와 藤原氏의 祖神인 天兒屋根命과 맺은 神代의 약속에 따라 천황(황실)을 藤原氏가 보좌한다고 강조하는 한편(《愚管抄》卷7, 347쪽), 三種의 神器의 하나인 神劍이 平氏의 멸망과 함께 사라진 것은 武家(源氏)가 신검을 대신해서 황실을 수호하는 시대가 도래한 것으로서 아마테라스 오미카미와 하치만 대보살의 神意라고 해석한 바 있다(같은 卷5, 265쪽). 慈圓에게 아마테라스 오미카미(天皇家), 春日明神(藤原氏), 八幡神(源氏)은 함께 협력하여 일본을 다스리는 주요한 신들이었다.

71) 石毛忠, 〈北条執権の政治思想〉, 153쪽. 다만 이것은 막부의 신기신앙이 공가의 신기신앙으로부터 상대적으로 독립했다는 의미이지, 결코 그것과 결별했다는 뜻은 아니다. 막부는 일본국을 무력으로 수호한다는 원칙 아래, 종묘신인 伊勢神宮에 대해 존숭하는 태도를 계속 유지하고 있었다. 《吾妻鏡》承久3년 8월 7일조에는 "세상이 평온으로 돌아간 것은 二品禪尼(北條政子)의 夢想과 부합한다. 따라서 二所太神宮에 영지를 기진하였다. …… 그 외에 諸社에 동일하게 기진했다. 鶴岡八幡宮의 分은 武蔵国 谷古宇郷司職(五十余町), 諏訪宮의 御料는 越前国 宇津目保라고 한다"라고 기술되어 있다. 조큐의 난 직후에 막부의 수호신인 鶴岡八幡宮과 東國의 武神인 諏訪宮과 함께, 종묘신 伊勢神宮에 영지를 기진하고 있는 것이 주목된다.

으로 이즈·하코네곤겐·미시마샤三島社에 참배하였다.73) 이렇듯 이즈·하코네곤겐 및 미시마다이묘진은 모두 고대 이래 동국의 지역사회에 기반을 두고 있고, 가마쿠라 막부 초창기부터 존숭해 온 신들이다.

그렇다면 이들 세 신이 하치만신(하치만 대보살)보다 앞서 기술된 것을 어떻게 해석해야 할까? 이시게 다다시石毛忠는 당시의 무사 정권에서 하치만 신앙은 이제 요리토모 시대와 같이 최상의 위치를 차지하지 못하게 된 것을 암시한다고 지적한다.74) 그러나 막부의 쇼군이 연초에 가장 먼저 참배하는 곳은 하치만신을 모신 쓰루가오카 하치만궁이란 사실은 변함이 없었다. 막부가 가장 중시하는 제일의 신격은 이즈·하코네의 '니쇼二所'나 미시마다이묘진이 아닌 쓰루가오카 하치만이었던 것이다. 《아즈마카가미》에 따르면, 쓰루가오카 하치만이야말로 요리토모 이래 가마쿠라막부가 가장 존숭하는 최상의 신이었고, 그 지위는 조큐의 난 이후에도 계속 유지되고 있었던 것을 확인할 수 있다.75)

---

72) 이상, 《國史大辭典》〈伊豆權現〉·〈箱根權現〉·〈三島大明神〉 참조.

73) 《吾妻鏡》文治4(1188)년 1월 20일조.

74) 石毛忠, 〈北条執権の政治思想〉, 153쪽.

75) 1185(文治1)년 1월 1일 源賴朝가 鶴岡八幡宮에 참배한 이래 해마다 정초에 거의 예외 없이 鎌倉殿(또는 征夷大將軍)이 참배하고 있다. 二所(伊豆·箱根權現)에 대한 참배는 통상 그 후에 행하고 있다. 1210(承元4)년 1월 1일에 北條義時가 將軍家의 사자로서 鶴岡八幡宮에 봉폐했는데, "右大將家(賴朝)의 시대에는 날짜를 정하지 않고 대략 元日에 봉폐를 하였다. 근년에 쇠퇴하여 이 의식이 없었다. 올해 佳例를 다시 일으켰다고 한다."라고 기술되어 있다. 또한, 1240(延應2)년 1월 17일에는 彗星이 출현한 일로 말미암아 鶴岡宮寺에서 백 명의 승려로 하여금 仁王百講을 명하고, 동시에 箱根本地護摩, 伊豆山本地護摩, 七壇北斗供 등의 기도를 명하고 있다. 비슷한 사례로, 1244(寬元2)년 1월 11일 天變의 기도를 위해 鶴岡若宮에서 大般若經을 轉讀케 하는 동시에, 伊豆·箱根·三島에서 本地供을 올리도록 명하고 있다. 난 전후를 통하여 막부가 행하는 神事에서 최상의 위치를 차지하는 것은 鶴岡八幡宮이고, 그 다음이 伊豆·箱根·三島 등의 순서였음을 엿볼 수 있다.

기청문에서 일본 전국의 신기 가운데 이즈·하코네곤겐, 미시마다이 묘진을 제일 먼저 기술하고 있는 것은 다름 아닌 〈어성패식목〉의 성격과 밀접한 관련이 있다고 생각된다. 이들 신은 모두 간토 지역의 토착신이란 점에서, 본래 종묘신의 성격을 가지면서 전국 곳곳에 권청된 하치만신과는 구별된다. 호조 야스토키는 〈어성패식목〉이라는 무가 최초의 성문법이자 평정중의 합의제라는 막부정치의 새로운 이념을 제시하는 데 무엇보다도 간토에 뿌리를 둔 수호신들을 하치만신보다 우선시했던 것이 아닐까? 즉 간토의 무사 정권 최초의 성문법 제정에 담긴 야스토키의 비장한 결의와 새로운 정치지향이 있었기 때문이야말로, 이즈·하코네곤겐·미시마다이묘진을 일본을 가호하는 여러 신들 가운데서 제일 앞에 기술하게 되었다고 해석하고 싶다. 기청문에 기술된 하치만신은 문맥적으로 일본을 가호하는 여러 신들의 하나로 자리매김하고 있을 뿐이다.

조큐의 난 뒤 쓰루가오카 하치만의 막부 수호신으로서 성격이 더욱 분명해지고 그것이 무가의 신기신앙에서 더욱 중요시되는 최상의 신격임은 부인할 수 없지만, 그와 동시에 이즈·하코네곤겐·미시마다이묘진과 같이 간토를 대표하는 고대 이래의 전통적 신기신앙도 한층 강화되었던 것을 지나쳐서는 안 된다. 조큐의 난 뒤 연초에 니쇼 봉폐사를 파견하기보다는 쇼군이 직접 참배하는 경우가 많아진 것[76]이

한편, 1187(文治3)년 8월 15일 최초로 鶴岡八幡宮의 放生會가 개최된 이후 막부의 공식 행사로 정례화되었고, 2월에는 鶴岡八幡宮의 臨時祭, 5월·9월 에는 鶴岡八幡宮의 神事가 점차 항례로 행해지게 된다(《吾妻鏡》해당 연월일 참조).

76) 이전에도 해마다 정초에 鎌倉殿(將軍)이 二所에 직접 참배하거나 봉폐사를 파견하곤 했다. 하지만 조큐의 난 이후 장군의 직접 참배가 눈에 띄게 많아지고, 그 자체가 논의의 대상이 되고 있다. 예를 들면, 1228(安貞2)년 1월 9일 二所 봉폐사의 파견을 결정했지만, 그 달 13일에 그것을 중지하고 장군

나, 싯켄 호조 야스토키와 그 아들 쓰네토키經時, 막부의 중신重臣이자 렌쇼連署인 호조 시게토키北條重時 등이 직접 니쇼에 참배하고 있는 것이《아즈마카가미》에 기술되어 있는 것77)도 그것과 무관하지 않은 것으로 보인다.

3. '무위武威'의 사회적 정착

조큐의 난을 눈앞에 두고서 저술된《우관초》에는 "호겐保元 원년元年 7월 2일 도바 원鳥羽院이 사망한 후 일본국의 난역亂逆이 일어나 그 후 무사의 세상이 되었다"78)라고 기술되어 있다. 지금까지 귀족의 신변을 지키는 '사무라이侍(侍衛)'에 지나지 않았던 무사세력은 조정 안의 권력 대립을 무력으로 해결했고, 그것으로 자신들의 힘과 역할을 자각하기에 이르렀다. 그리하여 지엔과 같은 예리한 역사적 통찰력을 가진 당대 최고의 지식인은 호겐保元·헤이지平治의 난(1156·1159년) 이후 일본은 '무사의 세상'이 되었다고 간파했던 것이다. 이러한 통찰은 현재까지도 유효한, 일본의 역사에 대한 통설적 이해라고 할

(藤原賴經)이 직접 참배할 것으로 변경, 그 달 29일에는 장군의 참배를 연기하고 원래대로 봉폐사를 파견하고 있다. 또한 1229(寬喜1)년 12월 27일, 北條泰時의 저택에서 將軍家의 이듬해 二所 참배에 대해서 논의했을 때, "장군가가 참배할 것인가, 사신을 보낼 것인가 양론"이 있었고, 결국 代官으로 결정했다고 한다. 그 뒤에는 사료의 결여로 말미암아 확인할 수 없지만, 1237(嘉禎3)년부터 장군이 직접 二所를 참배하는 횟수가 뚜렷이 늘고 있다. 특히 1237년에는 1월과 11월 두 차례에 걸쳐 참배를 하고 있고, 1240(仁治1)년 12월에는 二所精進을 위한 건물을 御所內에 별도로 조영하고 있다. 이 듬해 1241(仁治2)년 1월에는 매달 春日社·二所·三島社 등에서 神樂을 하도록 정해지기도 했다. 이상의 사례들은 막부의 神事에서 二所의 존재가 더욱 중요시된 것을 보여 준다(《吾妻鏡》 해당 연월일 참조).
77) 延應1(1239)년 10월 8일조, 建長6(1254)년 2월 2일조.
78)《愚管抄》卷4, 206쪽.

수 있다. 그러나 정작 12세기 중엽 당시 사람들은 세상의 변화를 두루 감지하고 있었던 것일까? 만약 두 사건이 그렇게 큰 역사적 변혁으로 받아들여졌다면, 이 사건을 계기로 동시대인들은 종래에 없던 새로운 사상적·정신적 영위를 했겠지만, 그것을 보여주는 사례는 찾기 힘들다. 조정의 귀족을 비롯한 거의 모든 동시대인들로 하여금 진정 '무사의 세상'을 실감하도록 한 것은 바로 조큐의 난이었다.

조큐의 난은 무사 정권 막부가 지닌 막강한 군사력의 위세를 천하에 떨치도록 하였다. 고토바 원의 호조 요시토키 토벌의 명령이 전해지자 막부의 고케닌들은 곧바로 결속하여 도토미遠江·시나노信濃 동쪽 15개국의 군사 19만이 교토를 향해 총진격하게 된다. 막부 안의 분열을 기대했던 조정 측은 이 소식을 접하고 "원중院中의 상하가 모두 혼백이 나갔다"[79]고 당혹해 할 따름이었다. 동국의 무사들을 근간으로 한 군사 정권으로서 막부의 본질적인 측면이 여기에 잘 나타나 있었다. 그러한 군사 정권의 '무위'가 유감없이 발휘되어 '관군'은 순식간에 패배하고 말았다. 1221년 5월 15일 거병한 조정 측은 겨우 한 달 만인 6월 15일에 완패했던 것이다.

"일조一朝의 만물은 모두 빠짐없이 국왕의 것이 아닌 것이 없다. 그러므로 국주國主가 이것을 취하려는 것에 대해 시비를 가려 아까워하는 것은 도리가 아니다"라고 하는 왕토사상王土思想이 조정 측의 궁극적인 논리였다면, "사사로이 무위를 휘둘러 관군을 멸망시키고 왕성을 파괴하였다"는 것이 막부가 취한 행동의 실태였다.[80] 조정이 편성한 원院 측의 군사력은 막부의 압도적인 군사력 앞에서 너무나 무력하였다. 《육대승사기》에는 "관군을 무찌르는 것이 추풍秋風이 초엽草

---

79) 《吾妻鏡》承久3(1221)년 5월 29일조.
80) 《明惠上人傳》, 《渋柿》, 146~147쪽.

葉을 휩쓸고 동상冬霜이 나뭇잎을 말리는 것보다도 쉽다"81)고 묘사되어 있다.

막부군이 파죽지세로 교토에 쳐들어 왔을 때 상황은 《아즈마카가미》에 다음과 같이 기술되어 있다. "관병의 숙려宿廬에 각각 방화하여 수 개 장소가 불타버렸다. 오늘밤으로 운명이 다한다고 하며 교토 주민들은 모두 어쩔 줄 몰랐다. 산 것도 아니요 죽은 것도 아니었다. 제각기 동쪽, 서쪽으로 도망쳤다. 진항秦項의 재난(진秦나라의 수도 함양咸陽이 항우項羽에 의해 초토화된 것)과 다름없었다. 동사東土(동국東國의 무사)가 기내畿內·기외畿外에 가득 찼다. 전장을 도망친 보병을 찾아내어 참수하니 백인白刃을 씻을 틈이 없었다. 인마人馬의 시체가 길거리를 뒤덮어 걸음걷기가 어려웠다. 향리에 온전한 집이 없고 경작지에 남은 묘苗가 없었다. 무용을 좋아하던 서면·북면의 무사들은 금세 멸망하고 변공邊功을 세운 근신近臣·중신重臣은 모두 포로가 되었다."82) 그야말로 점령군으로서 무차별적인 방화·약탈·살상행위에 교토 주민들이 어쩔 줄 모르는 모습이 막부의 기록으로 담담히 기술되고 있다. 고토바에게 원군援軍을 요청받은 엔랴쿠지延曆寺의 슈토衆徒들이 "동사東土의 강위强威를 막기 어렵다는 뜻"83)을 상주했던 바로 그 위세로 막부군은 수도 교토를 군사 점령해 버렸던 것이다. 6월 15일, "낙중洛中에서 무질서한 행위를 해서는 안 된다고 동사東土에게 명할 것"84)이라는 원선院宣이 내렸지만 속수무책이었다.

조큐의 난 직후에는 실로 '무위'를 앞세운 막부의 혹독한 전후처리

______

81) 弓削繁 校注, 《六代勝事記·五代帝王物語》, 84쪽.
82) 《吾妻鏡》承久3년 6월 15일조.
83) 위의 책, 承久3년 6월 9일조.
84) 위의 책, 承久3년 6월 15일조.

가 뒤따랐다. "이번 난의 장본인은 경상卿相 이상에 이르기까지 모두 참죄斬罪에 처할 것"85)이라는 간토의 명에 따라, 원 측에 가담한 무사는 물론 공경귀족까지 잇달아 참수되었다. 이것은 조정의 선지宣旨에 따른 것이 아니라 막부, 즉 호조 씨의 독단적인 처벌이었다. 조큐의 난 이전에 귀족 신분으로 참수된 것은 헤이지의 난 당시의 후지와라노 노부요리藤原信賴가 유일한 예로서, 이번 정이위正二位·사키노추나곤前中納言 하무로 미쓰치카葉室光를 비롯한 정신廷臣 5인의 참수는 매우 드문 사례일뿐더러, 그것 또한 전쟁의 승자가 패자의 생사여탈권을 갖는다는 무사의 논리에 따라 행해졌던 것이다.86)

막부는 여기에 그치지 않고 천황의 폐위와 세 상황의 유배라는 전대미문의 조치를 단행하였다. 점령군으로 상락한 호조 야스토키에게 제시된 고토바 원의 원선에는 막부 추토의 선지를 철회하고 "천하의 일에 대해서는 이제 간여하지 않겠다"는 근신의 뜻과 함께, "흉도의 부언浮言으로 말미암아 이러한 사태에 이른 것"을 후회하는 내용이 담겨 있었다.87) 그러나 막부는 이것을 전혀 개의치 않고 고토바를 비롯한 그의 직계 상황과 천황을 유배·폐위시켰던 것이다. 본래 율령의 규정에는 태상 상황太上上皇을 처벌하는 규정은 없으며, 하물며 조정의 주도자를 처벌하는 것은 원리적으로도 존재하지 않았다. 막부의 전례 없는 강경 조치는 무사의 논리가 조정의 그것을 능가한 것을 세상 사람들에게 명백하게 실감케 하였을 것이다. 조큐의 난은 조정의 권위가 와해되고 진정한 무사의 세상이 시작되었음을 세상에 고하

---

85) 위의 책, 承久3년 7월 5일조.
86) 本鄕和人, 〈承久の亂の史的位置〉, 《中世朝廷訴訟の硏究》, 東京大学出版会, 1995, 53~55쪽.
87) 《承久兵亂記》下, 〈被下院宣於泰時事〉, 《續群書類從》20上, 101쪽.

는 일대 사건이었다고 하겠다.[88]

조큐의 난 직후 전후처리라고는 해도 세 상황의 유배와 천황의 폐위, 치천治天의 군君(後高倉)과 고호리카와 천황後堀河天皇의 결정마저 막부에 의하여 행해진 것은 선례가 없는 일이었다. 조정의 성역에 막부가 침범할 수 있었던 것은 말할 것도 없이 군사적 충돌이라는 비상사태에 따른 것이었다. 그러나 평화를 되찾은 후에도 천황의 즉위에 대하여 막부의 승인을 필요로 하게 된다. 1242년 시조 천황四條天皇의 요절 뒤 그 후계자로 구조 미치이에九條道家가 추천한 준토쿠 상황順德上皇의 아들 주세이 왕忠成王을 물리치고 막부는 쓰치미카도 상황土御門上皇의 아들 구니히토 왕邦仁王(後嵯峨)을 황위에 추대하였다. 막부는 조큐의 난에서 토막討幕에 적극적이었던 준토쿠 상황의 아들의 즉위를 꺼리고, 만약 주세이 왕이 즉위한다면 폐위를 강행하겠다는 결의로 나섰던 것이었다.[89] 공가는 "제위帝位의 일 또한 동이東夷가 결정한다. 말대末代의 일이니 슬퍼할 만하다."[90] 또는 "군의群議가 아니라 이역만류異域蠻類의 몸으로 이 일을 결정하니 종묘의 뜻은 어떤 것일까"[91]라고 불만을 토로할 뿐이었다. 그 이전의 1232년 시조천황에게 양위할 때에는 교토로부터 막부에 재삼 동의가 구해지고, 막부가 반대했음에도 시조의 외조부인 미치이에가 양위를 강행했던 적이 있었지만, 이번에는 막부의 강력한 의사에 거스를 수 없었다. 조큐의 난의 영향은 20년 지난 뒤에 이와 같은 형태로 나타나 이제 조정은 황위의 선정권조차 막부의 손 안에 있는 것을 새삼 깨달아야

---

88) 本郷和人, 〈承久の亂の史的位置〉, 56쪽.
89) 《五代帝王物語》, 弓削繁 校注, 《六代勝事記 · 五代帝王物語》, 111~112쪽.
90) 《経光卿記》, 《改定史籍集覽》24, 新加別記 第34, 197쪽.
91) 《平戸記》仁治3년 1월 19일조, 《增補 史料大成》32, 139쪽.

했던 것이다.92)

뒷날 고사가 상황은 황위 후계자에 대한 의견을 표명하지 않고 죽었기 때문에 고후카쿠사後深草·가메야마龜山 두 천황 형제 사이에 황위계승을 둘러싼 분쟁이 생겼고, 막부는 그 결정을 하지 않으면 안 될 처지에 놓이게 되었다. 이후 지묘인持明院(後深草)·다이카쿠지大覺寺(龜山)의 양 통兩統이 대립하면서 서로 경쟁적으로 막부에 접근하는 경향이 나타난 것은 당연한 결과였다. 1321년 고우다 법황後宇多法皇이 정무를 고다이고 천황後醍醐天皇에게 넘기는 교섭을 위하여 요시다 사다후사吉田定房를 간토에 파견한 것에 대해서, 《마스카가미增鏡》는 "이 정도의 일은 부친의 마음에 간단히 맡길 것이건만 한탄스럽다. 하지만 어제 오늘에 시작된 일이 아니다. 조큐 이후 점차 이렇게 되었던 것 같다"93)고 기술하고 있다. 부친인 법황이 아들 천황에게 정무를 넘기는 정도의 사항도 막부의 의향을 묻지 않으면 안 되게 된 사태는 조큐 이후의 일이라고 인식되고 있다.

1328년 고후시미 상황後伏見上皇이 지묘인 통持明院統의 하루노미야春宮 가즈히토量仁의 즉위를 막부에게 요청하는 글에서 "조큐 이후 간토가 하늘을 대신하여 중사를 처리하는 것은 명려冥慮에 따른 것으로 이미 공사公私의 가례佳例이다. 말대에 이르러 이것을 바꾸는 것은 천의天意에 부합하지 않으며 무위를 가볍게 여기는 것과 같다"94)고 기술하고 있다. 조큐 이후 막부에 의한 국가 중대사의 처리를 당연시하고, 막부의 '무위'를 존중하여 그것에 추종하는 조정의 태도가 역력히

---

92) 上横手雅敬, 〈鎌倉幕府と公家政権〉, 《鎌倉時代政治史研究》, 吉川弘文館, 1991, 27~28쪽.
93) 《增鏡》第13, 〈秋のみ山〉, 420쪽.
94) 〈嘉曆3年後伏見上皇事書案〉, 《鎌倉遺文》39卷 30142号.

표현되어 있다. 같은 해 고후시미 상황이 이와시미즈 하치만 궁에 바친 기원문 속에서, "황가의 안전은 무문武門의 안전이다. 황가가 특히 무위에 의존하고 무문 또한 황통을 세웠다. 만약 동국의 보좌가 아니라면 어찌 중도中都의 평안을 이룰 것인가"[95]라고 말한 것은 '무위'에 대한 절대적인 의존마저 느끼게 한다. 또한 1324년에 다이카쿠지 통大覺寺統의 고우다 상황이 남긴 유고遺告 가운데, "국가의 대본을 지키는 것은 오로지 무장武將의 장구長久함에 있다. 왜냐하면 중고中古 이래 호겐保元 양주兩主(崇德·後白河)의 쟁란, 주에이壽永 양가兩家(源氏·平氏)의 정벌이 일어나 백성들이 군대로 고달프게 되고 황통은 병권에 의존하게 되었기 때문이다. 근래 신감神鑑이 합응合應하고 무위가 진세鎭世하니 이로써 군주가 강녕하고 백성이 편안하다"[96]는 말도 막부의 '무위'에 대한 조정의 추종적인 태도를 솔직히 드러내고 있다.

여기에서 '무위'란 단순히 물리적인 무력을 가리키는 것이 아니라, 막부의 무사 정권으로서의 위광·위세를 의미하는 것으로 막부 그 자체를 뜻하는 용어로도 읽힌다. 조정은 막부의 '무위'가 없어서는 '황가의 안전', '중도의 평안', '세상의 진정'은 불가능하다고 하고, 그 상태가 정착한 것은 '조큐 이후'라고 인식하고 있다. 조큐의 난으로 입증된 막부의 군사력의 압도적 우위, 거기에서 발하는 막부의 '무위' 앞에서 조정의 '조위朝威'는 의존과 추종의 자세를 보이지 않을 수 없었던 것이다.[97]

---

95) 〈嘉曆3年12月3日後伏見上皇願文〉, 〈後伏見院御願文類〉所收, 東京大学史料編纂所架蔵写本《伏見宮記録》元, 21〈宸筆御願文〉.
96) 〈後宇多上皇遺告〉, 《鎌倉遺文》37卷 28779号.
97) 南基鶴, 〈'武威'를 통해서 본 鎌倉幕府의 성립과 발전〉, 《東洋史學研究》90, 2005, 163쪽. 이 글에서 조큐의 난 뒤의 '武威'에 관한 기술은 상당 부분 이 것에 따른다.

1240년 이전의 성립으로 보이는 지코지본慈光寺本 《승구기》에 따르면, "곤노다이후權大夫(요시토키)는 천하를 제압하고 영화를 누렸다. 중국에도 일본에도 이러한 예는 없을 것이다."[98]라고 하고, 《아즈마카가미》에는 조큐의 난 뒤에 로쿠하라六波羅(泰時·時房)가 요시토키의 '조아이목爪牙耳目'과 같이 "치국의 요계要計를 꾀하고 무가의 안전을 추구했다"[99]고 기술되어 있다. 남북조시대에 성립한 마에다본前田家本 《승구기》의 말미는 "무릇 조큐는 어떠한 연호인가. 옥체가 모두 서·북풍에 빠지고 경상卿相이 모두 동이東夷의 창에 찔렸다. 이는 아마테라스 오미카미·쇼하치만의 뜻이다. 왕법이 이때에 기울고 동국이 천하를 지배할 내력이었을 것이다"[100]라고 회고하고 있다. 그 외에 "조큐 요시토키 아손朝臣 천하를 병탄하였다."[101] 또는 "조큐 이후 무가가 대대로 천하를 다스렸다"[102]는 표현대로 조큐의 난에서의 막부의 승리, 조정의 패배라는 냉엄한 역사사실은 이후 국정에서 막부의 지위와 조정·막부 관계에 지대한 영향을 미쳤던 것이다. 지코지본 《승구기》에서 고토바 원의 행태에 대해서 "왕법·왕위도 쇠퇴하였다."고 비판하면서, "요리토모 경은 수차례 수도에 올라 무예의 덕을 베풀고 훈공이 비할 바 없었다. …… 서쪽으로는 구국이도九國二島, 동쪽으로는 아쿠로陸奥平泉·쓰가루津軽·에조가시마蝦夷が島(도호쿠 지방東北地方의 변경지역)까지 정벌하여 위세를 천하에 미치게 하고 영요榮耀를 사해

---

98) 《承久記》下(慈光寺本), 366쪽.

99) 《吾妻鏡》承久3년 6월 16일조.

100) 《承久記》(前田本), 〈土御門院土佐國遷幸〉, 《國史叢書 承久記》, 國史研究會, 1917, 87쪽.

101) 〈建武式目〉, 《中世政治社會思想》上, 《日本思想大系》21, 岩波書店, 1972, 146쪽.

102) 《太平記》卷35,〈北野通夜物語 付 青砥左衛門事〉, 《日本古典文學大系》36, 岩波書店, 1962, 319쪽.

안에 펼쳤다"103)고 가마쿠라 막부를 창립한 미나모토노 요리토모의 위광을 칭송하고 있는 것에는, 조큐의 난 뒤 왕위王威, 즉 조위의 쇠퇴와 대비되는 무위의 고양이 집약적으로 표현되어 있다.

조큐의 난을 계기로 하는 막부의 무위의 강화 및 그것을 토대로 한 국정에서 지위 향상과 관련하여, 난 뒤에 '무'의 존재의의가 크게 부각되고 널리 인정되었던 것을 그저 보아 넘길 수 없다. 1230~1240년대에 쓰인 것으로 보이는 《헤이지모노가타리平治物語》의 서문에는 "왕자王者가 인신人臣을 상찬하는 일은 중국과 일본의 사례를 살펴 보건대 문무의 이도二道를 우선으로 하였다. 문을 가지고 중요한 정무를 돌보며, 무를 가지고 사이四夷의 혼란을 진정시켰다. …… 특히 말대의 세상이 되니 사람이 교만하여 조위를 업신여기고 백성은 사나워 야심을 품는다. 깊이 배려하여 가장 추상抽賞해야 할 것은 용한勇悍의 무리들이다"104)고 기술되어 있다. 국가통치자의 입장에서 치정治政에는 '문무이도'가 필수불가결하다는 인식을 보이고, 특히 '말대'인 현재에는 '무'를 더욱 중시해야 한다고 강조하고 있다. 말대에서 무사를 등용해야 한다는 주장은, 12세기 중엽 후지와라노 고레미치藤原伊通가 니조 천황二條天皇에게 올린 《대괴비초大槐秘抄》에 이미 보이는 것이지만,105) 조큐의 난을 거쳐 새삼 '무'를 중시한 바람직한 정치의 모습을 표방하고 있는 것이 주목된다.

본래 문무병용론은 당태종唐太宗의 《정관정요貞觀政要》나 《제범帝範》에 실려 있는 것으로, 일본에서는 호겐의 난 이후 현실적인 언설

---

103) 《承久記》上(慈光寺本), 303쪽; 305쪽.
104) 《平治物語》上, 〈信賴·信西不快の事〉, 《保元物語·平治物語·承久記》,《新日本古典文学大系》43, 岩波書店, 1992, 146쪽.
105) 《大槐秘抄》, 《群書類從》28, 13쪽.

94

로서 널리 받아들여졌고, 가마쿠라 시대에 들어서는 '무'의 존재를 보증하는 것으로서 《정관정요》가 오랫동안 중시되었다.106) 특히 조큐의 난은 문무병용론이 사회에 널리 정착하는 획기라고 할 만하다. "보조의 장단은 정치의 선악에 달려 있다"는 《육대승사기》의 유명한 구절은 난 뒤의 '무자의 세상'에서 위정론·군신론을 역설한 것으로, 저자는 "문을 왼편으로 하고 무를 오른편으로 한다"는 입장에서 '호문중사好文重士의 군주'를 기대하고 있었다.107) 또한 1252년에 성립한 《십훈초十訓抄》에 "무릇 무사라는 것은 어지러운 세상을 평정할 때 이것을 우선으로 하기 때문에 문과 나란히 우열이 없다. 조가朝家에는 문무이도를 나누어 좌우의 날개로 삼았다. 문에 일이 생기면 반드시 무를 갖추는 것이 이치이다"108)는 말에서 엿보이듯이, 문자 그대로 문무이도론이 조큐의 난 뒤에 정착하는 것이다. 1254년에 성립한 《고금저문집》에서도 〈무용〉의 항목 서두에 《춘추좌씨전春秋左氏傳》에 실린 무의 칠덕七德을 열거하고, 이어서 제왕은 신뢰할 만한 무자武者 한 사람은 신변에 두어야 한다는 《대괴비초》의 주장을 인용하고 있다.109)

조큐의 난 뒤 새로운 체제 아래에 놓인 조정의 공가귀족층은 그들 앞에 우뚝 선 막부의 존재, 그 '무위'를 정면으로 응시하고 생생한 '무'의 중압감을 실감하지 않을 수 없었을 것이다. 《명월기明月記》 1227년 4월 7일조에 실린 다음의 기사 내용은 그 점을 잘 전해주고

---

106) 弓削繁, 〈軍記物語の政道觀をめぐって〉, 75~76쪽.
107) 弓削繁 校注, 《六代勝事記 · 五代帝王物語》, 〈解説〉, 14쪽.
108) 《十訓抄》下, 第10〈才芸を庶幾すべき事〉, 《日本古典文学全集》51, 小学館, 1997, 446쪽.
109) 《古今著聞集》卷9,〈武勇〉, 《日本古典文学大系》84, 岩波書店, 1966, 269~270쪽.

있다. 교토 라쿠난洛南의 깃쇼인吉祥院 앞에서, 다이나곤大納言 쓰치미카도 사다미치土御門定通가 낚시를 하고 있던 것을 신인神人이 살생금단殺生禁斷이라고 호소하자, 사다미치의 사자가 신인에게 폭력을 휘두르는 사건이 발생하였다. 그래서 간파쿠關白가 심리하여 폭력을 휘두른 종자從者의 인도를 요구했지만, 사다미치는 이것을 거부하고는 "무사가 지난번에 낚시를 하던 것에 대해서는 제지하지 않았다. 사람에 따라 처벌을 달리 하는 것은 옳지 않다. 무사의 위세를 존중하고 나를 경시하는 것인가? 나도 또한 무사이다. 빨리 그곳에 가서 신인들을 모두 참수해 버리겠다"고 답했다고 한다.110) 사다미치가 무라카미 겐지村上源氏 일문의 중심인물이기도 하지만, 그의 말은 '무사의 위威'를 받아들이는 공기가 조큐의 난 뒤의 교토에 떠돌고 있었음을 짐작케 한다. 또한 유력한 공가의 한 사람인 사다미치 같은 인물이 마치 자신이 '무사'인 것처럼 신인들을 바로 참수라도 할 듯한 기세를 보인 것도, 종래 내심 무사를 경시해 온 공가의 의식이 크게 바뀐 것을 보여준다. 이런 점에서 앞서 인용한 "(무사는) 문과 나란히 우열이 없다"는 말은 여전히 국가통치자로서 의식을 보이기는 해도, 결코 공허한 치정의 표방이 아니라 귀족을 비롯한 당시 사람들의 현실감이 담겨 있었던 것으로 생각된다. 이와 같은 '무'에 대한 적극적 평가와 그에 따른 '문무이도론'의 실질적 정착은 조큐의 난 뒤 막부의 위상과 그 '무위'를 배경으로 한 담론이었다고 할 것이다.

바로 이 무렵, '사부합전서四部合戰書'111)라고 후세에 일컬어진 《호겐모노가타리保元物語》·《헤이지모노가타리平治物語》·《헤이케모노가타

---

110) 《明月記》安貞1(1227)년 4월 7일조, 国書刊行会, 1970, 31~32쪽.
111) 《蕉軒日錄》文明17(1485)년 2월 7일조, 東京大學史料編纂所 編, 《大日本古記錄》, 岩波書店, 1953, 54쪽.

리平家物語》·《승구기承久記》 등의 군담기軍談記(軍記物語)가 집중적으로 나타났다112)는 것은 매우 시사적이다. 전쟁과 무사를 주제로 한 군담기의 선구로서 조헤이承平·덴교天慶의 난(935~941)과 전구년前九年의 전쟁(1051~1062)을 다룬 헤이안 시대의 《장문기將門記》·《무쓰와키陸奥話記》가 있지만, 당시의 궁정귀족에게 동국의 전란은 먼 다른 세상의 사건으로 비추어지고 있었다.113) 하지만 호겐·헤이지의 난, 겐페이源平의 쟁란을 거치면서 귀족들은 무사의 등장을 직접 목도하게 되었고, 조큐의 난을 계기로 완연한 '무사의 세상'이 되었음을 실감하지 않을 수 없었다. 그러한 인식의 심화를 바탕으로, 단순한 전투나 역사적 사건의 기록을 넘어 문학작품으로서 구성을 갖춘 《호겐모노가

---

112) 弓削繁 校注, 《六代勝事記·五代帝王物語》, 〈解説〉, 20쪽. 조큐의 난 때문에 유배당한 세 상황의 和歌 등을 배제하고 武家의 和歌를 많이 채택한 《新勅選和歌集》의 최종적 성립은 1235년의 일로서, 이와 거의 같은 무렵에 네 개의 軍記物語가 잇달아 탄생한 것이 무엇을 의미하는지 文學史의 새로운 과제로서 앞으로 추구해야 한다는 지적이 있다(日下力, 〈平治物語 解説〉, 《保元物語·平治物語·承久記》, 590쪽). 한편, 이 가운데서 《平家物語》의 성립 시기에 대해서는 조큐의 난 이전인지 이후인지 확정할 수 없다. 현존 諸本 《平家物語》의 원형이 늦어도 1240(仁治1)년 이전에 성립한 것은 인정되지만, 성립 상한에 대해서는 後鳥羽天皇의 치세(1183~1198), 13세기 초, 조큐의 난 이후 등의 견해가 제시되어 있다. 다만 조큐의 난 이전 성립이라고 해도, 《平家物語》는 그 뒤 점차 문장의 증보를 거쳐 2, 30년 후인 13세기 중엽에 이르러 6권본에서 12권본으로 발전했다고 한다(《平家物語》上, 《日本古典文學大系》32, 〈解説〉, 岩波書店, 1959, 47쪽). 여러 계통의 古本도 대략 攝家(藤原氏) 將軍의 시대(1226~1252)에는 성립하고 있어, 조큐의 난 뒤 수십 년 사이에 제작되었던 것을 알 수 있다(《平家物語》一, 《日本古典文學全集》29, 〈解説〉, 小學館, 1973, 17쪽). 13세기 전반부터 중엽에 걸쳐 6권 혹은 13권 구성에 별도의 補足을 갖춘 텍스트가 藤原定家나 醍醐寺의 學僧 등 지식계층 사이에서 書寫되고 있었다는 지적(《平家物語》上, 《新 日本古典文學大系》44, 〈解説〉, 岩波書店, 1991, 423~426쪽)을 함께 고려하면, 《平家物語》의 본격적 개화기는 조큐의 난 뒤 13세기 중엽까지라고 할 수 있을 것이다.
113) 北川忠彦 編, 《軍記物語の系譜》, 世界思想社, 1985, 3~4쪽.

타리》·《헤이지모노가타리》·《헤이케모노가타리》·《승구기》가 잇달아 탄생하기에 이르렀던 것이다.

이들 작품의 구상과 내용은 조금씩 다르지만, 작품 모두 시대의 주역이 무사가 되었음을 보여주는 동시에, 그러한 무사들의 영웅적 모습을 구체적으로 묘사하고 있다. 《호겐모노가타리》(최고본最古本인 나카라이본半井本 《호겐모노가타리》의 성립 상한은 1223년)는 호겐의 난에서 활약한 미나모토노 다메토모源爲朝의 압도적인 사예射藝의 위력을 묘사하면서 그 주변의 다양한 무사들의 생태에도 주목하고 있다. 귀족 혹은 승려 출신의 작자는 전란이라는 극한상황에 놓인 사람들의 모습을 두루 관찰하면서, 특히 다메토모라는 강인한 한 무사에게 애정 어린 시선을 던지고 있다.114) 《헤이지모노가타리》(성립 시기는 1220년대~1246년, 특히 1230~1240년대)는 왕조질서를 중시하는 입장으로부터 헤이지의 난 진압의 이야기를 기술한 것으로, 조정에 충성을 다하는 강력한 무장 다이라노 기요모리와 그 휘하 무사들의 위풍당당한 영웅적 자태를 묘사하고 있다. 국왕을 국가 통치의 중추로 받드는 한편에서 특히 ‘무’를 상양賞揚해야 한다고 강조하고 있는데, 여기에 조큐의 난 뒤의 신체제 아래 놓인 교토 귀족들의 복잡한 심경이 투영되어 있는 것으로 보인다.115) 겐페이의 쟁란을 다룬 《헤이케모노가타리》(1240년 이전 성립)는 불교적 무상관無常觀을 토대로 헤이케平家의 흥망성쇠를 테마로 한 이야기이다. 여기에서는 다이라노 기요모리·기소 요시나카木曽義仲 등의 영웅이 힘찬 필치로 묘사되고 있는 것 외에, 그들을 둘러싼 무수한 소영웅들이 명멸하고 있다. 무사를 주역으로 한 전쟁 문학으로서 행동적·적극적·의지적인 인간상을 묘사하는 동시

---

114) 栃木孝惟, 〈保元物語 解説〉, 《保元物語·平治物語·承久記》, 567~569쪽.
115) 日下力, 〈平治物語 解説〉, 577~590쪽.

에, 개개 인간의 죽음을 깊은 감동을 가지고 서술하고 있는 점에 특
징이 있다.116) 이른바 제행무상諸行無常·성자필쇠盛者必衰·인과응보因果
應報의 불교사상을 바탕에 깔고 있지만,117) 세속의 무상함을 대변하는
존재가 무사라는 점에서 시대의 주역이 귀족에서 무사로 넘어갔음을
보여준다.

한편, 지코지본慈光寺本《승구기》(1240년경 이전 성립)는 감상에 빠지
지 않고 이 미증유의 전란에 관여한 많은 사람들을 담담히 묘사하고
있는데, 이후 다른 제본諸本에 보이는 정도政道에 대한 비판적인 논평
은 발견되지 않는다. 예를 들어 호조 요시토키에 대해서, "정도가 바
르고 왕위王位를 가볍게 보지 않는다"는 유포본(1249~1249년 사이 성
립)과 달리, 지코지본에서는 쇼군 미나모토노 사네토모가 횡사한 뒤
"조정의 수호자 겐지(미나모토씨)源氏는 사망했다. 누가 일본국을 지배
해야 할 것인가? 요시토키 한 사람이 만방을 복종시키고 천하를 취
하는 데 누가 경쟁할 것인가?"라고 일본의 사실상의 지배자가 되려고
한 야심가로서 묘사하고 있다. 그리고 요시토키에 대해서 굴하지 않
고 대등하게 행동한 미우라 요시무라三浦義村, "옛날에 왕손王孫이 아
닌 자가 누가 있겠는가?"라고 기염을 토한 이치카와 신고로市川新五郎,
"가마쿠라 쪽이 승리하면 가마쿠라에 붙고, 교토 쪽이 승리하면 교토
에 붙을 것이다. (이것이) 화살[弓箭]을 잡는 자의 관습이다"라고 말한
다케다 노부미쓰武田信光 등은, 간토의 무사다운 투박함과 강건함, 꾸
밈없는 진솔함을 그리고 있다.118)

---

116) 《平家物語》一, 《日本古典文學全集》29, 26쪽.
117) 《平家物語》에는 불교사상과 함께 유교적 정치도덕도 담겨 있다고 한다
　　(위의 책, 21~23쪽).
118) 久保田淳, 〈承久記 解説〉, 《保元物語·平治物語·承久記》, 608~613쪽.

이상과 같은 특징을 가진 군담기가 조큐의 난을 계기로 집중적으로 나타났던 배경에는 난 뒤의 역사인식의 심화가 있었다. 중세의 대표적 문학 장르인 군담기의 확립은 조큐의 난을 계기로 일본 사회에 정착하게 되었던, 진정한 의미의 '무'·'무위'의 시대가 도래했음을 말해주고 있다고 하겠다.

맺음말

지금까지 조큐의 난이 중세 일본인의 사상적·정신적 영위에 미쳤던 영향을 정치사상, 신기신앙, 사회의식의 세 가지 측면에서 살펴보았다. 이를 통해 13세기 초 전란을 계기로 하는 가마쿠라기 사상의 전환의 양상을 구체적으로 파악할 수 있었다.

첫째, 고대 이래 일본에 받아들여져 있었던 유교적 덕치사상은 조큐의 난 이후 공가 정권과 무사 정권 양측에 의해 각각 본격적으로 수용되어 갔다. 종래 공가 정권은 신손위군설을 자명한 전제로 하여 유교적 덕치사상—선정·무민을 단지 이상적인 통치이념으로 표방하는 데 그치고 있었다. 그러나 조큐의 난을 계기로 선정·무민의 정치를 황위의 보지를 위한 필요조건으로 인식하게 되었고, 이후 황통의 대립·분열이란 사태와 얽히면서 선정·무민의 실행 여부야말로 통치자의 자격, 즉 황위(황통)의 계승에 직결되는 요건으로 여기게 되었다. 가마쿠라 말기에 이르면, 유교적 덕치론의 입장에서 신손위군설에 안주하는 것이 올바르지 않을 뿐만 아니라, 신손위군설 자체에 문제점이 있다는 지적마저 나오게 된다.

무사 정권에게 이 사건은 막부 초창기 이래 정치사상에서 한 걸음 나아가 새로운 변화를 모색할 수 있는 조건과 가능성을 열어주었다고 할 수 있다. 무사 정권은 조큐의 난 뒤 유교적 덕치사상을 본격적으로 받아들이고 표방함으로써 공가 정권에 대한 자신의 적대 행위를 정당화하고, 무사 정권이 존립하는 의의를 적극 주장할 수 있었으며, 나아가 가마쿠라 막부의 호조 씨 도쿠소得宗 정권이 전국적인 정권으로서 존립하는 사상적 근거를 획득하기에 이르렀다. 본래 신분적 한계로 말미암아 막부의 고케닌 지배의 정통성을 결여한 호조 씨는 점차 자신에게 권력을 집중해가면서 유교적 선정·무민사상을 호조 씨 정권의 지배이념으로 적극 활용하였다.

둘째, 조큐의 난을 계기로 아마테라스 오미카미·하치만신의 백왕 수호에 대한 의구심이 사회 일각에서 제기되었다. 이후 백왕 수호의 역할이 두 신에 한정되지 않고, 이십이사 등으로 널리 확대된 것이 주목된다. 이렇듯 국가의 종묘신인 아마테라스 오미카미와 하치만신의 절대적 위상이 흔들리는 한편, 무가사회에서는 이와시미즈 하치만과 쓰루가오카 하치만이 확연히 구별되고, 쓰루가오카 하치만이 무신 내지 가마쿠라 막부의 수호신으로서 성격을 강하게 띠게 되었다.

하치만신을 대표로 하는 무가사회의 신기신앙의 변화는 공가를 중심으로 하는 신기신앙에서 어느 정도 독립하는 탈공가성脫公家性의 모습을 보인 것에도 나타나 있다. 또한 그와 동시에, 이즈·하코네곤겐·미시마다이묘진 등 간토의 지역사회에 뿌리를 둔 재래의 전통적 신기신앙이 한층 강화되었던 것을 지나칠 수 없다. 이 점은 공가 정권에 대하여 무사 정권 나름의 독자적인 지배이념을 제시한 〈어성패식목〉의 기청문이나, 호조 야스토키·시게토키 등의 니쇼 참배에서 엿볼 수 있다. 다만 쓰루가오카 하치만은 막부 창립 이래 가마쿠라의 무사들이 가장 존숭하는 최고의 신격으로서 조큐의 난 뒤에도 그 지위는 동국사회에서 변함없이 유지되었다.

셋째, 호겐·헤이지의 난, 겐페이의 쟁란을 거치면서 귀족을 비롯한 당대 사람들은 무사의 등장을 점차 감지하게 되었고, 조큐의 난을 계기로 완연한 '무사의 세상'이 되었음을 실감하지 않을 수 없었다. 조큐의 난은 조정의 권위가 무너지고 진정한 무사의 세상이 시작되었음을 세상에 고하는 일대 사건이었다. 전란을 통해서 입증된 막부의 군사력의 압도적 우위, 거기에서 발하는 막부의 '무위' 앞에서 조정의 '조위'는 의존과 추종의 자세를 보이지 않을 수 없었다.

조큐의 난 뒤에는 '무'의 존재의의가 크게 부각되고 널리 인정되었다. '무'에 대한 적극적 평가와 그에 따른 '문무이도론'의 실질적 정착은 조큐의 난 뒤의 막부의 위상과 그 '무위'를 배경으로 한 담론이었다. 그러한 인식의 심화를 바탕으로, 단순한 전투나 역사적 사건의 기록을 넘어 문학작품으로서 구성을 갖춘 《호겐모노가타리》·《헤이지모노가타리》·《헤이케모노가타리》·《승구기》 등의 군담기가 집중적으로 탄생하기에 이르렀다. 이들 작품은 시대의 주역이 무사가 되었음을 보여주는 동시에, 그러한 무사들의 영웅적 모습을 구체적으로 묘사하고 있는 점에서 공통적이다. 조큐의 난이라는 역사적 체험을 통하여 중세를 대표하는 문학 장르로서 군담기가 활짝 꽃피웠던 것은 바야흐로 일본의 중세 사회에 '무'·'무위'가 정착했음을 말해주고 있다고 하겠다.

■ **참고문헌**

가루베 다다시·가타오카 류 엮음, 고희택·박홍규·송완범 함께 옮김, 《교양으로 읽는 일본사상사》, 논형, 2010.
사토 히로오 등 지음, 성해준·최재목 등 옮김, 《일본사상사》, 논형, 2009.
이시다 이치로 지음, 성해준·감영희 옮김, 《일본사상사 개론》, 제이앤씨, 2003.

南基鶴, 〈'武威'를 통해서 본 鎌倉幕府의 성립과 발전〉, 《東洋史學研究》 90, 2005.
南基鶴, 〈鎌倉幕府 執権 北条氏의 정치사상—撫民思想의 재음미—〉, 《日本歷史研究》30, 2009.

《中世政治社會思想》上·下, 《日本思想大系》21·22, 岩波書店, 1972·1981.
多賀宗隼, 《鎌倉時代の思想と文化》, 目黑書店, 1946.
北川忠彦編, 《軍記物語の系譜》, 世界思想社, 1985.
市川浩史, 《吾妻鏡の思想史—北条時頼を読む—》, 吉川弘文館, 2002.
玉懸博之, 《日本中世思想史研究》, ペリカン社, 1998.
和島芳男, 《中世の儒学》, 吉川弘文館, 1965.

石毛忠, 〈《吾妻鏡》の政治思想—鎌倉幕府の政治思想序説—〉, 《季刊日本思想史》58, 2001.
本郷和人, 〈承久の亂の史的位置〉, 《中世朝廷訴訟の研究》, 東京大学出版会, 1995.

무로마치室町 후기의 정치사상
—천도天道와 공의公儀를 중심으로—

박 수 철

머리말

전국시대는 일본 역사에서 커다란 정치·사회 변동이 일어난 시기이다. 일찍이 나이토 고난內藤湖南은 그 획기성에 주목하여, 새로운 지배층의 등장으로 중세 이래 기존 명망가가 거의 다 몰락하였고 아시가루足輕 등 근세사회의 주역이 되는 서민층이 크게 대두한 사실을 지적하였다.[1] 최근 비토 마사히데尾藤正英도 이 논지에 동조하면서, 15·16세기 새로운 질서를 확립한 에도시대의 국가체제는 일본사에서 7세기 고대국가와 맞먹는 제2의 통일국가라고 규정하였다.[2] 전국시대를 포함하여 넓은 의미에서 무로마치 시대[3]는 동(武家)·서(公家)의

---

1) 內藤湖南, 〈応仁の亂について〉, 1921(地理歷史學會에서 강연. 뒤에 《歷史の思想》(現代日本思想大系27), 筑摩書房, 1965에 재록).
2) 尾藤正英, 〈はじめに〉, 《江戶時代とはなにか—日本史上の近世と近代—》, 岩波書店, 1992, 7쪽.
3) 넓은 뜻의 무로마치 시대는 1333(元弘3)년 겐무建武 정권 성립부터 1573(天

문화 융합이 활발히 이루어진 시기로, 여기에 잇키一揆와 하극상의 시대로 통칭되듯이 도고土豪·묘슈名主라는 재지 세력이 성장하여 새로운 질서를 모색해 나가고 있었다. 그러나 여러 가지 다양한 요소와 세력이 갈등하고 충돌했다고 해서, 이 시대에 혼란과 분열의 양상만이 난무한 것은 아니었고, 상호 경쟁과 타협 속에서 서로 융합하고 하나로 통합해 나가는 움직임도 내포되어 있었다. 오다·도요토미 정권의 출현은 그 결과물이라 할 수 있다. 이와 같이 일본은 중세사회에서 근세사회로 넘어갈 때 여러 다양하고 복잡한 정치·사회상황이 전개되었는데, 이러한 사회변동을 가져온 이 시기 핵심적인 정치사상·이념은 과연 무엇인가?

중세 전기의 주된 정치사상으로는 가마쿠라 신불교와 같은 개별 사상을 제외하면, 새의 두 날개 또는 두 수레바퀴로 비유되는 왕법불법론王法佛法論, 인도의 부처가 일본에 와서는 신의 모습으로 나타났다는 본지수적설本地垂迹說, 신의 후손이 다스리는 일본을 신이 지켜준다는 신국사상神國思想, 가마쿠라 후기에 널리 침투되기 시작한 유교적

正1)년 마지막 쇼군 아시카가 요시아키足利義昭가 오다 노부나가織田信長에게 추방되기까지의 시기를 일컫는다. 좁은 뜻으로는 1392(明德3)년 남북조가 통일된 때부터 1493(明応2)년 호소카와 마사모토細川政元가 쿠데타를 일으켜 기존 쇼군(義材)을 폐위시킨 메이오 정변明応政變까지를 지칭한다. 그 이전을 남북조 시대, 그 이후를 전국시대라 한다. 그러나 무로마치 막부는 이미 1336년에 시작되었기 때문에 겐무 정권을 포함하여 1333년부터 1493년까지를 무로마치 시대라고 하여, 남북조의 대립을 상대적으로 크게 중시하지 않는 견해도 있다. 넓은 뜻의 무로마치 시대를 사용할 경우 남북조 시대를 무로마치 초기, 전국 시대를 무로마치 후기라고 한다. 현재 학계에서는 무로마치 시대를 중세 후기라는 명칭으로 사용하는 것이 일반적이다.(今谷明, 〈室町時代〉, 《日本史大事典》6, 平凡社, 653쪽) 이 논문에서 다루는 무로마치 후기는 주로 전국 시대를 대상으로 하지만, 이를 설명하기 위해 오다 노부나가의 시기도 비중 있게 다루면서 때론 중세 전기까지를 포함하여 폭넓게 살펴보고자 한다.

무민주의撫民主義 등을 들 수 있다.4) 이들 이념·사상은 기본적으로 무로마치 시대에도 계승되었지만 내용적으로는 크게 변하였다. 가마쿠라 막부법(御成敗式目)은 "신사를 수리하고 오로지 제사에만 힘써야 할 일"(제1조), "사탑寺塔을 수리·조영하고, 불교행사 등을 근행勤行해야 할 일"(제2조)로 시작하듯이 신불을 매우 중시하는 입장이다.5) 반면에 무로마치 막부법(建武式目)은 "근검절약을 행해야 할 일"(제1조), "군음群飮과 유흥을 억제해야 할 일"(제2조)이란 현실과 밀접한 사항을 가장 앞서 제시하고 있듯이 신불神佛의 중요도는 크게 낮아졌다.6) 물론 중세 후기에도 신불은 여전히 숭경의 대상이었지만, 무사들의 인식이나 사회적 위상은 중세 전기와 크게 달라졌다. 이 점은 왕법으로 상징되는 천황·상황에 대한 무사들의 태도·인식에서도 확인된다. 무사들은 더 이상 왕법불법론을 무조건 추종하지 않았다. 가령 남북조 시기 미노 국美濃國의 슈고守護 도키 요리토土岐賴遠가 교토에서 고곤 상황光嚴上皇의 행차와 만났을 때, "원院(상황)의 마차이다. 말에서 내려라"라고 하마下馬를 지시하자, 요리토는 "뭐라고, 원院(인)이라고 했는가, 개(犬, 이누)라고 했는가, 개라면 쏘아 버려야지"라고 말하며 상황의 마차에 활을 쏘았다.7) 아시카가 다카우지足利尊氏의 가신 고모로나오高師直도 "왕(內裏)·원院의 거처가 있기에 말에서 내리든가 하는 어려움이 있다. 만약 왕이 없으면 안 될 도리道理라도 있다면 나무

---

4) 黑田俊雄, 《日本中世の國家と宗敎》, 岩波書店, 1975; 黑田俊雄, 《王法と佛─中世史の構造》, 法藏館, 2001; 黑田俊雄, 《寺社勢力─もう一つの中世社會─》, 岩波書店, 1980; 佐藤弘夫, 《神國日本》, 筑摩書房, 2006; 鍛代敏雄, 《神國論の系譜》, 法藏館, 2006; 남기학, 〈鎌倉幕府 執權 北條氏의 정치사상─撫民思想의 재음미─〉, 《일본역사연구》30, 2009.
5) 佐藤進一·池內義資 編, 《中世法制史料集》第1卷鎌倉幕府法, 岩波書店, 1955.
6) 佐藤進一·池內義資 編, 《中世法制史料集》第2卷室町幕府法, 岩波書店, 1957.
7) 佐藤進一, 《日本の歷史》9·南北朝內亂, 中央公論社, 1971, 216쪽.

로 만들거나 금으로 주조하고, 살아있는 상황과 국왕은 어디론가 모두 갖다 버려라”고 주장했다는 일화는 다소의 과장이 없진 않겠지만, 남북조 시기 무사 세력의 새로운 인식을 상징적으로 보여준다.[8] 헤이안 시대 이래 중시되어 왔던 본지수적설도 중세 후기까지 그대로 이어졌지만, 무로마치 중기 요시다 가네토모吉田兼俱가 종래 개념을 뒤집어 새롭게 신본수적설神本垂迹說을 제시한 점이 주목된다.[9] 불佛을 주主로 신神을 종從으로 보아왔던 일본 신도계神道系가 자립성을 강화하여 인도의 부처가 일본에 와서 신이 된 것이 아니라, 거꾸로 일본의 신이 인도에 가서 부처가 되었다는 일본 민족주의적 성격이 강화된 신본수적설을 주창하였다. 또 천손강림天孫降臨·신명옹호神明擁護·신성국토神聖國土를 주요 내용으로 하는[10] 중세 신국사상도 변화하여, 신의 보호를 받는 위치에 있었던 무사가 도요쿠니다이묘진豊國大明神·도쇼다이곤겐東照大權現 등 자신의 최고 우두머리를 신으로 탈바꿈시켰다. 그 결과 중세 신국사상 속에 ‘무가신격화武家神格化’라는 새로운 요소가 포함되는 등 내용면에서 크게 변화하였다.[11] 무민주의撫民主義도 큰 골격이 바뀐 것은 아니지만 근세 초기에 주자학이 본격적으로 도입되면서 유교적 성격이 더욱 부각되었다.

중세 핵심 정치사상으로 볼 수 있는 왕법불법론王法佛法論, 본지수적설本地垂迹說, 신국사상神國思想, 무민주의撫民主義 등이 내용은 크게 변화하면서도 기본적으로 중세 후기까지 지속되었다고 할 때, 그 밖

---

8) 위의 책, 215~216쪽.
9) 요시다 신도는 요시다 가네토모吉田兼俱 시기에 집대성하였는데, 그의 아들 요시다 가네미吉田兼見는 오다·도요토미 정권에 접근하여 크게 세력을 떨쳤다.(박수철, 〈織田 정권의 神社 정책과 吉田社〉, 《역사학연구》제32집, 2008).
10) 佐々木馨, 〈神國思想の中世的展開〉, 《大系 佛教と日本人》2, 春秋社, 1987, 185쪽.
11) 박수철, 〈근세초 일본의 ‘쇄국’과 神國사상〉, 《일본어문학》23, 2004.

에 남북조 시기 이후 새로 등장한 정치이념·사상은 무엇인가? 관점에 따라 여러 가지가 제시될 수 있지만 이 논문에서는 중세 후기 핵심 정치사상·이념으로서 천도天道와 공의公儀에 주목하고자 한다.

천도 관념은 가마쿠라시대에도 존재했지만, 남북조 이후 본격적으로 나타나 에도 막부 초까지 빈번히 사용된 개념이다. 남북조 이후 천도가 많이 사용된 배경으로는 첫째, 가마쿠라 시대 무사들에게 유교 사상이 침투되면서 점차 천天을 자각하게 되었다는 점, 둘째로 남북조 시기 이후 하극상에 성공한 자들이 자기 행위를 정당화하고자 천을 내세웠다는 점을 들 수 있다. 이미 14세기에 사용된 적이 있는 공의도 주로 남북조 이후에 본격적으로 사용되었다. 공의는 대체로 ① '사私'에 대한 '공公'의 의미, ② '공'의 의향·결정, ③ 법적주체 등을 의미하였고,12) 어느 특정 개인 또는 집단이 독점하는 것이 아니라 영주들의 공동이해를 조정하고 대변하는 성격을 띠었다.13) 가령 전국 다이묘가 자기 권력을 공의로 자칭할 때, 영국領國 내 영주들의 공동이해를 대표하는 입장이었다. 다이묘는 영주 층의 공동이해를 조정하고 갈등을 해결하는 과정에서 영국의 지배자로 성장하였다. 반면에 오다 노부나가는 공의를 거의 사용하지 않았고 천하를 전면에 내세웠다는 점이 큰 특징이다. 남북조 이래 널리 사용된 천도나 공의와 달리 천하는 이미 고대 시기부터 사용되고 있으며,14) 한국이나 중국에서도 널리 쓰이는 용어이다. 그런데 오다 정권 시기에는 천하가 단순

---

12) 藤井讓治, 〈一七世紀の日本−武家の國家の形成〉, 《岩波講座日本通史》12·근세2, 岩波書店, 1994, 9쪽.
13) 山本博文, 〈將軍權威の强化と身分制秩序〉, 《新しい近世史》1, 新人物往來社, 1996, 13쪽.
14) 大平聰, 〈古代の政治思想〉, 《新體系日本史》4(政治社會思想史), 山川出版社, 2010.

한 통치의 대상이 아니라 무사로서 자기 통치를 정당화하는 기능도 수행하였다.15) 오다 노부나가가 남북조 이후 널리 사용된 공의라는 용어를 대신하여 천하를 전면에 내세운 이유는 무엇인가? 또 노부나가 사후에 천하보다 공의라는 용어로 귀결된 이유는 무엇인가? 이 논문에서는 중세 후기에 널리 사용되기 시작한 천도와 공의를 중심으로 무로마치 후기에서 근세 초에 이르는 일본의 정치사상을 살펴보고자 한다.

1. 천도天道와 하극상下剋上의 시대

(1) 도리道理와 천도天道

남북조 시기 이후 천도라는 용어가 많이 사용되었다고 할 때, 그 이전인 가마쿠라 시대 이에 해당하는 용어는 무엇인가? 천도는 대체로 인간 행동의 잘잘못을 판단하거나 인간에게 벌을 내리는 주체로서 기능하는 경우가 많은데, 가령 오다 노부나가 시기에 "한 치라도 거짓이 있으면 천도가 벌할 것"16)이라고 하여 천도가 심판자의 노릇을 하였다. 가마쿠라 시대에는 가령 "신려유공神廬有恐"17)이라 하여 신려神廬가 천도와 유사한 역할을 수행하였다. 반면에 전국시대의 전란이 종식된 이후인 근세 초기 오제 호안小瀬甫庵의 《노부나가기信長記》에는 천도라는 용어가 거의 사용되지 않았다.18)

---

15) 이계황, 〈근세권력의 형성과 天皇의 역사적 지위〉, 《동방학지》117, 2002; 이계황, 〈織田信長의 天下觀〉, 《東아시아의 人間像》(황원구교수정년기념논총), 혜안, 1995.
16) 太田牛一의 《信長公記》(角川文庫本)에는 이러한 표현이 곳곳에 보인다.
17) 《吾妻鏡》(新訂增補國史大系本) 壽永1年 5月 29日條.

중세 시기 천도와 유사한 개념으로 많이 사용된 용어는 '운명' 내지 '운'이었다. 이 용어는 전투와 관련된 장면에서 무사들이 많이 사용하였다. 중세 무사들은 운이 열리는가, 닫히는가가 전투의 승패를 결정한다고 이해하고 그 판단을 내리는 주체를 운으로 보았다. 그런데 그 후 점차 불교적 색채가 강한, 다시 말해 숙명적 성격이 강한 '운' 내지 '운명'을 대신하는 용어로 천도가 새로 부각되었다. 무사들은 천도를 자기 행위·행동의 가부를 위임할 권위로서 또는 그 가부를 판정할 보편적 초월자로서 의식하였고, 숙명적이고 피동적인 운명에 따르기보다는 역사 배후에 존재하는 힘을 인식하고 적극적이며 주체적으로 활동하여 기존 현실을 타개하고자 하였다.19) 이 과정에서 수동적인 운이나 운명보다 좀 더 인간의 주체성이 강하게 발휘되는 천도라는 관념에 주목하였다.

그런데 천도와 유사한 개념으로 도리가 있다. 가마쿠라 후기에서 남북조시기에 성립된 것으로 추정되는 《묘에상인전기明惠上人傳記》에는 조큐承久의 난을 일으킨 무사의 행위를 평가하여, "무위武威를 떨쳐 관군官軍을 멸하고 왕성王城을 부수었다. 태상천황(後鳥羽院)을 포로로 잡아 먼 섬에 보내고 왕자 후궁을 여러 곳에 유배시키고 공경을 어디론가 보내버렸다 …… 이러한 소행은 도리를 거스른[背] 것으로 보인다. 만일 도리를 거스르면 신불의 인지[照覽], 하늘의 벌이 있을 것이다. 크게 근신해야 한다."20)고 하였다. 행동 판단의 준거를 천도가 아닌 도리에 둔 점이 주목된다. 호조 야스토키北條泰時가 제정한

---

18) 《信長記》(現代思潮社本).
19) 村上隆, 〈太田牛一の歷史認識〉, 《信長公記を読む》, 吉川弘文館, 2009, 140~142쪽.
20) 石毛忠, 〈室町幕府の政治思想〉, 《日本思想史講座》2, 雄山閣, 1976, 37쪽.

〈어성패식목御成敗式目〉에 대해 중세를 관통하는 도리의 관념을 법령이란 형태로 구체화한 것이란 평가도 있고,[21] 가마쿠라 막부 초기 지엔慈円이 저술한 《우관초愚管抄》에도 도리에 관한 언급이 곳곳에 많다.[22]

그럼 도리란 무엇인가? 다마카게 히로유키玉懸博之는 도리를 다음과 같이 정의한다. 첫째, "기존에 일반적으로 권위가 있다고 인정되는 법령상의 규정(예를 들면 당의 율령 규정) 혹은 도덕상의 규정(예를 들면 유교의 도덕 규정)과 같은 종류의 것이 아니며, 무사들 스스로가 생활 영역에서 경험에 의거하여 형성된 생활상의 규범"이다.[23] 둘째, 도리는 무사들의 생활 경험을 바탕으로 형성되었기 때문에, "무사사회라는 공간 속에서는 규범성을 가지고 있지만 그 공간을 벗어난 영역까지 반드시 규범성을 가지고 있던 것은 아니다."[24] 그러나 승려 지엔이 저술한 《우관초》에도 도리가 많이 보이고 있다는 점에서 반드시 무사에만 국한시킬 필요가 없다. 또 1225(嘉祿1)년에 설치된 평정중評定衆도 중세 사원법寺院法에서 유래하는 '다분多分(다수결)의 도리'를 채용하고 있다는 점에서[25] 가마쿠라 시대에 보편적으로 널리

---

21) 玉懸博之, 〈北條執政時代の政治思想〉, 《日本思想史講座》2, 雄山閣, 1976, 20쪽.
22) 《愚管抄》에는 ① 구조 미치이에九條道家의 아들 요리쓰네賴經의 쇼군 취임은 도리로 설명하기 어렵다고 하여, 도리의 영역 밖에 존재하는 천도를 자각하고 있는 부분과 ② 모든 것을 폭력에 의존하는 무사를 훈계하면서 도리가 설득력을 갖고 있지 않을 때 이를 보완할 유일한 권위로서 천도가 등장하는 부분이 있다. 이에 대해 무라카미 다카시村上隆는 천황이란 혈통의 연속성을 중핵으로 하는 정통성을 합리화하고 정당화하는 도리와 그 범위를 넘어서는 초월성을 지닌 관념으로서의 천도에 주목하였다.(村上隆, 앞의 글, 〈太田牛一の歷史認識〉, 138~140쪽). 따라서 천도가 남북조 이후 본격적으로 사용된다고 해서 그 이전에 전혀 사용되지 않았던 것은 아니었다.
23) 玉懸博之, 앞의 글 〈北條執政時代の政治思想〉, 21쪽.
24) 위의 글.

사용된 개념이라 할 수 있다.

물론 도리라는 용어가 남북조 이후 갑자기 소멸된 것은 아니며, 그 후로도 지속적으로 사용되었다. 남북조 시대인 14세기 중반 북조 측과 가까운 인물이 저술한 것으로 알려진 《매송론梅松論》에는 도리와 천도의 접점이 잘 드러난다.

> 조큐承久 때 고토바 원後鳥羽院을 오키隱岐로 옮겼다 …… 그 사유를 말하길, 고토바 원은 충忠은 있되 잘못이 없는 간토 삼대 쇼군가의 유적遺跡을 없애려 하였다. (잘못은 위에 있는데) 아래 사람을 책망함은 천도가 정해 놓지 않은 이치理를 따른 것으로 결국 상황은 오키 국으로 옮겨졌다. 그렇지만 무가는 더욱 천명天命을 두려워하여 고토바 상황의 손자인 고호리카와後堀川 천황을 즉위시켰다. 아주 불가사의한 일이라고 사람들은 말한다.26)

‘도리’라고 직접 표현은 하고 있지 않지만 이와 유사한 구실을 하는 ‘이치[理]’라는 용어가 사용되고 있으며,27) 천도와 천명이 혼용되어 쓰인 점이 주목된다. 남북조 시기에는 천도와 천명, 그리고 이(도리)가 혼재되어 사용되었다.28)

---

25) 石母田正, 〈解說〉, 《中世政治社會思想》上(日本思想大系21), 岩波書店, 1972, 581쪽.

26) 《梅松論》(群書類從13輯·合戰部), 148쪽.

27) 1333(元弘3)年의 가마쿠라 막부의 멸망에는 "천명을 거스른 도리가 분명하다"(《梅松論》, 157쪽)라고 직접 거론하고 있다.

28) 그 뒤 도리는 전국시대에 들어와 의미가 축소되어 용례가 이전 시대와 매우 달라졌다. 무엇보다 "도리道理를 파破하는 법法"이라고 하여 도리와 대립되는 법 관념, "법은 권도權道에 이김"이란 전국시대 특유의 법 관념이 나타났다. 전국시대에 이르러 이理·도리道理·이운理運이라 통칭되는 재지적인 관행·관습이 천도뿐만 아니라 법 제정이란 통치 권력의 현실적 의지에 의해

도리를 대신하여 천도가 그 상위 개념으로 널리 쓰이게 된 배경은 무엇인가? 첫째, 가마쿠라 막부 후기 이후 천天 사상에 대한 사회적 관심이 커진 점을 들 수 있다. 가마쿠라 막부 후기에는 유교적 정도 론正道論·덕치德治사상이 점차 확산되어 갔다. 가령 호조 도키요리北條時賴는 이세理世(세상을 다스림)와 무민撫民을 정치목표로 삼았으며, 1261(弘長1)년에 제정된 〈관동신제關東新制〉의 기조도 이세·무민 사상이었다. 다마카케 히로유키玉懸博之는 이를 유교사상에 근거한 천하 만민을 위한 무민으로 보았고,29) 이시게 다다시石毛忠도 이와 비슷한 입장에 서서 무민인정주의撫民仁政主義라는 개념을 제시하였다. 이시게에 따르면 무민인정주의는 '천하'사상 또는 유교의 경천사상과 밀접한 관련이 있다. 천의天意의 반영인 민의 지지를 기반으로 하는 천하사상은 안민安民·보민保民을 정치 요결로 하여 위정자 축출·방벌放伐을 인정하고 천하는 '천하의 천하'라고 주장한다. 이시게 논지의 특징은 천하사상과 대립하는 것으로 전통적인 왕토王土사상을 설정하고, 양자의 대결을 남북조 이래의 주된 정치사상으로 이해하는 점에 있다. 왕토사상이란 "천하의 토지도 인민도 모두 왕토王土·왕신王臣이므로, 왕토에 태어난 왕신은 모두 군주에 복종해야 한다"는 사상이며,30) 천하사상이란 "천하는 천하의 천하이므로 천하의 치자인 군주는 천하에 인정仁政을 펴지 않으면 안 되고, 그 의무를 다하지 않은 군주는 군주가

부정되고 있는 현상이 널리 보인다.(勝俣鎭夫,〈武士家法(解題)〉,《中世政治社會思想》上, 岩波書店, 1972, 500~501쪽). 다만 다테 씨伊庭氏의 《진카이집塵芥集》에서는 여전히 도리를 강조하는 등 지역에 따른 차이는 존재한다.

29) 玉懸博之, 앞의 글 〈北條執政時代の政治思想〉, 24~25쪽. 남기학은 교토에서 막부로 초빙된 귀족 관료들을 통해 유교적 천도(천명)사상이 무가 측에 수용된 것으로 추정하고 있다(남기학, 앞의 글〈鎌倉幕府 執權 北條氏의 정치사상─撫民思想의 재음미─〉, 40쪽).

30) 石毛忠, 앞의 글 〈室町幕府の政治思想〉, 31쪽.

아니"라는 것이다.31) 천하사상과 왕토사상을 대립의 축으로 삼아 무로마치 시대의 정치사상을 파악하는 것은 다소 단순화한 측면이 없지 않다. 또 천하라는 개념도 그 속에 다양한 요소가 내포되어 있고 여러 해석이 가능한 점을 감안할 때, 무로마치 시기 사상을 천하사상= 천(천 또는 천도)을 바탕으로 한 무민인정주의로만 보는 것은 타당하지 않다. 그렇지만 이시게의 주장처럼 천도와 천의 개념이 남북조 이래 중세 후기에 주요 정치사상으로 작용한 것은 분명하다.

둘째, 하극상이란 사회 현상과 밀접한 관련이 있다. 유교적 관념을 내포한 천도는 한편으로는 하극상 풍조를 조장하면서도 때론 거꾸로 이를 억제하는 등 상당히 이중적인 역할을 수행하였다.

남북조 시대 아시카가 다카우지足利尊氏의 동생 아시카가 다다요시足利直義는 고다이고後醍醐 천황의 정책을 비판하면서 "(고다이고 천황의 사주를 받은) 악당 등이 근국近國의 신사·사원의 영지를 가릴 것 없이 영가領家·지토地頭의 영지를 논할 것 없이 모두 빼앗아 제멋대로 관리한다. 이는 피로써 피를 씻는 행위이다. 어찌 무민의 인정이라 할 수 있겠는가"라고 비판하듯이 무민인정주의를 내세워 조정·천황가를 비판하였다.32) 이처럼 아시카가 씨는 무민인정주의로 표현되는 유교 관념을 매개로 무사가 천황 등 전통 권위를 비판·억제하였는데, 천도는 아시카가 씨의 하극상을 정당화하고 보장해 주는 기능을 수행하였다. 그런데 천도 관념은 거꾸로 무로마치 쇼군도 역시 언제든지 공격의 대상으로 전화될 수 있는 성질을 가지고 있었다. "우리들은 쇼군가(御當家)를 위해 특히 사를 잊고 충을 다해야 한다"고 충성을 맹세한 이마가와 료순今川了俊이 정작 1399년 오에이應永의 난 때에는 오우치

---

31) 위의 글.
32) 石毛忠, 앞의 글 〈室町幕府の政治思想〉, 41쪽.

요시히로大內義弘·아시카가 미쓰카네足利滿兼의 편에 서서 쇼군 아시카가 요시미쓰足利義滿의 악행과 무도無道를 맹비난하고 있다. 그는 가마쿠라도노鎌倉殿인 아시카가 미쓰카네滿兼를 두둔하면서 미쓰카네야말로 "천하가 천하다운 길을 생각하고, 특히 천도에 불신佛神의 마음에 들도록", "천하 만민을 위해 모반하신"것이라 주장하였다.33) 이처럼 '천하를 위한 천하'에 정당성을 부여하는 천도는, 모든 부하의 하극상을 정당화하는 기능을 수행함으로써 거꾸로 윗사람의 행동을 제약할 수 있는 성질을 가지고 있었다.34)

따라서 천도의 활용과 정착 과정은 이른바 하극상이 만연한 무로마치 시대의 불안정성 또는 혼란 상황과 관련이 있었다. 전국시대에도 주군을 배신한 부하들은 자신이 일으킨 하극상의 정당성을 천·천도에서 찾았다. 오우치 씨大內氏의 슈고다이守護代 스에 하루카타陶晴賢는 주군 오우치 요시타카大內義隆를 타도하려 하였다. 하루카타는 자

---

33) 石毛忠, 〈戰國·安土桃山時代の思想〉, 《體系日本史叢書》(思想史2), 山川出版社, 1976, 5쪽.

34) 하극상의 논리와 관련하여 이시게는 무민인정주의와 함께 고실예치주의故實禮治主義를 중시한다. 고실예치주의는 공무公武사회에서 선례·전거를 중시하는 관념인데, 무로마치 시대에는 하극상의 논리로도 활용되었다. 야마나 소젠山名宗全은 "대략 선례先例란 그 때의 예例이다. 대법불역大法不易의 정도政道란 여러 사례例 중에서 딱 맞는 것을 고르는 것이다"고 하였다. 고다이고 천황도 "지금의 선례는 옛날의 신의新儀이다. 짐의 신의는 미래의 선례가 될 것이다."(《梅松論》(群書類從13輯(合戰部), 159쪽)라고 주장하였다. 무로마치 시대에 들어와 선례를 자의적으로 해석하는 경향이 두드러졌다. 이시게는 무사 정권이 유교적 덕치주의에 입각한 무민인정주의를 주창함으로써 조정의 왕토사상을 부정하였고, 고실예치주의를 통해 비록 선례 중시를 표방하면서도 시의를 내세워 새로운 선례 창출의 논리를 만들어 나갔다고 주장한다(石毛忠, 앞의 글〈戰國·安土桃山時代の思想〉, 2~3쪽). 미즈바야시 다케시水林彪도 천도관념에 대해 "하극상과 전란의 시대를 맞아 권력의 영고성쇠를 눈앞에서 경험한 전국무사의 관념"으로서 "만민을 안녕하게 하는 좋은 통치와 결합된 관념"으로 본다.(水林彪, 〈近世の法と國制史研究序說〉, 《國家學會雜誌》90-1·2, 1977, 9쪽).

신이 줄곧 요시타카의 무운 장구와 번영을 빌었으나, 요시타카가 타
국에서 온 악역 무도인 사가라 다케토相良武任만을 총애했다고 비난하
면서 반란을 일으켰다. 하루카타는 "하늘이 준 바를 취하지 않으면
도리어 죄를 받는다"고 하면서, "나의 운運도, 요시타카義隆님의 운도
천도가 판단할 것"이라 주창하였다.35) 하루카타의 입장은 충절에 정
당한 보상을 내리지 않는, 주군이 주군답지 못한 요시타카를 천도가
그대로 둘 리 없다는 것이었다. 이처럼 천도란 객관화하지 못한 지극
히 자의적으로 해석될 수 있는 여지가 농후하였다. 전투의 승패를 결
정하는 것이 결국 천도라 할 때, 승자에게 천도가 있었다는 결과론적
인 해석에 치우칠 가능성이 많았다.36) 전국시대의 잦은 하극상은 전
국시대의 주종제가 근세만큼 절대적이지 않고 쌍무적 주종관념이 강
하였다는 점에서 유래한다.37) 천도는 불안정한 주종관계를 해소하고
새로운 질서를 창출하는 데 일익을 담당하였다.

  그런데 천도가 유교사상에 큰 영향을 받았지만 그와 동시에 전통
적인 신불사상과도 밀접한 관련이 있다. 극단적으로 말하면 중세의
신불이 천으로 바뀌었을 뿐, 유교 본연의 합리주의와 무관하며 여전
히 신비로운 측면을 가지고 있다. 전국시대 모리 모토나리毛利元就, 아
사쿠라 다카카게朝倉孝景는 자기 일생이나 전투에서 승리·영달을 돌이

---

35) 石毛忠, 앞의 글 〈戰國·安土桃山時代の思想〉, 6쪽.

36) 여기서 천도가 자신에게 있음을 확인하는 길은 자기 행동을 관철시키는
   '실력武'이었고 이 때문에 실력주의가 중시된 측면도 있다. 1471(文明3)년 2
   월 빗추국備中国 데쓰타 군哲多郡 니이미 장新見莊의 장관 가네코 히라우지
   金子衡氏는 "지금 시기는 시골도 교토도 완력이 있어야 영지도 몸도 지킬
   수 있는 때이다"라고 소감을 피력하고 있다(위의 글, 8쪽).

37) 중세에는 주군에 대한 충과 부모에 대한 효가 충돌할 경우 기본적으로 효
   가 우선하였다.(水林彪, 앞의 글 〈近世の法と國制史硏究序說〉, 《國家學會雜
   誌》90-1·2, 29쪽). 근세 시기 법적·제도적 요소가 정비되어 주군에 대한 충
   이 우선시 되는 것과 비교된다.

켜 보고 이는 '불가사의'한 일이다고 소감을 피력하고 있으며,38) 《노
부나가공기信長公記》에도 곳곳에 "희대 불가사의한 일이다"라는 표현
이 등장한다. 전국시대라는 전란 속에 왜 승리하고 살아남았는가? 여
기에는 합리적으로 설명될 수 있는 신비한 요소가 깔려있었던 것도
사실이다.39) 그렇기 때문에 전국시대 호조 소운北條早雲도 후손들에게
신불을 늘 숭배할 것을 당부하면서 "천도에서 벗어나지 않도록 삼가
야 한다"40)고 마음가짐에 주의를 주었다.

(2) 천도天道의 용례

천도라는 용어는 본래 유교, 불교, 노장사상 등의 용어이며 크리스
트교 전래와 함께 들어온 '제우스'라는 말도 이에 해당한다는 주장이
있다.41) 또 "인간계를 초월 내지 인간계를 지배하는 하나의 초월
자"42)로 규정하기도 한다.

---

38) 石毛忠, 앞의 글 〈戰國·安土桃山時代の思想〉, 9쪽.
39) 이시게 다다시는 이를 천도의 이중성으로 파악한다. 천도에는 신비성과 윤
    리성이라는 일견 서로 다른 요소가 내재한다는 것이다. 천도는 신비성이란
    측면에서 부하의 하극상을 용인하면서도, 윤리성이란 측면에서는 하극상의
    금지라는 전혀 상반되는 개념으로 작용하였다. 하극상의 성공 여부가 무력
    의 대소와 강약이 아니라 운명(천도)이 이를 결정하였고, 따라서 예정대로
    진행되지 않는 천도의 신비성은 거꾸로 전국무장에게 과감한 행동력과 현상
    타개의 힘을 제공하여 하극상의 계기를 만들어 주었다. 그렇지만 늘 대립하
    고 갈등하는 군웅쟁패의 시기에 무사히 살아남아 家를 존속시키기 위해 가
    문 구성원家中 사이의 단결과 질서 존중이 필요하였다. '은'과 '의리'는 가를
    유지하기 위한 핵심 윤리로서 천도는 이러한 윤리적 정신의 함양을 강조할
    때도 사용되었다.(위의 글, 8~9쪽).
40) 〈早雲寺殿二十一箇條〉第5條(佐藤進一·池內義資·百瀨今朝雄 編, 《中世法制
    史料集》第3卷武家家法1, 岩波書店, 1965).
41) 石毛忠, 위의 글 〈戰國·安土桃山時代の思想〉, 9쪽.
42) 水林彪, 위의 글 〈近世の法と國制史硏究序說〉, 《國家學會雜誌》90-1·2, 9쪽.

그럼 천도는 중세 후기에 이르러 구체적으로 어떻게 사용되고 있는가? 그 사용 용례에 대해 무라카미 다카시村上隆는 《노부나가공기》의 22사례(수권首卷 6례, 본문의 16례) 가운데 몇 가지를 소개하였다.[43] 이하 무라카미가 소개한 사례를 살펴보면서 그 가운데 천도의 실체를 파악하는 데 중요한 몇 가지 사례를 재구성하여 고찰해 보고자 한다.

첫째, 천도는 주군과 종자의 바람직한 주종제를 유지하는 역할을 수행하였다. 〈사례 ①〉 오와리 국尾張國의 슈고守護 시바 요시무네斯波義統가 죽은 것은 정당한 이유 없이 가신을 제거하려 했기 때문이다. 따라서 불천佛天의 가호를 받지 못했다. 요시무네가 죽은 데 천도가 작용하고 있었으니 천도란 두려운 존재이다. 〈사례 ②〉 시바 요시무네의 후다이譜代 가신 사카이 다이젠坂井大膳·오다 히코고로織田彦五郎도 죽었다. 이것은 주군 요시무네를 살해한 행위에 대한 천도의 징벌이다. 이상 〈사례 ①〉과 〈사례 ②〉를 볼 때, 주군이라 하더라도 주군답지 못한 행동을 하면 불천의 가호를 받지 못하며, 반대로 주군이 비록 자기를 적대시하여 살해하려 하더라도 후다이의 부하라면 주군을 죽여서는 안 된다.[44] 이것이 주종관계에 대한 무사들의 원리이며

---

43) 村上隆, 위의 글 〈太田牛一の歷史認識〉, 146~159쪽.
44) 그런데 《노부나가공기》의 저자 오타 규이치가 〈사례 ①〉에서는 요시무네義統의 가신 공격을, 〈사례 ②〉에서는 사카이 다에젠坂井大膳·오다 히코고로織田彦五郎의 주군 살해를 천도를 내세워 정당화한 것은 논리상 모순으로 규이치가 천도를 자의적으로 왜곡한 것이란 주장도 있다.(위의 글, 149쪽) 그러나 규이치의 주장을 반드시 논리상 모순이라 볼 수는 없다. 왜냐하면 〈사례 ①〉은 주군이라도 '정당한 이유 없이' 가신을 공격하면 천도의 벌을 받는 것이고, 다시 말해 합당한 명목이 있는 가신 제거라면 천도의 징벌을 받지 않는다. 〈사례 ②〉는 후다이의 부하라면 적어도 주군을 죽여서는 안 된다는 것으로, 비록 후다이 부하는 아니지만 노부나가가 여러 차례 전투를 벌이면서도 끝내 아시카가 요시아키를 죽이지 않은 것은 이러한 측면에서 이해할 수 있다. 결국 군주가 군주답지 못하고 신하가 신하답지 못한 '무도' 함에 대한 징벌의 주체가 천도라는 점에서 규이치는 이를 모순으로 받아들

이 원리를 통제하는 배후에 천도가 있었다. 요컨대 하극상이 난무하는 사회풍조 속에서 한편으로 이를 긍정하면서도 다른 한편으로 이를 제약하는 논리가 '천도'였던 것이다.

둘째, 천도에는 전통적인 신·불교 요소와 공유할 수 있는 측면이 존재한다. 신불의 전통사상을 배제하고 이를 대체하는 형태로 유교적 천 사상이 들어온 것이 아니라, 신불을 바탕으로 한 전통사상과 천 사상이 융합된 것이다.

〈사례 ③〉 노부나가의 숙부 오다 마고사부로織田孫三郎의 사망은 서약서의 벌이며 천도의 무서움이다. 또한 동시에 노부나가의 인과응보[御果報](행운)였다. 여기서 알 수 있듯이 서약서를 통해 나타나는 신불의 역할은 여전히 중요하다. 또 인과응보라는 불교적 내지 숙명적인 '운명'관과 천도가 연관되어 있는 점은 중요하다. 〈사례 ④〉 신판神判(火起請文)도 천도와 밀접한 관련이 있다. 노부나가 유모의 아들乳兄弟인 이케다 쓰네오키池田恒興의 피관被官 사스케佐介는 쇼야庄屋 간베에甚兵衛가 부재중인 저택에 들어가 절도를 자행했다. 사스케는 혐의를 부정했지만 신판을 거행한 결과 불에 달군 도끼를 잡지 못하고 떨어뜨려 자신의 말을 입증하지 못했다. 그러나 이케다의 권위를 내세워 모면하려 하자, 노부나가가 직접 나서서 똑같은 온도로 달군 도끼를 쥐고 세 발짝을 옮겨 목책에 두었다. 노부나가는 사스케를 주륙하였는데, 이를 천도의 무서움으로 해석하고 있다. 이 경우 천도는 종래 전통적인 신불의 사용 사례(神罰·佛罰)와 궤를 같이 한다.

셋째, 그렇지만 천도는 종교 세력의 통제 밖에 위치하며 현실 사원·신사를 억제하는 기능을 수행하였다. 〈사례 ⑤〉 혼간지本願寺가

____

이지 않았다.

"운을 천도에 맡겨" 농성하였지만 나날이 쇠퇴하였고 노부나가에게 여러 방책(調儀·調略)을 썼지만 통하지 않았다. 반면에 "노부나가의 위광은 더욱 성해져 제국칠도諸國七道가 평정되었다"고 하여, 천도는 불교세력(혼간지)의 통제 밖에 위치하며 무가(노부나가)의 사원 세력 탄압을 정당화하는 기능을 수행하였다. 이 점은 〈사례 ⑥〉 엔랴쿠지延曆寺에도 적용된다. 엔랴쿠지가 왕성진수임을 내세워 "행위와 법식이 출가의 법규에 맞지 않아 천하에 웃음거리가 됨을 간과하고 천도의 두려움도 돌아보지 않고, 음란함, 물고기와 새고기의 섭취, 금은을 탐닉하고 아자이·아사쿠라 편을 들었다"는 것이다. 이처럼 노부나가는 천도를 내세워 혼간지와 엔랴쿠지와 같은 현실 불교세력을 통제하려 하였다.

이상의 천도 사용 용례로 볼 때 전국시대 천도 관념은 "무엇인가 불가지不可知의 초월적인 위력을 상정"하고 "사람과 경우에 따라 일정하지 않고, 더욱이 꽤 제멋대로 사용"한 것도 사실이다.45) 그러나 그와 동시에 노부나가 시기에 이르러 천도가 무사의 주장을 정당화하는 측면에서 기능하고 있으며, 때로는 신불의 권위를 내세워 무사에 저항하는 사사寺社세력을 통제하는 논리로도 사용된 점이 주목된다. 이처럼 유교와 신불의 논리가 혼재되어 있는 천도가 중세 후기에 널리 쓰이게 된 것은, 앞에서 언급했듯이 가마쿠라 시대 이후 무민주의와 같은 유교 관념의 확산이 가져다 준 성과라 할 수 있다.46) 전국시대 군담기軍談記에는 "이 하극상에 의해 마침내 천벌을 받는 자업자멸自

---

45) 위의 글, 149쪽.
46) 물론 전통적인 신불관을 완전히 버린 것은 결코 아니었다. 천도는 전통사상을 '부정'하는 형태로 출현한 것이 아니라 전통사상과 '융합'하여 새로운 논리를 창출하는 형태를 띠었다.

業自滅"이라든지, "실로 천벌자멸天罰自滅이라고 세상에서 회자되는 것" 등 종래 신불을 대신하여 천이 많이 언급되고 있다.[47) 여기에 무로마치 후기 천도의 역사적 의의가 있다.

2. 공의公儀와 중세 국가권력

(1) 천하天下와 공의公儀

오와리 국을 통일하고 미노 국까지 지배하면서 도카이도東海道 일대의 새로운 강자로 등장한 오다 노부나가는 이를 기념하여 '천하포무天下布武'의 인장을 만들었다.[48) 노부나가가 '천하'라는 지역을 대상으로 삼아 '포무', 즉 무(武威)를 펼칠 것을 대내외에 공포한 것으로 보인다. 이렇듯 '무'를 내세워 천하를 장악하려는 의지를 표출한 점은 주목할 만하나, 사실 무사가 천하라는 개념을 주로 정치이념으로 내세운 것은 노부나가가 처음은 아니었다.

《아즈마카가미吾妻鏡》에 따르면, 미나모토노 요리토모源賴朝는 막부가 성립되자 〈천하초창天下草創〉[49)을 선언하였다. 이에 따라 천하는 무사 정권의 지배영역을 의미하게 되었는데,[50) 구보 겐이치로久保健一郎에 따르면, 이 때 천하는 천도사상과 결부되어 정치 시행의 평가 주체, 행위 정당화의 논리·근거로 사용되었다.[51) 그런데 당초 요리토모가 지칭하는 '천하'의 의미가 반드시 명확한 것만은 아니었다. 여기

47) 石毛忠, 앞의 글 〈戰國·安土桃山時代の思想〉, 9쪽.
48) 堀新, 〈信長公記とその時代〉, 《信長公記を読む》, 吉川弘文館, 2009, 14쪽.
49) 《吾妻鏡》文治元(1185)年 12月 6日條.
50) 久保健一郎, 〈天下と公儀〉, 《信長公記を読む》, 吉川弘文館, 2009, 165쪽.
51) 위의 글.

서 말하는 천하란 무사 단독 지배정권을 의미한 것은 아니었다. 무사 단독정권이 아니라 무사가 새로 대두하여 천황·조정과 무사의 연합정권이 출현했다는 의미의 천하 창출로 이해해야 한다.52) 흔히 '귀종貴種'이라 칭해지는 요리토모의 귀족성을 염두에 둘 때, 또 그가 종종 내세웠던 "조정의 사무라이侍 대장"이란 구호를 염두에 둘 때 이러한 추정이 가능하다. 초기의 일이긴 하나, 1181(養和1)년 9월 요리토모가 이세신궁에 보낸 기원서에는 "헤이케(다이라씨)平家라고 하더라도 왕화에 순종하는 무리에게는 신은神恩을 베풀어야 한다. 겐지(미나모토씨)源氏라 하더라도 조위朝威를 무시하는 자들이 있으면 신불의 벌(冥罰)을 받을 것이다"고 하였다.53) 요리토모는 왕법불법론을 핵심요소로 하는 중세 정통사상을 준수하는 입장이었고,54) 무사 정권의 독자적인 천하초창을 지향한 것은 아니었다. 노부나가가 '천하포무'라고 하여 '무'와 천하를 직접 연결시킨 사실을 염두에 둘 때, 요리토모의 무사 정권으로서의 자의식은 노부나가에 견주어 그다지 높지 않았다.55) 가

---

52) 1185(文治1)년 12월 6일 요리토모는 고시라카와 상황에게 상신하여 많은 공경을 해임하고 구조 가네자네九條兼實 등 친 요리토모파 공경을 대거 요 직에 기용하였다. 요리토모는 이것을 지칭하여 "천하초창의 때"라고 하고 있다. 그런데 "(자신은) 오랫동안 遠國에 있어 公務의 사정을 모른다"고 하면서 "천하의 政道는 群卿의 議奏에 의해"야 된다고 주장하였다(玉懸博之, 〈源氏將軍時代の政治思想〉, 《日本思想史講座》2, 12쪽). 따라서 요리토모의 천하 초창은 주된 강조점이 무가에 있지 않고 조정(공가)의 재편에 있었다. 천하 통치는 조정에서 하는 것이며 요리토모가 슈고·지토를 설치한 것도 적어도 명목상으로는 천하의 정치가 잘 이루어지도록 도와주는 데 있었다.
53) 위의 글, 9쪽.
54) 다마카케 히로유키玉懸博之에 따르면 요리토모의 정치사상은 제일 중요한 정치 자격으로 혈통의 고귀성을 들고 있는 점에서 '혈통의 원리'를 기본으로 하며, 이는 요리토모 자신이 겐지源氏의 적류라는 '귀종'임을 내세워 무가의 동량으로 군림할 수 있었기 때문이다(위의 글, 14쪽).
55) 물론 요리토모가 군사정권으로서의 자각이 전혀 없었다는 것은 아니다. 이 점은 남기학, 〈'武威'를 통해서 본 鎌倉幕府의 성립과 발전〉(《동양사학연

즈사노스케 히로쓰네上總介廣常가 요리토모가 늘 조가朝家의 일만을 생각하고 관동關東은 그러하지 않았다는 지적56)도 같은 맥락에서 이해할 수 있다.

막부체제가 점차 안정되고 가마쿠라에 기반을 둔 무사 정권이 확고히 정착되어 감에 따라 천하가 점차 무사 세력의 행위를 정당화하는 논리로 활용되었다. 전술한《묘에상인전기》에는 조큐의 난과 관련하여 호조 야스토키가 "천하 사람(天下の人)의 슬픔을 대신"하여 고토바 상황과 싸웠다는 주장이 실려 있다.57) 야스토키는 "천하는 모두 왕토이기 때문에 왕토—朝에 태어난 자는 군주의 뜻에 따르고 군주를 복종하지 않으면 안 된다. 따라서 군주와 싸우는 것은 도리에 어긋난다."고 하면서도, 그러나 이는 "군주의 정치가 바르고 국가가 잘 다스려졌을 때의 일이다. 지금 군주의 시대에 나라 곳곳이 혼란으로 동요하고 상하 모든 사람은 수심이 가득"하다. 주周의 무왕武王, 한漢의 고조高祖의 사례로 볼 때 "지금 군주를 대신하여 다른 군주를 세운다"고 해서 "아마테라스 오미카미天照大神·하치만궁八幡宮께서 어떤 벌을 내리겠는가."라고 반문하고 있다.58)

그런데 앞에서 서술한 바대로 남북조 시대에 천도의 용어가 본격

구》90, 2005) 참조. 한편《梅松論》에는 "천하를 다스림에 弓箭의 道가 끊어진 적이 없다"(《梅松論》(群書類從13輯(合戰部), 157쪽)라고 하거나 "천하일통은 武威에 의한 것"(163쪽)이라고 하여 남북조시기에 이르러 천하와 무위의 결합 강도가 더 확고해지는 것으로 보인다.

56) 玉懸博之, 앞의 글 〈源氏將軍時代の政治思想〉, 14쪽.

57) 久保健一郎, 앞의 글 〈天下と公儀〉, 165쪽.

58) 石毛忠, 앞의 글 〈室町幕府の政治思想〉, 37쪽. 이와 비슷한 논리가 가마쿠라 후기 남북조 시기의 저술에서 확인된다.《梅松論》에는 아시카가 다카우지가 "천하를 위해" 남조와 싸웠다고 주장한 내용이 보이며(위의 글, 46쪽),《等持院御遺書》에는 다카우지가 "천하는 천하의 천하"이며 "천하를 홀로 장악하면 개인人의 천하"에 불과하다는 입장을 피력했다는 내용이 있다.(위의 글, 50쪽)

적으로 사용되면서, 천하와 천도가 결부되어 나타났다. 가령 무로마치 초기에 저술된 것으로 보이는 《도지인어유서等持院御遺書》(아시카가 다카우지 유서)에는 "천하를 장악한 자는 한순간이라도 태만해서는 안 되며 눈길을 늘 천도에 두어야 한다"59)는 내용이 들어 있다. 그러나 비록 무사들이 천황만의 천하를 비판하였지만, 조정과 천황에 대한 존경심은 지속적으로 표방하고 있었다. 천도가 중세 신불과 융합한 측면이 있듯이, 무사도 천황·조정의 권위를 완전히 배제하지 못했다. 이 점은 남북조시기에 저술된 《매송론》도 마찬가지로, 중국 왕조의 흥망을 거론하면서 "천하를 장악한 주인은 어짊[賢]과 덕이 있다. 세상을 잃어버린 군주는 비도무도하기 때문에 하늘[天鑑]이 운을 빼앗은 것"이라 하여 유덕자=군주의 주장을 펴면서도 "무가는 천명을 두려워 해 후손 고호리카와 천황을 즉위시켰다"고 하여 완전한 중국식 방벌론은 주장하지 않았다.60)

'천하'라는 용어가 일본 고대부터 줄곧 사용되었고 한국·중국에서도 쓰이고 있는 것과 달리, '공의'는 기본적으로 일본에서 탄생하여 일본에서 쓰이는 용어이다. 공의란 용어의 사용은 적어도 남북조 시기인 14세기경까지 확인할 수 있으나, 본격적으로 사용된 것은 15세기 중엽 이후이다.61) 공의는 원래 천황·공가와 쇼군·막부 등 공권력, 이와 관련된 사람, 기구, 의례 장소 등을 지칭하는 말로 쓰였으나, 점차 개별 영주 권력을 초월한 국가공권, 통일정권인 근세 쇼군권력을

---

59) 위의 글, 50쪽.

60) 위의 글, 44~45쪽.

61) 1354(文和3)년 무로마치 막부가 반포한 〈大小禪刹規式條々〉에 보이는 公儀는 다수자의 의향을 담은 公論에 가까웠는데, 16세기 중반에 이르면 영주계급의 계급적 결집에 의해 공권적 요소를 띠게 되었다(深谷克己, 〈公儀と身分制〉, 《大系 日本國家史》, 東京大學出版會, 1975).

뜻하게 되었다.[62] 또 앞에서 서술한 대로 ① ‘사’에 대한 ‘공’의 의미, ② ‘공’의 의향·결정, ③ 법적주체 등을 의미하였다.[63] 이 가운데 법적 주체로서 ‘공의’는 중세시기 무로마치 쇼군을 지칭하였지만, 독자적 움직임을 보이던 전국 다이묘도 이를 본받아 자신을 ‘공의’ 권력이라 칭하면서 권력의 정당화를 꾀했다.[64]

이처럼 전국시대 이후 공의가 유행한 것은 사회 질서의 혼란을 극복하고 안정을 희구하는 사회적 메커니즘과도 관련이 있다. 무사들은 "천하가 파멸된다면 파멸되라. 세상(世間)이 멸망한다면 멸망하라"고 하면서 자신만의 부귀영화를 추구하고 있거나,[65] "무사(武者)는 개라 하던, 축생이라 하던 이기는 일이 가장 중요"라는 상황에서 거꾸로 이러한 개개 무사의 ‘사’를 조정해 줄 수 있는, 더욱 초월적 차원에서 기능하는 ‘공’을 소망하였다.[66]

본래 사적인 주종제를 기반으로 성립한 영주 권력은 공권력임을 내세우기 위해 ‘공의’로 일컬었다. 이시모다 쇼石母田正에 따르면, 재지 영주층이 성장하여 고쿠진 잇키國人一揆의 결합 등이 나타났고, 이들 스스로가 ‘공’임을 표방하였는데 전국 다이묘는 잇키를 해체시키고 신분 사이의 존비尊卑를 명확히 한 예적 질서에 입각하여 재지에 형성된 ‘공’을 자신의 ‘공’으로 흡수시켜 나갔다.[67] 이처럼 공이 재지 사

---

62) 白川部達夫, 〈「公儀」論の展開〉, 《日本近世史研究事典》, 東京堂, 1989, 14쪽.

63) 藤井讓治, 앞의 글 〈一七世紀の日本－武家の國家の形成〉, 9쪽.

64) 현재 공의에 대한 연구는 전국시대에 비해 근세에 사용된 사례가 압도적으로 많기 때문에 주로 근세사연구자에 의해 진행되어 왔다. 그 결과 전국시대와 에도시대의 공의가 어떻게 다른지, 양자의 차이점이 강조되고 있다. 또 주된 분석도 공의와 백성의 관계를 밝히는데 치중하고 있다(久保健一郎, 〈戰國大名と公儀〉, 《日本中世史研究事典》, 東京堂出版, 1995).

65) 《応仁記》(《群書類從1》3輯(合戰部), 356쪽.

66) 小澤富夫, 〈戰國時代〉, 《日本思想史講座》2, 雄山閣, 1976, 87쪽.

67) 石母田正, 앞의 글 〈解說〉, 《中世政治社會思想》上(日本思想大系21), 641~642

회에 널리 확산된 사실은 구보公方란 용어의 변질에서도 알 수 있다. 무로마치 쇼군을 지칭하는 구보는 전국시대 다이묘 권력의 호칭으로도 나타나지만, 재지 권력의 호칭으로도 광범위하게 성립하였다.68) 후지키 히사시藤木久志는 재지에 존재하는 다양한 '공'을 공계公界69)의 '공'으로 이해하고 전국 다이묘가 이러한 재지의 '공'을 흡수함으로써 공권력의 '공'으로 전환된 것으로 파악한다.70) 또 그 과정에서 전국 다이묘는 피지배층의 이탈을 방지하고자 무민을 주장하였다. 즉 다이묘 권력이 다이묘에서 평백성平百姓 이하에 이르는 모든 구성원을 포함시켜 '공의의 어백성御百姓'이란 환상을 불어넣어 통치의 정당성을 모색했다.71) 그 결과 전국 다이묘의 공의는 개별 영주의 자의성을 억제하여 영주층과 묘슈백성층名主百姓層의 평균적 이해를 옹호하는 기능을 수행하였고,72) 슈고직 등 전통적인 공적 기능을 흡수하여 스스로 '공의'임을 표방한 전국 다이묘는 재지의 공공질서를 재편하고 지배해 나갔다.

쪽. 이시모다 쇼에 따르면 전국 다이묘가 재지의 '공'을 자신의 '공'으로 흡수하는 데는 戰國家法의 제정이 결정적인 역할을 했는데, 전국가법의 근본 사상은 '賞罰'을 강조하는 법가사상과 유사한 점이 있다. 또 전국가법의 제정으로 도덕과 종교로부터 법이 분리되었다고 평가한다(위의 글, 610~611쪽).

68) 藤木久志, 〈大名領國制論〉, 《大系日本國家史》2, 東京大學出版會, 1975, 252쪽.

69) 가쓰마타 시즈오勝俣鎭夫는 "公界는 世間·公衆의 의미"라고 하였다(勝俣鎭夫, 〈相良氏法度〉, 《中世政治社會思想》上, 188쪽).

70) 藤木久志, 앞의 글 〈大名領國制論〉, 251쪽.

71) 위의 글, 259쪽.

72) 〈六角氏式目〉에는 전체적으로 선례를 중시하고 있지만, 동시에 일부 조항에서 선례를 부정하는 내용도 들어 있다. 庄例鄕例라는 재지관습법을 인정하지 않고 있으며(14조), 선례가 있는 損免도 인정하지 않는 방침(15조)을 취하고 있다. 또 "재지 곳곳의 庄例法度는 없애야 한다"(34조)고 하면서 "式目御法에 따라"(32조)처리해야 한다고 하여 재지 관습을 부정하고 법을 우선시하는 전국 다이묘의 속성을 잘 보여주고 있다. 이러한 길항관계를 바탕으로 전국 다이묘= '공의'가 출현한 것이다.

다만 전국 다이묘의 '공의'를 근세와 같이 명확한 법적 주체로 파악할 수 있는가에 유보적인 견해도 있고,[73] 무로마치 쇼군의 '공의'와 전국 다이묘의 '공의'가 경합한 흔적은 없다는 점에서 전국 다이묘의 공의를, 무로마치 막부 내지 천황을 포함한 전통적 권위와 완전히 단절된 새로운 공권력으로 볼 수 없다는 주장도 있다.[74] 그렇지만 전국 다이묘가 자기 지배 영역에 대한 통치의 정당성을 끊임없이 추구한 것도 사실이다. 전국 다이묘의 '어국御國'의식이 여기에 해당하는데, 고호조 씨後北條氏의 '어국'은 그 전형적인 사례이다. 구보 겐이치로久保健一郎에 따르면, 고호조 씨는 외부 세력의 침공 등 영국이 위기에 직면하였을 때 비전투원을 포함한 구성원을 전쟁에 동원하고자 '어국'을 표방하는 일이 많았다. 전국 다이묘 통치정당성의 논리·근거인 '어국'은 다이묘 자신을 초월하는 객관적 존재이며, 따라서 전국 다이묘의 어국의식은 전국 다이묘의 '공의'가 발전한 형태라는 것이다.[75] 그러나 공의가 과연 어떻게 어국의식으로 전화하였는가? 단순한 양자의 연결·발전과정을 넘어서는 구체적인 메커니즘은 아직 해명되지 않고 있다.

(2) 천하天下 · 공의公儀의 용례

무로마치 시기에 나타난 공의와 근세 정착된 공의의 사이에는[76]

---

73) 藤井讓治, 앞의 글 〈一七世紀の日本―武家の國家の形成〉, 12쪽.
74) 久保健一郎, 앞의 글 〈天下と公儀〉, 166쪽.
75) 위의 글, 167쪽.
76) 후지이 조지藤井讓治는 17세기에 이르러 "무가의 국가가 '공의'로서 정착"되었다고 하면서 근대 '정부'로 호칭되는 정치권력에 해당하는 근세 정치권력이 바로 '공의'라고 주장한다. 근세는 쇼군과 다이묘가 각각 '공의'로 기능하면서 "현실 세계에서 가장 중요한 정치적 사회적 가치를 결정하는 주체"

전국 다이묘戰国大名와 오다 정권이 존재한다. 이 시기 일부 전국 다이묘에게는 공의와 더불어 구니國단위의 공통 의식이 존재한다는 점이 특징이다. 전술한 고호조 씨 이외에 긴키近畿 지역의 롯카쿠 씨六角氏에게도 어국御國·총국惣國의식이 존재하며,[77] 고후쿠지興福寺를 중심으로 한 야마토 국大和國에도 성격은 조금 다르지만 '본조무쌍신국本朝無雙神國=야마토 국大和國'이란 어국 의식과 유사한 국 단위의 인식·관념이 확인된다.[78]

오다 노부나가는 공의에 의존하지 않고 천하를 즐겨 사용하였다. 전국시대 공의가 기본적으로 '공'을 표방하여 개개 구성원의 '사'를 제약하여 구성원 전체의 공동 이익을 대변하는 데 중점이 놓여있다면, '어국' 관념 속에는 영주층의 공동 이해를 넘어서서 해당 지역 단위의 모든 구성원을 포괄하는 최고 권력자의 지향이 내포되어 있다고 할 수 있다. 그런데 전국시대 특정 지역에 지배권이 머무른 롯카쿠 씨나 고호조 씨와 달리, 오다 노부나가는 오와리 국 통일이 늦었고, 곧바로 정복 전쟁에 나서 국 단위 지역을 아우르는 통일 정권으로 지향해 나갔기 때문에 고호조 씨 등에 비해 어국·총국의식은 상대적으로 희박하다. 굳이 이와 비슷한 것을 들자면 각 부장들을 유력 국

인 '공의'가 피지배자인 백성·조닌町人까지 그 세계에 포함시켰다는 것이다(藤井讓治, 앞의 글 〈一七世紀の日本—武家の國家の形成〉, 3~4쪽). 후카야 가쓰미深谷克己는 "막번제의 國家公權"내지 "막번제의 封建王權인 공의"라고 정의한다(深谷克己, 앞의 글〈公儀と身分制〉, 149~150쪽). 또 공의를 위로 막부–다이묘–다이칸代官–촌–가家–가족까지 이레코 형入字型 지배체계를 갖고 있었고 자기보다 위는 公으로 아래는 私로 규정되었다고 파악하는 주장도 있다(高木昭作, 〈公儀〉, 《日本史大事典》3, 平凡社, 1993. 36쪽).

77) 박수철, 〈戰國時代 近江守護 六角氏의 <지역통합> 과정—延曆寺와의 關係를 중심으로〉, 《역사학보》 170, 2001, 105쪽; 110쪽.

78) 박수철, 〈室町·戰國時代'記錄'과 《大乘院寺社雜事記》〉, 《東亞文化》39, 2001, 204쪽.

<표1> 《노부나가공기》의 천하와 공의

	천하	공의
1568(永祿11)년	1	1
1569(永祿12)년	0	1
1570(元龜1)년	4	1
1571(元龜2)년	2	3
1572(元龜3)년	4	1
1573(天正1)년	5	8
1574(天正2)년	0	0
1575(天正3)년	7	0
1576(天正4)년	0	0
1577(天正5)년	0	0
1578(天正6)년	2	0
1579(天正7)년	3	0
1580(天正8)년	5	0
1581(天正9)년	1	0
1582(天正10)년	1	0
소계	35	15

에 배치하고 이를 아우르는 지배 영역 개념으로 사용된 분국分國 의
식이다. 그런데 오다 노부나가는 기본적으로 이미 초기부터 이질적인
국 단위의 연합체인 분국까지 포괄하여 이를 넘어서는 천하라는 개념
을 제시하였다.

더욱이 노부나가의 경우 공의와 천하는 길항 관계에 있었는데, 구
보 겐이치로는 이 점을 《노부나가공기》의 사례 분석을 통해 소개하
고 있다.79) 구보의 연구에 의거하면 천하의 용례는 시기적으로 흩어
져 있고 후기에 많이 사용되고 있는 반면에, 공의의 사례는 압도적으

---

79) 久保健一郎, 앞의 글, 〈天下と公儀〉, 171쪽.

로 초기에 집중되어 있다.

1568(永祿11)년 교토에 상경한 직후 노부나가는 '천하를 위하여'와 '공의를 위하여'를 주요 정치 슬로건으로 내세웠다. 노부나가는 이 두 가지를 모두 적절히 활용하면서도 현실적으로 존재하는 '당시의 공의=아시카가 요시아키'를 제어하기 위해 천하를 가장 상위의 개념으로 삼았다. 특히 1570(元龜1)년 문서에서 "천하의 일 무엇이든 노부나가에게 맡긴 이상은 누구에게게도 의존하지 않고, 상의上意를 얻을 필요도 없이 (노부나가의) 분별대로 조치[成敗]할 것"80)이라고 하여 천하를 최고 정치이념으로 삼았다.

그 후 1573(天正1)년에 이르면 노부나가와 쇼군 요시아키의 사이가 결정적으로 틀어져, 노부나가는 요시아키를 추방하였다. 그러나 이 시기 사용된 공의는 모두 요시아키를 지칭하며, 노부나가는 자기의 행위를 지칭하는 용어로 여전히 천하를 사용하고 있다. 이후 공의의 용례는 확인되지 않는다. 노부나가가 줄곧 천하라는 고집한 것은 그가 요시아키를 대신하여 공의로 칭할 수 있는 객관적인 조건을 갖추지 못했기 때문이다. 요시아키가 쇼군직을 정식·정당한 수속을 통해 상실하지 않은 이상, 그는 다른 전국 다이묘들에게 여전히 공의라 불렸고, 노부나가는 스스로의 권력을 '공의'로 일컬을 수는 없었다.81) 물론 노부나가의 가문 안[家中]에서는 노부나가를 '공의'로 일컫고 있었지만 노부나가 스스로는 공의로 일컬은 적이 없었다.82) 이처럼 노부나가는 다른 전국 다이묘와 달리 공의를 거의 쓰지 않았고 천하라는

---

80) 〈足利義昭·織田信長條書〉(奧野高廣, 《增訂織田信長文書の硏究》上, 吉川弘文館, 1988, 343쪽).
81) 藤井讓治, 앞의 글 〈一七世紀の日本－武家の國家の形成〉, 14쪽.
82) 久保健一郎, 앞의 글 〈天下と公儀〉, 173~174쪽.

용어를 적극적으로 사용하였다. 그 이유는 어디에 있는가?

노부나가가 천하라는 용어를 사용한 이유가 단순히 요시아키의 권위를 극복하고자 해서인가? 아니면 다른 의미가 있는가?[83] 구보 겐이치로는 고호조 씨가 '구보公方'를 대신하는 용어로서 다이토大途를 사용하여 자기 권력을 환골탈태를 모색한 것처럼,[84] 노부나가가 천하라는 용어를 사용한 것으로 보았다. 그러나 전국 다이묘인 고호조 씨의 다이토와 오다 노부나가의 천하 사용을 동일한 지향으로 볼 수 있는가는 의문이다.[85] 왜냐하면 첫째, 호조 씨 주군의 인격체를 지칭하는 '다이토'(혹은 쇼군을 지칭하는 구보)와 달리, '천하'가 명확히 노부나가의 인격을 가리키는 사례는 확인되지 않고 있으며, 둘째, 호조 씨의 경우는 위기의 순간에 본래 비전투원인 백성까지 직접 설득에 나서고 있는 데 견주어 노부나가의 천하는 주로 무사를 향해 있으며,

---

83) 이계황은 천하를 "노부나가의 권위에 의해 지배 혹은 지배되어야 할 일본"으로 파악한다. 노부나가가 전제화·公儀化·권위화를 통해 천하에 군림하려 하였다는 것이다. 또 노부나가가 천황에게 관위를 받았을 때는 천하를 사용하지 않다가 사관한 1578년 이후 다시 천하라는 용어를 사용한 점에 주목하고, 이를 천황의 정치화 방지로 이해한다(이계황, 앞의 글 〈織田信長의 '天下觀'〉, 227쪽).

84) 무로마치 시대 쇼군은 공의로 일컬어지나 경우에 따라 특정 인격을 가리키는 경우 '구보公方'로 사용되었다. 관토 지역을 지배한 고가 쿠보古河公方도 이에 해당한다. 그러나 이러한 용어는 전국 다이묘 고호조 씨가 사용할 수 있는 용어가 아니었다. 이에 고호조 씨는 '다이토大途'(고호조 씨 당주를 가리키며, 자기 통치의 정당화 논리, 근거)를 사용하였다. "다이토님의 직속부하御大途樣御被官"라고 가문의 유서를 밝히는 경우나 영국 전체의 군사를 동원하는데도 '고다이토御大途'를 내세워 정당화의 논리·근거로 사용하였다(久保健一郎, 앞의 글 〈天下と公儀〉, 176쪽).

85) 후지키 히사시藤木久志에 따르면, 다이묘 권력이 공권력임을 표시하는 다이토의 용법은 고호조 씨 영국에 특징적으로 나타나며, 공의와 통용될 수 있는 성질을 갖고 있는 동시에 영주 대관 등 개별적인 사권私權과 대립하는 존재였다(藤木久志, 앞의 글 〈大名領國制論〉, 258쪽). 다만 후지키는 고호조 씨의 경우 16세기 이후 大途·公儀·公方이 서로 통용된 것으로 본다.

노부나가가 백성 신분에 어떠한 논리를 폈는가 또한 사실 명확하지 않다.

천하에 대한 해석은 대체로 두 입장으로 크게 나뉜다. 하나는 아사오 나오히로朝尾直弘와 후지이 조지藤井讓治의 주장으로,[86] 이들은 노부나가가 1575(天正3)년 에치젠 국 법령(越前國掟)를 획기로 하여 천하를 하나의 지역, 또는 계급을 초월한 보편적 도리로 파악하고 스스로 이를 체현한 것으로 본다. 노부나가가 천하와의 일체화를 도모하여 전국 다이묘 또는 중세적 '공의'와 다른 단계에 이르렀다는 것이다. 최근에는 이와 같은 입장에 서서 노부나가가 중세사회의 '천하'를 발전시켜 '천하를 위해'라는 명목으로 민중세계까지 포함하려 했다는 평가도 있다.[87] 다른 하나는 노부나가의 국가구상인 천하 속에 과연 민중까지 포함되어 있었는가에 회의적인 입장이다. 노부나가적 천하는 무자도武者道와 결부되면서 오히려 왜소화하고 무사에만 대상이 한정되었다는 주장이다. 사사키 준노스케佐佐木潤之介에 따르면,[88] 노부나가가 주창한 무자도武者道(武篇)에 근거한 군대 동원은 세금 징수 등 민중 통치를 염두에 두고 진행시켜야 할 분국지배와 모순을 발생시켰다. 즉 노부나가의 '천하'는 주로 주종관계에 입각한 무사도와 결부되어 주창된 것으로, 그 속에는 분국 지배의 통치 논리가 결여되어 있기 때문에 농민을 비롯한 민중들이 이를 수용할 수 없었다. 따라서 무사만을 대상으로 한 노부나가적 천하는 다음 시대에서는 부정해야

---

86) 朝尾直弘, 앞의 글 〈『將軍權力』の創出〉; 藤井讓治, 앞의 글 〈一七世紀の日本−武家の國家の形成〉.

87) 堀新, 〈信長·秀吉の國家構想と天皇〉, 《日本の時代史》13·天下統一と朝鮮侵略, 吉川弘文館, 2003.

88) 佐々木潤之介, 〈信長における「外聞」と「天下」について〉, 《織田政權の研究》戰國大名論集17, 吉川弘文館, 1985.

132

할 유산으로 작용하였다는 것이다. 양자 모두 노부나가가 무사세력을 통합하고자 한 논리로서 무사도를 주장한 점은 인정하면서도, 그것이 노부나가가 천하와 일체화되어 나타난 것인가, 아니면 오히려 민중을 배제하고 무사들만을 대상으로 왜소화한 것인가로 상반되게 해석하였다.[89]

노부나가의 천하는 이념적인 성격이 강했고, 현재 민중까지를 직접 대상으로 한 것인가는 불명확한 점이 적지 않다. 민중세계까지 염두에 둔 지배와 통치의 이념은 오히려 분국 지배를 통해 나타났다. 이는 오다 정권이 완전한 통일 정권이 아닌 점에 주된 원인이 있다. 노부나가가 지배 대상으로 설정한 천하는 그 이념적인 영역과 실제 지배하고 있는 현실의 영역이 서로 달랐다. 천하를 내세워 무로마치 쇼군의 공의를 제약하고 분국을 뛰어넘는 기능을 수행하고자 하였으나, 기존에 사용되던 천하의 용법이 있었으므로 노부나가만이 이를 독점할 수 없었다. 그러나 설령 노부나가의 천하가 민중세계를 포함하지 않았다고 해서 그 의미를 축소할 필요는 없다고 본다. 이미 노부나가의 천하 의식에는 전국 다이묘의 어국의식을 뛰어넘는 지향이 내포되어 있기 때문이다. 이렇게 오다 노부나가의 제시된 '형식'(틀)은 그의 후계자 도요토미 히데요시에 의해 그 '내용'이 채워지게 되었다.[90]

---

89) 천하가 가리키는 대상 영역에 관해서도 논란이 있다. 노부나가의 천하가 통설에서 말하듯 일본 전체를 가리키는 것이 아니라, 교토를 중심으로 하는 전통적인 질서 구조를 내포한 사회영역이었다는 주장도 있다. 노부나가가 '천하를 위해'라는 주장은 교토를 중심으로 하는 전통적인 질서 속에 자신을 자리 매김한 것이며 결코 전통적인 '천하'관과 대립한 것이 아니라는 입장이다. 천하란 쇼군이 실효적으로 지배하고 있던 교토를 일컬은 것이며 '천하포무'에서 천하가 지향하는 바도 교토 근변에 지나지 않을 뿐이다(高木傭太郎, 〈織田政權期における「天下」について〉, 《織田政權の硏究》戰國大名論集17, 吉川弘文館, 1985).

90) 이념으로의 천하와 실제 지배영역으로의 천하가 일치한 도요토미 히데요시

맺음말

근세법 관념으로 '비리법권천非理法權天'이란 격언이 있다. 그 뜻은 "비非라 함은 무리無理이다. 리理란 도리道理이다. 법法이란 법식法式이다. 권權은 권위權威이다. 천天은 천도天道이다. 비非는 이理를 이기지 못하고 이理는 법法에 이길 수 없다. 법法은 권權을 이기는 일이 없고 권權은 천天을 이길 수 없다"[91])는 것이다. 도리와 천도가 중세 후기를 지나 근세 초기에 어떻게 정착되었는가를 잘 말해 준다.

이 논문은 주로 그 전제에 해당되는 부분을 살펴보았다. 하극상이란 남북조시기 이후 근세 초까지 보편적인 현상이라 할 수 있는 사회풍조 속에서 이를 정당화하기 위한 근거로서 천도가 활용된 사실을 지적하고,[92]) 가마쿠라시기에 많이 사용되었던 도리와 비교하였다.

천에 대한 관심이 집중된 것은 가마쿠라 막부 이후 무가 정권이 무민인정주의를 내세워, 왕토사상에 입각한 천황(귀족)세력의 통치를 약화시키고자 도입한 유교적 정치사상에서 기인한다. 유교 정치사상의 도입은 왕법불법론과 같은 전통적 이데올로기와 대립한 것이 아니라 서로 융합되고 확충되어 갔다.

또한 이 논문에서는 이 시기에 무사 권력이 자신을 정당화하고자 사용한 공의와 오다 노부나가가 즐겨 언급한 천하의 내용을 살펴보았

는 자신을 '덴카てんか'로 자칭하고 있다. 이 덴카는 殿下를 의미하는 것이지만, 그 속에는 天下로 의미하는 이중성이 내포되어 있다고 추정된다. 후카야 가쓰미에 따르면, 근세 초가 되면 '公儀之民', '公儀百姓'이라 하여 천하와 공의가 일체화된다(深谷克己, 앞의 글 〈公儀と身分制〉, 162쪽).

91) 〈貞丈家訓〉, 《日本思想大系》27·近世武家思想, 岩波書店, 1974, 99쪽.

92) 도요토미 히데요시가 고호조 씨를 치러갈 때 그 명분으로 "天道의 正理를 거슬리고 帝都에 대해 奸謀를 도모하였으니 어찌 天罰을 입지 않겠는가." (日下寬 編, 《豊公遺文》, 博文館, 1914, 211쪽)라고 하였다.

다. 무사 정권은 자신의 권력을 공의로 규정지었고, 전국시대에는 지역 정권인 전국 다이묘까지도 이 용어를 광범위하게 사용하였다. 그러나 현실적으로 존재하는 전국 단위의 무로마치 막부를 극복하기 위해 새로운 관념이 필요하였다. 천하는 고대부터 사용된 연원이 오래된 개념이지만, 천도나 천에 대한 관심이 높아지면서, 노부나가가 이를 적극적으로 활용하였다. 천하가 과연 가리키는 바가 무엇인지는 여러 논란의 여지가 있어, 천하란 개념이 반드시 명확한 형태를 띠고 있다고 볼 수 없다. 그러나 '천하포무'라고 하여 노부나가가 강력한 무위에 대한 자의식을 천하와 결부시켜 파악하고 있는 점은 주목할 만한 부분이고, 전국 다이묘의 어국·총국 의식과는 성격이 다른 것으로 보아야 한다.[93]

■ 참고문헌

박수철, 〈織田 정권의 神社 정책과 吉田社〉, 《역사학연구》제32집, 2008.
박수철, 〈室町·戰國時代「記錄」과 『大乘院寺社雜事記』〉, 《東亞文化》39, 2001.
이계황, 〈근세권력의 형성과 天皇의 역사적 지위〉, 《동방학지》117, 2002.

尾藤正英, 《江戸時代とはなにか—日本史上の近世と近代—》, 岩波書店,

---

93) 천하는 천도와도 밀접한 관련성이 있다. 도쿠가와 이에야스는 "(자신이) 天道에 忠과 信을 다한 자이기에, 지금 천하의 집정(執柄)을 天道에게서 받았다"(〈東照宮遺訓〉)고 주장하였다(水林彪, 〈近世の法と國制史研究序說〉, 《國家學會雜誌》90-1·2, 9쪽).

1992.

奧野高廣, 《增訂織田信長文書の硏究》上, 吉川弘文館, 1988.

日本思想大系·《中世政治社會思想》上·下, 岩波書店, 1972.

佐藤進一, 《日本の歷史》9·南北朝內亂, 中央公論社, 1971.

黑田俊雄, 《日本中世の國家と宗敎》, 岩波書店, 1975.

黑田俊雄,, 〈天下と公儀〉, 《信長公記を読む》, 吉川弘文館, 2009.

藤井讓治, 〈一七世紀の日本―武家の國家の形成―〉, 《岩波講座日本通
　　史》12·近世2, 岩波書店, 1994.

石毛忠, 〈室町幕府の政治思想〉, 《日本思想史講座》2, 雄山閣, 1976.

石毛忠, 　〈戰國·安土桃山時代の思想〉, 　《體系日本史叢書》(思想史
　　2), 山川出版社, 1976.

水林彪, 〈近世の法と國制史硏究序說〉, 《國家學會雜誌》90−1·2, 　5·6,
　　91−5·6, 92−11·12, 94−9·10, 95−1·2, 1977∼1983.

勝俣鎭夫, 〈武士家法(解題)〉, 《中世政治社會思想》上, 岩波書店, 1972.

深谷克己, 〈公儀と身分制〉, 《大系 日本國家史》, 東京大學出版會, 1975.

佐々木馨, 〈神國思想の中世的展開〉, 《大系 佛敎と日本人》2, 春秋社,
　　1987.

막말기幕末期 일본의 대외론

─쇄국鎖國/양이론攘夷論 재고再考

박 훈

머리말

막말기 일본의 대외론은 크게 개국화친론開國和親論과 쇄국양이론으로 나누어 이해되고 있는 듯하다. 이에 덧붙여 '개국화친론=친막부, 쇄국양이론=반막부'라는 인식이 일반적인 것 같다. 그러나 이 같은 구분법은 당시의 복잡한 대외론을 파악하기에는 지나치게 단순하다. 특히 이 구분법은 이 시기 대외론이 국내체제 개혁문제와 밀접하게 관련되어 있었다는 점을 반영하지 못하고 있다. 따라서 당시 대외론의 정확한 실상과 분포, 그리고 상호관계를 파악하기 위해서는 좀 더 정교한 구분법이 필요하다.

이 문제에 대하여 진전된 인식을 보인 것은 미타니 히로시三谷博[1]와 후지타 유지藤田雄二[2]의 논문이다. 미타니는 당시 대외론을 대내태

---

1) 三谷博, 《明治維新とナショナリズム─幕末の外交と政治變動》, 山川出版社, 1997; 三谷博, 《ペリー来航》, 吉川弘文館, 2003.

138

도(개혁이냐 보수냐)와 대외태도(개국이냐 쇄국이냐)를 조합하여 4가지로 크게 분류하였다(그림1 참조).3) 그는 지식인이나 다이묘 이외에도 막부정책결정자들의 입장도 상세하게 분석하여 막말기 대외론의 분포를 전체적이면서, 시계열적으로 파악하는 데 기여하였다. 후지타는 한중일 3국의 배외주의자들(zealots)을 중점적으로 비교 분석하였다. 그는 개국·쇄국, 화친·양이, 개화·수구의 개념 쌍을 제시하여 대외론을 구분하였다.

필자의 이 글은 이 두 사람의 연구를 바탕으로 막말기 대외론의 분포와 내용, 성격을 필자가 재구성한 것이며, 여기에 필자 나름의 견해를 덧붙여 막말기 대외론의 특징을 지적하고자 한다.

먼저 막말기의 복잡한 대외론 양상을 체계적, 포괄적으로 이해하기 위해서는 자주 쓰이는 용어의 의미를 정확히 규정해 둘 필요가 있다. 흔히 이 시기 대외론 분석에서 자주 쓰이는 용어에는 수구·개화, 개국·쇄국, 화친·양이, 피전避戰·주전主戰,4) 해방海防 등이 있다.

먼저 쇄국이란 무엇인가? 도쿠가와德川 초기인 간에이기寬永期(1624~1643)에 막부는 기독교 금지, 스페인·포르투갈·영국 선박 내항 금지, 일본인 해외도항 금지 등의 조치를 취했다. 이른바 '쇄국정책'이다. 이에 따라 네덜란드를 제외한 서양 각국과의 관계는 완전히 단절되었다. 그러나 네덜란드 이외에도 중국·조선·유구와의 관계는 활발하게 전개되었고, 베트남·캄보디아의 선박도 내항한 적이 있었다.

---

2) 藤田雄二, 《アジアにおける文明の対抗: 攘夷論と守旧論に関する日本、朝鮮、中国の比較研究》, お茶の水書房, 2001.
3) 三谷博, 《明治維新とナショナリズム──幕末の外交と政治變動》, 70쪽.
4) 막말 대외론에서 쇄국·개국 외에 피전, 주전의 차원이 중요하다고 처음 지적한 것은 井野邊茂雄(《新訂 維新前史の研究》, 中文館, 1942)이었다(三谷博, 《明治維新とナショナリズム──幕末の外交と政治變動》, 73쪽).

〈그림1〉

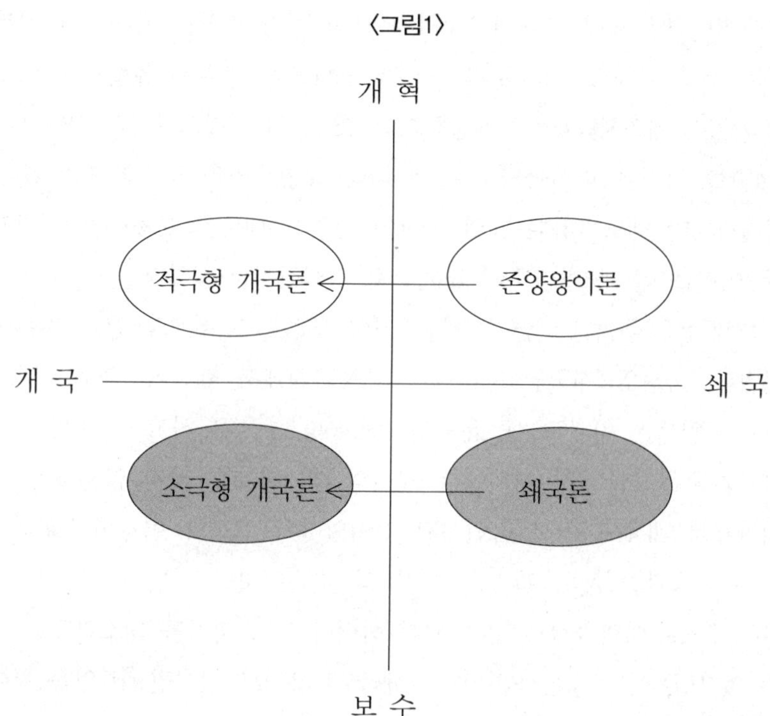

‘쇄국’의 주안점은 해외 선박의 입항금지보다는 일본인의 해외 도
항금지에 있었다. 사실 ‘쇄국’ 이후 일본인은 표류를 제외하고는 서민
은 물론이고 관리조차도 해외에 나간 적이 거의 없었다.5) 처음에는
쇄국이란 말은 사용되지 않았으나, 19세기에 들어서 일본인들은 이런
상태를 쇄국이란 말로 표현하기 시작했다.6)

---

5) 三谷博, 《ペリー来航》, 10쪽. 물론 쓰시마인의 부산, 사쓰마인의 유구, 일부
  일본인의 에조치蝦夷地 도항은 예외이다.
6) 일반적으로 나가사키의 난학자이자 통사通詞였던 시즈키 타다오志筑忠雄가
  켐펠의 《日本誌》(네덜란드어 제2판;1733)의 권말부록 최종 장을〈鎖国論〉
  (1801)으로 번역하면서 이 용어가 유포되었다고 한다.

그러나 이 체제는 대외관계의 부분적 변경·확장을 완전하게 거부하는 것은 아니었다. 다누마 오키쓰구田沼意次 정권은 유럽과 무역을 계획했고, 에조치蝦夷地에 진출하려고 했다. 이어 마쓰다이라 사다노부松平定信 정권은 러시아의 요구에 따라 북방무역을 허용하려고 했다. 이때까지만 해도 대외관계의 확장에 신중한 태도를 유지하기는 했지만, 이것을 절대불변의 '조법祖法'으로 인식하지는 않았다.

19세기에 들어와 '쇄국'이라는 말이 만들어져 유포되었고, 1844년 네덜란드국왕의 개국권고에 대한 대응과정에서 쇄국이 '조법'화하였다. 곧 일본은 원래 조선, 유구의 2개국과 '통신'을 하고 청, 네덜란드와 '통상'을 하는 것 이외에는 일체의 대외관계를 갖지 않는다는 대외관계의 내용이 국시로 인식된 것이었다.[7] 그러나 어차피 '쇄국'이 모든 외국과 일체의 관계를 하지 않는다는 것이 아닌 이상 여기에 부분적으로 대외관계가 '추가'된다 하더라도 그 파장을 최소한으로 할 수 있다면, 이는 넓은 의미에서 '쇄국'의 유지로 인식될 수 있을 것이

---

7) 이상 藤田覚, 〈鎖國祖法觀の成立過程〉, 紙屋敦之 等 編, 《展望 日本歷史14 解禁と鎖国》, 東京堂出版, 2002(初出은 渡辺信夫 編, 《近世日本の民衆文化と政治》, 河出書房新社, 1992). 藤田覺의 이 같은 연구결과와 거의 동일한 인식을 요시다 쇼인이 이미 갖고 있었다는 것은 매우 흥미롭다. "세상에서 말하기를 덕천 씨가 쇄국을 국시定制로 삼았다고 하는데 크게 틀린 것이다. 처음에 오다 노부나가織田信長가 집권했을 때 포르투갈波爾杜瓦爾이 처음으로 와서 開市를 했다. 조금 지나서 邪教를 점점 퍼트러 도요토미 히데요시 豊臣秀吉가 준절히 이를 엄금했으나 잔당餘類이 끊이질 않았다. 네덜란드가 와서 분위기를 잘 살피더니 먼저 포르투갈을 비난하여 무역이익市利을 독점할 것을 꾀했다. 征夷府(막부: 인용자)도 역시 네덜란드가 恭順하는 것을 가상히 여겨 그 말을 들어주었다. 元祿연간에 네덜란드의 켐펠擬夫兒이 에도를 참근하고는 책을 써서 쇄국의 장점을 매우 칭송하였으나, 그것은 실은 자기나라에 이롭게 하려고 한 말이다. 文化연간에 이르러 정이부가 러시아에 국서를 주었을 때 그 뜻을 전적으로 채용하여 이에 세상에서 모두 쇄국이 도쿠가와 씨의 定制라고 하게 되었다."(吉田松陰, 《外蕃通略》, 惠愛堂, 1894, 4~5쪽).

다. 그 임계점을 보여준 것이 1854년의 미일화친조약의 체결이다.

막부는 페리의 강경한 요구에 밀려 나가사키, 시모다, 하코다테의 3개 항구를 개항했다. 그러나 막부는 통상도 정식국교도 허용하지 않았다. 당시 사람들은 이를 '쇄국'의 종언으로 인식하지 않았다. 오히려 '쇄국'을 유지하기 위해 대외관계를 한정적으로 확대한 것이고, 이 교섭에 성공함으로써 '쇄국'체제가 유지되었다고 생각했다. 즉 '한정적 개국'으로 '쇄국'체제를 유지하는 것이다. 이런 관점에서 보면 미일화친조약은 마쓰다이라 사다노부의 대외태도에서 크게 벗어나는 것은 아니었다고 할 수 있다. 1858년 안세이安政5조약 때와는 달리 미일화친조약에 대해 그다지 격렬한 반대가 발생하지 않은 것은 이 때문이다.

이 '한정적 개국'에 따른 '쇄국'체제의 유지라는 방침을 채택한 가장 큰 이유는 전쟁을 회피하고자 함이었다. 이 피전避戰방침은 어떻게 보면 마쓰다이라 정권 이래 막부붕괴에 이르기까지 일관된 막부의 정책이었다고 볼 수 있다. 막부의 비판자들이 공격의 포화를 집중시킨 것이 바로 이 피전정책이다. '정이대장군征夷大將軍' 도쿠가와의 피전정책은 막부의 인기를 추락시켰다. 막부가 이토록 피전에 힘쓴 것은, 막부가 철저하게 군사력의 우위에 기반을 두어 성립된 정권이기 때문에, 전쟁은 말할 것도 없고, 국지적인 전투의 패배가 곧 막부의 리더십에 결정적 타격을 줄 수 있기 때문이었다고 생각된다. 특히 패전은 다이묘의 이반과 막부 경시를 초래할 우려가 있었다. 1866년 조슈長州 정벌의 실패가 곧바로 막부붕괴로 연결된 것을 보면 이는 단순한 기우는 아니었다.

그러나 단지 피전정책만으로는 외국침입에 대한 효과적인 대비가 되지 않을 뿐만 아니라 '무가武家의 동량棟梁'으로서 막부가 국내 각

세력을 설득할 수도 없었을 것이다. 여기서 등장하는 것이 해방海防, 즉 국방력의 강화이다. 즉 피전을 위해 '한정적 개국'까지 허용하여 쇄국체제를 유지하면서 그 사이에 군사력을 강화한다는 것이다. 이렇게 하려면 두 가지가 필요했다. 하나는 서양의 요구를 최소한으로 줄이거나 실시기한을 늦추는 교묘한 외교술이고, 다른 하나는 서양침입에 견딜 수 있는 국방력을 감당할 수 있는 재정확보이다. 1840년대 막부당국자 가운데 메츠케目付·간조勘定그룹은 그럴 만큼의 재정확보는 불가능하다고 아예 단념하고 오로지 피전외교술에만 전념하려 했던 세력이고, 로주老中 아베 마사히로阿部政弘는 피전외교를 수행하면서도 해방강화와 국내체제의 부분적 개혁이 필요하다고 판단했던 세력의 대표였다. 그 대립에서 승리하려고 아베는 적극적인 해방강화론자인 도쿠가와 나리아키德川齊昭와 연대했다. 대외정책에서는 일견 극과 극으로 보이는 두 사람이 1840년대 말에서 1850년대 전반까지 정치적으로 가까웠던 것은 이 때문이었다.[8]

이상에서 본 것처럼 쇄국론이 반드시 모든 개국론적 요소를 배제한 것은 아니었고, 그 목적도 어떤 이데올로기적인 집착이 아니라 피전에 있었다는 것을 기억할 필요가 있다. 또 피전과 쇄국을 보증하는 데는 해방의 충실이 필요했고 그를 위해서는 서양문물의 수입도 거부할 이유가 없었다. 따라서 일본의 쇄국론은 서양과의 관계는 가능한 한 축소하지만 서양문물의 수용에 대한 태도는 꼭 그렇지만도 않았다. 이상에서 쇄국·개국, 피전·해방 등 막말기 대외론을 이해하는 주요 용어의 내용과 상관관계가 어느 정도 드러났다고 생각된다.

다음으로 검토해야 할 것은 '양이攘夷'이다. 흔히 '양이=쇄국'으로

---

8) 三谷博, 《明治維新とナショナリズム—幕末の外交と政治變動》, 山川出版社, 1997.

인식되는 경향이 있다. 그러나 위에서 든 주요 용어들인 개국(한정적 개국), 피전·해방 등과 양이론의 관계를 검토해 보면 양이론의 실상이 명확해질 수 있다. 양이론은 주지하다시피 외국과의 교섭을 거부하고 즉각적인 무력행사를 주장하는 것이다. 이런 의미에서 양이론의 가장 중요한 측면은 '주전主戰'이다. 이는 전통적인 막부의 피전방침에 정면으로 배치되는 것이기 때문에 막부와 격렬하게 대립했고, 그만큼 큰 반향을 불러일으켰던 것이다. 승산이 없는 상황에서 전쟁을 하는 것은 무모하므로 시간을 벌어 그 사이에 해방을 강화해야 한다는 예의 '피전—해방강화' 주장에 대해, 양이론은 고카기弘化期(1844~1847) 이래로 이 노선이 주장되어 왔지만, 해방강화가 실현되지 못한 것은 피전정책이 국내에 나태함을 불러와 해방의 절박성을 느끼지 못하기 때문이라고 지적하였다. 또한 군사충돌이야말로 대외 위기의식을 고조시켜 해방강화를 촉진할 것이라고 주장했다. 이런 이유에서 때로는 고의적인 군사충돌까지도 주장되었다. 즉 양이론은 피전이 아니라 오히려 주전이 해방강화로 연결될 것이라는 '주전—해방강화' 노선을 제창한 것이다.9)

이 '주전—해방강화' 노선의 실현에 필요한 것은 국내체제의 발본적인 개혁이다. 민정개혁, 농병제, 무사토착론, 참근교대제參勤交代制 완화, 막정幕政참여자의 확대, 인재등용, 언로통개言路洞開, 대선大船 제조금지 해제, 그리고 마침내는 존왕—왕정복고에 이르기까지 양이론의 체제개혁론은 거의가 막번 체제의 근간을 건드리는 급진적인 것들이다. 여기서 우리는 양이론이 수구·보수와는 거리가 먼 것임을 확인할 수 있다.

---

9) 藤田雄二, 《アジアにおける文明の対抗: 攘夷論と守旧論に関する日本、朝鮮、中国の比較研究》, お茶の水書房, 2001, 제2장.

한편 양이론은 쇄국론인가? 양이론은 외국과 교섭중단, 군사충돌을 주장했지만 전적으로 쇄국회귀를 주장한 것은 아니었다. 다만 현재 진행되고 있는 형태의 교섭과 조약체결은 일본의 체면을 손상시키는 것이므로 안 된다는 것이다. 그들 가운데는 지금 당장은 안 되고 시간을 두고 일본이 주도권을 쥔 상태의 외교교섭을 주장한 자들이 상당히 있었다. 특히 양이론의 지도급인사 가운데는 이런 입장이 다수였다. 즉 양이론은 맹목적 개국반대가 아니라 개국의 시기상조론, '굴복형 개국' 반대론이었지, 그 자체를 철두철미 반대한 것은 아니었다. 따라서 일본이 부국강병을 이뤄 외국에 경제적, 군사적으로 진출하는 것('대외팽창론', '웅비론')이 이들에게 친화적으로 느껴지는 것은 자연스런 것이다. 이른바 양이를 위해서 해외로 웅비한다는 '대양이론大攘夷論'은 여기서 나오는 것이다.

본고에서는 미타니의 4가지 구분법을 일단 수용하여 각 입장의 실상과 의미를 검토하기로 한다. 미타니의 글은 아이자와 야스시會澤安와 고가 도안古賀侗庵의 대외론을 분석하는 데 중점이 있는 것이어서, 이 구분법은 결론 부분에서 간략하게 제시하는 데 그쳤다. 필자는 위에서 언급한 후지타의 견해를 함께 고려하면서 미타니가 제시한 4가지 대외론을 재조명하여 필자 나름의 견해를 제시해보고자 한다.

1. 쇄국수구론에서 소극적 개국론으로

일본은 간에이기의 대외접촉 제한조치 이후 막부가 대외관계를 독점적으로 관리해왔다. 그 내용은 머리말에서 언급한 대로이다. 그러나 에도시대의 일본인들에게 이 '쇄국'상태가 자각적으로 인식된 것은 1790년대 들어서이다. 이때 러시아 황제의 국서를 들고 에조치에 나타난 해군 중위 락스만과의 교섭과정에서, 막부는 조선과 유구와는 통신通信을, 네덜란드와 청과는 통상通商을 하고 있으나, 그 밖의 국가와는 일체의 관계를 갖지 않는다고 천명했다. 그리고 1844년 네덜란드 국왕이 일본에 개국할 것을 권고하는 친서를 보낸 사건을 처리하면서, 이 '4개국 통신통상'이 조상 대대로 이어져 내려와 거역할 수 없는 권위를 갖는 '조법'이라고 주장하였다.10) 그리고 이 사이 '쇄국'이라는 말도 만들어져 유포되기 시작했던 것이다.11)

그러나 사실 이 '4개국 통신통상론'은 마쓰다이라 사다노부 이전에 대외방침으로 천명된 적이 없다. 즉 사다노부 시기의 대외위기감을 바탕으로 새롭게 고안되기 시작하여 이 때 완성된 '조법'으로 등장한 것이다. 이 창출된 '조법'은 페리 내항에 따른 미일화친조약 체결 때까지 막부의 외교 틀의 구실을 하게 된다.12)

이상과 같은 내용과 성립과정을 갖는 '쇄국론'은 19세기 초엽 다수의 지지를 받고 있었다. 18세기와 19세기의 전환기에 러시아의 에조치 진출과 무력분쟁 발생에 위기의식을 느낀 막부는 러시아와 제한적 무역을 허용할 것을 검토한 적이 있으나,13) 러시아 세력이 물러가자 쇄국론이 풍미하게 되었다. 이런 상황은 1810년대부터 아편전쟁 발발 때까지 기본적으로 유지되었다.

이 입장은 기존의 제한적인 대외관계를 유지하면서 국내적으로도 현 체제를 고수하려는 것이었다. 이 입장에 따르면, 대외관계에 문제

---

10) 藤田覺, 앞의 논문.
11) 주4 참조.
12) 三谷博, 《ペリー来航》, 吉川弘文館, 2003, 50~51쪽; 藤田覺, 앞의 논문.
13) 물론 당시 막부 당국자들에게 이 조치가 '조법'에 위배된다는 의식은 없었다. 아직 쇄국(4개국통신통상)이 '조법'이라는 관념은 탄생하지 않았기 때문이다.

만 발생하지 않으면 현 상황은 '태평'의 시대였다. 막부의 권위는 여전히 강력했고, 에도는 높은 소비수준을 과시하고 있었다. 모반의 의심을 살만한 다이묘들은 존재하지 않았고, 체제를 흔들 만한 대규모 잇키(반란)도 없었다. 이들에게 몇 번의 기근으로 말미암은 아사자 발생, 우치코와시, 상품경제침투로 말미암은 농촌동요와 같은 것은 '태평'시대를 위협할 정도로 심각한 것으로는 보이지 않았다. 도쿠가와 이에나리德川家齊가 구가한 태평시대, 이른바 '가세이기化政期(文化·文政期: 1804~1830)'의 화려함은 여기서 비롯된 것이다. 이들에게 하야시 시헤이林子平의 《해국병담海國兵談》, 후지타 유코쿠藤田幽谷의 《정명론正名論》, 아아자와 야스시會澤安의 《신론新論》등의 위기 도래에 대한 경고는 엉뚱하고 성가시게 들렸다.

그러나 아편전쟁의 충격은 쇄국론에 큰 동요를 가져왔다. 막부는 1825년에 발포했던 이국선타불령異國船打拂令을 철회하고 신수급여령薪水給與令을 내렸다. 1844년 네덜란드국왕은 막부에 서한을 보내, 변화된 세계정세 아래에서 일본이 생존하기 위해서는 개국을 할 것을 권고했다. 그러나 막부는 '4개국 통신통상론'으로 이 요구를 정중히 거절했다.

네덜란드 국왕의 예측대로, 1840년대 후반에는 일본근해에 서양선박들이 자주 출몰하기 시작하여 대외 위기감이 고조되었다. 더욱이 1846(弘化3)년 영국과 프랑스 군함이 유구에 나타나 통상을 요구했고, 미국 동인도함대사령관 비들James Biddle이 우라가浦賀에 등장했다. 아편전쟁 뒤 서양선박의 출현이 빈번해졌기 때문에 누구의 눈에도 이제 서양과의 본격적인 대면은 불가피해 보였다.

이런 상황을 배경으로, 종래 쇄국수구론에 대한 대안으로 피전을 중시하는 소극형 개국론과, 국내개혁을 중시하는 양이론이 대두하기 시작한다. 전자는 막부의 해방담당(海防掛), 재정담당(勘定掛) 관리들이 주로 지지했고, 후자의 대표는 유명한 미토번주水戶藩主 도쿠가와 나리아키德川齊昭였다. 이후 대외문제를 둘러싼 투쟁은 사실 이 양자의 대립이었다.

전자의 입장은 '쇄국을 위한 피전정책'이다. 곧 서양과 전쟁에서 전혀 승산이 없는 상황에서 쇄국을 유지하려면, 분쟁의 소지를 미리 제거하여 전쟁발발 가능성을 없애는 것이 필요했다. 앞에서 언급한대로 아편전쟁 직후인 1842년, 막부는 1825년 발포되었던 이국선타불령을 철회하고 대신 신수급여령을 발포하였다. 이 입장을 밀고 나가면 전쟁을 피하고자 서양열강의 요구를 대폭 수용하는, 경우에 따라서는 몇 군데 항구를 기항지로 제공하거나 극단적으로는 부분적 무역까지도 수용하는 경우가 생길 수도 있다. '쇄국을 위한 한정적 개국'인 것이다. 1854년 페리와 맺은 미일화친조약은 결국 이 입장의 관철이라고 볼 수도 있다.

이렇게 해서 '쇄국을 위한 피전론'은, 외압이 증대함에 따라 소극형 개국론으로 전환해 가는 것이다. 막부 안에서 이 입장을 견지했던 것이 해방海防 담당 관리들이다. 한편 로주 아베 마사히로는 이들과 약간 견해를 달리했다. 그는 쇄국을 유지하려면 전쟁을 피해야 한다는 데는 해방 담당 관리들과 차이가 없었으나, 그러기 위해서는 이국선타불령을 부활하고 해방을 강화해서 서양 열강이 일본 근해에 접근하는 것을 단념토록 해야 한다고 주장했다.

그러나 해방 담당 관리들은, 타불령 부활은 예기치 못한 분쟁을 초래하여 전쟁으로 비화될 수 있다며 이에 반대했고, 해방에 대해서도 서양열강과 일본의 군사력 차이는 너무 현격하여 해방 조치로 메워질 수 있는 것이 아니라고 반박했다. 아베는 1846년, 1849년, 1850년 세

차례에 걸쳐 타불령 부활을 시도했으나 실현시키지 못했다. 다만 몇몇 해방 시설들이 페리 내항 전에 건설되었을 따름이다. 이 해방 시설의 수준은 도저히 서양 열강을 상대할 수 있는 것은 아니었고, 페리가 내항했을 때 에도만은 사실상 무방비상태에 가까웠다.

이렇게 해서 마침내 페리 내항을 맞이했을 때 막부는 '쇄국·피전을 위한 개항'조치로서 미일화친조약을 맺었던 것이다. 그러나 이것은 그들의 주관적인 인식에서는 '개국'으로 인식되지 않았고, 어디까지나 정상적인 쇄국상태의 회복을 위한 '권도權道'로 여겨졌다. 막부는 미일화친조약의 '화친'을 통신관계의 수립으로 해석하지 않았다. 막부는 미국대통령의 국서에 대해 쇼군이 끝내 회답하지 않은 것, 조약에 로주의 서명이 없는 것, 페리의 에도 상경이 없었던 점을 들어 이를 통신 관계로 인정하지 않은 것이다. 사실 통신 관계인 조선과의 관계에 비추어 볼 때 이는 정상적인 통신이라고 볼 수 없는 것이었다.[14]

이상에서 본 것처럼, 페리가 가져온 미국대통령의 국서를 수리하고 미일화친조약을 맺을 당시 막부가 취했던 노선은 소극적 개국론이었다. 화친조약은 막부가 페리의 등장에 당황하고 그의 압력에 굴복하여 맺은 것처럼 일반적으로 인식되고 있으나, 사실은 아편전쟁의 충격이후 막부 안에서는 서양 열강을 어떻게 대할 것인가에 대해 오랜 논의가 있었고, 이 때 소극적 개국론의 노선이 선택된 결과였다고 볼 수 있다. 따라서 막부의 관점에서 보자면, 화친조약은 페리에 대한 완전굴복, 양보였다기보다는 어떻게든 쇄국을 유지하는 데 성공한 것이었다.[15]

---

14) 羽賀祥二, 〈和親条約期の幕府外交について〉, 《歴史学研究》483, 1980(《展望 日本歴史14 解禁と鎖国》, 東京堂出版, 2002, 365~369쪽).
15) 三谷博, 《明治維新とナショナリズム—幕末の外交と政治變動》, 134쪽.

2. 양이개혁론: '주전主戰'주장을 통한 내정개혁

19세기 중엽 일본사에서 '존왕양이'의 인상은 매우 강렬하다. 이 때 '양이'에 대해서는 일반적으로 무역을 반대하며 현존 외교상태('쇄국')를 유지하기 위해 서양과 무력충돌을 촉구하는('주전') 보수적 운동('수구')으로 이해되고 있는 듯하다. 그러나 조선이나 중국의 양이론과 달리 일본의 양이론(양이운동)은 좀 다른 점이 있는 것 같다.

양이론의 선구는 역시 미토번의 사람들로 후지타 유코쿠(1790년대), 아이자와 야스시(1820년대), 도쿠가와 나리아키(1830~50년대)가 지속적으로 이런 입장을 고수해 왔다. 그러나 외국세력과 당장의 전쟁가능성이 없는 상황에서 이들의 주장은 당장의 양이(무력충돌과 전쟁)를 주장하기보다는 전쟁에 대비한 준비(해방강화와 내정개혁)를 촉구하는 것이었다. 이들의 주장은 막부 안팎에서 모두 폭넓은 지지를 얻지 못했다. 존왕양이를 역설한 아이자와 야스시의 《신론》(1825)이 폭발적인 관심을 받게 되어 간행된 것은 1850년대에 와서였다.[16)

도쿠가와 나리아키의 역설에도 불구하고 막부 관리들은 그를 '폭론가暴論家'로 여겼고, 대다수의 다이묘들도 페리 내항 때 피전을 우선시할 정도로 양이론에는 지지를 보내지 않았다. 양이론이 '이夷'의 실제적 위협과 처음으로 대면한 것은 페리 내항이었다. 이때 양이론의 거두인 도쿠가와 나리아키는 해방 논의에 참여할 것을 명받아 막부의 대외 논의에 참가했다(1853년 7월 3일). 그런데 이때 그는 주전론을

---

16) 이때 간행된 판본 중 読み下だし本(한문을 일본식으로 풀어쓴 문장)의 제목이 《新論》이 아니라 《雄飛論》이었다는 점은 양이론과 적극개국론의 친근성을 나타내는 것으로 보여 흥미롭다(尾藤正英,〈尊王攘夷思想〉,《岩波講座日本歷史13 近世5》, 1977, 81쪽). 《新論》은 저자가 아닌 다른 사람에 의해 1848년 처음 간행되었다(三谷博,《ペリー来航》, 吉川弘文館, 2003, 75쪽).

주장했는가?

그는 페리의 위압적 태도와 막부의 태도에 분개하면서 전쟁할 각오로 교섭에 임할 것, 그리고 막부가 전쟁할 각오가 되어 있음을 대내적으로 포고할 것을 주장했다. 전자는 페리와의 교섭에 당당한 태도로 임함으로써 교섭을 유리하게 할 수 있다는 판단이고, 후자는 대외위기를 기회로 내부를 각성, 변혁시키려는 생각이었다. 즉 그는 전쟁할 각오로 외압에 임하라고 주장한 것이지, 무모한 전쟁실행을 주장한 것은 아니었다. 그의 이른바 '외전내화론外戰內和論'은 이를 단적으로 보여주고 있다. 나리아키는 1853년 7월 10일 막부에 제출한 상서에서 페리의 요구를 들어주어서는 안 되는 이유를 들어 화친을 반대했다. 그러나 화친을 반대했다는 것이 곧 전쟁실행을 의미하는 것은 아니었다. 나리아키는 이렇게 말했다.

8일에도 말씀드린 것처럼 태평이 계속되므로, 지금의 상태로는 전戰은 어렵고 화和는 쉽다면, 전으로 정하시어 천하 모두 전을 각오한 다음에 화로 하신다면, 별다른 일은 없을 것이고, 화를 주로 하였는데 만일 전으로 된다면, 지금의 상태로서는 어떻게도 할 방법이 없으므로 8일에 말씀드린 것은 해방 담당자들만의 극비로 하고 "이번에는 실로 쫓아낼[打拂] 생각으로 호령해야만 합니다. 심중心中에 화의 일자一字가 있어서는 또 자연히 밖으로 새어나가게 되므로 제 방책을 이용하신다면 화의 일자는 봉해두고 해방 담당자만 알고 있었으면 합니다. 이 때문에 본문에도 화의 일자는 일체 쓰지 않았습니다.[17]

---

17) 德川齊昭, 〈海防愚存〉, 吉田常吉 等 編, 《幕末政治論集: 日本思想大系 56》, 岩波書店, 1976, 13~14쪽.

나리아키는 전쟁할 각오를 내외적으로 표명할 것을 촉구하고는 있지만, 즉각 전쟁을 주장하거나 화친을 선택지에서 아예 배제시킨 것은 아님을 알 수 있다. 화친의 선택은 살아있으나, 그것이 표면화하면 외교교섭상 불리해지고 또 민심진흥도 이뤄지기 어려워지므로, 해방담당자들의 비밀사항으로 해 두어야 한다는 것이다. 이쯤 되면 나리아키는 열렬하고 무모한 주전론자라기보다는 전략적인 외교가이자 술책적인 정치가라고 보는 편이 더 타당할 것이다.

사무라이인 나리아키에게 전쟁의 승패는 가장 중요한 것이며, 지금 전쟁이 시작되면 일본에 승산이 없는 것은 불 보듯 뻔한 일이었다. 더구나 그는 도쿠가와 고산케御三家의 하나인 미토번水戸藩의 다이묘大名이며 '천하의 부장군副將軍'을 자임하는 위치에 있었다. 실제로 그가 주장했던 것은 전쟁의 시작이 아니라, 페리의 요구를 이러저러한 둔사遁辭로 회피하려는, 이른바 '부라카시책(ぶらかし策)'이었다. 그러나 회피하는 데에도 한계가 있었기 때문에 1854년 1월 23일 아베 마사히로에게 보낸 서한에서 그는 미국에게 이번에 물러가면 3년 뒤에 회답한다고 말할 것을 제안했다.[18] 곧 그의 생각은 전쟁할 각오를 한 위에서 가능한 한 피전을 추구하여 사회분위기를 일신하고, 이를 기반으로 해방강화와 내정개혁을 하려고 했던 것이다. 이렇게 본다면 막말의 양이론이 단순히 서양과 즉각 결전을 주장하는 것이 아니었음을 알 수 있다.[19]

---

18) 井野邊茂雄, 《幕末史の硏究》, 1927, 雄山閣, 561쪽.

19) 藤田雄二는 일본의 배외주의자들은 자강에 적극적이고, 화친에 반대한 것은 자강이 불가능해지기 때문이었고, 양이를 주장한 것은 그것이 자강의 수단이었기 때문이며, 자강을 위해서는 개화가 필요하므로 일반적으로 개화에 타협적이었다고 했다. 그는 또 조선의 배외주의자들은 자강에 소극적이고, 자강보다는 유교유지에 더 적극적이어서 개화에 철저히 반대했으며, 오히려 화친에는 타협적이었다고 지적했다(藤田雄二, 앞의 책, 357~358쪽).

다음으로 무역과 쇄국에 대한 그의 입장을 살펴보자. 위의 상서 〈해방우존海防愚存〉에서 그는 난학자들이 일본만 쇄국을 고집할 수는 없으므로 외국과 교역을 해야 한다고 주장하는 데 대해서 반론하는 가운데 "신국神國의 민심이 고결固結하고 무비武備가 충족하여 중고中古 이전의 국세로 회복한다면 외국까지도 건너가서 은위恩威를 넓히는 것도 되겠지만"20)이라고 하였다. 이는 옛날과 달리 현재 일본은 국세가 부족하여 교역은 불가하다는 주장이지만, 동시에 국세가 갖춰지면 교역도 가하다는 주장으로 읽을 수도 있을 것이다. 좀 더 나아가면 교역원천불가론이 아니라 교역시기상조론인 것이다. 실제로 나리아키는 페리가 다시 내항한 1854년 3년 뒤 '출무역出貿易'을 제안하고 있다. 또한 장래에는 해외에 유학생 파견, 식민지 개척을 해야 한다는 주장도 하였다.21)

이처럼 나리아키는 당장의 항구개방과 교역개시에는 신중했지만 장기적으로 이를 원천 부인한 것은 아니었다. 이런 형식의 개국이라면 징구황후神功皇后와 도요토미 히데요시豊臣秀吉의 해외진출을 영웅시하는 일본의 양이론자들은 거부할 이유가 없는 것이다. 이런 형식의 개국도 개국이라면 일본의 양이론자는 거의가 개국론자였다고 할 수 있다.22)

이는 '양이론자'로 불리는 요시다 쇼인吉田松陰에게서 좀 명확하게 확인할 수 있다.23) 1858년의 미일통상조약 체결에 격렬하게 반대했던

---

20) 德川齊昭, 〈海防愚存〉, 10쪽.
21) 가신 후지타 토오코藤田東湖에게 보낸 서한, 井野邊茂雄, 앞의 책, 562쪽. 한편 에치젠越前 번주 마쓰다이라 요시나가松平慶永도 출무역을 주장했다 (藤田雄二, 앞의 책, 322쪽).
22) 藤田雄二, 앞의 책, 160쪽.
23) 쇼인의 개국·무역 긍정에 대해서는 박훈, 〈吉田松陰의 대외관―'敵體'와 팽창의 이중구조〉, 《동북아역사논총》30, 2010 참조.

쇼인이지만, 그는 결코 쇄국론자는 아니었다.

쇄국설은 일시적으로는 무사함을 가져다 줄 수 있으나 연안고식宴
安姑息의 무리들이 좋아하는 것으로 결국 원대한 대계는 아닙니다.
가깝게 일본 안에서도 일국에 있는 것과 천하에 발섭跋涉하는 것은
사람의 지우노일智愚勞逸에 큰 차이를 초래하는데 하물며 사해四海에
있어서겠습니까. 부디 대함을 만들어서 공경부터 열후이하 만국에
항해하여 지견을 넓혀서 부국강병의 대책략을 세우도록 했으면 합니
다. 교전할 경우를 말해보면 쇄국은 …… 일시의 전략은 될지 모르나
장기간에 걸쳐 계속 해안방어에만 재력을 쓰고 국빈민궁國貧民窮함에
이르게 되어 대적이 침공해 오기라도 한다면 혼자서 농성하는 자와
같게 될 것입니다. 외국사정을 모르고 헛되이 해안을 지켜 빈궁에
지치게 되는 것은 실로 실책일 것입니다. 영국과 프랑스 등은 소국
이지만 만리 먼 바다에 걸쳐 타인을 제압하게 된 것은 모두 항해의 이점
때문입니다.24)

먼저 그는 부국강병을 이루려면 쇄국을 해서는 안 되고 '대함을 만
들어서' '만국에 항해'해야 한다고 밝혀 말했다. 그리고 항해술을 익
히기 위해서 교토에 '대학교'를 세워 항해술을 가르치고, 무사와 공경
의 젊은 자제들을 외국선에 승선시켜 항해술을 배우게 하며, 장사壯士

---

24) 〈續愚論〉, 山口縣敎育會 編, 《吉田松陰全集》4(定本版), 岩派書店, 1936,
117~118쪽(《吉田松陰全集》은 山口縣敎育會編으로 지금까지 3회 간행되었
다. 1936년 岩派書店에서 定本版(전 10권)이, 1940년 역시 岩波書店에서 보
급판(전 12권)이, 그리고 1974년 大和書房에서 대중판(전 10권, 별권 1권)
이 각각 출판되었다. 본고에서는 기본적으로 定本版을 사용했으나 미처 입
수하지 못한 것은 기존 논문에서 재인용하였다).

수십 인을 네덜란드 선에 태워 매년 광동, 자바 등지에 파견해야 한다고 주장했다.[25] 또 그는 서양의 정보를 얻기 위해 외국어 습득과 서양 서적 번역을 적극적으로 주장했다.[26] 이렇게 보면 '양이론자' 쇼인의 주장은 사실 적극개국론자의 그것과 별반 다를 바가 없다는 사실을 알 수 있다. 사실 요시다 쇼인이 존경해마지 않았던 그의 스승은 막말幕末을 풍미한 양학자이자 개국론자인 사쿠마 쇼잔佐久間象山이었다.

그렇다면 쇼인은 미국의 통상조약체결 요구를 왜 반대했을까? 결론부터 말하자면 그가 미국과의 통상조약체결 그 자체에 대해 반대한 것은 아니었다. 쇼인은 지금과 같이 미국이 오만한 태도로 강압적으로 조약체결을 압박하고 막부가 수동적으로 끌려가는 협상과정을 굴욕적으로 생각했다. 대신 그는 일본이 주도권을 갖고 당당히 미국에 가서 조약을 체결하기를 주장했던 것이다.

국가의 대계를 말하노니 웅략雄略을 떨치고 사이四夷를 제어하려고 한다면 항해통시航海通市가 아니고서 무엇으로 이루겠는가. 만약 봉관쇄국封關鎖國하여 앉아서 적을 기다린다면 기세가 꺾이고 힘이 위축되어 망하지 않을 수 있겠는가 …… 항해통시는 원래 웅략을 도모하는 데 도움이 되는 것으로 조종祖宗의 유법遺法이다. 쇄국은 원래 구투苟偷의 계책으로 말세의 폐정弊政이다 …… 원컨대 (미국은) 물러나서 우리가 찾아가 답해줄 것을 기다리라 …… 그런 후에 나아가서 캘리포니아加里蒲爾尼亞를 방문하여 전년의 사절단에 보답하고 이로써 화친조약을 체결한다. 과연 이렇게 잘한다면 국위는 분흥奮興하고 준재俊才는 떨쳐 일어나 결

25) 吉田松陰, 〈續愚論〉, 《吉田松陰全集》4, 119쪽.
26) 吉田松陰, 〈幽囚錄〉, 《吉田松陰》(日本の名著31), 中央公論社, 1973, 223쪽.

코 국체를 잃는 데에 이르지 않을 것이다.27)

쇼인은 쇄국을 '말세의 폐정'이라고 명확히 부정하고 오히려 '항해통시'가 '조종의 유법'이라고 하며, 미국이 일본에 강요하는 형태의 조약체결 대신 미국이 일단 자기나라에 가 있으면 일본이 캘리포니아에 사절단을 파견하여 조약을 체결하겠다고 한 것이다. 쇼인은 결국 일본이 나아가야 할 길은 스스로 주도권을 쥐고 서양에 대해 적극적으로 교섭하여 조약체결을 하고 해외로 웅비해야 한다고 생각하였다.

이상에서 본 것처럼 양이론은 맹목적인 교역반대는 아니었다. 그들은 교역이 일본의 부를 해외로 유출시키고, 사회를 혼란시킬 것이라는 우려를 갖고 있는 동시에, 잘만 하면 교역이야말로 국부를 크게 늘려 부국강병을 가능케 할 길이라고도 인식했던 것이다. 거기서 얻을 수 있는 부는 노력 면에서 힘들게 농업생산력 증대책을 강구하는 것보다 나쁘지 않으며, 위험 면에서도 지조증징地租增徵에 따른 민란 발발의 우려보다 더 크게 심각한 것은 아니었기 때문에 이들에게도 매력적인 것이었다. 부국강병론과 친화적인 양이론이 교역을 원천 거부할 수 없는 이유가 여기에 있었던 것이다.

일본의 양이론자들은 서양과의 전쟁을 주장했지만 일본이 전력에서 얼마나 열세인가를 예민하게 인식하고 있었기 때문에, 정면에서 개화에 반대할 수 없었다. 기요카와 하치로淸川八郎, 오하시 도쓰안大橋訥庵 등 가장 완강한 수구적 양이론자들조차도 군대의 서양화를 완전히 부정하지는 못했다는 것은, 일본의 양이론자가 수구적 입장을 유지하기가 얼마나 어려웠던가를 보여준다고 할 수 있다.28)

---

27) 吉田松陰, 〈對策一道〉,《吉田松陰全集》4, 107~109쪽.
28) 藤田雄二, 앞의 책, 157쪽.

이상 일본의 양이론이 주전론과 쇄국론(또는 교역론)에 대해 보인 검토를 통해 이것이 수구론과는 애초부터 인연이 먼 것임을 간취할 수 있을 것이다. 본 절의 제목이 양이론이 아니라 '양이개혁론'인 이유이다. 그것은 수구론이기는커녕 양이달성을 위해 전면적인 내정개혁에 해당하는 급진적인 변혁조치들을 촉구했다. 주전론과 쇄국론과의 관련을 검토한 데서 드러났듯이, 양이론자들이 이 두 가지 점에서 유연한 태도를 보였다면 그들이 진정 목적으로 했던 것은 이것들이 아니라 바로 내정개혁이었기 때문일 것이다. 극단적으로 말하면 '내정개혁을 위한 양이의 수단화'이다.

양이론자가 개혁을 요구한 사항들은 거의 막번 체제의 근간에 해당되는 것들이었다. 예를 들면 대선 제조금지의 해제, 참근교대의 완화, 농병제 채용, 무사의 토착화, 천황의 정치화 등이다. 그들이 추구한 가장 급진적인 개혁은 천황친정이었다. 즉 '존왕양이'의 성립이었던 것이다.

3. 적극적 개국론: 부국강병과 해외팽창

적극형 개국론은 크게 양이개혁론에서 전환된 경우와 소극적 개국론에서 전환된 경우로 나눌 수 있다. 전자의 대표적인 이들이 요시다 쇼인, 고다이 도모아츠五代友厚, 다카스기 신사쿠高杉晉作, 가츠 가이슈勝海舟 등으로, 양이론의 후예답게 막번 체제의 발본적인 개혁을 함께 요구하여 막부와 대립하고 토막討幕노선(개국반막)으로 발전하게 된다. 후자는 홋타 마사요시堀田正睦와 막부 해방담당 메츠케目付 그룹, 요시다 도요吉田東洋, 나가이 우타長井雅樂 등을 들 수 있는데, 막부주도의 내정개혁을 주장한다. 1864년 조슈가 양이전쟁에서 패한 뒤 메이지유신까지는 이 두 개의 적극형 개국론이 대립, 경쟁한 것으로 볼 수 있다. 그렇다면 이 경쟁의 결과로 성립한 메이지 정부가 별다른 논란 없이 일찍부터 '만국대치', '국위발양國威發揚'의 대외정책을 취한 것은 엇갈리지 않는 것으로 이해될 수 있을 것이다.

토막파의 적극개국론에 대해서는 많이 알려져 있으나 친막부적인 적극개국론, 그 중에서도 막부핵심당국자들의 그것에 대해서는 많이 언급되지 않는 것 같다. 여기서 필자가 주목하고 싶은 것은 홋타 마사요시 그룹의 대외론이다. 알다시피 홋타는 명문 후다이번譜代藩인 사쿠라번佐倉藩의 번주로 '난벽蘭癖'이라고 불릴 정도로 서양의 사정에 관심과 지식이 많았고, 번정개혁에도 크게 성공하며 주목을 받았다. 또한 1856년에 해방담당 수석 로주가 되면서 아베 마사히로 대신에 막부 안의 실력자로 떠올랐다. 미일통상조약 체결 당시 외교담당 로주로 재직하며 미국공사 해리스와 협상을 이끌었다.

이때 홋타는 반대여론을 무릅쓰고 미국과 통상조약을 체결하고, 천황에게 그 칙허를 요구하려 했다가 실패하는 바람에 실각했다. 따라서 양이론자들은 그를 격렬하게 비난하였고, 그런 평가가 지금까지도 크게 바뀌지 않은 상태로 있다고 봐도 좋을 것이다. 즉 그는 이 논문에서 정의한 '소극형 개국론자'라고 볼 수 없는데도 '수동적·굴욕적 개국론자'로 평가되어 왔던 것이다. 그러나 통상교섭 과정에서 그와 해방 담당 메츠케의 주장을 살펴보면, 그들이 목표로 했던 것은 '부국강병의 일본'이고, 교역을 그를 위한 중요한 수단으로 생각했음을 확인할 수 있다.

그들의 생각은 1857년 막부 안에서 벌어진 교역허가에 대한 논의에 잘 나와 있다. 그의 위치로 볼 때 아래에 소개할 그의 대외의견은29) 막부 안의 유력한 견해로 봐도 좋을 것이다. 그는 1857년 말(안

158

세이 4년 11월) 해리스의 에도행과 쇼군 접견문제가 초미의 과제가 되고 있던 시점에서 장문의 의견서를 로주, 삼봉행三奉行, 대소메츠케大小目付가 참여하는 평정소評定所에 제출했다.

이 의견서에서 그는 먼저 현재 일본 내에서 유력한 두 가지의 대외의견을 소개했다. 하나는 일본의 상하가 나태유약하고 국세가 피폐해져 있으므로 지금 전쟁을 할 때가 아니라는 의견이었다. 적을 상대할 무기가 없고, 다이묘나 백성을 지치게 할 뿐이며, 전쟁에서 패하면 전쟁보상비, 영토할양을 강요당할 것이며, 그렇게 되면 이것은 개벽 이래 독립국으로서 수치이므로, 우선 무역 등을 받아들여 그들의 공격을 잠시 피한 뒤 그 사이에 무비를 길러 그들의 모욕을 받지 않도록 하자는 주장이다. 이에 대해 홋타는 기백 없는 속리俗吏의 주장이며, 모욕당하지 않을 정도에 그치자는 것이고, 끝내 어떻게 될 것인가에 대한 전망이 없다고 비판했다. 이 주장은 명백히 쇄국·피전을 위한 한정적 개국론인데 이에 대해 홋타는 반대했던 것이다. 이는 간세이기寬政期(1789~1800) 이래 약 60년 동안 이어져 온 막부의 외교노선에 변화가 일어났음을 말해주는 것이다.

두 번째 주장은, 1842년 타불령 철회 이후 외이外夷들이 점점 몰려오고 요구도 점점 심해지고 있으므로, 이 기회에 외이를 물리쳐야 한다는 것이다. 지금 한다면 미국 한 나라만 적으로 상대할 수 있지만 유화적으로 대하면 만국이 몰려올 것이고, 그때에는 만국과 전쟁을 하게 될 것이며, 중심일치衆心一致하면 미국 한 나라는 방어할 수 있다는 양이론이다. 홋타는 이를 유생, 군학자軍學者, 또는 유지자有志者인 척 행세하는 자들의 난폭한 강경론으로 비판했다. 설령 뜻대로 된

---

29) 堀田正睦, 〈堀田正睦意見書〉(安政 4년 11월), 吉田常吉 等 編, 《幕末政治論集: 日本思想大系56》, 岩波書店, 67~71쪽, 1976.

다 하더라도 잠시뿐이어서 결국 전쟁은 계속될 것이고 나라는 피폐해질 것인데, 이에 대한 대책이 없다는 것이다. 이는 양이론에 대해 홋타가 명백히 반대했다는 것을 보여준다. 그럼 그의 대책은 무엇인가. 여기서 그는 놀랍게도 부국강병을 위한 적극적인 무역개시와 해외진출을 주장하고 있다.

홋타에 따르면, 지금 세계형세는 춘추열국시대, 일본의 전국시대와 같고, 각자 웅장雄長이 되려하기 때문에 전 세계를 통일하는 세력이 나오지 않고서는 동맹과 전쟁의 반복은 계속될 것이며, 홀로 고립하여 태평을 누릴 수 있는 국가는 하나도 없을 것이라는 것이다.[30] 홋타의 목표는 일본이 세계만방의 대맹주가 되는 것이었다. 그러나 대맹주가 되기까지는 시간이 오래 걸리므로 세계통일을 할 수 있을 때까지는 외국과 대등하게 외교관을 파견하고, 만국에 선박을 보내어 무역을 하고 그들의 장점을 취해야 한다고 주장했다. 그리고 미일통상조약 같은 조그만 일로 분쟁을 일으켜서는 다른 나라들이 다 합심을 하여 일본을 정벌하려 할 것이며, 일본은 견디지 못할 것이 분명했다. 일본은 인구도 많고, 토양도 비옥하며, 용감한 성질도 있으므로 전 인민이 합심하여 세계의 대맹주가 되도록 노력하자고 주장했다. 또한 지금의 외국문제는 장래 세계통일의 출발점이라는 것이다. 이러한 의견은 홋타뿐 아니라 메츠케 등 막부 안에서도 많은 지지를 얻고 있었다.

다음으로 당시 로주의 한 사람이었던 마나베 아키카쓰間部詮勝의 발언을 살펴보자.[31] 홋타 마사요시는 미일통상조약의 칙허를 받고자

---

30) 박훈, 〈18세기 말~19세기 초 일본에서의 ‘戰國’적 세계관과 해외팽창론〉, 《동양사학연구》104집, 2008, 283쪽(인하대 한국학연구소 편, 《중국 없는 중화》, 인하대학교 출판부, 2009에 수록, 339~340쪽).

1858년(안세이安政 5년) 1월 8일 교토에 갔으나 실패하고 4월 20일 에 도로 돌아왔다. 그리고 미일통상조약은 그대로 조인되었다. 그 전에 다이로大老에 취임한 이이 나오스케井伊直弼는 마나베를 상경시켜 조약 조인에 대한 양해를 얻고자 했다. 따라서 이 때 마나베가 간파쿠關白 쿠조 나오타다九條尙忠에게 올린 상서는 그 개인의 의견이라기보다는 막각幕閣 전체의 의견으로 보는 것이 타당할 것이다.

그는 이 상서에서 "무릇 세계 각국의 형세가 변하여 증기선 등을 발명하고 항해술이 점점 발전하여, 천애天涯도 이웃과 같이 되었습니 다. 뿐만 아니라 군제, 병기 등을 실전에 사용하여 옛날과는 강약이 달라졌습니다. 이인夷人은 금수와 같다고 말해 왔습니다만, 지금에 이 르러서는 각국에 비상한 인재가 자주 나와 완전히 강대국이 되어, 세 계가 할거의 형세를 띄고 있는 때"라고 세계정세를 진단했다. 세계정 세를 '할거'라고 본 것은 홋타의 '전국'관과 상통한다. 아울러 서양을 상종 못 할 오랑캐라고 여기고 있던 조정을 상대로 '비상한 인재', '강대국' 등 서양의 진면목을 설득하려는 노력이 엿보인다. 또한 장래 에는 일본이 각국으로부터 조공을 받는 국가가 될 것이라고 말하고 있다. 고루한 조정을 설득하기 위해 조공과 같은 구래의 수사를 사용 하고는 있으나 일본이 세계의 맹주가 되어야 한다는 점에서는 위의 홋타의 주장과 다를 바 없다.

이상 1857년 막부 내 홋타 그룹의 논의를 통해서, 우리는 다음과 같은 사실을 확인할 수 있다. 첫째, 이들은 강렬한 부국강병론자라는 것이다. 이 점에서는 양이론자와 공통된다. 단 양이론이 그를 위한 수단으로 전쟁의 각오로 인심의 격발과 제도개혁, 민정쇄신을 생각했

---

31) 間部詮勝, 〈間部詮勝上申書〉(安政5년 10월 24일), 吉田常吉 等 編, 《幕末 政治論集: 日本思想大系56》, 岩波書店, 1976.

던 것과 달리, 이들은 교역이야말로 유효한 수단이라고 생각했다는 점에서 차이를 드러낸다. 이 점에서 내정개혁의 동기는 상대적으로 약했다고 볼 수 있다. 이를 보면 당시 막각이 고식적인 자세를 갖고 있었다는 통설은 의문이며, 막부가 외교문제에서 궁지에 몰린 것은 이런 막부의 견해를 제대로 선전하지 못한 것, 즉 프로파간다 싸움에서 패배로 볼 수 있다. 둘째, 이들은 만국 상황, 즉 서양 국제체계의 인정과 그것으로 편입할 것을 추구했다. 막부는 이후 나마무기生麥 사건, 요코하마 쇄항橫濱鎖港문제 등을 겪으면서도 이런 자세를 일관되게 유지했다.

셋째, 각국이 서로 병립하고 있는 것을 인정함과 동시에 '만국의 대맹주'에 대한 지향을 드러냈다. 당시 일본에서 가장 예민한 국제 감각과 풍부한 국제정보를 갖고 있었던 그들조차 이러한 해외팽창론을 표명하는 것은 대단히 흥미롭다. 한 연구자는 이를 두고 굴욕적인 조약을 맺을 수밖에 없었던 홋타가 콤플렉스를 만회하려는, 또는 양이론을 달래려는 수사라고 지적하고 있다.[32] 그러나 위의 홋타의 의견서가 양이론자에게 보여주기 위한 것이 아니라 막부 내 평정소 일동에게 보낸 것임을 생각해보면, 이것이 반드시 양이론자를 의식한 수사에 불과한 것만은 아닐 것이다. 곧 당시 가장 '개명적'이며 현실 국제정치를 숙지하고 있었던 막부 관리들조차도 실현가능성이야 어떻든 '지향'으로는 '만국의 대맹주'를 구상하고 있었던 것이다. 넷째, 이 같은 대외태도는 메이지 정부의 그것과 큰 차이가 없다는 것이다. 결국 막부를 공격하던 측과 막부의 대외태도는, 비록 권력투쟁의 과정에서 상황에 따라 다르게 표현되었지만, 서로 비슷했다고 볼 수 있다.

---

32) 佐藤誠三郎, 〈幕末·明治初期における対外意識の諸類型〉, 《近代日本の対外態度》, 東大出版会, 1974.

맺음말—막말기 일본 대외론의 특징

이상 살펴본 막말기 일본 대외론의 특징을 검토해보자.

먼저 쇄국수구론이 일찍 쇠퇴했다는 점을 들 수 있다. 일본에서는 국제 상황의 변화에도 불구하고 기존의 대외·대내 상태를 그대로 유지하려는 세력의 비중이 그다지 크지 않았고, 이들은 홍화기의 대외 변화, 이어 특히 페리 내항을 계기로 급격히 쇠퇴했다. 다시 말하면 대부분의 정치세력이 그 방법이야 다를 수 있겠지만, 어떻게든 현 상황의 변화는 불가피하다는 점에서 이른 시기부터 컨센서스를 형성하게 되었다고 할 수 있다.

둘째, 본래 대외론이어야 하는 양이론이 급진적인 내정개혁론을 주장했다는 점이다. 어떤 체제가 절박한 대외위기감을 느낄 때 배외주의적인 반응을 보이는 세력이 나타나는 것은 보편적인 것이다. 이것은 중국이나 조선의 경우도 마찬가지이다. 그러나 일본의 양이론은 격렬한 배외주의에 그친 것이 아니라 그 배외주의를 실현할 수 있는 전제로 내정개혁에 집중했던 것이다. 사실 양이론의 대부분은 서양격퇴에 대한 구체적 방안을 제시하기보다는 내정개혁에 집중되어 있다. 더구나 제도개혁이나 엘리트의 각성에만 그치는 것이 아니라 민중들의 포섭을 주장하고 있다는 점에 특성이 있다. 이 점에서 양이개혁론이 내셔널리즘으로 연결될 소지를 엿볼 수가 있는 것이다.

다음으로 해외팽창론(웅비론)이 광범위하게 공유되어 있었다는 사실이다. 적극적 개국론자뿐 아니라, 요시다 쇼인의 예처럼 양이론자도 해외팽창론과 매우 친화적이었고,[33] 실제로 1864년 이후 양이세력이

---

33) 조슈의 존왕양이론자인 야마다 마타스케山田亦介가 1851년 해외팽창을 주장한 코가 토앙古賀侗庵의 《해방억측海防臆測》을 무단공간하다 처벌받은

적극적으로 해외팽창을 주장한 것('대양이大攘夷')은 위에서 본 대로이다. 흥미로운 것은 소극적 개국론자로 지목되던 세력도 쉽게 적극 개국론으로 전향하여 해외팽창론을 제창했다는 사실이다. 이렇게 볼 때 쇄국수구론이 일찌감치 쇠퇴한 이후로는 정도의 강약은 있겠지만, 거의 모든 정치세력이 해외팽창론을 공유하고 있었다고 볼 수 있다. 이점은 메이지 정부 수립 이후 일본의 대외방침을 이해하는 데도 중요한 시사점을 제공해준다고 할 수 있다.

또한 대외론이 신념으로 내재화한 것이라기보다는 권력투쟁과정 가운데 정략적 요소를 다분히 갖고 있다는 점이 특징으로 지적될 수 있다. 즉 권력을 쟁취하기 위한 수단으로 외교를 이용하는 경향이 농후하다는 것이다. 도쿠가와 나리아키가 내심 개국의 불가피성을 인지하고 있었으면서도 조약불가를 주장한 것이나, 히토쓰바시파一橋派 다이묘가 대부분 개국론자였으면서도 막각의 미국과 교섭을 지지하지 않은 것 등이 그 대표적인 예이다. 이렇게 본다면 그렇게 격렬한 양이론을 주장했던 조슈長州와 사쓰마薩摩의 활동가들이 시모노세키전투와 사쓰에이薩英전투(영국의 사쓰마 포격) 뒤에 그토록 쉽게 개국노선으로 전향한 것도 이해할 수 있을 것이다.

흥미로운 것은 개국에서 양이로의 전향도 빈발했다는 점이다. 대표적 개국론자였던 히토쓰바시 요시노부一橋慶喜(후에 도쿠가와 요시노부)는 1863년의 8·18정변 이후 금리섭해수위총독禁裏攝海守衛總督의 직에 있으면서 요코하마쇄항을 지지했다. 이미 수년 동안 무역이 활발하게 전개되어 온 요코하마를 이제 와서 폐쇄하라는 조정의 요청은 누가 보아도 실현가능성이 없는 무모한 것이었음에도 불구하고, 요시노부

사실은 이점과 관련하여 시사하는 바가 크다(三谷博, 《明治維新とナショナリズム―幕末の外交と政治變動》, 69쪽).

는 조정의 환심을 사서 자신의 권력을 강화하려고 이를 막부에 요구했던 것이다. 요시노부의 이런 태도 때문에 개국파 다이묘뿐 아니라 막부 내부에서도 그를 못마땅하게 여기는 사람들이 많았다. 그러던 그가 1865년에는 조약의 칙허를 얻어내는 데 앞장섰고 요코하마 쇄항은커녕 교토의 지척에 있는 고베 개항을 강력히 주장한 것을 보면 쇄국·개국의 문제가 얼마나 국내정치상황과 권력투쟁에 강하게 규정되고 있었는가를 알 수 있다.

요시노부만이 아니다. 개명다이묘로서 고명한 마쓰다이라 요시나가 松平慶永도 1863년 양이운동이 기승을 부릴 때에는 '파약양이破約攘夷'론을 주장하기도 했다. 물론 그의 주장은 오래가지 못했다. 이처럼 개쇄開鎖의 문제는 얼마든지 정략적으로 선택할 수 있는 사안에 지나지 않았다. 특히 양이를 주장한 자들에게도 양이론은 '내면화한 신념'에서 나온 것으로 보기 힘든 측면이 많았던 것이다.

이러했기 때문에, 대외론의 차이로 말미암은 정치세력 사이의 대립은 오래 지속되지는 않았다. 우리는 흔히 막말기 일본정국에서 '양이론'의 극성과 개쇄의 대립에 강한 인상을 받는 경우가 많지만, 실제 대외태도가 초미의 이슈가 되어 결정적 대립을 초래한 것은 1858년부터 1년 남짓 동안, 그리고 1862년부터 1년 남짓 동안, 3년이 채 못 되는 기간 동안이었다.. 1864년 시모노세키전투의 패배로 조슈가 양이를 표방할 수 없게 된 이래로 대외론의 차이는 소멸되었다. 거의 모든 정치세력은 서양 국제체계의 참여, 거기서 군사기술도입과 무역에 따른 부국강병의 달성과 일본의 독립, 그리고 장기적으로는 해외진출이라는 대외론에 동의했던 것이다. 이런 상태의 권력다툼에서 성립된 메이지 정부가, '양이정권'이 탄생했다는 일부 양이론자의 무지한 관측과는 달리, 아무런 내부갈등 없이 성립 직후부터 '개국화친'의 외교노선을 표방한 것은 당연한 것이었다.

■ 참고문헌

김문식, 《조선후기 지식인의 대외인식》, 새문사, 2009.
마리우스 잰슨 지음, 김우영 옮김, 《현대일본을 찾아서》1, 이산, 2006.
야마구치 게이지 지음, 김현영 옮김, 《일본근세의 쇄국과 개국》, 혜안, 2001.
인하대 한국학연구소 엮음, 《중국 없는 중화》, 인하대출판부, 2009.

남상호, 〈일본 개국기의 개국론과 양이론〉, 《일본학보》43, 1999.
박훈, 〈18세기말-19세기초 일본에서의 '戰國'적 세계관과 해외팽창론〉, 《동양사학연구》104, 2008(《중국 없는 중화》, 인하대출판부, 2009에 수록).
박훈, 〈吉田松陰의 대외관―'敵體'와 팽창의 이중구조〉, 《동북아역사논총》30, 2010.
최은석, 〈사토 노부히로의 대외관―구제와 침략〉, 《동북아역사논총》30, 2010.

藤田雄二, 《アジアにおける文明の対抗: 攘夷論と守旧論に関する日本, 朝鮮,中国の比較研究》, お茶の水書房, 2001.
三谷博, 《明治維新とナショナリズム―幕末の外交と政治變動》, 山川出版社, 1997.
三谷博, 《ペリー来航》, 吉川弘文館, 2003.

막말유신기幕末維新期의 조선관朝鮮觀

현 명 철

머리말

이 논문은 막말유신기 일본의 조선관을 일본사의 전개 과정 속에서 검토하는 것을 목표로 한다. 이를 위해 첫째, 근세 일본(도쿠가와 막부 시기) 조선관의 두 축을 살펴볼 것이다. 하나는 임진왜란의 전후 처리로 성립된 대등교린의 적례敵禮관계, 곧 객관적인 이국관異國觀(외국이라는 인식)이다. 또 하나는 고대 이래 기록에서 파생되는 조선관으로, 조선을 객관적 외국으로서가 아니라 견제의 대상으로 바라보고, 또한 원래 일본의 속국이었다고 생각하는 '정한론征韓論'적 조선관이다. 도쿠가와德川 막부시기에 이 두 가지 조선관이 어떤 형태로 존재하고 있었는지를 논지 전개를 위해 먼저 살펴본다.

둘째, 막부 말기 권력의 이동에 따라 나타나는 조선관의 변화를 살펴볼 것이다. 일본의 개국과 서남웅번西南雄藩의 대두에 따라 조선에 대한 객관적인 이국관이 차츰 약해지고 전통적인 무력적 강국인식의 표출과 더불어 '정한론'적 조선관이 대두하게 되는 과정을 살펴보고자 한다. 나아가 '정한론'적 조선관이 어떠한 과정으로 막부 수뇌부에까지 침투되어 전통적인 대등 교린의 관계가 영향을 받게 되는지를 검토의 대상으로 삼는다.

셋째, 메이지 초기(1868~1873) 서양과 맞설 수 없고 맞서서도 안 되는 상황에서 쇄국을 유지하고 있었던 조선을 바라보는 일본인의 조선관을 검토하고자 한다. 곧 쇄국을 성공적으로 유지하고 있었던 조선을 더욱 멸시하고, 침략의 대상으로 바라보는 '정한론'적 조선관이 굳어져 감을 살펴볼 것이다.

넷째, 메이지 6년의 정변 이후, 외유에서 돌아온 이와쿠라岩倉 사절단의 집권으로 서양 문명의 유입이 활성화되고, 갈수록 강고해지는 제국주의 전야의 파워 폴리틱스적 사상의 영향이 조선관에 어떠한 영향을 미치는지 한일관계사의 변화를 검토하면서 살펴볼 것이다. 여기에는, 당시 일본에 고용되었던 서양 국제법 학자들의 자문과 권유를 무시할 수 없다. 리 젠들李仙得1)이나 보아소나드2) 등은 타이완출병과

---

1) 리 젠들(Charles William Le Gendre, 1830~1899)　미국의 군인 및 외교관, 프랑스 출신. 남북전쟁에서 군인으로 활약, 1866년 아모이 영사였던 그는 미국선 난파사건으로 타이완에 건너가 사건을 해결하여, 타이완통이 되었다. 1872년 일본에 건너가 일본정부의 고문이 되었으며, 타이완 출병을 권유하였다. 1874년 오쿠보 도시미치大久保利通를 수행하여 청나라로 건너가 사태 해결에 앞장섰다. 1890년 한국 정부의 고문이 되었으며, 1899년 한국에서 사망하였다. 사망 당시(9월 2일) 관직은 의정부찬무 겸 법규교정소 의정관 議政府贊務 兼 法規校正所 議定官이었다. 양화진 외국인 묘지에 묻혔다.
2) 보아소나드(Gustave Emile Boissonade de Fontarabie、1825~1910): 프랑스의 법학자. 치외법권으로 대표되는 불평등 조항을 철폐하고 일본 국내법을 정비하고자, 1873년 법학교육과 법전 편찬을 목적으로 일본에 초빙되었다. 일본 근대법의 아버지로 불린다. 행정·외교 분야에서도 일본정부의 고문으로 폭넓게 활약하였다. 특히 1874년 일본의 타이완 출병 후 오쿠보 도시미치를 수행하여 청과 교섭을 담당하고 그 후, 조선과의 조약체결, 임오군란의 처리 등 일본의 대외정책 결정에 자문 역할을 맡았다.

강화도 사건에 깊이 관여하였다. 이들의 권유로 일본이 기존 동양사회에 있었던 국제법(禮法)을 붕괴하는 역할을 수행하는 과정을 살펴본다.

이상의 검토를 통해 막말·유신기 일본인이 갖고 있었던 조선관은 유동적이었고, 빈약한 근거를 가지고 현실적 필요에 따라 만들어진 것임을 밝힐 수 있으리라 생각한다. 그리고 이때의 기록들이 당시 일본의 행동을 정당화하는 선전·선동적인 관점에서 기록되었으므로, 당시의 조선관은 상당부분 왜곡·비하되었음을 알 수 있을 것이다.

1. 근세 일본 조선관의 두 축

막말유신기의 일본인들이 가지고 있었던 조선관을 이해하기 위해서, 그 이전의 조선관, 그 가운데서도 도쿠가와 막부 시절의 조선관의 특징을 한일관계사 속에서 검토해 보자.

1592년 도요토미 히데요시豊臣秀吉가 임진왜란을 일으켰을 때, 조선을 속국 또는 국내 권력으로 간주하는 의식이 보인다. 특히 점령정책에 대해 '조선은 규슈九州와 똑같이' 취급하여야 한다는 그의 말은, 이러한 의식을 잘 반영하고 있다. 이렇게 조선을 일본의 지방정권과 동일하게 간주하는 의식의 출발점은 무엇일까. 봉건 영주들의 지배가 오래된 것에 일차적인 이유가 있겠다. 하지만, 일본인이 가지고 있는 조선관의 원점에는 일본 고대국가 형성사에 등장하는 도래인의 존재를 무시할 수 없다. 고대 문헌에 보이는 씨족을 조사한 것에 따르면, 2385개의 씨족 가운데서 710개의 씨족이 도래계라는 연구가 있다.[3]

---

3) 栗田寛, 〈氏族考〉, 《續史籍集覽4》, すまや書房, 1970.

또한 한반도에서 집단적으로 대규모의 인구가 일본열도로 이동하였음을 보여주는 인구학 연구 결과도 있다.4) 이렇게 한반도에서 많은 사람들이 일본 열도로 이주하였을 때, 이들을 받아들였던 사람들은 이들이 떠나온 곳을 어떻게 생각하고 표현하였으며, 또 이주해 온 사람들은 자신들이 떠나온 곳을 어떻게 생각하고 표현하였을까? 바로 이 부분에 일본인이 갖는 조선관의 원점이 있다고 생각한다.

곧, 일본인이 갖고 있는 조선관의 원점에는 객관적인 외국으로서가 아닌 견제의 대상이라는 강력한 인식과 더불어, 원래 우리 영토였다는 복속의식과 또한 고향으로 생각하는 귀속의식이 혼합된 상태의 메타의식이 존재하고 있었던 것이다. 그리고 이러한 의식은 임진왜란을 일으킨 히데요시에게도 영향을 주고 있었다.5)

그러나 사회 체계가 일본과 다른 조선에서 그의 점령정책은 올바르게 작동하지 않았고,6) 임진왜란의 결과 조선과 일본은 수많은 인명피해를 내었으며, 서로 불구대천의 원수가 되었다. 이는 새로이 등장한 도쿠가와 막부에게는 매우 불편한 현실이었고, 북방의 여진족을 막아야 하는 조선 정부로서도 힘겨운 일이었다. 양국이 화해를 하고 공존하려면, 임진왜란에 대한 전쟁 책임을 묻는 전후처리가 필요하였음은 말할 나위가 없다. 그리하여 조선 정부와 도쿠가와 막부는 임진왜란의 전후처리를 통해 더 이상의 전쟁을 미연에 방지하고 평화를 유지할 것을 도모하였다. 그 결과 조선과 일본 에도 막부江戸幕府(도쿠가와 막부)는 교린을 기본 원리로 하는 우호적이고 평화적인 외교 관

---

4) 鬼頭宏, 《人口から読む日本の歴史》, 講談社學術文庫, 2000.
5) 이러한 인식은 식민지기의 '日鮮同祖論'으로도 나타나, 내선일체를 촉구하는 근거로 사용되었고, 또한 차별 철폐의 논리로도 사용되었다.
6) 일본군의 주민정책에 대해서는 太田秀春, 〈前近代日韓関係と対外戦争〉(제2기 한일역사공동연구보고서), 2010를 참고.

계를 수립할 수 있었다. 적례·대등지교對等之交란 서로 이국(외국)으로 인정하고 불침략·불간섭을 선언한 것이다. 여기에서 근세 일본의 조선관의 한 축이 나타난다고 하겠다.

물론 이러한 외교 관계가 수립할 수 있었던 것은, 히데요시의 조선 침략에 대한 비판을 공유하였고, 다시는 침략 전쟁을 일으키지 않을 것임을 서로 약속하였기 때문임은 명백히 해 둘 필요가 있다. 즉 도쿠가와 씨가 임진왜란에 참전하지 않았다는 해명과 임진왜란을 일으킨 도요토미 씨와의 대립, 임진왜란 때 일본에 끌려간 부로인 송환에 보여준 성의, 그리고 무엇보다 쇄국을 내건 영주(다이묘)들에 대한 조선 도항渡航 금지 명령 등이 앞으로는 대외 전쟁을 하지 않겠다는 강력한 반성으로 받아들여졌던 것이다.

조선은 우선 탐적사探賊使와 회답겸쇄환사回答兼刷還使를 파견하여 도쿠가와 막부의 진실성을 조사하였고, 이어 일본열도가 완전히 도쿠가와 씨의 지배 아래 들어갔다고 판단되자, 1636년 통신사란 이름으로 사절을 파견하여 우호관계를 선포하였다. 이 당시 통신사의 역할은 조선에 우호적인 정권인 도쿠가와 가문의 권위에 국제적 위상을 부여함으로써 지방 영주(다이묘)들을 통제하는 데 도움을 주는 것과, 일본에 대한 정보를 얻는 것이었다. 하지만 일본의 사절들은 받아들이지 않기로 결정하였다. 이는 혹시라도 일본이 다시 조선을 침략할 가능성을 미리 차단하고자 함이었다.

도쿠가와 막부는 재침 야욕이 없다는 증거를 보여주기 위해서 조선의 이러한 요구를 받아들였다. 이는 전쟁의 피해자인 조선을 배려하고 그에 대한 책임을 다하여 신뢰를 재구축하기 위해서였다. 조선의 통신사가 일본을 왕래하면서 정보를 수집하도록 내버려 두면서 일본의 사절이 조선에 들어가지 못해도 좋다고 허용한 것은, 한편으로

172

는 일본이 무력적으로 강자임을 선언한 의미도 있었다.

'문文의 나라 조선'과 '무武의 나라 일본'이라는 표현도 두 나라가 서로 다른 체제를 갖는 이국임을 표현한 것과 다름이 없었다.

한편, 조선은 막부와의 통교 창구를 쓰시마주對馬州 도주에게 위임하여 쓰시마주를 매개로 하는 외교 관계를 구축하였다. 조선 정부는 그들에게 경제적 이권과 무역 독점을 허용하였고 종3품에 해당하는 대우를 하였으며, 그 대가로 왜구를 막아줄 것과 두 나라 사이의 완충 구실을 해 줄 것을 기대하였다. 쓰시마주는 한일 양국의 우호에 따라 자연스럽게 한일 양국에 종속되는 형태7)로 두 나라 사이의 외교를 담당하는 권한과 책임을 지게 된 것이다.

도쿠가와 막부의 쇄국과 우호 정책에 따라 한국과 일본 사이에는 평화적 교린 관계가 유지되었다. 조선 통신사절은 왕도정치를 발달된 체제로 인식하여 일본에 성리학적 관점의 왕조정치가 성립되기를 바랐다. 무력을 통한 통치를 부정하였으며 외교 의례에서 장군의 호칭을 국왕으로 하고자 노력하였다.8)

따라서 근세(도쿠가와 막부) 한일관계의 중심이 되었던 축을 국가와 국가 사이의 대등한 외교관계, 곧 적례를 바탕으로 하는 교린체제로 상정할 수 있겠으며, 조선관도 이러한 인식을 바탕으로 하고 있다고 볼 수 있다. 물론 종종 이러한 외교 관계에 대한 비판이 보이지만, 기본적으로 '통신지국'의 대등한 외교 관계 의식은 도쿠가와 이에야스德川家康의 법으로서 막부의 집권자들에 의해 유지되었다. 그리하여 '근세한일관계'의 평화적이고 우호적인 성격에 대한 수많은 연구는 매

---

7) 이를 양속兩屬관계라 부른다. 이를 언급한 연구로는 田代和生,《近世日朝通交貿易史 研究》, 創文社, 1981가 주목된다.
8) 결국 大君으로 타협하여 대등한 외교 관계를 성립시켰다.

우 타당하다고 하겠다.

그러나 막부의 정치에서 소외된 서남부 지방 다이묘들은 도쿠가와 막부의 외교와 무역 독점에 불만을 품었을 것임은 물론이다. 그들은 도요토미 히데요시의 후계자임을 자처하였고, 겉으로는 막부의 통제에 따라서 통신사를 환대하였으나 속으로는 막부의 대조선 외교정책을 비판하였다. 또한 임진왜란에서 활약하였던 선조들을 자랑스럽게 기억하였다. 예를 들어 사쓰마薩摩에서는 《조선정벌기朝鮮征伐記》(1659), 《정한록征韓錄》(1671), 《정한실기征韓實記》(1814), 《정한무록征韓武錄》(1856) 등을 출판9)하여 임진왜란 때 활약하였던 선조들에 대한 자부심을 드러내고 있고, 여기에는 우리가 앞서 살펴본 메타의식으로서 조선관의 원점이 짙게 깔려 있다. 그들은 이러한 인식을 교육시킴으로써 막부로부터 독립을 유지하고 막부와는 다른 정치철학과 대외관 또는 조선관을 유지하였던 것이다.

따라서 필자는 교린을 기본 원칙으로 하는 적례·대등지교의 조선관, 즉 서로 이국(외국)으로 인정하였던 조선관이 하나의 축이라면, '서국西國' 지방의 다이묘들 사이에 존재하였던 '정한의식'을 또 하나의 축으로 상정하고자 한다. 왜냐하면 이러한 의식이 막부 말기—메이지시기에 들어서 현실적인 여론으로 급격히 부상하고 주도적인 역할을 수행하기 때문이다.

---

9) 김광옥, 〈일본 에도시대 임진왜란 기록물에 대한 연구—島津씨의 사례를 중심으로〉, 《한국민족문화27집》, 부산대학교 한국민족문화연구소, 2006.4.

2. 막부 말기 권력의 이동과 조선관의 변화

적례로 상징되고, '문文의 나라', '무武의 나라'라고 서로 존중하였던 대등한 외교 인식, 곧 이국관은 어떠한 과정을 겪으면서 '정한'이라는 표현이 나타날 만큼 조선을 낮추어 보고 응징하자는 의식으로 변화하는 것일까? 더욱이 조선이 외교적으로 어떠한 과오도 범하지 않았음에도 이러한 증오와 응징 여론이 나타나게 된 까닭은 무엇일까? 일본사의 전개 과정에서 이러한 사상의 변화를 찾아내는 것이 이 장의 목적이다.

'정한론'이란 조선을 정벌하여 복속하자는 논의이다. 이는 고대《일본서기》에 나타나는 신공왕후의 삼한정벌 기사나 임나일본부설의 맥을 잇는 논의로 한반도 세력 항쟁에서 쫓겨나 일본열도로 들어갔던 선조들의 잃어버린 영토를 회복하고자 하는 의식의 표현이라 해도 좋겠다. 특히 서국 지방 무사들의 잠재의식 속에는 이러한 대륙 침략의 꿈이 마치 '잃어버린 땅[失地]의 회복' 혹은 '과거 영광의 재현'처럼 존재하였음은 앞서 살펴본 바와 같다. 따라서 서남웅번西南雄藩의 등장은 기존의 외교 관계에 의문을 제기할 가능성이 있다. 더구나 통신사의 역할 가운데 하나가 조선에 우호적인 도쿠가와 정권의 권위에 국제적 위상을 부여하고 지방영주들을 통제하는 데 도움을 주는 것이었기 때문에,10) 막부 권위에 대한 부정은 조선에 대한 불만으로 표출될 가능성이 있었다.

1858년 도쿠가와 막부는 서양 5개국과 통상조약을 맺었다. 그러나 조정이 이 조약에 대한 칙허를 거부하면서 내부 분란이 발생하였다.

---

10) 池内敏, 〈朝鮮通信使大坂易地聘禮をめぐって〉, 《日本歷史研究》336, 1990.

또한 막부 장군의 후계를 둘러싼 대립으로 막부 내부의 결속력이 약해지고 내부 분란이 발생하였고, 이 와중에서 막부 중심의 강경책으로 난국을 극복하려고 하였던 다이로大老 이이 나오스케井伊直弼가 살해당하였다.11) 이로 말미암아 막부의 분열이 폭로되었고, 서국의 영주(다이묘)들의 발언권이 강해지게 되었다. 따라서 기존의 조선과 외교 관계에 비판 여론이 성장할 수 있는 바탕이 형성되고 있었다.12)

그럼에도 막부는 1860년 4월 쓰시마주對馬州 태수 소 요시요리宗義和로 하여금 조선의 예조참판, 예조참의, 동래부사, 부산첨사에게 막부가 서양 4개국과 통상관계를 맺었음13)과 크리스트교 금지는 계속됨을 알리게 하였다.14) 이는 교린체제의 정신에 따른 것이었고 아직 조선관의 변화는 보이지 않음을 알 수 있다.

조선관에 변화의 조짐이 보이는 것은 다음 해 1861년 러시아 군함이 쓰시마도에 정박하여 개항장을 요구하였을 때, 쓰시마주가 이봉移封(영지를 바꾸는 것) 운동을 전개하면서부터라 하겠다.

제2차 아편전쟁 뒤 베이징조약으로 연해주를 획득한 러시아는, 1861년 블라디보스토크 항구에서 동해를 남하하여 청국의 개항장, 특

---

11) 사쿠라다문 밖의 변桜田門外の変: 1860년 3월 24일, 미토·사쓰마 무사들이 에도 성으로 가는 大老 이이 나오스케를 습격하여 살해한 사건. 이로 말미암아 막부의 중심이었던 미토水戸와 히코네彦根의 관계가 원수가 되었고, 막부 주도 정치의 안정성이 크게 훼손되었다.

12) 이러한 상황에서 요시다 쇼인吉田松陰이나 하시모토 사나이橋本左內 등 일부 사상가들이 국가를 지키기 위해서는 조선과 만주를 경략해야 한다고 주장하면서 막부의 교린 외교를 비판하면서 무사들의 거대한 雄志를 내세우게 된다.

13) 원래 5개국과 통상조약을 맺었으나, 미·영·러·프 4개국과 통상관계를 맺었다고 알렸다. 네덜란드와는 이미 통상을 하고 있었고 조선이 알고 있었기 때문에, 네덜란드를 제외한 새로운 국가들만 열거한 것이라 생각된다.

14) 이 과정에 대해서는 츠루다케이鶴田啓, 〈万延元年対馬藩による朝鮮への四国通商告知一件〉, 《一九世紀の世界と横浜》, 横浜開港資料館), 1993이 있다.

히 상하이에 이르는 해로를 모색하다가 쓰시마주에 군함 정박지를 요구하였다. 이에 대해 쓰시마주 영주는 막부의 개항정책 아래서는 쓰시마주에 개항장이 생길 것이라 판단하고 대책 마련에 골몰하게 되었다. 결국 쓰시마도對馬島 전토를 막부 직할지로 넘기고 자신들은 규슈에 십만 석의 영지를 확보할 목적으로 이봉 운동을 전개하였다. 이는 하코다테函館의 개항을 전례로 삼은 것이었으며, 개항장 일부의 수용에는 끝까지 반대하고 어디까지나 섬 전체를 수용해 주도록 요청함으로써 이 기회를 잘 활용하여 옛날 남북조 시대 쇼니 씨少貳氏의 구 영토를 회복하고자 하는 숙원을 풀고자 한 것이었다.[15]

그런데 쓰시마주가 조선과 외교를 담당하여 왔으므로, 쓰시마주의 영토를 바꾸는 일은 쓰시마주 태수의 의도와는 상관없이[16] 조선과 외교에 당연히 영향을 미치는 일이었다. 따라서 쓰시마주 태수의 이봉요구에 직면하여 막부에서 조선에 대한 외교의 타당성이 논의된 것은 당연한 현상이었다. 특히 서양 열강과의 외교 경험은 쓰시마주를 통한 기존의 대조선 외교가 지나친 의례와 큰 비용이 들고 있음을 드러내었고, 시대의 변화는 통신사 외교 행렬이 갖는 정치적 의미, 곧 '영주들을 동원하여 장군의 권위를 과시'하는 일이 갈수록 의미가 없는 일임을 확인하게 해 주었다. 막부로서도 쓰시마주를 매개로 하지 않는 조선과 직접 외교를 추진할 필요가 대두되었다. 막부는 쓰시

---

15) 여기에 대해서는 현명철, 〈1861년 대마주의 이봉운동〉,《한일관계사연구1 2》, 2000.4 을 참고. 한편 이 논문은 〈文久元年対馬藩の移封運動について〉,《日本歴史》536호, 吉川弘文館, 1993년 1월을 한글로 번역 · 보완한 것이다. 한편 부경대학교 대마도연구센터, 〈막말·명치초기 대마주 정치사 개관〉,《부산과 대마도의 2천년》, 국학자료원, 2010은 당시 쓰시마번의 정치적 변동을 쉽게 이해할 수 있도록 개관하였다.
16) 쓰시마 도주는 조선과 외교의 전문가이므로 이봉 이후에도 자신들이 조선과 외교를 담당할 수 있을 것이라고 판단하고 있었다.

마주의 보상 요구가 지나침을 알면서도 이를 허가하여 쓰시마주에 대한 실지 조사도 진행하였다. 따라서 이때부터 조선관에 변화의 조짐이 보이기 시작했다고 말할 수 있다.

이러한 변화의 조짐은 어떠한 과정을 거쳐 앞서 언급한 '정한', 즉 조선을 낮추어 보고 조선에 대해 분노하고 응징하려는 의식에 도달하는 것일까? 그리고 이러한 정한 사상이 조선의 관직을 받고 조선으로부터 식량을 지원받고 있었던 쓰시마주 무사들에 따라 나타나게 되는 이유는 무엇일까.

이이 나오스케井伊直弼 다이로大老 암살 후, 막부는 조정을 끌어들여 반막부 세력을 약화시키고 국정을 장악하려고 쇼군 도쿠가와 이에모치德川家茂와 코메이孝明천황의 누이 가즈노미야和宮와의 결혼을 추진하였다. 즉, 공무합체로 막부의 권위를 회복하고 국정의 주도권을 장악하고자 하였다. 이 과정에서 쓰시마주의 이봉 운동이 발생하였고, 막부는 이를 내허內許하였던 것이다. 그러나 1862년 1월 막부 로주老中 안도 노부마사安藤信正가 피습당하여17) 실각하고 막부의 권위가 크게 흔들리게 되면서, 공무합체의 주도권은 막부가 아닌 천황가가 장악하게 되었다. 막부는 쇄국양이를 약속하지 않을 수 없었고(1862년 11월), 이에 따라 개항정책을 전제로 추진되었던 쓰시마주 이봉에 대한 관심은 뒤로 밀렸다.

쓰시마주의 젊은 무사들은 이와 같은 정세에서 이봉이 실현되지 않을 것이라 판단하여, 반막부 존왕양이파와의 연대를 주장하였다. 그들은 이를 허락하지 않은 쓰시마주 영주 소 요시요리宗義和의 명령을

---

17) 이를 사카시타문 밖의 변坂下門外の変이라고 한다. 로주 安藤의 공무합체 운동에 대해 격분한 양이파 지사들이 1862년 2월(음력 1월 15일) 단행하였다. 실패하였으나 이로 말미암아 安藤는 4월 해임된다.

무시하고 에도로 나갔으며, 그곳에서 당시 반막부 세력의 중심이었던 조슈長州와 동맹을 맺고 세자 소 요시아키라宗義達를 옹립하여 새로운 정권을 탄생시켰다. 이를 '쓰시마주 양이정권攘夷政權'이라고 부른다.[18] 이들은 존왕양이를 기치로 내세우면서 "막부가 쇄국양이를 약속한 이상 (쓰시마 개항을 거부하게 되면) 쓰시마주는 일본의 최전선이 될 것인데, 불행히도 쓰시마주는 조선의 식량에 의지하여야 생활이 가능한 현실이며, 쓰시마주가 침략당하는 것은 일본의 치욕"이라고 주장하면서 쓰시마주에 대한 대량의 원조를 요구하게 된다. 이 논리는 물론 10만 석의 이봉移封 운동의 연장으로 나타나는 것이었음을 지나쳐서는 안 된다.[19] 곧 쓰시마주에는 10만 석의 땅을 규슈에 주고 막부가 쓰시마주 방비를 책임져야 한다는 구도였다.

조슈를 중심으로 양이세력은 이러한 주장을 적극 지지하여 막부 공격에 나섰고, 이 과정에서 쓰시마주가 조선에도 복속되었던 기존의 외교 관계[20]가 일본의 치욕이라고 선전되었다. 막부 안에서도 막부의 권위를 유지하고 양이세력의 공격을 회피하기 위해서는 이를 받아들이지 않을 수 없었다. 결국 1863년 로주老中 이타쿠라 가츠키요板倉勝靜가 쓰시마주에 대한 원조를 결정하고 〈조선국체정탐색지내명朝鮮國

---

18) 현명철, 〈対馬藩攘夷政権の成立について〉, 《北大史學》32호, 1992.8. 한편 이 논문은 현명철, 《19세기 후반의 대마주와 한일관계》(한국사연구총서46), 국학자료원, 2003.9 제2장에 수록하였다. 한편 이렇게 막번 체제에서 무사들이 영주의 명령을 듣지 않는 현상을 '主君押し込め構造'라고 부르며, 중세에 종종 있었던 일이다. 여기에 대해서는 笠谷和比古, 《主君「押込」の構造―近世大名と家臣団―》, 平凡社選書119, 1988 참고.

19) 기존의 연구는 이 둘을 대립적으로 파악해 왔다. 즉 이봉(보수)파와 양이파가 존재하여 양이파가 보수파를 제거하고 양이정권을 성립시킨 것으로 파악하였다. 그 근거로는 《對馬遺史》, 《長崎縣史》와 長州 측의 사료가 있다.

20) 쓰시마주 태수는 일본과 조선에 양속되어 있는 구조로 조선의 종3품 대우를 받았다. 이러한 양속 관계에 대해서는 다시로 카즈이田代和生, 《近世日朝通交貿易史 研究》, 創文社, 1981.

體情探索之內命)을 쓰시마주에 내린다. 이는 수세에 몰린 막부의 결정이지만, 나름대로 뒷날 조선과의 외교와 무역을 장악하기 위함이라고 명분을 내세운 것도 주목해야 하며, 섬 전체 이봉을 허락하였던 정책의 연장이기도 하였다.21)

쓰시마주에 대한 원조를 결정하기는 하였으나 여기에는 다음과 같은 세 가지 논리적 이유로 막부 내부 특히 재무담당 관료(勘定奉行)의 저항이 있었다. 하나는 쇄국양이를 단행하였을 때에 과연 쓰시마주가 가장 중요한 서양 열강의 공격 목표가 될 것인가 하는 의문이었다. 둘째로는 막번 체제에서 외압에 따른 위기가 발생하였을 때 근린제번이 힘을 합하여 외적의 침입에 대처한다는 전통적 정책이 있으므로, 근린제번 특히 조슈가 원조를 하는 것이 당연하다는 점이었다. 그리고 조선과의 직접 외교를 추진하는 것이 쉽지 않을 것이며 시급한 일도 아니어서 비용대비 효과가 적다는 것이 그 세 번째 이유였다.

1863년 5월 막부 내부의 이러한 염려를 받아들여 쓰시마주의 무사들은 어린 번주藩主의 이름으로 원조요구원서를 막부에 제출한다.22) 그 내용에서 주목되는 부분은 쓰시마주의 위기가 아니라 조선의 위기가 강조되고 있는 것이다.

그 중 가장 침식을 불안하게 하는 것은 조선에 서양 오랑캐들이 도래하여 토지를 빌리고 가옥을 설치하여 오래 머무르고자 도모한다는 말도 있는데, …… 원래 겁이 많고 게으르며 유약한 한인韓人들은 제대로 싸워보지도 못하고 몇 년 지나지 않아 그들의 관할 하에 들어갈 것인데, 일

---

21) 현명철, 〈対馬藩攘夷政権と援助要求運動〉, 田中彰 編, 《幕末維新の社会と思想》, 吉川弘文館, 1999.11. 한편 이 논문은 현명철, 《19세기 후반의 대마주와 한일관계》(한국사연구총서46), 국학자료원, 2003.9, 제3장에 실렸다.
22) 이 원서가 오늘날 〈정한론 원서〉로 주목받게 된다.

본이 양이를 단행하게 되면 그들(서양세력)의 불만이 조선을 향하게 되어, 조선을 (침략하여) 교두보로 삼고 일본의 각 지역을 약탈할 것이므로 쓰시마주만의 문제가 아니라 일본의 큰일이다. …… 그러므로 퇴수退守의 책을 버리고 진전進戰의 책을 세워서 서양 오랑캐가 조선에 침입하기 이전에 책략을 세워두면, 신군神君(도쿠가와 이에야스)이래 200여 년의 화교和交, 여기에서 신의로써 조선을 원조한다는 뜻으로 복종시키고 만일 복종하지 않을 때에는 병위兵威를 보여야 하는 데 이때 임진 일거와 같이 명분 없다는 말을 듣지 않도록 하여야 한다.[23]

이 원서가 작성되기 직전인 4월 27일 오시마大島는 막신幕臣 가쓰 가이슈勝海舟와 이타쿠라板倉의 가신家臣 야마다山田를 만나고 있음이 주목된다. 이 날 가쓰는 "정한의 대의를 논하였으며 쓰시마주 무사들이 전적으로 수긍하였다"고 기록을 남기고 또한 막부의 속리들이 이를 이해하지 못하고 있다고 불만을 토로하였다. 그렇다면 쓰시마주 무사들은 막부 내부의 의견을 받아들여 위와 같은 원조요구 원서를 작성하였다고 판단된다.[24] 이는 앞서 원조를 요구한 논리의 부족을 지적하는 막부 일부의 저항을 차단하기 위해 새로이 등장한 논리이지만, 여기에서 조선관의 원점이라고 생각하였던 메타의식으로서 정한사상이 드러난다.

조선과의 외교 담당자인 쓰시마주가 조선이 위험하며, 조선이 침략당하면 일본도 위험하게 된다고 선동한다. 여기에 더 나아가 서양 열강이 조선을 침략하기 전에 일본이 조선을 복종시켜야 하며, 이것이

---

23) 《大島家文書》가운데 〈御願書写〉(《稿本》)
24) 현명철, 〈対馬藩攘夷政権と援助要求運動〉, 田中彰 編, 《幕末維新の社会と思想》, 吉川弘文館, 1999.11.

도쿠가와 막부의 정신과 일치한다는 것이다. 이러한 논리는 몇 달 전의 쓰시마주의 위기를 내세운 원조 요구 논리와는 확연히 다른 구조를 가지고 있으며, 그 사이에 변화가 큼을 알 수 있다.

하지만 이는 쓰시마주의 원조 요구의 논리에 지나지 않으며, 아직 막부 입장에서 조선을 하위 국가로 설정하였다는 근거나 변화의 모습은 찾을 수 없다. 막부 측은 국내 문제의 해결, 즉 막부의 권위를 유지하고 반막부 양이세력의 공격을 회피하려고 이에 동조하였을 뿐이고 조금 나아가 어쩔 수 없이 쓰시마주를 원조하게 된다면 조선과의 외교와 무역을 외국봉행外國奉行이 담당하고자 하는 의도를 보였을 뿐이었다. 그리하여 1863년 8·18정변으로 조정을 장악한 막부는 조정으로 하여금 개항정책을 선언하게 하고, 양이파의 선봉을 자임하는 조슈를 공격하게 되며, 개항정책이 선언됨에 따라 양이 전쟁을 근거로 한 쓰시마주에 대한 원조를 중단시켰던 것이다.

1866년 도쿠가와 요시노부德川慶喜 정권이 성립되고, 로주 이타쿠라는 다음과 같은 명령[達]을 쓰시마주에 하달하였다.

조선국 취급에 대해서는 일찍이 규칙이 있었겠으나 지금부터는 변혁을 할 터이므로 그 뜻을 잘 받아들여주기 바란다. 지금의 시세를 잘 살피어 모든 격식은 옛날의 격식에 따르지 않고 다른 외국과의 교제에 준하여 더욱 신의를 세울 수 있도록 하라. 나아가서는 이정암以酊庵(쓰시마도의 선사禪寺—교토의 승려가 교대로 머물며 조선과의 외교업무를 처리) 윤번제를 폐지하며 별단의 관리를 파견할 터이니 명심하라.25)

---

25) 〈工儀被仰上〉,《御家記編輯材料》

이는 조선과 외교를 막부가 직접 장악하겠다는 선언이라고 말할 수 있다. 막부로서는 최소한의 희생과 비용으로 조선과 외교를 접수하고자 하였고, 쓰시마주는 이를 최대한으로 이용하려고 하여 많은 논쟁이 일어나지만 실행된 것은 없었다.

그런데 일본에 병인양요를 알리는 조선의 국서가 입수되었을 때 막부의 조선관에 주목할 만한 변화가 나타난다. 즉, 1866년 10월 조선이 보낸 국서가 1867년 3월 막부에 전달되었을 때, 다음 달(4월) 막부는 로주老中 이타쿠라, 이나바稻葉, 오가사하라小笠原 세 사람의 연명으로 미국 공사에게 서한을 보낸다.

> 서한을 통해 삼가 전합니다. 조선국이 최근에 프랑스와 전쟁을 일으키고 또 귀국의 무고한 상선을 잔해하였다고 들었습니다. 조선국은 원래 우리나라와 접양구교接壤舊交의 나라로 이처럼 무의無義의 일을 일으키고 우리 동맹친우同盟親友의 국민을 잔인하게 해쳤다고 들으니, 우리 대군이 통탄을 금치 못하였습니다 …… 원래 그 나라의 완고악습頑固惡習이 심하여 …… 26)

이 서한이 미국 공사에게 보낸 정치적인 글이라 할지라도, 여기에는 조선을 접양구교의 나라요 미국을 동맹친우의 나라로 표현하고 있으며, 공식문서에서 처음으로 조선을 완고악습이 심한 나라로 표현하고 있음은 주의할 필요가 있다. 조선이 병인양요에 대한 정식 국서를 보내어 기존의 우호를 확인하고자 했음에도 말이다. 당시 막부 측에 기울어 있었던 아사히코 친왕朝彦親王은 일기에 다음과 같이 기록하고

---

26) 한국일본문제연구회, 〈奉命一件〉, 《조선외교사무서1》, 성진문화사, 1971년 영인, 11~13쪽.

있다.

> 풍문에 조선국이 프랑스와의 전쟁의 일을 쓰시마도에 알려왔는데
> …… 조선이 승리하였다고 알리고 귀국(일본)은 양이의 전쟁도 하지 않
> 고 어떻게 통치를 하고 있는지 알고 싶다고 한다. 이는 우리나라의 무위
> 가 떨어졌음을 알고 멸시하는 문의이므로 참으로 불쾌천만한 일이다[27]

이 일기로 조선이 병인양요를 극복한 것이 일본 사상계에, 또는 일
본인의 조선관에 어떠한 영향을 주었는지 짐작할 수 있다. 현실적으
로 서양과 맞서서는 안 된다고 양이파 무사들을 설득하고 있었던 막
부의 입장에서 이러한 불쾌감은 조선에 대한 멸시로 바뀌었으며, 해
외팽창과 해외웅비라는 표현 속에서 점차 오랑캐[夷]의 개념은 서양에
서 이웃나라 조선을 가리키는 개념으로 바뀌어갔다. 당시 일본에서
일부 양이파 뿐만 아니라 개화파 막부 수뇌부까지 조선관이 변하고
있음을 보여주며, 이것이 추후 메이지 정부의 태도와 일치되는 점이
있음은 주목된다. 조선관의 단절과 연속의 연결고리가 여기에서 발견
된다.

3. '정한'이 중심이 된 메이지 시기 조선관

1868년 막부가 타도되고 서남부 지방의 다이묘를 중심으로 하는
반막부 세력이 중심이 되어 성립된 메이지 정부에서는 대외관의 혼란
이 두드러진다. 서양 세력에 대한 인식의 문제와 조선에 대한 인식의

---

27) 《朝彦親王日記》, 1867년 4월 16일조(《稿本》).

문제였다. '시급히 대외 방침을 결정해야 한다'는 주장이 끊임없이 나타나는 것은 바로 이러한 혼란을 수습하기 위함이었다. 현실적으로 서양 열강과 맞설 수 없고 맞서서도 안 되는 상황에서 메이지 정부는 서양열강에 합류하기 위하여 만국공법을 내세워 해외팽창을 주장함으로써 양이파를 탄압하였다. 그 결과 존왕양이를 주장하여 막부를 타도하는 데 공이 있었던 무사들의 불만이 높았던 것이다.

당시 병인양요를 극복하고 쇄국을 유지하고 있었던 조선은, 메이지 일본의 정치 철학 특히 대외관의 변화를 무사들에게 설득시키는 데 장애가 되었기 때문에, 막부 말기와 마찬가지로 메이지 정권 담당자들의 멸시의 표적이 되었다. 그들 가운데 일부는 서양 열강에 따른 국권의 침해를 조선에 대한 침략으로 보상 받을 수 있다고 주장하기도 하였다. 이 과정에서 침략을 합리화하고자 고대의 정한론이 다시 고개를 내밀며 더해진다.

신공황후의 삼한정벌 기사와 도요토미 히데요시의 조선 침략은, 일본의 위광을 빛낸 쾌거로 찬미되었다. 에도시대의 명분 없는 전쟁 혹은 의롭지 못한 전쟁이었다는 평가가 급격히 변화한 것이다. 조선관도 급격히 변화하여, 조선이 대등한 외국이 아니라 원래 복속국이었다는 인식이 팽배해졌다. 나아가 조선 국왕은 막부 장군과 동격이었고 막부 장군은 천황의 신하이므로 조선 국왕은 천황의 아래 단계라는 자의적 논리가 조선의 복속을 요구하는 근거로 무사들 사이에 제시되었다. 더 나아가 조선 통신사를 조공사절로 간주하고자 하는 의도적인 왜곡도 생겨났다. 이 모든 것이 조선과 특별한 외교적 갈등 없이 일방적으로 일본 국내 문제의 해결이라는 측면에서 발생한 것은 흥미롭다.

따라서 메이지 시기 조선관은, 서양의 무력에 굴복하여 개항을 유지하고 있다는 명분론적 자존심의 상처가, 쇄국 조선을 야만으로 보고자 하는 의도적 왜곡으로 나타나며, 여기에 조선은 원래 일본의 복속국이었다는 전통의 왜곡이 더해진, 조선에 대한 분노와 응징을 주장하는 정한이 대표적인 조선관으로 등장하였다고 볼 수 있다.

일본에 대해 아무런 외교적 과오를 범하지 않은 조선에 대한 분노와 응징 여론은 서양 열강에 대해 일본의 힘을 보여줌으로 일본이 받아야 할 대접을 받겠다는 열망과 연결되어 있었다. 그리고 전통적인 '무위武威'에 대한 자신감과 무위를 떨치지 못하고 있는 것에 대한 자기 분노와도 연결되어 있었다. 그러나 조선과 전쟁을 일으킬 명분은 빈약하였다.

메이지 정부는 쓰시마주를 통해 왕정복고를 알림과 동시에 '외교개혁'을 요구하는 서계를 보내었다. 이 내용은 조선이 도저히 받아들일 수 없는 내용이었다. 외교 의례에서 종3품의 대우를 받던 쓰시마주 도주가, 정2품의 예조판서와 동격이라고 스스로 지위를 올려 일본을 조선의 상위 국가로 자리매김하고,28) 조선이 보내준 도서圖書(입항허가증)를 사용하지 않고 메이지 정부가 만든 도장을 사용한다고 하여 조선의 출입국 권리를 무시하는 내용이었기 때문이다. 또한 260여 년 동안 지속된 평화적 교린관계가 "사사로운 관계"였다고 부정하고 새로운 관계를 일방적으로 강요하는 문장도 있었다.

이 서한을 보낸 메이지 정부의 요인들과 쓰시마주인들은 이러한 요구를 조선이 받아들이지 않을 것임을 잘 알고 있었다. 그런데도 이를 요구한 것은 조선의 거절을 받아내어 전쟁의 구실로 삼고자 한 것이었다. 따라서 서계를 보내기 전부터 "일본의 선의善意(우호 요구)

---

28) 이 경우 태정대신이나 좌우대신이 조선의 국왕과 동격이라는 말이 된다.

를 조선이 거절하였기 때문에 정한의 군대를 파견해야 한다"는 정치적 선전이 공공연히 주장되었음은 흥미롭다. 예를 들어 1868년 12월 14일, 기도 다카요시木戶孝允는 이와쿠라 도모미岩倉具視에게 이와 같이 주장하였다.

> 속히 대외 방침을 수립하여 사절을 조선에 보내어 그의 무례함을 문책해야 한다. 만일 조선이 복종하지 않으면 죄를 물어 공격함으로 신주神州(일본)의 위엄을 펼쳐야 한다.[29]

여기서 무례함을 문책하자는 것은 조선에 복종을 요구하여야 한다는 뜻이다. 그리고 복종하지 않으면 전쟁을 통해 굴복시켜야 한다는 것이다. 왕정복고를 알리는 서계가 부산에 도착한 것이 12월 19일이었으므로, 서계를 보내기 전 이미 나타난 주장임을 알 수 있다.[30]

그런데 이때에 정부 차원에서는 임진왜란과 같은 실패를 반복하지 않기 위해서 명분이 있어야 된다는 점과 중국(청)이 자동으로 전쟁에 개입하게 해서는 안 된다는 점이 논의되었다. 이 두 조건이 충족되지 않았고, 폐번치현廢藩置縣 이전 메이지 정부에는 객관적으로 전쟁을 수행할 재원이 없었기에, 조선 '정벌'은 쉽게 이루어 질 수 없었다. '정한'은 일본 무사들의 꿈이나 희망이었던 것으로 보인다.

조선 정부는 기존의 우호관계를 강조하고 서계를 수정해 올 것만을 요구하여 전쟁의 구실을 주지 않았다. 또한 조선은 왜관에 있는

---

29)《木戶孝允日記》, 1868년 12월 18일조.
30) 메이지 정부의 선전은 "기존의 우호를 회복하고자 하였는데 조선이 거절하였기 때문에 정한론이 발생하였다"고 하고 있다. 그러나 일본이 기존의 우호를 회복하고자 하였다는 언급이 사실이 아니고, 또 조선이 거절하였기 때문에 정한론이 발생한 것도 아님을 알 수 있다.

쓰시마 관리들을 포섭하여 설득하였고, 부산진을 중심으로 수군을 훈련시키고 이를 보여줌으로 섣부른 도발을 억제하였다. 신미양요를 극복했다는 소식은 일본의 침략을 지연시키는 효과가 있었음과 동시에 조선에 대한 분노와 응징여론을 더욱 확산시켰음도 흥미롭다.31)

메이지 정부는 1871년 8월, 기존의 다이묘가 다스리던 번을 폐지하고 중앙 관리를 파견하여 다스린다는 폐번치현을 포고하였다. 이로써 군사와 징세의 권한까지도 장악한 메이지 정부는 다음 달 청국과 수호조규 및 통상장정을 체결하였다. 이는 조선과의 전쟁이 발발하였을 경우, 청국이 자동적으로 개입할 수 없는 국제법적 장치를 마련한 것이라고, 메이지 정부 요인들은 파악하였다.

1872년 일본 외무성은 쓰시마주의 부채를 정리하고 조선에 포섭된 쓰시마주의 왜관 관리들을 소환하고 처벌하였으며, 쓰시마주 상인들을 모두 철수시켰다. 그리고 왜관을 외무성이 접수하겠다고 조선에 알렸다. 조선은 폐번치현의 소식을 듣고 충격을 받았다. 260여 년 동안 외교 파트너였던 도쿠가와 막부가 완전히 멸망하였다고 실감하게 되었음은 말할 것 없고, 한일 양국의 완충 노릇을 하고 있었던 쓰시마주 영주가 중앙의 관리로 포섭되고 쓰시마주가 나가사키 지사의 관리 아래 들어갔다는 사실은 더 이상 기존의 한일관계가 유지될 수 없음을 명백히 알려주었기 때문이었다. 조선은 새로운 외교관계 수립을 모색할 수밖에 없었다. 조선의 관리들은 하나부사 요시모토花房義質가 끌고 온 군함을 견학하면서, 여러 가지 질문을 던지고 일본의 변화를 탐색하고 있었음도 사료로 확인할 수 있다.

논리적으로 왜관은 쓰시마주 영주에게 빌려준 땅이었다. 따라서 쓰

---

31) 井上勝生, 《幕末·維新》シリーズ 日本近代史①, 岩波新書, 2006, 209쪽.

시마 영주가 없어지면 왜관은 철폐되고 한일관계는 단절될 상황이었다. 조선은 일본과 전쟁을 피하고 교섭의 통로를 확보히는 것이 필요하다고 생각하였고 일본 외무성도 왜관에 교두보를 확보하는 것은 매우 중요한 일이라고 생각하였으므로, 그 때까지 왜관에서 서계를 둘러싸고 치열한 논쟁을 반복하였던 응대는, 일변하여 회담이 급격히 진전하였다. 마침내 조선은 왜관을 일본 외무성이 사용하는 것을 묵인·허락하였고, 외무성 관리가 관수館守 및 대관代官의 노릇을 수행하도록 인정하였다. 왜관은 '대일본국 공관'이 되었다. 이후 평상시와 같이 왜관에서 무역이 진행되었으며, 세견선 폐지와 부채 상환이 논의 처리되었다. 특히 조선 표류민 송환을 둘러싼 협상은 매우 순조롭게 이루어져 쓰시마도 경유가 아니라 나가사키를 경유하고, '화선和船'(일본 배)이 아니라 증기선에 의한 송환이 이루어졌다. 조선 정부 담당자는 표류민을 인도 받을 때마다 기뻐하면서 깊이 감사하고 있다고 왜관의 외무성 관리들은 보고를 하고 있음이 사료에서 확인된다.

그러나 조선을 복속시키려는 메이지 정부의 외교 의도는 여전히 존속하고 있었고, 당연히 조선은 복속을 거부한 채 대등하고 우호적인 관계를 요구하였다. 메이지 정부는 복속을 거부한 조선에 대해 정한을 결정하고 그 당위성을 찾기 위해 서계를 거부한 것, 일본을 멸시한 것 등 여러 가지로 구실을 내세웠다. 이는 마치 임진왜란 때 정명가도征明假道를 요구하고, 이를 거부하였다고 전쟁의 구실로 삼았던 것과 일치한다. 그러나 현실의 정치 상황에서 이는 전쟁의 이유가 될 수는 없었다. 왜냐하면 칙사를 파견한 것도 아니고 조선이 국교를 거절한 것도 아니었기 때문이었다. 그리하여 정한의 전쟁을 합리화 할 사절 파견을 결정하고, 거부를 상정한 전쟁 준비에 돌입하게 된다.

1873년 메이지 정부는 전 국민을 동원할 수 있는 징병제도를 시행

하였다. 물론 농민들은 입대하게 되면 조선·타이완 정벌에 동원될 것
이라고 두려워하며 격렬히 저항하였다(에히메愛媛 반란에서 농민들의 우
려가 잘 나타난다). 그러나 메이지 정부는 민중의 반란을 엄격하게 탄
압하여 징병제도를 관철하였다. 메이지 정부는 프러시아를 모범으로
국민군을 편성하며 우선 조선·타이완에 국위를 선양할 '무대'를 만들
고자 하였고, 이를 통해 징병령이 공론이 아니라 현실의 급무라고 주
장하였다.32) 더구나 왜관을 통해 조선의 군사력에 대한 정보까지 획
득하자, 이제 국제적으로 인정받을 수 있는 전쟁의 구실만 찾으면 되
었다.

그리하여 1873년 10월 사이고 다카모리西鄕隆盛는 자신이 조선에
가서 죽음으로 전쟁의 구실을 만들겠노라고 하여 사절을 자청하였다.
이는 자신이 무슨 짓을 해서라도 목숨을 걸고 전쟁의 구실을 얻을
터이니, 그 사이에 메이지 정부는 모든 전쟁의 준비를 완료하여 출병
하라는 것이었다.33) 여기에는 조약개정 교섭을 위해 구미에 파견되었
던 구미 사절들이 조약개정 교섭을 거부당하고 있는 현실을 비판하
고, 조선과 전쟁을 통해 일본의 힘을 보여줌으로 조약개정 교섭을 유
리하게 이끌고자 하였던 의도도 있었다.34) 또한 무사들 사이에 존재
하였던 전통적 메타의식으로서 조선관이 서양 열강에 앞서 조선을 경

---

32) 위의 책, 210쪽.

33) 최근 西鄕는 정한을 주장한 것이 아니라 遣韓(조선에 사절 파견)을 주장한
   것일 뿐이라는 견해가 퍼지고 있다. 특히 가고시마현鹿兒島縣 역사자료센터
   레이메이칸黎明館에서는 한국 관광객들에게 정한을 주장한 것이 아니라고
   힘주어 강조하고 있다. 그러나 무엇을 위한 사절파견인지 살펴야 한다. 이미
   90년대 초에 논쟁이 있었다. 모리 도시히코毛利敏彦, 〈西鄕隆盛は征韓を企て
   たか〉, 《歷史地理敎育》 469호, 1991.3; 다무라 사다오田村貞雄, 〈西鄕隆盛は
   「征韓」企てなかったのか〉, 明治維新史學會 編, 《明治維新の政治と權力》, 吉
   川弘文館, 1992, 50~70쪽.

34) 나가누마 구마타로長沼熊太郎, 《征韓論分裂始末》, 民友社, 1906, 5~8쪽.

영하여야 한다는 조급함을 보이고 있음도 산견된다.

사이고 사절 파견은 메이지 천황의 결재까지 얻었으나, 약 2년 간 서양 제국을 순방하였던 이와쿠라 사절단이 귀국하면서 정쟁의 대상이 되면서 실현하지 못하였다. 결국 사이고를 비롯한 정부 수뇌는 사직하였고 오쿠보 도시미치大久保利通를 중심으로 사절단에 포함 되었던 인사들이 정권을 담당하게 되었다. 이를 '정한론정변(메이지 6년의 정변)'이라고 한다. 이 시기까지는 일부 온건론자들의 견해도 보이지만, 결국 '정한론'적 견해가 중심이 된 조선관이 횡행하였던 시기였다고 말할 수 있다.[35]

4. 열강의 국제정치학에 영향을 받은 조선관

이른바 '정한론 정변'으로 정권을 장악한 외유파는 "조선침략은 시기상조이며 내치內治가 우선"이라고 주장하여 권력을 장악하였으나 조선침략 자체를 부정한 것은 아니었고, 외교적으로 온건파라고 부를 수 있는 사람들도 아니었다. 그들은 대국주의를 지향하였으며, 동아시아에서 주도권을 잡고 국위를 떨칠 것을 열망하고 있었다. 권력 다툼에서 유수파留守派(사절단 파견 이후에 국내의 정치를 담당한 사람들)를

---

35) 이러한 상황에 대해서는 1875년 3월에 간행된 《征韓評論》(《明治文化全集》, 雜史編)이 흥미롭다. 이 책은 당시 격렬한 정한론자인 사다 하쿠보佐田白茅가 자기의 설을 비롯한 8편의 글을 모아서 이에 대한 비평을 頭註로 가하여 출판한 것이다. 이 가운데에는 1870년 정한여론을 비판하여 자살한 요코야마 쇼타로橫山正太郞의 글이나, 정한론 그 자체의 부당성을 주장한 다야마 사나카田山正中의 글이 실려 있어서 에도시대에 계속되었던 교린의 흔적을 찾아 볼 수 있다. 물론 사다 하쿠보는 이 글에 대해 '세상 물정을 모르고 영웅의 심사를 모르는 자'라고 비판하고 있다. 여기에 대해서는 中塚明, 《近代日本の朝鮮認識》, 研文出版, 1993, 40~43쪽 참조.

내몰고 권력을 다시 장악하고자 유수파가 너무 앞서간다고 비판하고 탄핵한 것에 지나지 않았다. 또한 2년 동안의 외유 경험은 국제정치학의 영향을 받아 탈아입구의 지향성을 보였다.

이후, '정한'이 중심이었던 조선관은 점차 국제법적 세례를 받아 변화하기 시작한다. 조선이 독립국인가 종속국인가의 논의에서 시작하여 문명국인가 미개국인가의 논의까지 시작되었다. 중국을 중심으로 하는 전통적인 동양의 동맹국체제(책봉체제)에 대한 비판도 나타나, 조선을 중국과의 동맹에서 떼어내어야 한다는 논의도 시작되었다. 일부에서는 문명의 세례를 이웃나라 조선에 전해야 한다는 주장도 나타났다.

한편, '정한론'을 주장하다가 정권에서 내몰린 사람들은, 조선침략이 좌절된 것에 대해 불만을 드러내고 고향에 내려가 '우국당' 또는 '정한당' 등을 조직하여 조선 침략 여론을 조성하였다. 정변 다음해인 1874년 2월, 에토 신페이江藤新平 등이 대표적으로 '정한'을 주장하면서 고향 사가佐賀에서 일으킨 반란(사가의 난)을 들 수 있다. 오쿠보 정권은 이 난을 냉혹하게 진압하기는 하였으나, 정권 내부에서도 전쟁의 필요성을 인정하는 의견이 다수를 차지하게 되었다. 폐번치현과 징병령의 실시로 직업을 잃어버린 사족들의 불만을 해소할 '무대'가 필요했기 때문이었다. 따라서 메이지 정부 안에서는 이러한 '무대'가 타이완이 되어야 하는지 조선이 되어야 하는지에 대한 논의가 꾸준히 이어졌다. 특히 당시 일본 외무성 고문으로 초빙되었던 리 젠들은 〈제4각서〉에서 무력외교의 견지에서 일본의 대륙정책을 논하고 있음은 주목된다.

일본이 동아시아를 제패하기 위해 불가결한 전략적인 요지는 북으로는 조선, 남으로는 타이완·펑호도이다. 여기에 류큐사건을 이용하여 타이완·펑호도를 점유하라. 내정이 혼란한 청국은 일본의 점거를 저지할 수 없을 것이고, 영·러 대립으로 말미암아 관계국들은 서로 상대진영이 타이완을 점령하는 것을 바라지 않을 것이므로 열강은 중립인 일본의 점거를 묵인할 것이다.[36]

마침내 오쿠보 정권은 타이완을 침공하기로 결정한다. 이 과정을 간략히 살펴보자.

1872년 일본은 류큐왕국을 류큐번으로 강제 편성하였다. 그러나 류큐인들이 꾸준히 청에 호소하여 자립을 요청하였고, 청나라도 이를 받아들여 류큐왕국을 유지하는 쪽으로 일본에 압박을 가하였기 때문에 청·일 사이에 갈등이 지속되었다. 따라서 오쿠보 정권은 조선보다 제압하기가 쉬운 타이완을 먼저 침공하기로 결정하였다. 이 때 전쟁의 구실은 3년 전에 발생하였던 류큐어민 살해 사건을 청국에 항의하고 답변하는 가운데, 이홍장李鴻章이 '화외지민化外之民'이라고 발언한 것은 유명하다. 즉 당시 청나라의 실권자 이홍장이 타이완의 고산족高山族이 교화가 되지 않아 그러한 사건이 발생하였다고 말하자, 일본은 즉시 회담을 종료시키고, 교화가 미치는 곳까지가 영토이므로 국제법적으로 타이완은 청국의 영토가 아니며 고산족은 청의 백성이 아니라고 주장하였다. 이는 당시 일본에 고용되어 있었던 외교 고문 리젠들의 지론이기도 하였다. 그의 자문을 얻어 1874년 타이완을 침공한 것은 나름대로 국제법을 방패로 일본이 무력외교를 시행하였던 첫 걸음이라 할 수 있으며, 일본 외교의 제 모습이 드러난 대목이라고

---

36) 毛利敏彦, 《臺灣出兵》, 中央公論社, 1996, 39~40쪽 번역인용.

할 수 있다.

결국 주청 영국공사 웨이드의 주선과 전쟁을 피하고자 하였던 청의 양보로 일본군은 50만 량의 배상금(전쟁비용의 1/10에 해당)을 받았으며, 이 침공이 '백성을 보호하는 의로운 싸움'이라는 승인을 얻어내어 명예롭게 철수할 수 있었다. 이러한 해결은 국제법적으로 류큐의 주민들을 일본의 속민으로 자리매김하는 근거로 활용되었다. 즉 류큐는 일본 영토요 타이완은 청나라 영토라는 해석이 된 것이다. 결국 1879년에 일본은 류큐를 오키나와현으로 편입한다.

한편, 이 싸움은 당시 일본의 농민들에게는 정한의 여분을 푼 것이라는 평을 얻었고, 일본의 대륙침략의 첫걸음, 곧 새로운 외교 방식이 전개되었다. 당시 청·일 양국을 주선하였던 영국 주청공사 웨이드는 이 싸움을 "일본의 위권을 중국 정부에 보여주었다"고 칭찬하였고, "조선 침략에 착수하게 되면 원조를 아끼지 않겠다"며 부추겼다. 영국은 이미 이때부터 러시아가 조선반도를 제압할 것을 경계하고 있었으며, 동아시아의 작은 강국 일본을 자신의 세계전략에 포섭하려고 생각하고 있었다.

이러한 영국의 전략은 일본의 전통적 전략과 일치하였다. 앞서 "서양 열강이 조선에 들어오기 전에 일본이 조선을 경영해야 한다"는 전략을 뒷받침하는 세계적인 지원으로 받아들일 수 있는 것이었다. 점차 러시아가 조선을 침략할 것이라는 가정 아래, 일본이 이를 막아야 한다는 세계전략에 일본은 기꺼이 가담하게 된다.

오쿠보 정권은 타이완 침공으로 얻은 성과로 정권을 안정시킬 수 있었으며, 점차 전쟁을 각오한 외교와 국제법의 이용으로 국익을 신장할 수 있다고 생각하게 되었다. 다음은 조선 침략에 대한 착수였다. '정한론 정변'에서 대두되었던 조선 침략 논의는 천황의 칙재勅裁에 의해 러시아와 국경 분쟁을 이유로 시기상조라 하여 연기되었을 뿐이었고, 중지된 것은 아니었다. 따라서 1875년 러시아와 국경조약(樺太·千島交換条約)을 성립시키고 난 뒤, 조선을 침략하자는 요구가 재연되었고 메이지 정부는 조선에 대해 다시금 전쟁의 구실을 찾는 강경자세를 취하게 되었다. 이제 조선 침략의 시기는 갈수록 가까워지고 있었고, 조선에도 일본의 침략이 가까워졌다는 정보가 여러 경로로 전해져 대책 마련에 분주해졌다.

메이지 정부는 우선 증기선을 부산에 입항시켜서 무력시위를 하며 조선을 도발하였다. 하지만 대원군 하야 뒤 일본과 갈등을 피하고자 하였던 지방 관리들은 특별한 대응을 보이지 않았다. 그리하여 일본은 군함 운요호雲揚号를 강화 해역에 파견하여 전쟁의 구실을 얻고자 하였다. 이것이 바로 강화도 사건이다.[37] 이 사건에서 주목되는 것은 〈보아소나드 각서〉이다. 운요호가 출발하기 전날인 9월 11일자로 작성된 보아소나드 각서에는, 운요호가 피해를 입을 것을 예상하고 운요함에 대한 보상을 전제로 조선의 조약체결을 압박하도록 충고하고 있다.[38] 이때에는 타이완 침공 때와 마찬가지로 청나라의 책임을 묻고, 청이 조선이 독립적으로 내정과 외정을 처리한다고 책임을 회피

---

37) 이 사건에 대해서는 새로운 자료의 공개로 전말이 드러나고 있다. 이태진, 〈운양호 사건의 진상—사건 경위와 일본국기 게양설의 진위—〉, 《조선의 정치와 사회—최승희교수 정년 기념 논문집》, 집문당, 2002; 中塚明, 〈江華島事件再考〉, 《社會評論》140, 2005; 〈江華島事件はなぜ起きたのか〉, 《現代日本の歷史認識：その自覚せざる缺落を問う》, 高文硏. 그리고 김흥수, 〈운요호 사건과 이토히로부미〉, 《한일관계사연구33집》, 한일관계사학회, 2009 등이 있다.

38) 이 각서는 1875년 일본정부가 구로다 전권사절에게 준 〈內諭書〉와 거의 일치한다. 다만 실제 운요호의 피해가 없었고, 사건의 불법성으로 말미암아 국제법상 일본에 불리하다는 판단으로 말미암아 약간 완화된 지침으로 변경되었다. 김흥수, 《한일관계의 근대적 개편 과정》, 서울대학교 출판문화원, 2009, 401쪽 주28 참고.

하는 언질을 받아내어 청의 간섭을 배재하고 전쟁을 수행한다는 논리적인 전략 틀을 갖추고 있었음이 주목된다. 타이완 침공 때의 간섭배제 원칙과 유사하다.

운요호 사건과 그 보도는 민심을 격앙시켰으며 특히 군인들 사이에는 개전론이 주도적이 되었다. 따라서 그동안 뒤로 밀렸던 조선문제가 급격히 대두되었다. 이 때 참의 기도 다카요시木戸孝允는 스스로 사절을 자청하였으나, 병으로 인하여 이루지 못하였다. 메이지 정부는 모리 아리노리森有禮를 청국에 파견하여, 조선이 독립국임을 인정하게 하여, 일본과 조선 사이에 전쟁이 일어났을 때 청이 조선을 원조하지 않도록 지시하였다. 모리는 의견서를 다음과 같이 개진하였다.

> 조선은 주권국가이므로 외교 거부권도 있으며, 영해 내에 들어온 군함을 포격할 권리도 있으므로 국제법적으로 전쟁의 이유가 되지 않는다. 전쟁을 일으키게 되면 국가에 큰 손해이며 나아가 국민의 신뢰를 잃고 정부가 와해될 우려도 있다. 따라서 이 문제는 국제법에 의거한 평화교섭이 필요하다.[39]

그는 위와 같은 요지로 훈령을 수정해 줄 것을 요구하여 전쟁을 우선시하지 말 것과 배상 요구 조항 삭제를 관철하였다. 그가 이홍장과의 회담에서 "국제법은 이를 준수하는 나라에 적용되는 것이며, 조선과 같이 공법이 무엇인지 알지 못하고, 이를 싫어하는 나라에는 적용되지 않는다"[40]고 단언하여 운요호의 영해 침범을 방어한 것은, 새로운 국제법적 원칙을 철저하게 따를 것이라는 선언이며 기존의 질서

---

39) 犬塚孝明, 《森有禮》, 吉川弘文館, 1986, 188~189쪽.
40) 위의 책, 188쪽.

를 부정하겠다는 선언으로도 파악할 수 있다. 이는 조선을 국제법상의 주권국가로 자리매김하여 청의 종주권을 부정함으로써 국제사회에서 일본의 지위를 향상시키고자 한 것이었다. 비록 일부 전통적 무력을 과시하고 싶어하는 군부 이하의 세력도 존재했지만, 이 단계에 이르게 되면, 일본 정부는 열강의 국제정치학을 상당 수준 소화하고 오히려 서양 열강의 동아시아 정책을 유도하고 있는 모습까지 읽을 수 있다. 이홍장은 회담 뒤, 강화도 사건에 대해 일본이 평화적 해결을 원한다고 전제하면서, 조선 정부에 평화적 해결을 요망하는 뜻을 총리아문에 제출하였고, 이는 바로 채용되어 조선 정부에 전달되었다.

메이지 정부는 구로다 기요타카黑田淸隆를 특명전권변리대신으로 임명하고 아 문제를 처리하게 하였다. 이때 주목되는 것은 여태까지 조선 정부를 불편하게 하고 생트집을 잡는 것처럼 보였던 태도, 곧 조선 정부를 구태여 하위국가로 취급하려는 기존의 태도를 고집하지 않았다는 것이다. 오히려 조약의 제1관에서 조선을 독립국이라고 인정하는 조항을 설정한 것은, 조선이 청국의 속방이 아님을 명문화시켜서 언젠가 조선을 그들의 지배 아래에 둘 포석이었다. 그러나 이로 말미암아 서양 열강의 지지를 받을 수 있었으며, 조선에 대한 일본의 우호적 입장을 과시하여 외교적 지위를 향상시켰고, 강화도 조약이 갈등 없이 쉽게 체결될 수 있었다.41) 또한 조약에서 중점을 둔 것도 무력침략이나 굴복시킨다는 명분에서 벗어나 실리적인 무역의 확대에 있었음도 서양열강의 식민지 구상과 일치하는 바가 있었으며 일본 외교가 급격히 성장한 모습을 보여준다.

이후 메이지 정부는 사사건건 명분을 평화적으로 가장하고 국제법

---

41) 구로다 전권이 강화도에 도착한 것은 2월 10일, 수호조규가 맺어진 것은 26일이므로 매우 신속하게 의견의 일치를 보았음을 알 수 있다.

에 입각한 문명국가의 모습을 보이고자 노력하며, 지난 일들에 대해서도 합리화 작업을 진행하기 시작했다. 즉 "복속을 요구하여 거절하면 정한의 군대를 파견한다"는 내용이 "일본의 우호 요구를 조선이 쇄국정책으로 말미암아 거절하였기 때문에 정한론이 발생하였다"고 합리화 되는가 하면, 강화도 사건이 일어나게 된 것은 조선의 무지와 폭거 때문이었다고 선전한 것 등이 바로 그것이다.[42] 자신의 잘못은 감추고 상대방의 약점은 폭로하는 것이 법정의 싸움이었다. 당시 일본에서 역사란, 만국대치의 국제법정 싸움을 위한 선전과 근거자료의 확보였던 것 같다.

맺음말

지금까지 도쿠가와 막부 시절부터 강화도 사건에 이르기까지 일본인들이 갖고 있었던 조선관이, 시대의 변화와 함께 어떻게 변화했는지를 추적해 보았다. 도쿠가와 막부 시절에는 임진왜란의 전후처리로 등장한 객관적인 이국관異國觀이 주류를 이루었으나, 잠복되어 있었던 고대 이래 메타의식과 연관된 '정한론'의 경향성이 존재하였음을 살펴보았다.

막부 말기에 들어와 쓰시마주 개항을 둘러싸고 이봉운동이 일어나자 쓰시마주를 경유하지 않는 직접 외교 구상이 나타나고, 쇄국 양이를 약속하게 되자 쓰시마주가 최전선이 될 것이며 쓰시마주 원조가 필요하다는 공론이 형성되어 막부가 원조를 단행하였다. 이 때 원조

---

42) 정한론과 강화도 사건에 대한 비판으로는 졸고(2010), 〈정한론과 강화도 사건〉, 《한일 역사의 쟁점2》, 경인문화사, 2010을 참고.

단행의 한 구실로, 조선의 위기를 상정하여 서양 열강이 조선을 점령하기 전에 일본이 조선을 복속시켜야 한다는 전통적인 복속의식이 나타나고 있음을 살폈다. 막부가 다시 개항을 선언하고 개혁을 서두르고 있을 때, 병인양요를 극복한 조선이 이 사실을 알리고 우호관계를 더욱 공고히 하려 하자, 막부는 조선에 대해 불쾌감과 멸시감을 표현하고 있음을 살펴 메이지 정부의 태도와 일치하는 부분이 있음을 밝혔다.

메이지 정부에 들어와서는 1873년 메이지 6년의 정변(征韓論 政變) 이전까지는 '정한'이 중심이 된 조선관이 횡행하였다. 이는 현실적으로 서양 열강과 맞설 수도 없고 맞서서도 안 되는 상황에서, 쇄국양이를 성공적으로 수행하고 있었던 자신들이 바라볼 때, 나약한 조선에 대해 느끼는 복잡한 심리가 포함된 것이었음을 밝혔다. 전통적으로 무력이 강한 나라라는 자기 인식이 현실적으로 서양 열강에 의해 제압당한 상황에서 발산되는 현상이라고 할 수 있을 듯싶다. 이 모든 것이 조선과의 특별한 외교적 갈등 없이 일방적으로 일본 국내 문제의 해결이라는 측면에서 발생한 것은 흥미롭다. 1873년 이후부터 1876년 강화도 조약에 이르는 시기의 조선관은 기본적으로 '정한'이 중심이 된 조선관이 주류를 이루면서도 국제법에 기반을 둔 제국주의 전야의 파워 폴리틱스적 사상의 영향이 작용하였고, 열강의 세계전략에 동양 사회의 변경에 있었던 일본이 쉽게 적응하고 가담하는 형태로 동양 전통의 국제 관계를 해체시켜 나가는 모습을 검토할 수 있었다. 아시아의 변경에 존재하였던 일본은 주변 국가들에게 서양 국가들보다 더 침략적인 외교를 수행하면서 국제법에 입각한 문명국가의 모습을 보이고자 노력하며, 지난 일들에 대해서도 합리화 작업을 진행하였다.

■ 참고문헌

김홍수, 《한일관계의 근대적 개편 과정》, 서울대학교 출판문화원, 2009.
현명철, 〈19세기 후반의 對馬州와 한일관계〉, 《한국사연구총서46》, 국학
　자료원, 2003.

犬塚孝明, 《森有禮》, 吉川弘文館, 1986.
毛利敏彦, 《臺灣出兵》, 中央公論社, 1996.
明治維新史學會 編, 《明治維新の 政治と權力》, 吉川弘文館, 1992.
石井孝, 《日本開國史》, 吉川弘文館, 1972(1990년 3판).
田中彰, 《明治維新》, 吉川弘文館, 1994.
井上勝生, 《幕末·維新》シリーズ日本近代史①, 岩波新書, 岩波出版社,
　2006.
中塚明, 《近代日本 朝鮮認識》, 研文出版, 1993.
丸山眞男, 《日本政治思想史研究》, 東京大學出版會, 1952(1987년 4판).

문명개화기文明開化期 메이로쿠샤明六社의 서양문화 인식

김 용 덕

머리말

1854년 당시 도쿠가와 막부德川幕府 치하의 일본이 서양국가들에 대하여 개항을 한 것은 불평등조약에 따른 국제사회로의 강제적 편입이었다. 그러나 이른바 '아편전쟁'에서 패배한 중국이 1842년 난징조약南京條約을 맺지 않을 수 없게 된 이후, 일본 안에서는 서서히 서양의 힘에 대한 인식이 생겨나기 시작하고, 특히 1854년 개항 뒤에는 일본의 부강화富强化에 관한 논의와 실험이 나타났다. 도쿠가와 막부와 몇몇 번藩에서는 유망한 청년이나 젊은 관료들을 직접 서양에 보내어 근대 서양의 지식을 배워오도록 적극적인 서양지식의 습득방안을 모색하기도 하였다.

1868년 도쿠가와 막부를 무너뜨리고 메이지 정부明治政府가 들어섰을 때, 새 정부의 일차적 과제는 불평등조약 체제 아래의 외압상황을 벗어나 자주독립의 국가를 유지해야 하는 것이었다. 그러기 위해서는 서양국가들에 맞설 수 있는 부강한 나라의 힘을 갖추어야 함은 물론, 그에 앞서 서양국가들로부터 멸시받지 않을 수 있는 문명화를 서둘러야 한다고 메이지 정부의 지도자들은 확신하였다. 문명개화文明開化는 전제前提이면서 부국강병富國强兵의 수단이기도 하였다. 정치적으로 정부의 주도권은 도쿠가와 막부의 타도에 직접 참여한 그룹이 장악한 반면, 막부 말기에 양학洋學에 입문하여 일찍부터 개화정책을 추진하는 데 종사한 그룹은 새 정부가 수립된 후에도 그들의 지식과 능력을 발휘하였다. 그들은 서양에 관한 실제 지식이나 이념의 면에서 새 정부의 주도세력보다 앞서 있었을 뿐 아니라, 이에 바탕하여 비교적 자유롭게 일본이 처한 위치와 상황에 관하여 발언할 수 있는 입장이기도 하였다.

1873년 7월 주미변리공사직駐美辨理公使職을 마치고 돌아온 모리 아리노리森有禮는 양학자 니시무라 시게키西村茂樹를 만나 일본에서도 학자들이 미국에서와 마찬가지로 '학사學社'를 결성하여 공동의 관심사를 토론하고 사회를 위하여 지식을 활용하자고 제안하였다.[1] 이에 전폭적으로 동의한 니시무라는 모리와 쓰다 마미치津田眞道·니시 아마네西周·나카무라 마사나오中村正直·가토 히로유키加藤弘之·미즈쿠리 슈헤이箕作秋坪·미즈쿠리 린쇼箕作麟祥·스기 고지杉亨二·후쿠자와 유키치福澤諭吉 등, 이른바 '천하의 명사'들과 접촉하여 모리가 제안한 바의 학사를 만드는 데 참여할 것을 약속받았다. 이들이 곧 창립멤버 10인이다.[2]

---

1) 明六社의 설립과 활동에 관한 부분은 金容德, 〈明治 초기의 보수와 진보〉, 《日本近代史를 보는 눈》, 지식산업사, 1991, 83~89쪽의 내용을 수정 보완한 것이다.

2) 창립 경위에 대하여는 森有禮, 〈明六社 第一年回役員改選に付演說〉, 《明六雜誌》第30號(1875, 2); 《明治文化全集》第18卷 雜誌篇, 日本評論社 1928,

1873년 9월 1일에 첫 모임을 가진 이들은 공식적으로는 그 다음 해 2월 1일에 '메이로쿠샤明六(메이지 6년―1873년―의 줄임)社'라는 사명社名과 함께 정식으로 발족하였다. 메이로쿠사원明六社員들의 "탁식고론卓識高論으로 우매한 눈을 뜨게 하고 천하의 모범을 세워 식자識者들의 기대에 부응하려고 한"3) 이들은 당시로서는 가장 선진적인 학문을 익힌, 자부심에 찬 지식인들이었다. 물론 메이로쿠사원의 수는 지방에 있는 통신원을 포함하여 약 30명까지 늘어나나, 핵심은 끝까지 주로 창립사원들이었다.4)

'천하의 명사'인 이들은 당시 이미 일가를 이룬 학자들이었고, 또한 사회와 국가의 문명개화에 맞춰 자신들의 개인적인 성취욕을 펼치려던 인물들이었기 때문에, 처음부터 강한 단합력을 가진 동질집단일 수는 없었다. 그러나 이들을 묶어 주는 몇 가지 공통점은 있었다.

우선 이들은 개화를 지향하는 국가의 정책목표와 내부적 현실조건과의 모순·괴리를 문명개화의 방법으로 극복하려 한 점에서 일치하였다. 이는 이와쿠라岩倉사절단 귀국 이후(1873)의 정부의 입장과도 일치하는 것이다. 또한 이들은 동년배 집단으로서 20대 초중반에 일본의 개항을 체험하고 곧 양학으로 관심을 돌린 사람들이었다.5) 따라서 이들의 양학은 도쿠가와 이래의 화란학和蘭學의 전통을 잇는 것이 아니라 영英·불佛 중심의 새로운 양학이었다. 반수 이상이 메이지 이전에 양행洋行을 경험했을 만큼 양학에 조예가 깊었던 이들은 도쿠가와

198쪽; 西村茂樹, 《往事錄》, 弘道館, 1905, 164쪽; 大久保利謙, 《明六社考》, 立體社, 1976, 9~13쪽 참조. 이하 《明六雜誌》의 인용은 위의 《明治文化全集》第18卷에 수록된 것을 따른다.

3) 西村茂樹의 後記, 《明六雜誌》第1號, 58쪽.
4) 창립사원 10人 가운데 箕作麟祥는 1년이 안되어 退社하였고 나중에 참여한 阪谷素와 통신원 神田孝平가 적극적으로 《明六雜誌》에 기고하였다.
5) 森有禮와 箕作麟祥를 제외하면 모두 1830년을 전후하여 태어났다.

와 말기 양학연수기관이었던 가이세이조開成所에서 일했던 사람들이 많았다. 모리 아리노리森有禮를 제외하고는 막부와 관련이 있는 이들이었지만 메이지 정부 수립 후에는 아무 갈등 없이 새로운 정권에 계속하여 봉사하였다. 이들의 전공이 양학이었고 그 양학을 택하게 된 계기가 외압으로 일본이 위기에 처했던 상황이었기 때문에, 이들의 관심은 충성을 해야 할 정부의 교체가 아니라 일본의 국가적 자립을 어떻게 이룩하느냐에 있었던 것이다. 이들과 연배도 같고 출신 성분도 유사하지만 메이지 정부의 지도자들이 "비합리적인 정치적 관념에 몸을 맡겨 …… 실제 행동에 광분狂奔하고 있던 때에 이들은 정치적 실천에 직접 간여하지 않고, 여기에서 벗어나 새로운 학문에 침잠沈潛 …… 일본의 진로를 모색하고 있었다"[6]고 하겠다.

메이로쿠샤의 활동은 크게 두 가지, 즉 한 달에 두 번씩 모이는 토론회와 이 모임의 내용을 포함한 사원들의 논설로 꾸미는 《메이로쿠잡지明六雜誌》(월평균 2회)의 발간이었다. 토론회는 메이로쿠사원 사이의 행사로 처음 시작하였으나 여기에 흥미와 관심을 가진 외부인들의 참가를 막지는 않았다. 1875년 2월부터는 신문에 광고를 내어 공개적인 연설회로 바꾸지 않을 수 없었다. 그러나 일반 '객원客員'참가자의 수를 30명으로 제한한 것을 보면, 대규모 강연회라기보다는 수준 높은 토론의 모임이었다는 것을 알 수 있다.[7] 토론회에 참석한 것으로 확인되는 객원들 가운데에는 개명파開明派 관료들이 반가량 되고, 그 다음으로 후쿠자와 유키치가 세운 게이오 기주쿠慶應義塾의 학생과 직원·승려·실업가 등의 순이었다.[8] 자유로운 분위기의 게이오 관계자

---

6) 植手通有, 《日本近代思想の研究》, 岩波書店, 1974, 126쪽.
7) 《郵便報知新聞》(1875. 2. 6.), 大久保, 《明六社考》, 72쪽에 실림.
8) 戶澤行夫, 〈知識人集團としての明六社〉, 《近代日本研究》2 ,1985, 310~311쪽.

들이 다수 참가하고 있는 것이 눈에 띄며, 또한 후일 자유민권운동의 선도역을 맡았던 누마 모리카즈沼間守一·후루사와 시게루古澤滋와 대표적인 이론가 우에키 에모리植木枝盛가 열심히 참석한 사실이 주목된다. 토론회보다도 훨씬 큰 영향을 준 《메이로쿠잡지》는 1874년 3월부터 다음 해 11월에 이르기까지 43호가 간행되었다. 계몽적 지식인이었던 이들은 그에 맞게 정치·경제 분야뿐 아니라 사회의 각 분야에 걸쳐, 결혼·신앙·교육·문자·출판·복식 등의 문제까지도 관심을 갖고 개혁의 당위성과 방법을 이 잡지에 제시하였다. 대부분이 관직을 가지고 있었던 사람들이었지만 메이로쿠사원들은 《메이로쿠잡지》 속에서 거리낌 없이 정부지도자들을 공격하고, 문명과 인간의 자유·권리에 관하여 사명감을 갖고 뜻을 펼쳤다. 《메이로쿠잡지》가 당시로서는 대단히 호평을 받았었음이 분명하다.9)

메이로쿠사원들은 발전하는 문명과 이를 지탱하고 향유하는 인간의 능력 그리고 인간 누구나 가지고 있는 평등한 권리에 관하여는 공통된 인식을 가지고 있었다. 그러나 천부인권론天賦人權論이 본래 신분적으로 고정되어 있던 봉건적 인간을 해방하여 그 인간을 자유로운 개인으로 인식하여야 하는 것이었음에도, 메이로쿠샤의 계몽가들은 당시 일본이 처한 상황—외압 아래의 자주독립을 위한 국가통합의 절실함—때문에 천부인권론을 전통체제로부터 신분해방에 국한시키고, 신분이 해방된 인민은 국가에 귀속된 국민으로서 의식을 갖게 하는 것이 시민의식적인 개인주의에 우선한다고 믿는 경향이 강하였

여기에 서양인이 두 사람, 舊藩主가 두 사람 들어있는 것이 흥미롭다.

9) 每號 평균 3천 2백여 권의 책이 팔렸는데, 1874년 최대의 신문이었던 《東京日日新聞》의 발행부수가 8천 권 정도였다는 사실에 견주어 보면 그 영향력을 짐작할 수 있다. 遠山茂樹, 《自由民權と現代》, 筑摩書房, 1985, 75쪽.

다.[10] 그렇다고 이들이 정부의 지도에 수동적으로 따르기만 하는 정치적으로 무관심한 사람들을 기대하지는 않았다. 오히려 주체적으로 근대일본의 형성에 참가하여 자기와 국가를 일체적으로 파악하려고 하는 국민이 자라나기를 기대하였다. 주어진 한계 속에서나마 이들은 이념적이고 추상적인 목표를 추구하였다. 문제는 일본의 현실을 어떻게 볼 것인가, 이 목표를 추구하는 것이 현실적으로 가능한 것인가, 그리고 어떻게 하면 이 목표에 접근해 갈 수 있을 것인가에 있었다.

《메이로쿠잡지》가 간행되고 있던 1874~1875년 동안, 여기에 게재된 논설들은 일본의 개화사상과 정책의 원천이 되었다고 할 수 있다. 특히 정치사상과 제도에 관한 토론은 그 내부에서조차 견해가 대립되기 일쑤여서, 당시 지식인들의 입장을 보여주는 것으로 많은 관심을 끌어왔다.

지금까지 메이로쿠샤에 관한 연구는 주로 문명개화기 일본에서 계몽적 지식인 운동의 하나로 파악하여 왔다. 특히 메이로쿠사원 가운데 많은 사람들이 메이지 정부에 협조하여 온 점에 주목하여, 메이로쿠샤를 절대주의적 전제정부의 이념제공자로 보는 입장이 강하였던 반면, 그들의 자유주의적이고 진보적 성향으로부터 부르주아 지식인의 성격을 찾아내려는 견해도 일부 있었다. 최근에 이르러서는 그들의 전통적 요소가 근대화 초기과정의 상황에 적응하여 변모하여 갔다고 보는 객관주의적 근대주의의 주장도 나타나고 있다.

서양의 선진문명을 받아들여 서양 열강으로부터 동격의 국가로 인정받아야 한다는 문명개화적 입장에 선 집단이었지만, 결국 궁극적 목표는 서양 열강을 넘어서 자주독립적인, 아시아의 선진강국이 되려

---

10) 本山幸彦, 《明治思想の形成》, 福村出版社, 1969, 118~119쪽.

는 부국강국의 명제와 일치하였다. 이들은 선진 문물을 받아들이되, 거기에 매몰되어 일본의 자주성을 잃게 되는 것을 경계하였다. 이들 가운데 견해의 차이는 얼마나 '주체적으로' 독립된 선진강국을 이룰 수 있는가에 있었다고 볼 수 있다.

이 논문은 메이로쿠사원들이 문명개화를 주창하면서 서양문화를 어떻게 이해하고 있었는가, 일본의 전통문화에 대하여는 어디까지 지키려 하였는가, 서양문화와 일본전통과의 갈등을 어떻게 조화·통합하려 하였는가를 몇 가지 논의주제로 나누어 살펴보려 한다. 메이지 초기 일본이 근대화과정에 들어 갈 때 정부 안팎에서 크게 활동한 지식인들의 입장과 그들의 서양인식을 파악하는 것은 이후 근대일본의 사상적, 문화적 변천과정을 이해하는 데 기초가 될 것이다.

1. 일본의 국제적 위치인식과 불평등조약의 극복

메이지 초기 개명파 지식인들의 서양인식을 이해하기 위해서는 우선 이들이 국제질서 속에서 일본의 문화적 위치를 어떻게 규정하고 있었나를 알아볼 필요가 있다. 메이로쿠사원들에게 공통적인 인식은 근대서양국가를 문명과 개화의 실현자로 보고 다른 나라들은 이를 향해 일직선으로 나아가는 것으로 보는 것이었다. 대표적인 것은 널리 알려진 후쿠자와 유키치의 야만野蠻, 반개半開, 문명文明의 세 단계 발전과정이다.

그에 따르면 야만은 유목수렵의 상태에서 초기의 농경에 걸친 단계를 말하는 것으로 19세기 후반의 아프리카, 호주 등이 이에 해당되고, 반개半開는 대체로 농경적인 봉건의 단계를 가리키는 것으로서 구체적으로는 터키, 중국, 일본 등이 이에 해당하며, 문명의 단계는 진

보적이고 과학적인 근대사회의 단계를 가리키며 유럽 여러 나라와 미합중국의 수준을 의미하는 것이다.11)

문명의 발달 과정으로 사회의 발전을 설명하거나 국제질서를 파악하는 방법에 관한 논의는, 후쿠자와 유키치가 《문명론지개략文明論之概略》을 발간함과 거의 동시에 메이로쿠샤 지식인들에 의해 《메이로쿠잡지》에 발표되었다. 모리 아리노리는 1874년 초에 발간된 《메이로쿠잡지》3호에 기고한 글에서 사회의 발달단계를 야만野蠻, 개화開化의 초보, 반화半化, 개화開化의 4단계로 구분하였다. 여기에서 야만이란 인간들이 동물과 다름없는 생활을 하는 상태이고, 개화 초보란 인간이 수렵과 어로, 파종과 수확의 지식을 알게 되고 우마牛馬를 부리는 법을 알게 되는 단계이다. 반화의 단계란 개인의 사유私有가 인정되고 교환경제가 확대되는 단계이고, 문명의 단계란 기계제작과 광산 굴착, 항로 개설 등 기계문명이 발달하고 나라들 사이에 통상이 확대되는 단계이다.12)

쓰다 마미치도 《메이로쿠잡지》6호에서 인민들에게 언행의 자유가 허용되는가의 여부를 기준으로 역시 야만의 정치, 반개半開의 정치, 문명文明의 정치로 단계를 짓고 있다.13) 따라서 생산수단의 발전에 적용하든, 정치적 자유의 확대에 적용하든 메이로쿠샤 지식인들 사이에는 사회의 발전단계, 그리고 국제질서의 파악방식으로서 야만과 문명, 그리고 그 중간단계로서 반개半開 등의 기준이 공통적인 판단기준으로 활용되고 있다.

'문명', 즉 '서양'은 일본이 지향해야 할 길이며, '야만'은 빨리 벗어

---

11) 福澤諭吉, 《文明論之槪略》, 岩波書店, 1962, 24쪽.
12) 森有禮, 〈開化第一話〉, 《明六雜誌》3, 61~62쪽.
13) 津田眞道, 〈出版自由ナランコトヲ望ム論〉, 《明六雜誌》6, 79~80쪽.

나야 할 명에와 같은 것이었다. 사회진화론적 문명의식 때문에, 서양
의 문명과 부강은 본받고 따라야 할 대상으로 우선 파악된 것은 당
연하다고 하겠다.

 물론 일본에게는 서양이 전혀 위협적 존재가 될 수 없다고 본 것
만은 아니나, 그보다는 일본이 경쟁상대로 따라가야 하는 문화적 라
이벌로 여기는 경향이 강하였다. 이렇게 서양은 일차적으로 따라가야
할 모델인 반면, 일본이 처한 상황과 어려움은 일본 자체의 문화적
문제로 인식하는 것이었다. 라이벌로서 서양을 일본의 개화정도에 따
라 극복할 수 있는 것으로 본 대표적 인물은 바로 후쿠자와 유키치
였다.14) 문명과 국력 자체를 바람직스러운 것으로 이해하고 있던 메
이로쿠샤 지식인들에게 서양 세력은 어디까지나 경쟁의 대상이고 그
경쟁 또한 문명과 국민들의 지력智力에 의해 좌우되는 것이었다. 여기
에서 탈아입구론脫亞入歐論의 원초적 형태가 나오고 있는 것을 볼 수
있다.

 물론 메이로쿠샤 지식인들이 일본의 문화에 견주어 우월한 구미
각국의 문화를 바라보면서 맹목적으로 추종하거나 동경하는 자세만을
가졌던 것은 아니다. 구미 각국의 문화가 발달된 원인을 규명하면서,
나아가 일본의 현실적인 문제들을 해결하는 잣대로 활용하고자 했다.
그래서 서양세계의 정치, 경제, 사회 분야에 대한 관찰은 거꾸로 그
렇게 개화되지 못한 일본의 현실을 일깨우고 개혁의 방향을 제시하려
는 의도에서 나오는 것이었다. 불평등조약을 어떻게 극복할 수 있는

---

14) "결국 오늘날 우리의 困亂은 外國 交際에 있고, 오늘날 우리의 勁敵은 잠
　재적으로 西洋 諸國이다. 그렇지만 그 敵은 兵馬의 敵은 아니고 商賣의 敵
　이며, 武力의 敵은 아니고 智力의 敵이다. 이 智戰의 勝敗는 今後 우리 人
　民 노력 여하에 달려있을 뿐이다."(福澤諭吉,〈征臺和議ノ演說〉,《明六雜誌》
　21, 158쪽.)

210

가 하는 관심도 이러한 방향으로 전개되었다.

문명발달의 4단계 기준을 제시했던 모리 아리노리는 《메이로쿠잡지》에 실린 다른 글에서는 국가별 독립의 형태에 따라 자유독립自由獨立, 약속독립約束獨立, 공납독립貢納獨立의 3가지 독립형태로 각 국가의 국제정치적 위상을 다음과 같이 나누고 있다.

> 자유독립은 내정을 전치專治하고 외국과 어떤 형태의 조약을 체결해도 자유로이 독립을 얻는 바의 권력 있는 국가를 말하고, 약속독립은 외국의 약속에 의거하여 그 독립 보증을 얻거나 혹은 압제됨을 어쩌지 못하고 외국과 조약을 체결하여 그 속박을 받아 영구히 그것을 벗어나지 못하는 나라를 일컫고, 공납독립은 공貢을 외국에 납부하며 그 형形은 부속하여도 다만 그 실實이 내정을 전치하고 또 외국과 조약을 체결하는 권력을 가진 것을 말한다.
> 현재 지구상에서 자유독립의 권력을 가진 것은 아시아에서는 일본, 유럽에서는 러시아, 독일연방, 오스트리아, 이탈리아, 프랑스, 네덜란드, 덴마크, 스웨덴, 스페인, 포르투갈, 아프리카에서는 리베리아, 아메리카에서는 미국과 남중미의 여러 나라이다. 약속독립의 나라는 아시아에서는 중국, 타이, 페르시아, 유럽에서는 터키, 그리스, 벨기에, 스위스 등이다. 공납독립의 나라는 아시아에서는 조선, 티베트, 유럽에서는 세르비아, 아프리카에서는 모로코, 튀니지, 트리폴리 등이다.[15]

여기에서 모리 아리노리가 말하는 독립의 기준이란 "내정의 전치" 및 "외국과의 조약체결" 여부인 것으로 보아 대내적 통치권과 대외적

---

15) 森有禮, 〈獨立國權義〉, 《明六雜誌》7, 87쪽.

주권, 양자의 구비 여하에 따르는 것으로 보인다. 이른바 근대적인 의미에서 대내외적인 주권을 갖추고 있느냐의 여부에 따라 국제질서 속에서 국가의 위치를 파악하고자 했던 것이다.

흥미로운 것은, 유럽과 미국을 문명의 세계, 혹은 자유독립의 국가와 같은 최상위의 기준에 설정하는 것에는 일치된 의견을 갖고 있었지만, 동아시아 국가들의 위상 설정에는 미묘한 차이를 보이고 있는 점이다. 다시 말해, '문화적으로' 메이로쿠사원들은 중국과 일본을 다같이 반개의 단계에 위치시켜 양국의 발전단계를 동등한 것으로 파악했지만, 모리 아리노리의 경우 '국가의 독립형태로서는' 일본을 자유독립국, 중국을 약속독립국, 조선을 공납독립국으로 위계화位階化시켜 중국과 조선에 대한 일본의 국제적 지위를 상대적으로 높이 평가했다는 점이다.

그러나 국제관계의 측면에서 보아 일본이 근대적인 의미의 독립국가로서 아직은 능력이 불완전하다는 지적은 모리 아리노리의 다음과 같은 언급에서도 구체적으로 나타나고 있다.

> 자유독립국 가운데 일시로 그 권력을 나누어 외국에 주는 것이 있다. 즉 일본과 같은 것이 그것이다. 처음에 우리나라가 외교를 여는 것은 실제 불편이 적지 않아서, 외인外人의 청구에 응해 우리나라가 외인을 관리 보호하는 권의權義 및 개시지開市地를 다스렸고, 수출입물품세, 항세港稅, 증명세 등을 부과하는 '權理'은 그들에게 주었다. ……
> '우리나라'의 자유독립을 어렵게 하는 것이 있다. 말하자면 우리나라 문화가 미치未治하고, 병력兵力이 강하지 못하고, 정법政法이 아직 정해지지 못해서 조약이 더욱 속박됨이 있다. 이와 같이 독립의 권리를 행하고 동시에 그 의무를 다하고자 해도 사실로 보면 그럴 능력이 아

니다.[16]

　여기에서 모리 아리노리는 일본이 자유 독립국이긴 하나 개국 당시 외국과 체결한 불평등조약으로 실질적인 독립국의 권리행사가 제약되고 있으며, 그 외에도 문화수준이 미흡하고 군사력의 뒷받침이 충분치 않아 독립국으로서 제반 권리와 의무의 수행이 원활치 않음을 토로하고 있다. 모리 아리노리가 1874년 이 글을 발표할 때에는 외무소보外務少輔로 재직하고 있었기 때문에, 국제관례상 일본의 지위에 관한 그의 언급은 곧 정책당국의 견해를 반영하는 것으로 볼 수 있다. 군사력을 앞세운 서구 국제질서와 공존하고 있는 새로운 국제현실에서, 군사력을 포함한 여러 가지 여건이 불완전한 독립국의 존재는 곧 외부로부터의 위협에 민감하게 된다. 다시 말해 국제정세를 약육강식적인 질서로 인식하고 그러한 국제정세 속에서 일본이 특별히 불안한 상황에 처해 있다고 보면 국가의 생존 자체에 대한 위기의식의 정도가 높아지게 되는 것이다.

　그렇다고는 해도 전쟁에 패하지 않고 스스로 조약을 맺은 나라는 시한時限이 되면 조약의 내용을 고칠 수 있다고 모리 아리노리는 평가하고 있다. 이러한 일본의 경우와 달리 중국은 패전으로 말미암아 맺은 조약이기 때문에 서양국가의 동의가 없는 한 불평등조약 체제를 벗어날 수 없다고 본다. 즉 일본은 처음 조약을 맺을 때, 여러 가지 불비한 점 때문에 관세 자주권關稅自主權을 보장받지 못하고 치외법권治外法權을 서양 강국에 인정하지 않을 수밖에 없었으나, 그래도 시효時效가 끝날 때에는 이러한 불평등체제를 벗어날 수 있다는 점을 유

---

16) 위의 책, 88쪽.

리한 것으로 보고 있는 것이다.17) 문제는 어떻게 극복할 것인가이다. 그는 서양 국가들과의 교섭은 그들의 관례인 '조리條理'에 따라야 한다고 강조한다. '정실情實'은 일시적 호감을 얻어낼 수 있을지 몰라도, 끝내는 '조리'에 맞아야만 조약개정의 결실을 맺을 수 있는 것이라고 주장하는 것이다.18)

모리 아리노리가 국가적 독립에는 '자유독립'의 국가 속에 일본을 포함시키면서도 조약의 불평등성을 인정하는 논리의 불일치를 보이고 있는 것은 앞에서 지적한 문화적 위치에서 일본은 아직도 야만과 개화의 중간단계에 있었기 때문일 것이다. 이 점에서 모리와 마찬가지로 구체적·실질적인 정치·경제적 문제를 지적한 메이로쿠사원들로는 쓰다 마미치·가토 히로유키 등이 있다. 이들은 불완전한 독립국가 일본의 내면세계에 대해서도 국제관계와 마찬가지로 구미歐美국가에 견주어 불합리한 관행과 제도가 잔존해 있음을 지적한다. 우선, 정치적인 측면에서 본다면 구미 각국의 관행들에 견주어 제정일치祭政一致의 인습因習, 언론출판자유의 부재不在, 행정책임의 소재가 불명확한 점, 입법부의 여러 절차가 미비한 점 등을 언급하고 있다.

가토 히로유키의 경우 미국의 정교政敎 분리를 다룬 글을 번역하고 있는데, 이것은 단지 미국에서 정치와 종교 사이의 관계에 대한 실태 자체를 소개하는 데 주안점을 둔 것이 아니라, 일본 정치의 관행인 제정일치의 인습을 비판하기 위한 의도를 갖고 있는 것으로 보인다.

본서는 미국인 톰슨 씨의 저서로서 미국의 제도는 실로 제정祭政을 분

---

17) Hall, I.P. Mori Arinori, Harvard University Press, 1973, 272~273쪽.
18) 실제로 그는 1874년 3월 外務省 條約改正取調局長으로서 새로운 美日條約의 草案을 만들어보기도 하였다. Hall, 271쪽.

214

리하고 정교를 분리하여 정부와 교회를 각각 독립시켜 상관시키지 않도
록 정하는 이유를 논술한 것이다. 그래서 무릇 인지人知의 개명, 방국邦國
의 치안을 확보하고자 한다면 반드시 이 제도가 아니면 안 되는 이유를
설명하는 것이다 ……

　　옛날 유럽 각국의 제정일치, 정교일도政教一途의 제도가 있었던 것이
크게 사람의 지견知見을 억압하고 세상의 화란禍亂을 불러일으키는 원인
이 되었던 이유를 알고, 최근 미국은 물론 기타 유럽 각국이 점차 이 일
치일도一致一途를 폐지하고 정부와 교회를 거의 독립시켜 상관시키지 않
는 것과 같이 하고 있음으로 하여 크게 인지가 개명되고, 나라의 치안을
돕고 발전시키게 된 것을 깨달을 수 있다.19)

즉 가토 히로유키는 서구 세계의 정교분리 상황을 소개하면서 은
연중에 일본의 제정일치 관행이 인지의 개명과, 나라의 치안유지에
장애가 되고 있음을 비판하고 있다.

천황가天皇家의 관행이 이어져온 제정일치의 인습을 비판한 쓰다
마미치는 "국가의 전례가 신대神代에서 인습하여 바뀌지 않은 것이
많다. 이른바 제정유일, 정교일도의 제도가 이것이다. 때문에 국가의
대례大禮, 제사보다 중요한 것은 없다. 신력新曆의 앞머리에 게재된 바
의 수십 수백 개의 제사 가운데 어느 것도 나라의 대사 아닌 바 없
다 …… 이것이 러시아, 터키를 제외한 구미 각국에 없는 바이다." 라
고 지적하고 있다.20)

1862년부터 1865년까지 네덜란드에 유학했었던 쓰다 마미치가 여
러 글에서 서구의 정치, 경제, 사회제도를 소개하고 있는 그 초점은

---

19) 加藤弘之 譯, 〈米國政教〉, 《明六雜誌》5, 78쪽.
20) 津田眞道, 〈政論〉, 《明六雜誌》9, 102쪽.

일본의 낙후된 현실을 일깨우고 앞으로의 방향을 제시하고자 하는 데
있었다. 특히 〈정론政論〉에서는 서구 입헌군주제의 입법 절차를 소개
하면서 정부 각 부서部署 책임자의 책임소재를 명확히 하는 부서제附
書制의 필요성을 강조한 바 있고,21) 《메이로쿠잡지》6호에 실린 출판
자유를 기대하는 논설에서는 언론의 자유에 관한 영국과 프랑스의 정
책을 비교하고 있는데, 이 역시 단지 서양 열강의 언론정책을 소개하
기 위한 목적이라기보다 일본에 부재한 언론자유의 필요성을 강하게
환기시키기 위한 목적이었던 것으로 보인다.

> 영국 등 여러 나라에서는 인민이 진실로 언행의 자유를 얻고 있다. 단
> 그 자유를 자기 것으로 하려면 타인의 자유를 방해해서는 안 된다. 프랑
> 스 등의 여러 나라에서는 출판조례가 있다. 관官의 허가를 거치지 않고
> 도서를 출판한다는 것을 듣지 못했다. 원래 프랑스 제국에서는 처사處士
> 들이 권의權義하고, 민론民論이 비등하여 정부는 매우 통제에 고심하였
> 다. 더하여 정부는 수차에 걸쳐 전복되기를 거듭하니 이에 유래하는 바
> 였다. 따라서 정부는 이에 자극을 받아 강하게 사람들의 입을 봉쇄하고
> 영구히 치안을 유지하고자 하였는데 나폴레옹 3세의 교활한 지혜는 일
> 시적으로 처치 효과가 있었다. 그래도 끝내 계략은 실패하고 술책은 다
> 하여 프로이센에 항복, 포로가 되어 영국에서 객사하고 본국 정부는 이
> 에 따라 또 전복되었다. 어찌 처치의 올바름을 얻었다고 할 것인가. 내
> 가 생각하건대 프랑스 정치가 수차례 전복되는 까닭은 사람들의 입을
> 막고 자유를 방해함에 있다고 본다.22)

---

21) 위의 책, 103쪽.
22) 앞의 글,《明六雜誌》6, 80쪽.

　이와 같이 메이로쿠샤 지식인들은 서구의 정치관행, 제정분리, 그리고 언론자유의 현상을 일본의 현실을 바로잡기 위한 준거로서 제시하였다.

　한편 메이로쿠샤 지식인들이 구미 세계의 긍정적인 면만을 강조했던 것은 아니다. 구미 세계의 부정적인 측면, 특히 일본의 군사적, 경제적 안위를 위협할 수 있는 가능성에 대해서도 주의를 충분하게 기울이고 있었을 뿐 아니라, 서양문명에 대한 지나친 몰입에도 경고를 하고 있다. 해외 견문의 경험을 갖지 못했던 스기 고지는 《메이로쿠잡지》3호에서 러시아 피터 대제의 유훈遺訓 14개조를 소개하고 있는데, 그 주요 내용은 다음과 같다. 러시아의 인민을 항상 전시의 상황에 놓여있게 하고(제1조), 대외적으로는 폴란드, 스웨덴, 오스트리아, 페르시아, 터키, 프랑스, 독일 등을 장기적으로 점령하고 헝가리와 남 폴란드를 그리스 정교로 결합시켜 세계의 주인이 되게 한다는 것(제4·5·8·9·10·12·13·14조)이다.23) 그런데 스기의 경우 이러한 러시아의 대외정책이 일본의 안전에 위협이 될 수 있음을 지적하고 있다. 즉 그는 피터 대제의 유훈 가운데 그리스 정교를 영토 병합의 수단으로 삼는다는 이야기에 주목하면서 이것을 막기 위해서 일체의 잡교雜敎를 금지시키고, 일본 자체의 건전한 정통성을 지켜야 한다고 강조하는 것이다.

　이러한 연장 위에서 메이로쿠사원들은 왕정복고王政復古 이후 과도한 서구화의 추세가 낳은 폐단에 대해서도 지적하고 있다. 10여 년

---

23) 杉亨二, 〈峨國彼得王の遺訓〉, 《明六雜誌》3, 63~65쪽. 津田眞道도 피터 대제에 대해 언급하였다. 津田의 경우에는 나라를 富國强兵으로 만든 피터 대제의 3가지 주요 방침, 즉 兵勢를 개혁한 것, 학교를 일으킨 것, 운송을 열게 한 것 등을 높이 평가하고 있다. 津田眞道, 〈運送論〉, 《明六雜誌》9, 98쪽.

전만 해도 일본 안에서는 양이론攘夷論이 대세를 이루었으나 그 사정이 돌변하여 국민들이 대개 서양풍을 흠모하고 서양 제품을 좋아하고, 일상 생활용품들이 모두 서양풍으로 변해가고 있는 현실을 지적하며(쓰다 마미치),[24] 최근 백성의 지식이 날로 개화되어 공예기술이 크게 발전하게 되었지만 일본 고유의 강건하고, 질박한 기풍이 점차 쇠퇴하여 사치와 방탕에 빠졌던 멸망 직전의 그리스 문명이나, 로마 문명의 말세와 유사하다는 비판도 제기하고 있다(니시무라 시게키).[25] 이러한 견해는 과도한 서구화의 추진이 낳을 수 있는 폐해를 지적한 것으로서 모든 메이로쿠사원들이 일본이 처한 현실, 특히 인민에 대한 계몽의 방법론으로서 일방적인 서양화 추세에는 찬동하지는 않았다는 점을 보여준다.

흥미로운 것은 메이로쿠샤와 같은 양학파 지식인들의 수준에 대해서도 스스로 자기비판적인 언급을 마다하지 않았다는 점이다. 니시아마네西周는 일본의 국가체제가 전반적으로 미완성의 단계에 있을 뿐만 아니라 선각적인 양학파 지식인들의 학술 수준도 서구에 비해서는 떨어지고 있음을 지적하고 있다.

> 유신은 서양의 제도를 참작했다. 그래도 단지 (1868년 메이지유신 이후)7년에 불과하고 …… 소위 학술하는 자들은 7, 8년 전까지는 사서오경四書五經의 범위에 있었다 …… 지금 서양학술과 서로 겨루고자 하는 것도 역시 어렵지 않겠는가. 나는 이른바 서양학술과 같은 것에 세상의 대가이고 선생이라고 칭하는 자들도 아직 그 깊은 경지에 이르렀다고 말할 수 없다.[26]

---

24) 津田眞道, 〈保護稅ヨ非トスル說〉, 《明六雜誌》5, 73쪽.
25) 西村茂樹, 〈陳言一則〉, 《明六雜誌》3, 62쪽.

메이로쿠샤 지식인들의 서양국가에 대한 인식은 두 가지 측면이 혼재되어 있었다. 반개의 현실에 처한 일본보다 분명히 우위에 선 문명의 세계로서 서양국가들의 발달된 제도와 자유스런 문물을 높이 평가하고 그 수용을 위해 노력하는 측면이 그 하나였고, 다른 하나는 서양세계가 일본의 안전에 가할지도 모르는 위협에 대한 두려움, 특히 경제적, 문화적 위기의식이었다. 이 두 가지 측면, 즉 수용의 대상이면서, 위협의 대상으로서 구미세계가 파악되었다고 하는 점은 메이로쿠샤 지식인들이 서양세계에 대한 일종의 균형감을 잃지 않았다는 것을 보여준다고도 할 수 있다. 모델로서 서양, 곧 본받아 가야만 할 서양이라는 인식에, 서서히 비판도 해야 할 서양 또는 극복해야 할 라이벌로서 서양인식이 병행되어 가고 있는 것을 알 수 있다.

2. 서양인의 국내여행과 시장개방

메이로쿠샤 지식인들의 서양인식과 그 대응에 관한 입장을 알아볼 수 있는 또 하나의 이슈는 외국인들의 일본 여행 허용여부, 이와 관련된, 보호무역의 도입여부였다. 니시 아마네와 쓰다 마미치, 그리고 후쿠자와 유키치는 1874년 12월에서 다음해 1월에 걸쳐《메이로쿠잡지》를 통해 논전을 펼쳤다. 니시 아마네는 일본이 이미 양이를 버리고 대외 개방책을 취하고 있으며, 그것이 시대적인 대세와 부합하는 것이라고 주장하였다. 따라서 내지여행內地旅行은 그 개방의 한 부분이므로 개방을 추구하고 있는 이상 외국인들에게 내지여행을 허용하는 것은 당연한 논리적 귀결이라는 것이다. 또 내지여행을 허용할 경

---

26) 西周,〈非學者職分論〉,《明六雜誌》2, 60쪽.

우 파생될 수 있는 문제들을 하나씩 검토해 볼 때에도 내지 개방으로 말미암은 폐해 가운데 크게 우려할 만한 것은 없다고 하며, 그 예상되는 문제점들을 나열한 뒤 그것에 대해 설명을 하고 있다. 오히려 개명된 구미인歐美人들이 내지여행을 하면서 우매한 일본 백성들을 크게 자극하고 개화시킬 것이라고까지 말하고 있다.27)

쓰다 마미치의 논변도 대체로 니시 아마네의 내지여행 옹호의 연장선 위에 있다. 곧 일본이 개항을 앞두고 있었을 때 심각한 우려가 있었으나, 10여 년이 지나도록 아무런 문제는 발생하지 않았을 뿐만 아니라 그로 인해 오히려 개화는 촉진된 것이 아니냐고 주장한다.

생각건대 우리 인민에게 결핍된 바는 지식이고, 부족한 바는 개화이다. 대저 개화나 지식은 본래 교학教學에 연유하여 이를 점진적으로 한다 해도 이 일은 학교교육에 해당하는 바, 원래 일조일석에 능히 감당할 수 있는 바는 아니다. 대체로 구미 각국 사람들 같이 지식이 풍부하고, 개화가 전진하는 까닭은 다른 것이 아니라 통상교역 5대주에 이르지 않는 곳이 없고 연마, 경험의 풍부함이 주로 이에 연유한다. 때문에 인민의 지식은 연마에 기인하고, 훌륭한 개화는 교제에 연유하여 전진한다고 말할 수 있다. 이에 연유하여 보건대 현재 우리 인민의 지식을 발달시키고 개화를 진전시키는 최상책은 우리 인민으로 하여금 많이 외국여행을 하게 하여 연마를 거듭하고 교제를 넓게 하는 데 지나지 않는다. 그래도 아직 공론空論으로 이를 말하는 것일 뿐 실제 시행하지 않는다. 그 이유는 무엇인가 하면 많은 우리 인민으로 하여금 외국행을 기도企圖하기에는 그 필요한 바의 거대한 금액을 충족할

---

27) 西周, 〈內地旅行〉, 《明六雜誌》23, 166~168쪽.

수 없기 때문이다. 또 우리 상인이 우리에게서 배를 내거나 혹은 외국의 우선郵船에 타서 외국에 항행하여 무역을 하는 것이 현재에는 모두 자유자재하다 해도 이 일 역시 재본財本 혹은 지식이 결핍하여 아직 용이하게 행할 수 없다.[28]

결국 당시 일본의 상황으로는 외국인의 일본 내지여행 요구를 받아들여 외국인과의 접촉과 '연마'로 일본인민의 지식, 개화를 속히 촉진하게 해야 한다는 것이 쓰다의 결론이다.

그러나 후쿠자와 유키치는 니시 아마네나 쓰다 마미치의 견해에 반대하고 있다.[29] 그가 판단할 때 개항 뒤 외국과의 무역은 언제나 일본에게 손해였다고 한다. 서양 여러 나라들과 일본 인민들의 지력智力이 같지 않았기 때문이라는 것이다. 그런데 일본 인민의 지력이 현재와 같은 상태에서 무역만을 확대시켜 간다면 일본은 장차 파멸에 이르고 말 것이라고 예측한다.

외국과 무역, 상업을 할 때, 그들은 우리 인민의 지력과 같지 않으므로 우리는 손해를 보고 그들은 이득을 보게 된다. 그렇다면 지금 우리나라의 무역, 상업은 우리를 손해나게 하는 모의로서 우리 국민의 지력이 여기에서 멈춘다면 우리나라를 멸하게 하는 대해大害가 아닐 수 없다 …… 그런데 지금 종전의 교제 때문에 현재 우리의 부를 잃고 있는데, 외국인의 여행을 허락하여 그 교제를 넓히려는 것은 손망損亡의 일부분을 추론하여 그 전체를 이루는 길을 촉구하는 것에 다름 아니다. 무엇인고 하면, 여행은 잡거雜居의 길을 닦는 것이고, 잡거는 상업의 방편이 되며,

---

28) 津田眞道, 〈內地旅行論〉, 《明六雜誌》24, 171~172쪽.
29) 福澤諭吉, 〈內地旅行西先生ノ說ヲ駁ス〉, 《明六雜誌》26, 180~181쪽.

상업은 손망의 근원이 되는 것이다.

이어서 후쿠자와 유키치는 개항 이래로 개화가 많이 진전되었다고 하는 니시 아마네의 주장을 논박하며, 사실상 개화는 그다지 진척되지 않았으며 특히 일반 인민의 경우에는 막부 말기의 상황과 크게 다르지 않다고 말한다.

니시 선생은 메이지 유신이 공능功能을 크게 이루었다고 생각하나 나는 조금 소견을 달리한다. 유신은 오직 정부의 앞모습만 우선 겨우 바꿨을 뿐이고 천하의 인심을 일변시키는 공을 다했다고는 생각하지 않는다.

후쿠자와 유키치는 니시 아마네가 제시하는 내지여행을 허용할 경우 발생할 수 있는 문제점들과 그것에 대한 해결책에 대해 언급하면서, 예상되는 문제점들은 니시 아마네의 상상보다 훨씬 심각할 것이라고 반박한다. 특히 니시 아마네는 외국과의 조약으로 모든 문제점들이 해결될 수 있다고 하나, 국제사회에서 힘이 정의라는 사실을 감안하면 일본의 국력이 구미에 현저히 뒤져 있는 현 단계에서 조약의 준수도 신뢰할 수 없다고 후쿠자와 유키치는 지적하고 있다.

후쿠자와 유키치가 외국인의 내지여행이 가져올 경제적 손실과 그 결과를 구체적으로 지적하고 있는 것과 달리, 내지여행을 허가해야 한다는 쓰다 마미치는 순전히 대외교역상의 문제로 이를 보고 있다. 그는 메이지 초기의 무역역조 현상과 그로 인해 초래될 결과에 대해 다음과 같이 분석하고 있다.

최근 우리나라 각 항구의 출입물품의 비교를 묻건대 지난 메이지 5년

에는 수입물품이 수출금액을 넘는 것이 대략 8백만 엔이었다. 메이지 6
년에는 또 수입액이 수출보다 많은 것이 개략 7백만 엔이었다고 한다.
이것에 더하여 원성사부현院省使府縣 및·민간에서 고용하는 바의 외국교
사의 급료는 개략하면 2백만 엔, 국채國債의 이자 약간 만 엔, 그렇다면
즉 우리나라 금화가 밖에 나가서 돌아오지 않는 것이 10년이면 대체
로 1억 엔이다. 그렇다면 우리나라의 금은은 10수년을 지나지 않아
모두 산실散失되기에 이를 것이다.[30]

쓰다 마미치와 비슷한 견해는 간다 다카히라神田孝平도 보이고 있
다.[31] 외국인에게 내지여행을 허용할 때에 초래될 문제에 관하여, 서
양을 모델로 따르려는 입장에서는 본질적인 점보다는 현상적인 면을
긍정적·호의적으로 보려 하였다. 오직 일본의 적응능력만이 관심의
대상이었다. 그러나 일본의 자주독립을 지키기 위하여 서양의 힘을
이용해야 하는 입장, 나아가 서양을 라이벌로 보려는 지식인은 내지
여행이 가져올 폐해, 특히 경제적 손실에 주목하였다. 현상적으로 외
국인의 영향을 파악하는 입장에서는 무역역조가 불가피한 현실을 보
호무역의 방식으로 피해보려는 모순된 단순논리를 보이고 있다.

그러나 어떻든 문제를 일본내적인 것으로 보고, 이를 국제적 힘의

---

30) 津田眞道, 〈保護稅ヲ非トスル說〉, 《明六雜誌》5, 72쪽.
31) 貿易逆調에 대한 神田의 지적을 인용하면 다음과 같다. "우리나라 개항 이
   래 金銀이 외국으로 유출되는 것이 많아 근년에 가장 심하다. 대저 그 원인
   은 6가지이다. ① 수출입 차이 ② 유학비 ③ 외인고용비 ④ 외국체류비 ⑤
   國債費 ⑥ 賣物費 등이다. 생각건대 연도를 비교해 보면 수입은 많아지고
   수출은 적어 수입품 대가에서 수출품의 대가를 떼어내고 남은 것이 곧 외국
   으로 유출되는 정금 액수이다. 메이지 6년의 무역표에 따르면 이 액수가
   8,306,153엔226까지에 이르는 놀라운 액수이다."(金容德, 《明治維新의 土地
   稅制改革》, 一潮閣, 1989, 178~179쪽.)

침투라는 큰 시야에서 보고 있지 못한 점은 공통적이다. 서양에 대한 대응은 일본이 얼마나 개화를 이루어 가느냐 하는 문제로 환원되는 것이다. 이는 더 나아가 개화의 정도에 따라 힘이 강한 곳에서 약한 곳으로 흘러갈 수도 있다는 논리로 전환될 수도 있는 싹을 내포하고 있기도 하다.

내지여행 허용을 둘러싼 논쟁은 사실 개항 이후 나타난 경제적 영향에 대한 인식의 차이에서 비롯된 측면이 크다. 이를 이해하려면 개항 이래의 무역의 추이에 대해 살펴볼 필요가 있다. 먼저 막부 말기 무역의 특색은 전 기간에 걸쳐 수출초과가 계속되었다는 점이다. 그러나 이러한 수출초과는 국내산업의 발달에 따른 것이라기보다는 일본으로부터 원료획득을 위한 것, 즉 산업혁명을 겪은 이후의 서양 여러 나라들과 전근대적 상태에 있던 일본과의 현저한 경제발전 차이에 따른 불건전 수출초과현상이었다. 따라서 시간이 지남에 따라 점차 수입의 비중이 증가하였고, 메이지 정부 성립 이후에는 수입초과현상이 명확해졌다. 특히 메이로쿠샤가 존재했던 1873~1875년을 전후로 한 무역의 동향이 그러하였다.

무역역조에 대한 위기감은 메이로쿠샤의 동인들에게 심각한 위기감을 조성하였다. 한 예로 후쿠자와 유키치는 개항 이래의 무역 손실을 강조하였다. 그에 따르면, 첫째, 수출품은 적고 수입품은 많아 출입의 차가 커진다. 둘째, 수입품은 대개 제조물이고 수출품은 원료이기 때문에 일본은 생산의 이익과 기예技藝를 동시에 잃는다. 셋째, 무역수지의 차가 외채로 되어 그 이자만으로도 2백만 엔에 이른다. 넷째, 일본인은 외국의 사정을 제대로 알지 못해 많은 손해를 본다는 등등을 열거하였다. 또한 그는 무역에서 생사生絲와 차茶의 생산이 증가하고 가격도 상승하였다는 주장은 인정하면서도, 그 이익이 개항장의 외국상인에게 독점되었음을 지적하였다.[32] 물론 그에게는 이러한 주장이 내지여행을 반대하기 위한 근거로 작용했지만 여기서 그의 보호무역에 대한 의지를 유추해낼 수 있다. 즉 그는 무역역조의 해소방안으로 다음을 제시했다.

> 이 (내지여행 허용에 따른) 재난에 당하여 어떠한 유식정치가도 묘안이 없음을 알 수 있다. 단지 외국과의 무역 교제를 줄이고, 서서히 나라를 개방하여 내국을 일보전진 시키면 외국무역의 길에도 역시 일보를 전진하니 내외의 평균을 기다리는 것 이외에 다른 방법이 있을 수 없다.[33]

곧 내외의 평균을 유지하기 위해서는 대외적으로 보호무역정책, 구체적으로는 보호세의 주장이 제기될 수 있다.

그러나 쓰다 마미치는 내지여행 허가의 입장에서 자유무역을 신봉하여 보호세 제정에 반대하였다. 그가 제시한 보호세 반대 논거는 다음과 같다. 첫째, 일본과 각국과의 무역조약서에 세칙을 첨부하였기 때문에 일본정부 마음대로 보호세를 시행할 수 없다. 둘째, '아녀자와 위장부偉丈夫'의 차이와 같은 국가 간의 술術과 공工의 차이는 인정해야 하지 이를 보호세의 일법一法으로 그들과 겨루어 경쟁하려 해서는 안 된다. 셋째, 일본이 이미 서양물건을 필수품으로 여기게 되었다. 그런데 일본에 대체할 공장이 없는데도 서양의 나사羅絲, 모피毛布 등에 대해 중세를 부과함으로써 일본의 공예를 보호할 수 없다. 넷째,

---

32) 福澤諭吉, 〈外國人の內地雜居許す可らざの論〉, 《民間雜誌》第6編, 1875.1 , 291~292쪽.
33) 위의 책, 293쪽.

이전 양이론자까지 서양풍을 흠모하기에 이르렀는데, 다시 중세로써 서양제품에 대한 수요를 억제하려는 시도는 "오른손으로 고양하고 왼손으로는 그것을 억제하는 것"과 같은 조리 없는 것이다. 다섯째, 일본의 형세는 "겨우 서양 개화의 선미善美한 문장門牆을 살필 뿐으로서 아직 개화의 당오堂奧에 진입하지 못했다.[34]

쓰다 마미치는 〈무역권형론貿易權衡論〉을 통해 자신의 자유무역론을 부연하였다. 그는 개항 이후 수출입 차이의 원인을 일본민족이 천성적으로 마음속에 신기한 것과 화미華美함을 좋아한다는 사실에서 찾았다. 그래서 대신에서 일반인까지 외국방식을 흠모, 양풍을 흠모하여 무역적자 8백만 엔을 가져왔다는 것이다. 하지만 일본의 생산능력이 예전에 견주어 증가한 것은 신기한 것을 좋아하고 '화미를 즐기는 심정이 격발시킨' 때문이 아닌가라고 반문하고 있다. 현재 무역불균형은 자연스런 평형을 깨뜨렸기 때문인데, 지나친 수입은 인민의 소비력을 초월하기 때문에 외국물품의 가격은 떨어지고 원래 가격보다 낮아져 결국 1875년에는 균형이 반드시 이룩될 것이며, 또한 그간의 무역 적자분은 앞으로 생길 무역 흑자분으로 해결될 것으로 낙관하였다. 이는 바람과 조수의 이치와 같아 '일장일축一張一縮' 혹은 동에서부터 불고 혹은 서에서부터 불어, 마침내 풍風과 조潮는 평균을 얻게 되므로 수출입 차이는 그렇게 걱정할 것이 아니라는 것이다.[35] 곧 무역이란 저울대와 추의 관계 같아, 때때로 변동하는 것을 막을 수는 없지만, 결국에는 평형을 찾는다는 것이다. 굳이 보호세를 통한 보호무역에 맡길 것이 아니라 경제의 논리에 맡겨두어야 한다는 것이었다.

쓰다 마미치의 보호세 설치 반대 주장에 대해 스기 고지는 강하게

---

34) 津田眞道, 〈保護稅を非とする說〉, 《明六雜誌》第5號, 73쪽.
35) 津田眞道, 〈貿易權衡論〉, 《明六雜誌》第26號, 182~183쪽.

반대하였다. 스기 고지가 나름대로 정리한 보호세 반대론자들의 논거는 다음과 같다. 첫째, 보호법을 행하면 자유무역의 공도를 위배하고 인민의 권리를 속박하여 더욱 졸렬함으로 이끌어 큰 해를 촉발할 것이다. 둘째, 수입의 금백金帛은 싸고 국내의 목면은 비싼데 국내인에게 싼 것을 버리고 비싼 것을 사게 하는 것은 손실이 많고 또 치국의 도가 아니다. 셋째, 보호세를 일괄적으로 처리하지 않고 일부에 국한시키면 일국동체一國同體의 인민 사이에 불공평을 조장할 수 있다. 넷째, 애초에 보호세를 주장한 크롬웰과 콜베르는 2백 년 전의 인물인데, 이후 변화된 상황에서 과거의 정책을 그대로 실시할 수 있는가? 이러한 회의적 시각에 대해 스기 고지는 다음과 같이 답변하였다. 첫째, 보호법이 일본의 직업공력을 진흥시키고 국산을 증진시킬 것이며 인권의 속박은 항상 경계하는 바라 하였다. 둘째, 국산을 장려하면 국내의 산물이 성하게 되어 가격이 저하되니, 이는 국내인 스스로 세금을 자신에게 납부하는 것과 같다. 셋째, 사물에는 이익이 있으면 손해도 있기 마련이다. 단지 해가 적고 이익이 많은 것을 따를 뿐이다. 넷째, 현재 미국도 보호이론을 주장하는 것을 볼 수 있듯이 보호의 주장은 2백 년 동안 지속되었다.

그러나 다음의 논의에서도 드러나듯 스기 고지의 보호세 주장은 전면적인 것은 아니었다. 즉 수입품 전체에 세금을 부과하여 억제한다는 과거 유럽의 보호법을 다시 오늘에 행하자는 것이 아니라, 단지 한두 가지의 품목을 선택하여 이를 금지하거나 여기에 중세를 부과하여 일본 산업을 증진시키고자 하는 것이다. 예컨대, 일본에 서 교巧와 습習을 겸비한 것이 농업만한 것이 없으니, 면류綿類 같은 것에 세금을 부과하여 국내의 면업을 보호하고 촉진시키자는 것이었다. 그러나 보호법의 시비로 결정되지 않을 경우에 대해 스기 고지는 구체적 시행방법까지 제시하였다. 서양으로부터 초빙된 보호법 전문가, 대사수행원 가운데 전문가, 국내 농공상 대표로 일종의 위원회를 구성해 이들에게 일체를 위임하여 일본 안의 사정과 정대공명의 의, 그리고 이해득실을 살펴 그 가부를 결정하여 보호무역의 개정을 외국에 선포할 수 있을 것으로 보았다.[36] 스기 고지의 보호무역 주장을 살펴보면 그것이 극단적인 쇄국 내지는 보호정책이 아니고, 또한 절차에서도 서양 나라들과 협의를 거친 점진적 방법을 취하고 있는 것을 알 수 있다. 기존 막부의 쇄국정책의 연장선이 아닌 서양식 보호무역정책의 일환이라고 할 수 있다.

니시무라 시게키의 자유무역 반대논거는 자유무역국가인 영국과 피해자인 일본의 대비에서부터 시작하였다. 양국의 차이는 첫째, 영국은 자발적으로 개방했지만 일본은 미국에 의해 강제적으로 개항했다. 둘째, 영국민은 심계深計에 능하고 공작에 능란하지만 일본은 심계가 부족하고 기술도 졸렬하다. 셋째, 영국은 토지를 모두 개발 완료하고 인민이 열심이어서 남은 여력이 없지만 일본은 황무지가 있고 인민은 태만하여 여지가 남아있다. 넷째, 영국이 자유무역을 펼칠 때 공작, 상술에 능란하여 타국을 우습게 여겼지만, 일본은 그렇지 않다. 그의 판단근거는 이 4가지의 비교에 있었다. 니시무라는 일본이 교역개시 후 10여 년 동안 무역의 피해에 친숙해져, 즉 중독이 되어 그 폐해에 무뎌진 것과 같다고 하면서, 무릇 사람의 몸에 병을 생겨나게 하는 것은 혈액과 근육 사이에 불균형이 있기 때문이니 의사는 그 병근을 살펴 투약함으로써 불균형을 조절하여 평균으로 복원시켜야 한다고 했다. 만약 불행하게 그 신체가 균형을 얻지 못하고 점차 쇠약해져

---

36) 杉亨二, 〈貿易改正論〉, 《明六雜誌》第24號, 173~175쪽.

죽음에 이르면 의사는 무엇으로 병자를 대하겠느냐고 자문하면서 미국 방식의 보호세 시행을 촉구하였다.[37]

그러나 니시무라도 인정하고 있듯, 국내공업을 진전시키려면 보호세만으로는 충분치 않은 것이다.[38] 또한 무역역조가 화폐의 남출濫出을 가져오는 중요한 요인이지만 이외에도 다른 요인이 결합되어 있었음을 암시하고 있다.

3. 근대적 정부형태의 모색

가토 히로유키는 국가(또는 정부)의 본질에 관하여, 1874년에 쓴 〈국체신론國體新論〉에서 "국가는 인민을 주안主眼으로, 특히 인민의 안녕행복을 구하는 것을 목적으로 정하고 군주 및 정부는 오직 이 목적을 수행하기 위하여 존재하는 것으로 국가의 대주지大主旨를 삼는다"고 밝혔다.[39] '안녕행복'의 추구라는 일반적 욕구를 충족시키고자 정부와 군주는 존재한다는 것이다. 이 '안녕행복'을 그는 일찍이 1870년 〈진정대의眞政大意〉에서 인민의 '권리'·'불기자립不羈自立의 정情'과 연결지어 다음과 같이 강조한 바 있다.

불기자립의 정과 권리 이 둘은 될 수 있는 한 펼 수 있도록 하지 않으면 안 되는 것인바 누구라도 이 정이 있으므로 해서 지거나 눌리지 않고 경합하는 것이다. 이 경합하는 정이 있으므로 해서 사람들은 나름대로 그 행복을 얻을 수 있다. 이 정이 곧 자연과 인간세상의 개

---

37) 西村茂樹, 〈自由交易論〉, 《明六雜誌》第29號, 194~196쪽.
38) 위의 책, 196쪽.
39) 加藤弘之, 〈國體新論〉, 《明治文化全集5: 自由民權論》, 日本評論社, 1927, 115쪽.

화를 가져오는 것으로 …… 마침내 국가의 부富가 점점 늘어간다. 그러므로 정부는 이 정과 권리를 억누르지 않고 사람들이 서로 다투어 행복을 구하도록 맡겨 둔다면 자연히 이른바 안민安民의 경지에도 이르게 된다.40)

즉 '안녕행복'의 추구는 인간의 '권리' '불기자립의 정'을 발휘함으로써 가능하며 정부는 이를 위한 수단으로만 자리하고 있어야 한다는 것이다. 4년 뒤 1874년에도 그의 기본발상은 유지되고 있다.

'권리'와 '불기자립의 정' 곧 천부인권이 지켜지는 나라는 물론 모든 백성이 천황 일인의 신복이 되는 나라이어서는 안 된다고 가토는 〈국체신론〉의 마지막 부분에서 그 정체까지 언급하고 있다. 즉 "인민도 천황도 똑같이 인류인즉 독자적인 마음과 자유의 정신을 갖고 있는 것인데, 어찌 이 마음과 정신을 버리고 천황의 마음으로 모두의 마음을 삼을 수 있겠는가?"고 하여41) 천황을 국학자적 관념에서 떼어내 정치적 군주로 규정하려 하였다.

그의 주장을 현실에 적응시키기 위하여 가토는 국체國體와 정체政體를 구별하였다. "국체는 안목이고 정체는 이 안목을 이루는 방법이니, 국체는 만국에 통하는 것이라 해도 …… 정체는 반드시 하나임을 요하지 않는다. 군주정체君主政體라 해도 공명정대의 국체를 잘 육성유지할 수만 있다면 그 가부를 논할 것 없이 가하다"고 하였다.42) 물론 후일의 국체개념과는 다른 국가일반이념을 추상화시킨 국체개념이다. 이러한 이념에 이르기 위하여 정체는 수단개념으로 채택되었다. 그는

---

40) 加藤弘之, 〈眞政大意〉, 《明治文化全集 5》, 105쪽.
41) 加藤弘之, 〈國體新論〉, 124쪽.
42) 위의 책, 125쪽.

230

분권적인 입헌정체立憲政體를 일찍이 없었던 좋은 정체라고 평가한다. 입헌정체 가운데에도 군주제와 민주공화제가 있으나, 이는 각기 그 나라의 역사·인정·풍습에 따라 적합함을 따져야 한다고 주장하였다. 가토는 여기에서 더 나아가, "입헌정체가 바람직하다고 해서 지금 세계 모든 나라에 맞는다고 생각하는 것은 큰 잘못이며," 이를 채택할 조건을 갖춘 나라, 즉 "인문이 이미 개명하고 진보하여 적어도 중등 이상의 사람들이 대개 사리를 판별하고 인정人情을 이해할 정도의 나라"에서나 시행가능한 제도로 평가하였다. 따라서 나라의 개화정도에 따라 국민을 위해서는 '프리드리히非的利 대왕의 공심公心'과 같은 군주전치君主專治도 그에게는 하나의 모델이 될 수 있었다.[43] 이 경우는 물론 정치적 계몽군주를 가리키는 것으로서 이를 벗어난 군주천제君主擅制는 악이라고 비난하였다.

한편 가토는 〈국체신론〉의 총론 부분에서 일본천황의 천손설天孫說과 만세일계론萬世一系論을 받아들이고 있어 기이한 느낌을 주고 있으나, 그의 국체·정체 구분방식에 따르면 천황도 일본에 독특하게 어울리는 정체의 구성요소로서 정치적 군주의 의미를 띄고 있는 것으로 파악될 수 있다. 그러나 조건과 상황의 차이에 따라 정체는 적용되어야 한다는 그의 주장은, 그것이 보편적 가치를 위한 수단이라 해도 상황의 인식에 따라 선후의 순서는 바뀔 수 있었다.

구체적으로 그는 민선의원설립론民選議院設立論에 대한 반박논리로서, "인민을 위하여 정부가 있지 정부를 위하여 인민이 있는 것이 아니라는 진리를 잊지 말고, 오직 '프리드리히 대왕의 공심'으로 스스로 정권을 제한하여, 인민의 권리신장權利伸張·언로통개言路洞開·교육권려

---

43) 위의 책, 119~120쪽.

教育勸勵에 힘써 이 나라가 속히 개화국開化國이 되도록 해야 한다.”고 가토 히로유키는 강조하였다.44) 백성을 위해 공심을 갖고 스스로 지배자가 제한하기를 기대하면서, 개화의 신속한 달성을 추진하는 체제가 그에게는 당시의 일본에서 바람직한 정체였을 것이다.

정부의 본질에 대한 기능적 사고는 니시 아마네에 이르러 더욱 구체화된다. 그는 정부 또한 사회의 각종 집단, 즉 화식貨殖이나 공업·교문敎門의 조직과 같은 종류의 '회사'로 취급하였다. 이 정부라는 "회사의 목적은 삼보三寶(개인의 건강·지식·부유)를 아울러 보호한다는 목적을 달성하기 위하여 만든" 것이라고 하여, 다음과 같이 논리를 전개하였다.

사교社交(집단)의 목적은 공익公益인 바 공익은 사리私利의 총수로서, 사리란 개개인의 신체건강·지식개발·재화충실의 셋에 있다. 사리라고 하는 것은 개개인에 관한 것이고 공익은 사교일체에 관한 것인즉 삼보를 이롭게 하는 바는 그것(공익)이다. 사람이 참으로 도덕을 행하려 할 때는 자기의 삼보를 귀중히 하는 것에서 비롯해야 한다.45)

지금까지 전통적 관념인 공도덕公道德과 사영리私營利의 이분법을 니시 아마네는 부정하였다. 사적 이익은 도덕의 반대개념이 아니라, 오히려 그 이익을 사회적 시야에서 합리적으로 추구하는 방식이 도덕이라는 것이다.46) 국가나 정부의 도덕성이나 초월성을 인정하지 않고 있는 것을 알 수 있다.

---

44) 加藤弘之,〈加藤弘之篇〉,《明治啓蒙思想集》, 筑摩書房, 1967, 156쪽.
45) 西周,〈人世三寶說〉,《明治文化全集18: 雜誌篇》, 日本評論社, 1928, 259쪽.
46) 松本三之介,《日本政治思想史槪論》, 勁草書房, 1975, 124쪽.

　따라서 정부는 오직 인간의 최대행복을 이루기 위한 수단으로서 얼마나 효과적일 수 있는가에 존재의의가 있다고 본다. 니시 아마네는 가토 히로유키처럼 이상적인 정체로서 입헌제 등과 같은 구체적인 모습을 제시하지는 않았다. 다만 니시도 역시 일본의 천황제는 옹호하였다. "군주전제이거나 공화정치이거나 호족정치豪族政治이거나 오직 삼보를 보호만 할 수 있다면 구애받을 필요가 없는 것이다. 정체의 구별은 모두 그 나라의 사회개발의 정도나 역사상의 연혁·형세에 따라 삼보의 보호에 가장 편리함을 주로 해야 하는 것"이었다.[47] 그에게 천황제는 당시의 시時와 처處(상황)로 볼 때 일본인민의 삼보를 위하여 가장 적절한 것으로 판단되었기 때문이었다. 역시 천황의 정치적 기능을 중시한 것이었다.

　니시무라 시게키는 니시 아마네의 단순명료한 사리와 공익의 관계를 사회 속의 자기위치라는 입장에서 위치 지워 사리의 개념을 좀 더 한정하였다. 즉 "천하의 일은 공리公利와 사리私利로 나눌 수 있는데, 자기 자신을 이롭게 하면서 아울러 남을 이롭게 하는 것을 공리라 하고, 자기 자신을 이롭게 하면서 남의 손해를 생각하지 않는 것을 사리라 한다."고 밝혔다.[48] 니시무라가 얘기하는 '사리'는 곧 개인적 탐욕의 뜻이기 때문에, '사리'의 추구는 결국 사회·국가에 해로울 뿐 아니라 자기 자신에게도 이롭지 못하다고 강조한다. 개인과 나라의 이익이 상반된다고 하는 것은 이 '사리'의 입장에서 볼 때이지, 이를 '공리'의 입장에서 보면 이해를 같이 하지 않을 수 없다는 것이다. "나라의 공리란 부강·치안·영예와 같은 것인데 정부도 인민도 이를 목적으로 하지 않을 수 없다."는 표현에서는 다분히 개인적 이해를

---

47) 西周, 〈西周篇〉, 《明治啓蒙思想集》, 75쪽.
48) 西村茂樹, 〈政府與人民異利害論〉, 《明六雜誌》39, 244~245쪽.

떠나 국가이익을 우선하는 뜻이 나타나고 있다. 그러나 그의 이상론 적인 '공리' 관념은 하향적이고 강압적인 정부주도의 국가목표설정과 이에 추종만 하는 개인의 권리포기를 뜻하는 것은 아니다. 오히려 적 극적으로 자기 권리를 추구할 것을 강조하고 있는 데서 니시무라의 본뜻은 나타난다. 논설의 마지막에서 그는 "민권은 인민고유의 지보至 寶로서 정부에서 내려주기를 기다려야 하는 것이 아니라 …… 민권을 취득하여 국력의 평균을 조정하는" 것이 바람직하다고 맺고 있다.

그러면 니시무라 시게키가 생각한 정체는 어떠한 것인가? 그는 세 종류의 정치형태에 따라 각각의 정체를 들고 있다. 하나는 예로부터 내려오는 통치형식을 따르기만 하는 인습정치因襲政治, 또 하나는 공 화제의 이념을 따르는 도리정치道理政治, 세 번째로는 두 형태를 혼합 한 인습도리혼합정치因襲道理混合政治인 바 구체적으로는 인군독재人君 獨裁·평민공화平民共和·군민동치君民同治라는 정체에 연계시켰다. '도리 상으로' 보면 물론 평민공화정치보다 나은 정체는 없으나, '효험상으 로' 보면 "무릇 정치란 민의 개화도開化度에 따르는 것이므로" 한 나 라의 정체를 단정할 수는 없다는 것이 그의 입장이다.

그 나라의 정체가 그 인민의 개화도에 맞으면 잘 다스려지고, 맞지 않 으면 다스려지지 않는다. 인습정치를 행하여 그 나라가 잘 다스려진다면 그 인민의 지식이 미개하여 그 정체에 적용하는 것이고 혼합정치를 행 하여 그 나라가 부강해진다면 그 인민의 지식이 크게 열려 그 정체에 적 용하는 것이다. 그러나 도리정치를 행하였는데도 그 인민의 행복이 혼합 정치만 못하다면, 그 인민의 지식이 크게 열렸다 해도 아직 도리정치에 는 적용할 수 없다는 것이다.49)

그에게 공화제는 오늘의 정치가 아니라 미래의 정치였다. 특기할 것은, 평민공화의 정체가 당시 일본에는 맞을 수 없다고 하면서도 "국체에 모순이 된다고 원리적으로 덮어버리지는 않았다."는 사실이다.[50]

나카무라 마사나오는 좀 더 포괄적으로, 정치의 발달이 정체에 한정된 문제가 아니라 사회전체의 수준향상에 따르는 것이라고 보았다. "어일신御一新이라고 하나 신新이란 무엇인가? …… 정체의 일신一新만이지 인민의 일신은 아니다. 정체는 물을 담는 그릇과 같고 인민은 물과 같은 것인즉 둥근 그릇에 넣으면 둥글게 되고 모난 그릇에 넣으면 모나게 된다. 그릇이 바뀌어 형상은 변하여도 물의 성질은 바뀌지 않는다."[51] 중요한 것은 민도民度를 높이는 것이지 제도의 개변에 있지 않다는 것이다. 성질을 고치는 데 그는 '예술藝術과 교법敎法', 즉 학술과 종교 도덕의 교육이 수레의 두 바퀴처럼 사회를 발전시켜 가는 요소라고 지적하고 있다. 이는 결국 외형만의 문명개화가 아닌 인민 개개인의 자주적인 정신과 능력의 계발을 강조한 것이다.

쓰다 마미치도 자유의 중요성을 주장하기는 마찬가지였다. 오랜 동안의 압제 아래에서 '인성자유人性自由의 기상'이 꺾임으로써, 나라의 원기元氣가 위축되어 국위를 떨치지 못하고 있다고 그는 보았다.[52] 지금도 정부의 일방적인 간섭이 심하여 '개화자연開化自然의 운행'이 방해받고 있다는 뜻을 암시하고 있다. 그는 이것을 천지 사이의 이치를 보아, 의도적으로 추구할 것이 아니라 '시세時世와 사정事情'이 자

---

49) 西村茂樹, 〈政體三種說〉, 《明六雜誌》28, 191~193쪽.
50) 遠山茂樹, 〈自由民權思想と共和制〉, 遠山茂樹 編, 《明治國家の權力と思想》, 吉川弘文館, 1979, 185쪽.
51) 中村正直, 〈人民の性質を改造する說〉, 《明六雜誌》30, 201~202쪽.
52) 津田眞道, 〈政論の三〉, 《明六雜誌》12, 116쪽.

연스럽게, '그렇게 하지 않을 수 없도록' 할 때에 맞추어야 한다는 것이다. "국법·민법은 사람이 제정하는 것이라 해도 나라가 처한 위치의 선후와 인문人文의 개부開否"에 따라 필연적인 경우에 맡겨야 한다는 것이 바로 그것이다. 더 나아가 그는 "사법의 고문拷問은 인민의 자유에 해害이고, 출판조례는 출판자유에 해롭고, 호적법을 만드는 것도 (백성들이) 일을 하는 자유에 해롭다"고까지 하였다.53) '시세와 사정'의 필연을 낙관적으로 본 그는 점진적인 개화를 자연스럽게 보았다. 그렇다고 하여, 막연히 개화의 때를 기다리기만 하는 것은 아니었다. 우선 정부의 자의적인 개입은 막아야 하지만, '법교法敎와 학문學問'을 통하여 사회의 전반적 발전에 힘을 주어야 한다고 강조하였다.54) 나카무라의 주장과 맥을 같이하는 포괄적 사회발전론이다.

그러나 정부의 압제와 탐학을 극단적으로 비판하였고, '천율天律'을 믿었던 그였기 때문에 정체의 기본에 대하여는 민본주의를 내세우고 있다. "나라의 본은 임금이요, 곧 유일한 존재라고 하는 사람들이 있으나 이는 틀린 말이다. 오히려 일찍이 중국에서 민이 나라의 본이라고 한 말이 옳다. 나라의 본이 민이라면 임금은 말인 것이 분명하다."55) 쓰다는 중국 고대의 민본주의 이념을 근대적 민주주의 체제를 옹호하기 위한 방편으로 원용하고 있다. 물론 그도 서양식 민주공화제를 펴려는 것이 아니라 일본에서 천황제의 봉사적 기능을 민본주의에 빗대어 강조하고 있는 것으로 보이나, 군주를 '국말國末'로까지 공언하고 있는 것은 그 논의의 폭이 거의 제한 없이 전개되고 있음을 알 수 있다.

---

53) 津田眞道, 〈政論の二〉, 《明六雜誌》11, 109쪽.
54) 津田眞道, 〈開化を進る方法を論す〉, 《明六雜誌》3, 65쪽.
55) 津田眞道, 〈本は一つにあらざる論〉, 《明六雜誌》8, 97쪽.

정치 이전에 사회진보를 주장했던 나카무라나 쓰다를 넘어, 후쿠자
와 유키치는 문명, 즉 지덕智德·정신精神·기풍氣風의 진보를 모든 것의
목적으로 보았다. 개인적이고 기능적인 사리·삼보의 보호육성이 아닌
정신적인 내면가치로서 문명을 내세운 것이다.

> 문명이라는 것은 지극히 크고 지극히 중요하여, 인간만사 모두 이
> 문명을 목적으로 하지 않음이 없다. 제도이건 문학文學이건, 상매商賣
> 이건 공업이건, 전쟁이나 정법政法까지도 …… 그 이해득실을 논하건
> 대, 오직 문명을 잘 진보시키는 것으로 이득을 삼고 퇴보시키는 것
> 으로 손해를 보는 것이라 하겠다.[56]

정치가 문명을 일으키는 것이 아니라 문명의 득실에 따라 그 진퇴
를 가려야 한다는 것이므로, 정부가 추진하는 위로부터 문명개화는
인민의 자주적 정신을 바탕으로 하고 있지 않은 것으로 비판하였다.
그러나 문명의 진보라는 보편적 이념을 추구하기 위한 구체적 형
태가 필요한 것이다. 후쿠자와는 당시 일본이 처한 상황인식에서 당
연히 이를 국가의 독립으로 보았다.

> 오늘 일본의 경향을 살피건대 …… 먼저 일본국과 일본인민을 살리는
> 것, 그런 후에라야 문명의 일도 생각할 수 있다. 나라와 사람이 없다면
> 이를 우리 일본의 문명이라고 말할 수 없다 …… 나라의 독립은 곧 문명
> 이다. 문명이 아니면 독립은 지킬 수 없다. 독립이나 문명이나 구별할
> 수는 없는 것인데도 독립이라는 말을 쓰면 …… 이해를 쉽게 하는 이점

---

56) 福澤諭吉, 《文明論之槪略》, 51쪽.

이 있다.57)

국가의 독립을 위하여 문명의 정신이 필요하기도 한 것이었으므로, 문명의 진보와 국가의 독립은 상호 규정적인 수단이며 목적이기도 하였다.

문명진보의 편리를 정치의 전제로 삼은 후쿠자와에게 정체는 어떠한 형태이건 그 목적에 이르는 실을 취해야 하는 것이었다.

> 나라의 문명에 편리한 것이라고 한다면 정부의 체제는 입군立君이건 공화共和이건 그 명名을 불문하고 실實을 취해야 한다. 개벽의 때로부터 오늘에 이르기까지 세계에서 시도했던 체제로는 입군독재立君獨裁·입군정률立君定律·귀족합의貴族合議·민서합의民庶合議 등이 있었지만, 오직 그 체재만을 보고 무엇이 편하고, 무엇이 불편하다 할 수는 없다.58)

이는 한편 '시와 처'에 맞춰 판단해야 한다는 주장의 다른 표현이기도 하다. 여기에서 간과할 수 없는 것은 실을 얻기 위해서는 공화도 하나의 선택일 수 있다는 논의 폭의 확대이다.

후쿠자와에게 바람직한 정체는 다원화되고 균형을 갖춘 것이어야 했다. 바로 일본에서는 무가막부武家幕府의 존재가 오히려 다행이었다는 논리를 특이하게 전개하고 있다. 곧 "지존至尊(天皇)이 꼭 지강至强(將軍)이 되지 않은 것은 …… 일본의 요행으로서 …… (중국인에 견주어) 사상적으로 풍부할 수 있었다고 설명하고 있다.59) 또한 민과 관

---

57) 위의 책, 259쪽; 262쪽.
58) 위의 책, 56쪽.
59) 위의 책, 35쪽.

의 관계에서도 그 자신은 관에 대하여 대항적이었지만, 기본적으로 관과 민은 쌍방의 힘이 균형을 이룰 때 문명의 진보를 볼 수 있다고 주장하였다.

> 나라의 독립을 유지하기 위해서는 안으로는 정부의 힘이 있고 밖으로는 인민의 힘이 있어, 내외 상응하여 그 힘이 균형을 갖추지 않으면 안 된다. 정부는 마치 생력生力(몸 안에서 나오는 힘)과 같고 인민은 외물의 자충刺衝(밖으로부터의 자극)과 같으니, 지금 갑자기 이 자충을 없애 오직 정부의 하는 바에 맡겨 버린다면, 나라의 독립은 하루도 지킬 수 없다.[60]

사회적 기능의 분화와 경쟁·균형·조화 속에서 참된 문명개화를 이룰 수 있다는 것은 메이로쿠샤의 다른 멤버들의 원론적 주장을 넘어서는 것이었을 뿐 아니라, 일본에서의 적용까지도 고려한 이념이었다. 그러나 아무리 인민의 힘을 믿고 키워야 한다는 메이로쿠사원들이었지만, 그들이 처한 시대와 상황에서 보는 일본의 인민은 아직도 미몽에서 벗어나지 못하는 우매한 대중이었다. 자기들의 이상은 높았지만, 현실에 적용하려 할 때 소극적으로 대처하려는 경향이 그들에게서 나온 것은 당연한 것이었다고 하겠으며, 그 대표적인 예가 곧 대의기관의 설립을 둘러싼 논의였다.

4. 대의기관代議機關의 수용

1873년 가을 정한논쟁征韓論爭에서 패하여 사임한 인사 가운데 이

---

60) 福澤諭吉, 《學問のすすめ》, 岩波文庫, 1942, 39쪽.

타가키 다이스케板垣退助를 주축으로 한 8명의 전직고관들은 1874년 1월 민선의원설립건백서民選議院設立建白書를 좌원左院에 제출하였다.[61] 그들은, 지금 정치권력이 황실에도 인민에도 있지 않고 오직 '유사有司'(정부의 고위층)에게 돌아가 있다고 비난하면서, 정치가 지금 같아서는 나라가 위기에 빠질 것 같아 '애국의 정情'을 참을 수 없어 나라를 구하는 길로서 '천하의 공의公議를 펴는 방법', 즉 민선의원의 설립을 제안한다는 것이다. 민선의원을 설립하면, 유사의 권력을 제한할 수 있어, 상하는 안전하고 나라는 잘 다스려질 수 있다고 기대하였다. 더욱이 세금을 내는 이상, 인민은 정부의 이를 알고, 가부를 논의할 권리를 갖는 것이 당연한데, 무지몽매하기 때문에 인민의 정치참여를 허락할 수 없다고 하는 것은 앞뒤가 맞지 않는다고 그들은 주장한다. 오히려 인민이 배우고 알아 '개명지역開明之域'에 이르도록 하는 데는 민선의원설립이 최선의 길이라고 강조한다. 그것은 바로 민선의원을 세워 인민들로 하여금 천하사天下事에 관여케 하면, 모두들 권리를 스스로 지키고 자존자중自尊自重하여, '천하와 우락憂樂을 같이하는 기상'이 생겨 고루하게 불학무지에 안주하지 않을 수 있게 되기 때문이다. 서양 국가들처럼 정부와 인민 사이에 '정실융통情實融通'하여 하나로 되면 나라도 정부도 강해질 것이라고 결론짓고 있다. 서양에서 증기기계나 전신선을 도입한 터에 민선의회를 설립 못할 이유가 없다고까지 예시하고 있다.[62]

　이러한 민선의원설립안을 무시하거나 반대한 사람으로는 메이로쿠

---

61) 이것은 형식상 左院에 건의하는 것이었으나, 실제로는 1월 18일자 《日新眞事誌》에 게재함으로써 큰 반응을 유발하였다. 《新聞集成明治編年史 第二卷》 財政經濟學會, 1935, 117~118쪽; 131~133쪽.

62) 〈民選議院設立建白書〉, 《憲法構想―日本近代思想大系 9》, 岩波書店, 1989, 67~69쪽.

샤 안에서 모리 아리노리·사카타니 시로시阪谷素·간다 다카히라를 들 수 있다. 우선 모리 아리노리는 제안자와 '건백'의 내용에서 문제가 있다고 비난했다. 즉 제안자들은 '유사전제有司專制'로 나라가 위기에 빠져 이 건백서를 내지 않을 수 없다고 하나, 실제로 이들의 반 이상은 두 달 전까지 참의參議로서 정부의 요직에 있었던 자들인 바, 정말 지금이 위기라고 한다면 그 책임은 누구에게 있는가 하는 것이다. 또 하나는 '건백'에서 민선의원설립안을 충분히 평의評議해야 할 것이라고 했는데, 이는 정부가 인민을 위하여 의원을 세워 달라는 뜻이 아닌가 하는 점이다. 그렇다면 '인민의 의원'이 아니라 '정부의 의원'이 될 것이고, '민선'이라는 것도 정부에서 뽑아주는 것이 된다. 의원의 선발·해임이 정부의 뜻대로라면 의원들이 마음대로 정부비판도 할 수 없을 것이니 원래의 의도와는 다른 것이라고 공박하였다.63) 냉소적인 중앙관의 안목을 대변하는 것과 같았다.

사카타니 시로시는 창립사원은 아니었으나 메이로쿠샤의 활동에는 누구보다 열성적이었던 사람이었다. 그의 민선의원설립에 대한 태도는 극히 신중하고 보수적이었다. 그는 황통皇統의 보호, 황국皇國의 개명·부강이라는 방향을 전제로 하고 나서 이를 추진하기 위한 상하동치의 정체를 먼저 결정해야 하고, 민선의원은 그 다음에 고려해야 한다는 것이다. 정체의 목적 없는 민선의원 주장은 과녁이 없이 총알을 쏘는 것에 불과하다고 하였다.64) 그는 실질적인 효과를 얻는 방법으로 관선의원론을 내었다. 즉 배움에는 정칙正則과 변칙變則이 있는데 일본의 양학은 변칙으로 시작되었으므로, 민선의원도 변칙인 관선의원에서 시작하는 것이 바람직하다는 견해이다. 관선의원은 도쿄에서

---

63) 森有禮, 〈民選議院設立建言書之評〉, 《明六雜誌》3, 63쪽.
64) 阪谷素, 〈民選議院疑問〉, 《明六雜誌》13, 121쪽.

지방에 이르기까지 지식인·관리·학자 중에서 임명해도 좋을 것인 즉 점차로 관선의원을 겸하는 자를 줄여나가면 결국 민선의원의 실효를 거두는 것이고, 바로 변칙이 정칙이 되는 것이다. 이렇게 12~13년이 지나면 일본의 풍토에도 맞고 민선의원의 본뜻에도 맞는 의원이 세워질 수 있다고 그는 예상하였다.65) 위로부터 천천히 고쳐 가려는 정부의 방침이 사카타니에게 그대로 보인다.

효고현령兵庫縣令으로 있으면서 지방민회규칙도 만들었던 간다 다카히라는 재정의 면에서 먼저 민선의원의 설립에 찬동하였다. 인민은 부과된 세금만 내면 끝이라고 생각해서 국가안위에 관심을 갖지도 않는데, 이를 고치기 위해서는 먼저 민선의원제를 정하고, 다음으로 회계검사국을 두어야 한다고 제안했다. 인민들이 세금을 내는 한 민선의원에 재정상의 역할을 맡겨, 국사에 인민들이 참여토록 하는 것은 당연하고 또 국가발전을 위해서도 필요하다는 것이었다.66) 그러나 그도 막상 민선의원의 설립안이 구체화되어 가자, 현실적인 면에서 아직 때가 이르다고 판단하여 오히려 반대의 입장으로 돌아섰다. 그는 인민들의 능력이 아직 국가적 규모의 민선의원을 세우기에는 부족하다고 평가하였다. 또한 특이하게도, 성현이 존재하고 있는 동안이나 외환의 위험이 있을 때에는 민선의원을 세울 필요가 없고 세워서도 안 된다는 극단적인 주장을 하기도 하였다.67)

그러나 이러한 반대 견해보다도, 대부분의 메이로쿠사원들은 정치

---

65) 阪谷素, 〈民選議院變則論〉, 《明六雜誌》28, 189~190쪽.
66) 神田孝平, 〈財政變革の說〉, 《明六雜誌》17, 137쪽. 같은 의견을 거의 동시에 (1874년 9월) 《日新眞事誌》118號에도 싣고 있다. 奧田晴樹, 〈神田孝平の土地所有·租稅論〉, 明治維新史學會 編, 《明治維新の人物と思想》, 吉川弘文館, 1995, 168쪽.
67) 神田孝平, 〈民選議院の時未だ到らざるの論〉, 《明六雜誌》19, 148~149쪽.

적 문명개화의 핵심인 민선의원의 설립 자체에는 찬성하였다. 그러나 그 방법과 시행시기에 관해서는 서로 다른 견해를 보였다. '시와 처'에 대한 인식의 차이가 설립의 현실성을 놓고 각기 입장을 달리 했던 것이다.

가토 히로유키는 이 건백이 '시기상조'라며 즉시 《닛신신지시日新眞事誌》에서 반박하였다. 곧 '개화미전開化未全'의 일본에서는 학교를 세우고 인재를 키우는 것이 민선의원보다 급하다. 왜냐하면 제도를 정하려면 먼저 그 시세민정 등에 합당하고 적절한 것을 택해야 하는데, 개화가 덜 된 나라에서 개화국에서나 적절한 제도를 시행하려 하면 이익은 없이 오히려 환해만 가져올지도 모르기 때문이다. 국가의 기초를 굳히는 데 공의를 넓히는 것보다 좋은 것은 없으나, 유럽의 문명국에서조차 아직도 어려움이 있는 바 '개화미전'의 일본에서 시기상조인 것은 더 말할 필요도 없다고 확인하고 있다.68) 지금 당장 인민으로 하여금 국정을 공의共議케 한다면 우중愚衆의 대표를 뽑아 국정을 더욱 어지럽게 할 것이라 하며 민선의원의 당장 설립을 반대하였다. 더 나아가, 정치가는 비스마르크가 했던 것처럼 무식한 의회의 다수의원들의 의견에 귀를 기울이지 말고 결연하게 통치해 나가야 한다는 내용의 글을 번역하여 《메이로쿠잡지》에 신기도 하였다.69) 프러시아식의 절대권력에 의한 위로부터의 문명개화가 '개화미전'의 일본에는 타당하다는 뜻의 표현이었다. 그에게는 이상과 현실과의 괴리는 너무 컸고, 이는 우민관愚民觀에 바탕한 그의 인식의 한계이기도 하였다.

---

68) 加藤弘之, 《新聞集成明治編年史 第二卷》, 119쪽.
69) 加藤弘之, 〈ブルンチュリ氏國法汎論摘譯,民選議院不可立の論〉, 《明治文化全集18》, 69~70쪽.

니시 아마네는 민서의원설립건백에 대하여 반박과 동시에 새로운 제안을 내어놓았다. 먼저 그는 서양의 기술을 받아들이는 데 정치제도도 마땅히 받아들여야 한다는 주장과, 세금을 내는 인민이 국정에 참여해야 한다는 '건백'의 주장을 반박하였다. 과학기술의 법칙과 인문제도의 법칙은 결코 같은 차원의 문제가 아니라는 데에서 그의 비판은 나오고 있다. 즉 과학기술의 법칙은 세계 어느 곳에서나 통하는 것이나, 인문제도의 법칙은 동일하게 적용될 수 없는 것이 분명한 것은 영국의 정체와 미국의 정체가 전혀 다를 것만 보아도 알 수 있다는 것이다. 따라서 일본에서는 나름대로의 제도를 강구해야 한다는 것이 그의 반박의 논지이다. 또한 담세자의 국정참여권에 대하여도, 세금을 낸다는 것은 국가에 보호를 요구할 권리를 갖고 있다는 것을 뜻할 뿐이며, 정치에 참여하여 가부를 논하는 권리는 국가의 정체와 관련된 문제라 하여 납세와 참정권을 분리하여 설명하였다.[70] 한편 그는 진정한 민선의원에 이르는 길은 '망라의원網羅議院'을 설립하는 것이라고 새로운 제안으로서 내세웠다. 이는 '영참의원令參議院·관선의원官選議院·부현의회府縣議會·대소구의회大小區議會'를 망라한다는 뜻으로, 민선·관선을 병행해 가면서 앞으로의 민선의원 설립에 대비해 갈 수 있고, 정부에 대해서는 자문의회적 기구의 기능을 할 수 있다고 그 이점을 내세웠다.[71]

니시무라 시게키는 민선의원의 설립은 그 늦음을 걱정해야 할 일이라고 분명한 태도를 밝혔다. 앞서 언급했듯이, 그는 정체를 셋으로

---

70) 西周, 〈駁舊相公議一題〉, 《明六雜誌》3, 66~67쪽.
71) 西周, 〈網羅議院の說〉, 《明六雜誌》29, 193~194쪽. 이러한 西의 논설에 대하여 森有禮는, "뜻은 官選議院을 설립하여, 民選으로 나아가려는데 있으나, 官選과 網羅와의 구별이 분명히 보이지 않는 듯하다"고 논설의 끝에 평하였다.

244

나누어 평민공화를 가장 높이 인정하였던 사람이기도 하였다. 서양의 기술이 들어오는 형세에서 그 근본이 되는 정치제도를 배우는 데 게을리 해서는 안 된다고 적극적으로 호응하기도 하였다. 그렇기 때문에 민선의원 설립의 주지에는 논란이 있을 수 없으나, 문제는 민선의원의 '시설의 방법 여하'에 있다고 보았다. 양법선정良法善政이라고 해도 그 '시설의 방법'이 옳지 못하면 오히려 나라를 어지럽히고 백성을 병들게 한 적이 종종 있었다고 본 니시무라는, 만약 '시설의 방법이 좋지 못하다면 심사숙고하여 선에 이르도록 한 뒤' 시행해야 된다고 신중함을 강조하였다.72)

기독교 신자로서 정신적인 개화를 중시하였던 나카무라 마사나오는 민선의원 설립의 주장을 반갑게 받아들여야 한다고 1875년 4월에 발표한 글에서 밝혔다. 그 이유는 첫째, 지금의 군주전제의 폐해를 없애기 위하여, 둘째, 혹자는 아직은 빠르다고 하고 또 폐해가 생길 것이라고 하지만, 완전히 이롭기만 하고 폐해가 없는 것은 있을 수가 없는 것이므로, 이익이 많고 폐해가 적다면 곧 따라야 한다. 셋째, 민선의원의 이익은 이미 그 조짐이 나타나기 시작했으므로 한 번 시험해 보면 이익은 점점 많아질 것이고 폐해는 점점 적어질 것이니 이를 행하는 것이 좋을 것 같다. 설립한 뒤에 폐해가 생기면 그 때 고치면 된다. 넷째는 유사들이 일을 결단하는 권한을 없애고, 인민이 정치에 참여하는 정신을 기르도록 하여야 하기 때문에도 받아들여야 한다고 하고 있다.73) 민선의원이 서면 '인민총체'가 자기의 나라로 알고 수호할 마음이 생길 것이며, 종래 관에만 의존하고 있던 노예근성은 점차 사라질 것이고 사방에서 인재가 나와 한편에서만 뽑는 폐해

72) 西村茂樹, 〈民選議院の義に付建白〉, 《明治文化全集 4. 憲政篇》, 413쪽.
73) 中村正直, 〈民選議院論網序〉, 《明治啓蒙思想集》, 289~290쪽.

를 없앨 수도 있을 것이라고 기대하였다. 그러나 앞서 그의 정체론에서 보았듯이, 그도 종래의 인민 그대로라면 정사의 형체를 조금 바꿀 뿐 인민의 성질을 개조할 수는 없을 것이므로 먼저 이를 위해 '예술과 교법'을 펴서 민선의원 설립에 대비해야 한다고 신중론을 피력하기도 하였다.[74]

메이로쿠샤 안에서 나카무라보다도 적극적으로 민선의원 설립에 찬동하고 나선 사람으로 쓰다 마미치를 들 수 있다. 오랜 동안 압정에 시달려온 인민들은 '인성자유의 기상'이 꺾여 있는 바, 국가의 원기인 이 기상이 꺾이거나 위축되면 국위를 떨칠 수 없게 된다고 그는 파악하였다. 국위를 진작시켜 왕성하게 하는 방법은 다름 아닌 백성이 국사에 간여하는 것인데, 민선의원의 설립이 바로 그것이라고 천명하였다. 이는 '만기萬機를 공론으로 정한다'는 5개조서문五個條誓文의 뜻을 펴는 것이기도 하다는 것이다. 그는 '건백' 이후 나온 세 가지 의원론, 곧 진신화족縉紳華族의 의원, 지방관의 의원, 그리고 민선의원의 효과에 대하여 평하고 있다. 우선 진신화족은 세사에 어둡고 지식이 편협하여 극히 제한된 의미밖에 없으며, 지방관은 천황을 대신하여 지방을 다스리므로 인민의 대의인代議人이 될 수 없다. 오직 민선의원만이 지금의 요구에 합당하다는 것이다. 그러나 쓰다도 당시의 조건을 고려하여, 민선의원을 구성하는 대의사代議士는 화사족華士族과 고액납세자들이 뽑은 대의사사선인代議士司選人들이 다시 뽑는 간접선거방식을 제시하였다. 아울러, 대의사의 직무와 권한은 국가의 대사를 감독하고 법을 만드는 것이지만, 법을 반포·시행하는 것은 천황의 고유권한으로서 우월적인 거부권을 인정하고 있다.[75] 유보적인 조

---

74) 中村正直, 〈人民の性質を改造する說〉,《明六雜誌》30, 201~202쪽.
75) 津田眞道, 〈政論の三〉,《明六雜誌》12, 114~115쪽.

246

건을 붙이긴 하였어도 쓰다의 견해는 당시 막연하게 진행되던 논의를 더욱 구체화시키고 한 걸음 발전시킨 것은 사실이다.

후쿠자와 유키치는 이 때 쓰다 이상으로 민선의원 설립에 호응하는 입장이었다. 그의 사상경향이 전체적으로는 자유민권운동의 실제 행동에는 비판적이었다고 보이지만 본고에서 취급하는 이 특정한 시기—메이로쿠샤 활동기—에는 다른 사원들의 시기상조론·신중론을 비판할 정도로 적극적이었다. "일본에서 민권론은 사실상 최상의 형태라고 할 수 있다.", "오늘의 시세는 자유가 진조進潮하고 전제가 퇴조退潮한다고 말하지 않을 수 없다"라는 과감하고 분명한 발언을 1875년 중반기에 하고 있다.76)

그는 특히, 당시 일본에서 인민의 정치참여는 시기상조라고 하는 주장에 대하여 몇 가지로 나누어 그 부당함을 지적하고 있다. 시기상조론자들이 흔히 드는 무식한 하층민의 존재에 대하여 후쿠자와는 영국의 하층민도 무지하기는 마찬가지라고 지적하면서, 국민 모두가 '학식과 기력'을 갖추길 기다린다면 영국의 의회도 아직 이른 것이 아닌가라고 반박하였다. 또한 그는 무식한 백성들의 '불측지화不測之禍'의 위험에 대한 시기상조론자들의 주장을 공격하기 위하여 메이지 정부의 개혁성을 상대적으로 평가하고 있다. 즉 본질적으로 전제정부와 자유인민이 서로 다툰다면 '불측지화'가 일어날 가능성이 있지만, 일본에서는 이미 메이지 유신 이후 이 화를 겪었고, 메이지 정부 또한 도쿠가와 전제정부를 타도하고 일어나 정부도 인민과 함께 자유의 방향에 서 있다는 것이다. 결국 지금 해야 할 급무는 이러한 혼돈상태에서 책임을 정하여 약속을 하는 일이라고 강조한다. 비록 혼란스럽

---

76) 福澤諭吉, 《朝野新聞》(1875. 5. 8.); 大久保, 《明六社考》, 73~77쪽.

다 해도 일단 약속을 맺어 지켜가는 동안, 정부와 인민 사이에 의논을 하고 서로 권리를 제한하기에 이를 것이므로, '의론의 장소와 의론의 씨앗'은 곧 갖추어야 한다는 것이다. "국권을 평균하여 정부와 인민이 서로 이를 나누려면" 명목과 체제를 가리지 말고 민선의원을 포함한 여러 회의체를 열어 여기에서 견제하는 법을 만들어야 한다고 그는 강조한다. 물론 권력을 나누는 법을 만들었다 해도, "그 공능이 당장 나타나지는 않겠지만, 오직 일본국에서 …… 큰일을 논의하는 관습을 키우는 법이라고 믿는다면 그렇게 힘들다고 할 수는 없다"고 후쿠자와는 결론짓고 있다.77) 그는 민선의원에 관하여 전론專論을 쓰지는 않았으나, 당시 그가 주장하는 틀 속에서 그 설립의 당위성은 유보 없이 나타나 있음을 알 수 있다. 후쿠자와는 당시 메이지 정부를 폐쇄적이라거나 독단적이라고 비판하는 풍조를 넘어, 메이지 정부의 방향설정이 미흡하다는 판단 아래 적극적으로 재야의 입장에서 목표를 제시하려 하였다.

맺음말

본고에서 대상으로 삼았던 시기, 1874~1875년 동안은 메이지 초기 이른바 문명개화의 분위기가 고조되어 있던 때였다. 당시 개명파 지식인들의 핵심이라 할 메이로쿠샤의 사람들은 문명개화의 필요성과 이론적 근거를 제시하기에 적합한 존재였다. 그러나 불평등조약으로 말미암아 일본의 자주독립이 확보되지 않았던 때 그들의 서양문화에

---

77) 福澤諭吉, 〈國權可分之說〉, 《民間雜誌12, 明治文化全集18》, 315~318쪽.

대한 인식은 복합적일 수밖에 없었다.

도쿠가와 말기 심각한 외압상황 아래에서 개항을 강요당할 때 대부분의 행동적 지식인들은 양이운동에 치중하였다. 물론 동도서예론東道西藝論이나 화혼양재론적和魂洋才論的 입장에서 서양문명을 부분적으로 수용하려고 하기는 하였다. 그러나 메이지 초기의 개명파 지식인들에게는, 비록 서양의 강국들에 대한 경계를 버리지는 않았다 해도, 서양은 문명의 발전단계에서 앞섰으므로 따라가지 않을 수는 없는 모델로 인식되었다. 앞선 문명의 나라이기 때문에 국력이 강한 것이라고, 문명과 국력의 관계를 연결 지었다. 서양문화를 목표로 하여, 수준이 뒤진 나라가 국력이 약한 것은 당연하다고 파악한 것이다.

이러한 관점에서 일본의 위치를 볼 때, 그들은 일본을 '서양처럼' 개화된 상태로 볼 수는 없으나 미개·야만의 상태가 아닌, 문명개화의 과정에 있는 것으로 파악하였다. 중국이나 조선도 여기에 해당시켰다. 단 국민들의 지력에 따라 '서양적' 개화의 단계에 들어갈 수 있을 것임은 물론, 부강한 나라를 만들 수도 있다는 것이 그들의 주장이었다.

한편, 나라의 힘과 관련하여 독립의 단계를 나눌 때 모리 아리노리는 일본과 중국·조선을 구별하였다. 즉 일본은 자유독립, 중국은 약속독립, 조선은 공납貢納독립으로 구분하였는데, 여기에는 다분히 국내외적인 정치 조건이 기준이 된 것으로 보인다. 중국은 전쟁에 대하여 불평등조약을 맺었기 때문이고, 조선은 당시 중국에 조공을 바치는 나라로 일본에서 인식하고 있었기 때문이었을 것이다. 문제는 자유독립의 나라인 일본이 불평등조약 체제 아래 있어야 하는 것이었다. 그것은 바로 일본이 서양에 견주어 문화적으로 '반개'상태이면서 정치적으로는 '자유독립'의 수준에 있다고 하는 모순의 결과였다. 그러므로 일본의 문화수준을 서양의 그것에 맞추는 것이 가장 긴요한 과제로 인식되었다. 불평등조약의 개정도 서양기준에 맞게 '조리'의 체제를 갖추어야 가능하다고 본 것은 바로 그러한 논리에서였다.

국가의 힘은 약하나 국민의 문화수준을 높여야 한다고 할 때, 외국인들의 일본 여행을 어떻게 받아들여야 할 것인가도 문제였다. 허용할 경우, 서양 사람들의 영향을 직접 받을 수 있어 개화에 도움이 된다는 쓰다 마미치나 니시 아마네의 주장이 있는 것과 달리, 나라의 힘이 약한 상태에서는 오히려 서양의 힘에 압도될 수도 있기 때문에 허용해서는 안 된다는 후쿠자와 유키치의 반론도 있었다. 서양에 대한 경쟁의식이 경계심으로 바뀌는 단계이기도 하였다. 일본에게 서양은 모델이면서 라이벌이기도 한 것이었다.

이른바 1874년의 '타이완원정臺灣遠征' 뒤, 후쿠자와 유키치는 일본이 거둔 성과를 높이 평가하긴 하지만, 그러나 오히려 이 과정에서 정말 이득을 본 것이 누구인가에 주의해야 한다고 지적했다. 즉 아시아에서 갈등이 발생할 경우, 그 이득은 기술력과 경제력이 앞선 서양의 강국들에게 돌아가고 만다는 것을 강조한 것이다. 또 한 번 서양에 대한 경계심을 일으키고 있는 예이기도 하다. 오직 관심은 대외적인 일본의 국력신장의 가능성에만 보이고 있는 점이 주목된다. 문명과 그것에 바탕을 둔 국력자체를 바람직스러운 것으로 파악하고 있던 메이로쿠샤 지식인들에게는, 모든 국제관계란 서양을 기준으로 한 문명의 선·후진성을 반영하는 것으로 보았다.

서양 강국들의 외압과 이 결과로서 맺어진 불평등조약체제 아래서 일본의 자주독립을 목적으로 삼았던 메이지 초기의 지식인들에게 "나라의 독립은 목적이고, 지금 우리의 (추진하는) 문명은 이 목적을 이루기 위한 術術(수단)"이었다.78) 이들이 문명개화를 주장할 때는 서양이 곧 모델이었기 때문에 탈아입구脫亞入歐는 불가피한 과정의 논리로

250

서 제시되었다. 그러나 문명의 힘이 곧 나라의 힘으로 전환되고 그 힘의 확산을 당연한 것으로 받아들일 때, 그들은 서양의 압력을 벗어나기 위하여 우선 나라의 자주독립과 부국강병을 더욱 내세워야만 했다. 모델로서 서양을 본받으면서 라이벌로서 서양을 경계하고 극복해야 한다는 태도는, 서양에 맞서 일본의 아시아 침략을 당연시하는 논리로 나타남과 동시에 아시아의 나라들과 연대하여 서양에 대항한다는 논리로도 이어질 수 있는 싹이었다고 하겠다.

■ 참고문헌

고야스 노부쿠니 지음, 김석근 옮김, 《후쿠자와 유키치의 〈문명론의 개략〉을 정밀하게 읽는다》, 역사비평사, 2007.
金容德, 《日本近代史를 보는 눈》, 지식산업사, 1991.
박충석, 와타나베 히로시 함께 엮음, 《문명, 개화, 평화: 한국과 일본》, 아연출판부, 2008.
유모토 고이치 지음, 연구공간 수유+너머 옮김, 《일본근대의 풍경》, 그린비, 2004.
장인성, 《메이지유신: 현대일본의 출발점》, 살림출판사, 2007.

Braisted, W.R.tr, *Meiroku Zasshi*, University of Tokyo Press, 1976.
Craig, A.M. *Civilization and Enlightenment*, Harvard University Press, 2009.
Hall, I.P. *Mori Arinori*, Harvard University Press, 1973.
Swale, A. *The Political Thought of Mori Arinori*, Japan Library, 2000.

---

78) 福澤諭吉, 《文明論之槪略》, 261쪽.

러일전쟁 이후 수양론修養論의 발전
―니토베 이나조新渡戸稲造의 경우―

원 지 연

1. 러일전쟁 뒤의 일본사회와 수양론

　메이지 정부는 서양의 위협에 대응하여 독립을 유지하기 위해 필요하다는 주장 이래 중앙집권적 부국강병책을 강행하였으나, 보통의 일본인들에게 새로운 정부의 정책은 서양의 위협만으로 쉽게 받아들일 수 있는 것이 아니었다. 도쿠가와 막부에서 메이지유신 정부로 정치권력이 교체되면서, 메이지유신의 주역인 청년들은 수상과 대신의 자리에 올랐다. 수상이나 대신과 같은 고위직이 아니라도 현장에서 근대적 지식을 갖춘 행정인력이 부족하였기에, 약간의 서양식 교육을 받은 것만으로도 관직에 오를 수 있었다. 이러한 모습을 보면서 근대 일본의 청년들은 성공 신화에 매료되어 갔다. 메이지 정부는, '입신출세立身出世'라는 슬로건으로 개인이 자신의 능력에 따라 사회적인 성공을 이룰 수 있다고 주장하였다. 메이지 초기의 일본 국민들에게, 신분제 사회인 에도江戸시대와 근본적으로 다른 시대가 도래하였다는

것은, 새로운 메이지 정부를 받아들이는 효과적인 이데올로기가 되었다.1)

청일전쟁(1894~1895)과 러일전쟁(1904~1905)에서 승리를 거두고 제국주의국가에 편입된 일본사회는 메이지유신 이래의 국가적 목표를 달성하였다. 그러나 일단 국가적 목표를 달성한 다음 단계의 방향을 둘러싸고 다양한 논의가 폭발하였다.

오랜 기간 부국강병책에 지친 이들에게 비전론非戰論과 함께 사회주의 사상이 급속하게 확산되기 시작하였다. 이에 대항하여, 메이지 정부와 국가주의자들은 1890년에 발표된 교육칙어敎育勅語에 바탕을 두고, 일본국체日本國體의 정화精華인 충효忠孝의 대의를 올바로 세운다는 수신修身교과서 개정운동을 비롯한 국민교화운동國民敎化運動을 사회의 다양한 영역에서 전개하였다. 수양론에 대한 기존의 연구는 주로 청년단체인 수양단修養團의 결성과 메이지 정부의 청년교화정책을 분석대상으로 삼아왔기에, 수양운동이 천황제 국가의 국민교화정책의 일환이며, 천황제 이데올로기를 침투시키기 위한 장치였다는 결론을 내려왔다.2)

그러나 비록 이처럼 단순히 '위로부터의 국민교화운동'으로 치부해 버리기에는 수양주의가 일본사회에 미친 영향이 넓고 크다. 학문적 개념으로 정립되지는 않았으나 '스스로 마음을 닦아 인격을 완성'하는 것을 목표로 삼는 '수양'이라는 개념은 '근대 일본인의 자기형성'을 설명하는 독특한 방법론이자 근대일본의 문화와 사회의식을 분석하는

---

1) 근대 일본의 입신출세와 성공 이데올로기에 대해서는 E.H.Kinmonth, 《立身出世の社会史》, 玉川大学出版部, 1995에 상세히 실려 있다.
2) 松村憲一, 〈近代日本の教化政策と「修養」概念—蓮沼門三の「修養団」活動—〉, 《社会科学討究》19-1, 1973.

열쇠로서 주목받았다.3) 수양주의의 저작을 분석한 사상사 분야에서는 비록 권력에 대한 비판적 의식이 취약함으로써 결과적으로 충성스러운 신민 양성책이 되었으나, 수양론의 출발은 '자율적인 개인으로서의 자기형성'사상이었음을 강조하고 있다.4)

수양을 '수신양심修身養心'이라는 유교적 개념으로 설명5)하기도 하지만, 본래 수양이란 어휘는 1871년에 출간된 나카무라 마사나오中村正直의 《서국입지편西國立志編》와 《자유지리自由之里》에서 'cultivate'와 'cultivation'의 번역어로 처음 사용하였고, 1899년 니시무라 시게키西村茂樹는 《덕학강의德學講義》에서 'Self-culture'의 번역으로 사용하였다. 최초의 수양서로 일컬어지는 《수양록修養錄》에서 마쓰무라 스케이시松村介石6)가 이미 '수양은 용이한 업이 아니다. 이를 용이한 일인 듯 떠드는 자는 수양이 무엇인지를 모르는 자이다'라고 언급한 것을 보면, 이미 1880년대에 '수양'은 일본 사회에서 널리 사용되고 있었다고 짐작할 수 있다. 이러한 유행에도 불구하고 명확한 정의가 형성되지 않은 채로 서양의 자연주의, 인도주의 사상을 비롯하여 점차 니노미야 손토쿠二宮尊德의 보덕사상報德思想, 이시다 바이안石田梅岩의 심학心學과 같은 일본 전통사상과도 결합하는 등, 수양주의에는 다양한 흐름이 존재하였다. 또한 실천의 현장에서는 '몸과 마음의 건전한 발달을 꾀하는 행위'인 수양을 위해 냉수욕, 운동, 참선, 명상, 독서와 같은 잡다한 방법들이 중구난방으로 동원되었다. 메이지 정부나 사상가들

---

3) 일본문화 연구의 선구라 할 만한 루스 베네딕트의 《국화와 칼》에도 '수양'이 등장한다. 루스 베네딕트 지음, 김윤식 옮김, 《국화와 칼》, 을유문화사, 2008.
4) 宮川透, 〈日本思想史における「修養」思想─清沢満之の「精神主義」を中心に〉, 《近代日本社会思想史》, 有斐閣, 1971.
5) 新渡戸稲造, 《修養》, 實業之日本社, 1911, 7쪽.
6) 松村介石, 《修養錄》, 警醒社, 1889.

의 의도와 관계없이 러일전쟁 이후로도 수많은 책과 기사가 나왔으며, 청년들은 다양한 방법으로 스스로를 수양하고자 노력하였다.

그렇다면 왜 이처럼 목적과 방법조차 불분명한 수양론을 당시의 청년들은 그토록 열광적으로 받아들였을까? 여기에서는 우선 수양론의 대상이며 소비자였던 청년들이 러일전쟁 이후의 일본사회에서 처한 사회적 위치에 주목하면서, 가장 많이 팔린 수양서 《수양修養》의 필자이며 교육자인 니토베 이나조新渡戸稲造의 수양론을 분석하여, '천황제 국가권력의 통합'과 '개인으로서의 자기형성'이 교차 결합하는 장으로서 러일전쟁 이후의 일본사회와 청년문제에 대해 정리하고자 한다.

2. 성공의 모델—니토베 이나조

니토베 이나조는 메이지 사회에서 '입신출세 성공담'의 전형적인 모델이었다.[7] 그는 도호쿠東北 지역의 무사 가문 출신이었다. 증조부는 유학자이자 병학兵學의 대가였고 조부는 황무지를 개간한 지역의 중심인물이었으나, 에도 막부江戸幕府 말기의 내란에서 막부 측에서 메이지유신 세력에 저항하였기에, 메이지 유신 이후에는 사회적 성공의 길이 막히게 되었다.

숙부의 양자가 되어 도쿄로 떠났으나, 그가 주위에서 받은 충고는, 도호쿠 출신인 그로서는 사쓰마薩摩와 조슈長州 출신들이 중심인 메이지 정부에서는 인맥의 도움을 받을 수 없으니, 관리로서 입신출세는 포기하고 전문기술을 익히라는 것이었다. 고민 끝에 니토베는 외국어

---

7) 이하 니토베의 생애에 대해서는 赤石清悦의 연구를 주로 참조하였다. 《新渡戸稲造の世界》, 溪声出版, 1995.

를 선택하였다. 아직 근대교육을 받은 이가 드문 1870년대였기에 사설학교에서 외국어교육만 받아도 관료나 신문사 주필이 되는 일이 어렵지 않았기 때문이다. 그리하여 그는 도쿄영어학교에 진학하게 되었다.

그러나 그때 니토베의 인생계획을 바꾸는 사건이 벌어졌다. 국민통합을 위해 전국을 순회하던 메이지 천황이 니토베의 본가를 직접 방문하여, 조부의 업적인 황무지 개간사업을 격려하였던 것이다. 감격한 니토베는 자신의 출신에 대한 소외감에서 벗어나, 자신을 '일본이라는 국가의 국민'으로 인식하고 사회적 역할에 대한 꿈을 꾸었다. 그 결과 홋카이도 지역의 개발을 위해 메이지 정부가 설립한 삿포로 농학교札幌農学校에 입학하겠다고 결심하였다.

삿포로농학교는, 홋카이도 지역의 개발을 위해 설립되어, 미국인 윌리엄 클라크를 비롯한 3인의 외국인 교사가 강의를 맡았다. 4년 과정을 마치면 의무적으로 5년을 정부기관인 개척사開拓司에서 근무하는 조건으로 메이지 신정부의 실무인력을 양성하는 기관이었다. 농학과 지역개발을 목적으로 하였으나 영어의 비중이 높았고, 인문학 과목도 많았다. 니토베는 이곳에서 실용적 농학교육보다 영어와 철학에 흥미를 가졌으며, 도쿄영어학교 시절의 친구인 우치무라 간조內村鑑三와 함께 기독교신앙을 받아들였다.

강의는 외국인 교사가 영어로 진행하였다. 서구의 학문과 기술을 빠르게 수입하는 것이 지상과제인 상황에서, 일본의 문화와 역사에 관련된 교육은 최소화했다. 유럽의 고전과 역사를 기초로 인문교육을 받았으나, 외국인 교사들은 자신의 전공을 넘어서 여러 과목을 담당하고 있었다. 그렇기 때문에 영어능력을 키울 수는 있었으나 그것이 직접 학문적 훈련으로 연결된 것은 아니었다. 삿포로농학교를 졸업한

256

니토베는 개척사와 농상무성農商務省의 근무를 거쳐 도쿄대학 예과에 진학하였으나, 그만둔 뒤 1884년 미국으로 유학을 떠났다. 도쿄대학의 수업에 만족하지 못하였기 때문이다. 그러나 유학생활은 좌절의 연속이었다. 자신의 흥미를 쫓아 농학을 포기하고 존스홉킨스 대학에서 3년 동안 경제학과 정치학, 역사학을 연구하였지만 처음부터 다시 시작해야 하는 학문을 따라갈 수 없었다고 회고하였다.8) 학비를 마련하는 것도 어려웠다. 결국 박사학위를 취득하지는 못하였고, 그 좌절의 시기에 그는 퀘이커 신앙을 받아들였다.

그러던 중, 니토베의 상황이 역전되는 일이 벌어졌다. 모교인 삿포로농학교의 교수로 일하게 된 것이다. 국비유학생으로 신분이 바뀌면서, 벽에 부딪힌 연구와 경제적 상황의 모든 문제가 해결되었다. 니토베는 삿포로농학교에서 담당할 농정학農政學을 집중적으로 연구하기 위해 독일로 다시 유학을 떠났다. 그리고 본 대학, 베를린 대학, 할레 대학 등에서 경제학과 농정학을 연구하여 논문 〈일본의 토지소유—분배와 농업경제적 이용에 대하여〉로 박사학위를 받았다.

객관적으로 보아 미국과 유럽의 학계에서 니토베의 학문적 성취는 그리 높지 않았다. 유학시절에는 끊임없이 자신의 학문적 능력에 좌절하였고, 귀국한 다음에도 일본의 학계에서 인정받지는 못하였다. 여러 차례 걸쳐 도쿄대학에 부임하고자 했으나 교수진들의 반발에 부딪혔다. 그 자신도 그런 상황을 자각하고 있었다. 그러나 한편으로 1890년대의 일본에서 도호쿠 지역 출신자가 미국과 독일유학을 거쳐 박사학위를 받아 모교의 교수로 귀국했다는 니토베의 스토리는, 스스

---

8) 존스홉킨스 대학시절의 연구는 그가 저술가로 명성을 얻은 후에 《日米關係史》라는 제목으로 출간되었다. 일본의 개국에 대해 미국의 페리 제독 내항 이래 일본에서 활약한 미국인과 미국의 영향을 통해 분석한 것이었다.

로 노력만으로 성공의 사다리를 올라갈 수 있는 평등한 사회가 도래했다는 증거였다. 니토베 본인도 좌절을 딛고 일어선 성공모델로서 자신의 역할을 자각하고 있었다. 1891년 일본으로 돌아온 니토베는 삿포로농학교에서 농업과 식민문제, 그리고 외국어 강의를 담당하는 것 외에도, 미국 기독교계에서 모금해온 자금을 기반으로 삿포로 근처 지역에 농촌청년을 위한 야학을 설립하였다. 또 중학교의 교장을 겸임하는 등 자신의 경험을 바탕으로 지역의 청소년 교육에 적극적으로 활동하였다. 무리한 활동으로 건강을 해친 니토베는 1898년 요양을 위해 미국으로 떠났다.

1900년 미국 체류중에 니토베는 영어로 《무사도武士道(Bushido: The Soul of Japan)》9)을 출판하여 영미권에서 일본문화의 소개자라는 국제적 명성을 얻었다. 주로 영어로 교육을 받으며 일본의 전통과 문화에 대하여 체계적으로 연구할 기회가 없었던 니토베가, 일본문화에 대한 저술을 출판한 것은 부자연스러운 일이었다. 때문에 그가 일본의 서구화 정책에 대한 비판을 표명하였다고 해석하여, 니토베를 1900년대의 국가주의자와 동일시하는 평가도 있었다. 그러나 그 스스로 《무사도》를 집필한 동기가 벨기에인 친구에게 "종교교육이 없는 일본의 학교에서는 어떻게 도덕을 교육하는가?"라는 질문을 받고, 이에 답하기 위해서였다고 설명하였던 점을 고려하면, 《무사도》를 읽기 바란 대상은 일본이 아니라 해외였다고 판단할 수 있다. 유럽의 종교교육에 해당하는 그 무엇이 없는 사회는 비정상이라는 자명한 논리를 전제로 삼고, 유럽의 종교에 해당하는 그 무엇이 일본사회에도 존재하였음을 증명함으로써, 일본이 정상적 사회의 일원으로 인정받을 수 있다는

---

9) *Bushido: The Soul of Japan*, The Leeds and Biddle Company, 1900.

것이 니토베의 생각이었다. 그의 의도는 일본문화의 독특함과 우월성을 설명하는 것이 아니라, 서양의 눈으로 일본의 전통을 재해석하여 일본도 서양에 해당하는 전통을 가지고 있다는 것을 이해시키려는 것이었다.

《무사도》의 출간 이후 니토베는 메이지 정부 관계자의 주목을 끌게 되었다. 출발은 타이완 총독부였다. 농상무대신 소네 아라스케曾禰荒助의 연락과, 동향同鄉의 유력정치가이며 당시 타이완 총독부 민정장관 고토 신페이後藤新平의 부탁으로, 니토베는 타이완 총독부에서 사탕수수정책을 담당하였다. 타이완 총독부 생활에서 그는 일본 정부의 유력자들과 인맥을 맺을 수 있었다. 제국주의 체제에 편입되기 시작한 일본이 국제적인 안목을 가져야 한다고 여기던 정부관계자들에게도 니토베는 국제사회에서 인정받은 지식인으로 일본사회의 국제화에 필요한 인재였다. 고토는 학계로 돌아가고 싶어 하는 니토베를 위해 1903년 교토대학京都大學의 법과대학에 강좌를 얻도록 힘을 써 주었다. 교토대학의 강의를 담당하면서 타이완 총독부의 당무국장糖務局長을 겸임할 수 있도록 하여 경제적 편의도 봐 주었다. 니토베가 실제로 타이완에 체재한 기간은 1901년 부임 초기의 9개월과 유럽 시찰여행 후에 돌아온 9개월을 합친 18개월에 지나지 않았지만, 유럽시찰기간과 일본에 귀국한 다음에도 계속 급여를 받았다. 고토를 수행하여 유럽을 시찰하다가 만난 마키노 노부아키牧野伸顯가 문부대신이 되면서, 니토베는 1906년 도쿄대학 농대의 교수로 부임하게 되었다. 그러나 니토베의 학문 외 활동과 정부 유력자의 도움이 오히려 동료교수들의 반감을 사는 결과를 낳아, 결국 척식정책담당 교수의 직함은 받았으나 실제 강의를 개설하지는 못하였다. 이 난감한 상황을 해결해준 것도 은인 고토 신페이였다. 당시 남만주 철도주식회사의 총재였던 고토는, 도쿄대학 법과대학에 **21,000**엔이라는 거액을 기부하며, 고다마 겐타로児玉源太郎 육군대장을 기념하는 식민정책 강좌를 개설하도록 요청하였다. 니토베는 그 후에야 실질적인 교수가 될 수 있었다.

3. 청년의 형성

1906년 도쿄대학 법학부로 옮긴 뒤, 니토베는 이례적으로 구제舊制 제일고등학교第一高等學校(이하 제1고)의 교장업무를 겸임하게 되었다. 그의 도쿄대학 부임을 위해 노력한 정부관계자와 니토베의 공동의 목표가 당시 고등교육의 개혁이었기 때문이다.

청일전쟁과 러일전쟁을 거쳐 제국주의적 목표가 달성된 이후의 일본사회는, 집단적 목표를 상실한 우울의 시대였다.[10] 목표 상실은 청년층에게 더욱 심각했다. 메이지 초기와 같은 인력부족현상은 해소되고 점차 국가의 체제도 정비되었으나, 현실적으로 청년들이 뜻이 있다고 더 이상 뜻을 펼 수 있는 입지立志의 시대가 아니었다. 새로운 정치체제를 둘러싸고 청년을 뜨겁게 달구던 자유민권운동은 1880년대 말에 종언을 맞고 명망가들이 중심이 되는 제국의회가 개설되었다. 메이지유신처럼 직접행동과 정치활동으로 국가의 운명을 좌우하던 청년지사가 설 자리는 더 이상 없었다. 그리하여 이들의 에너지를 흡수하며 다른 길로 돌리기 위한 방법이 모색되었다. 도쿠토미 소호德富蘇峰는 장래 일본을 짊어질 새로운 주체로 '청년'이라는 개념을 만들어, 기존의 '장사壯士'를 대체하고자 하였다. 현실에서는 구제고등학교를

---

10) 速水融·小嶋美代子, 《大正デモグラフィ 歷史人口学で見た狹間の時代》, 文春新書, 2004, 38쪽.

거쳐 제국대학을 졸업하여 관료가 되는 것으로 입신출세의 모델을 제한하기 시작하였다. 그러나 새로이 요구되는 이들 '청년'이 어떤 존재여야 하는가에 대한 내용의 합의는 아직 이루어지지 못하였다. 니토베와 그에게 주목하여 도쿄대학과 제1고의 교육을 맡기려 한 정부의 관계자들이 만들어 내고자 한 것은 바로 제국주의체제로 편입한 일본사회에 요구되는 새로운 청년상이었다.

종래 고등교육이 새로운 사회를 상징하는 '입신출세' 이데올로기에 뒷받침되어 시험으로 수재를 선발하여 모아놓는 기능에는 충실하였으나, 전공교육과 인성교육에 문제가 있다는 것이 당시 정부 지도자들의 인식이었다. 대표적으로 유럽에서 외교관 생활을 보낸 문부대신 마키노 노부아키는, 러일전쟁 이후 동아시아의 제국주의체제가 완성되며 유럽과 대등하게 교류해야 하는 일본의 지도자는 당시의 국수주의적인 지사의 틀을 벗어나 국제사회에 통용되는 감각을 지녀야 한다고 역설하였다. 그는 입시를 돌파한 이후 구제고등학교와 제국대학 학생들의 일탈행위를 개탄하며, 엄격한 품행지도와 국제사회에 대한 지식을 늘리고 외국어교육을 강화해야 한다고 주장하였다. 특히 그가 주력한 것은 도쿄대학의 예비교인 제1고의 개혁이었다. 해외 체류경험이 길고 국제사회에서 인정받은 영문 저서까지 보유한 국제적 지식인 니토베는, 위와 같은 마키노의 고등교육 개혁구상에서 매우 중요한 인물이었다. 삿포로 농학교 시절부터 니토베 본인도 연구와 강의 이외에 영국식 기숙학교와 같은 교양교육을 일본에서도 행하고 싶다는 소망이 있었기에 마키노의 구상에 적극적으로 참여하였다.

니토베가 부임하기 전까지 제1고를 비롯한 구제고등학교들은 유신기의 청년지사를 역할 모델로 삼는 운동부가 학내의 분위기를 주도하였고, 상무尙武와 단결을 강조하는 집단주의가 주류를 이루고 있었다.

한편 이와 같은 집단주의에 대한 반감으로 문학을 통해 유럽을 접한 청년들에게는 예술지향적인 개인주의가 확산되기 시작하던 참이었다. 니토베는 위의 두 조류가 모두 국제사회에서 지도자의 노릇을 할 그들에게 적합하지 않다고 주장하며, 대안으로 '인격적 완성'과 '신사적 교양'을 제안하였다.

니토베는 그들이 지도자의 임무를 수행해야 하며, 지도자의 덕목은 사회성과 인격, 교양이라고 강조하였다. 제국에 필요한 청년은, 유신기의 지사처럼 기존의 질서를 부정하고 파괴하는 것이 아니라, 국가의 필요에 부응하여 자신을 희생할 수 있는 인격의 소유자임을 강조하였다. 즉, 국가가 요구하는 역할을 수행할 수 있는 능력이 필요하다는 것이었다. 또한 인간이란 고립된 개체가 아니라 사회의 일원으로 책임을 지는 존재이기에, 제1고에서 전통으로 내려오는 무사적 집단주의뿐만이 아니라, 새로이 유행하는 서구의 예술 지향적 개인주의 역시 지도자의 품성에는 적합하지 않다고 지적하였다. 이처럼 사회성을 강조하는 니토베의 주장은 '참선'과 '개인의 깨달음'을 강조하는 전통적 수양론과는 차이가 있다. 사회성은 단지 일본의 조직생활뿐 아니라 국제사회 속에서 일본인이 갖추어야 할 필수적인 덕목이라고 설명하였고, 국제사회에서 일본인이 국제사회와 소통할 능력을 얻는 방법이 바로 교양교육이었던 것이다.

니토베는 기숙사에 딸린 교장 숙소에서 다과회를 열며 개인적으로 학생들을 모아 유럽체재시절의 경험담과 함께 신사가 갖추어야 할 교양에 대해 거듭 들려주었다. 이 '신사의 교양'을 가르치기 위해 학교의 수업과는 별도로 독서회를 조직하여, 칼라일Thomas Carlyle의 《의상철학Sartor Resartus》이나 괴테의 《파우스트》, 밀턴의 《실락원》 등 고전을 읽었다. 니토베가 학생들에게 심어주려 노력한 교양은, 비판적

262

지성이 아니라 제국주의의 일꾼으로서 '국제사회와 소통할 수 있는 예절과 학식'을 의미하는 것이었다.11)

영어능력과 매너, 유럽인과 대화가 가능할 정도의 유럽에 대한 인문학적 교양을 강조함으로써 당시의 니토베는 '자유주의자'라는 명칭을 얻었다. 국가주의적 성향이 일반적이었던 당시 일본의 사상과 풍토에서, 영미문화에 대한 지식을 갖추었다는 것만으로 '국가'와 '개인'에 대한 인식과 무관하게 자유주의자라는 칭호를 얻는 것이 드문 일은 아니었다. 국제사회와 소통을 강조하는 니토베의 '국제적으로 통용되는 교양'이 천황제와 교육칙어를 중심에 두는 국수주의적 국민교화 운동과는 차별성을 가졌던 것은 사실이다. 또한 1891년 당시 제1고 교사였던 우치무라 간조가 교육칙어 봉독을 거부하여 문제가 된 '불경사건不敬事件' 당시 니토베가 우치무라를 비호하였던 상황 등을 살펴볼 때, 니토베가 국수주의적인 국민교화 운동에 반감을 가지고 있었음은 틀림이 없다. 그러나 그것이 곧 천황제와 대척점에 있는 자유주의적 인간관을 목표로 한 것은 아니었으며, '자율적인 개인으로서의 자기형성'을 의미하는 것 또한 아니었다.12) 니토베의 청년형성은, 천황제 가족주의적 국가관을 보급하기 위해 정부가 추진한 위로부터의 국민도덕운동과 구별되어, 개인의 내면과 자아를 인정하는 것이었으나, 어디까지나 '사회적 존재로서의 개인'이라는 점에서 이후의 다이쇼 교양주의와는 계열을 달리하는 것이었다.

---

11) 北岡伸一, 〈新渡戸稲造における帝国主義と国際主義〉, 《岩波講座　近代日本と植民地4》, 岩波書店, 1993.
12) 宮川透, 위의 책.

4. 《실업지일본實業之日本》과 사회교육

니토베는 제1고 학생들에게 행했던 청년의 인성교육을 일반 대중에게 보급하려 하였다. 그는 고등교육을 받지 못하여 더 이상 출세의 길을 포기해야 하는 청년들을 위해 많은 글을 썼다. 계기는 잡지《실업지일본實業之日本》이었다. 처음은 유럽 농업의 추세13)나 상공업과 농업을 통한 국가발전14)과 같은 전공분야의 논문을 기고하였으나, 점차 칼럼에 가까운 글을 쓰기 시작하였다. 제1고의 교장이며 도쿄대학 교수이자 유명 지식인이었던 니토베가 통속잡지에 전공논문도 아닌 글을 싣는 행위에 대해 일종의 매명행위라는 비판이 빗발쳤다. 도쿄대 교수인 오노즈카 기헤이지小野塚喜平次가 대표적이었고, 요시노 사쿠조吉野作造도 기고 중단을 권하였다.

이들이 니토베를 비판한 이유는 니토베의 학문적 능력에 대한 의구심도 있었으나, 크게는《실업지일본》이라는 잡지의 성격 때문이었다.《실업지일본》은, 청일전쟁 이후 정규교육을 받지 못한 청년들을 대상으로 독학서와 인증서를 판매하는 통신교육기관인 대일본실업학회大日本實業学会의 잡지로 출발하였다. 통신교육으로 얻을 수 있는 학력이 현실에서 별 쓸모가 없다는 것이 인식되면서 통신교육의 시장이 줄어들자,《실업지일본》은 물질적으로 성공하고자 하는 당시의 열망에 편승하여 카네기의 전기나 유명인의 성공비결을 소개하는 기사와 책들로 상업적인 성공을 거두었다. 초기의《실업지일본》은 실업학교의 교과내용과 같은 지식정보를 전달하였으나, 점차 성공한 실업가의

---

13) 〈欧米農業の大勢〉,《実業之日本》제4권 제4호, 1901년 2월 15일.
14) 〈立国の基礎─商工主義と農本主義〉,《実業之日本》제6권 제3호, 1903년 2월 1일.

부유한 생활과 성공담을 담으면서 성공을 꿈꾸는 청년들에게 새로운 모델을 제시하며 열광적인 반응을 얻었다. 메이지 초기의 일반적인 입신출세론과 《실업지일본》이 다른 점은, 철저하게 물질적인 성공을 가장 중요한 가치로 평가한다는 점이었다. 니토베가 이곳에 기고한다는 사실만으로 각계의 비판을 받았던 이유도 이처럼 물질적 성공을 강조하는 잡지의 통속적인 성격 때문이었다.

러일전쟁 이후의 청년문제는, 주로 사회주의의 유행과 이에 위기의식을 느낀 정부의 위로부터의 통합노력이라는 도식으로 설명되어 왔다. 그러나 천황을 중심으로 하는 위로부터의 통합만으로는 해결될 수 없는 영역이 존재하였다. 충성스러운 국민을 양성하고자 메이지 정부는 노력하였으나, 그러한 노력이 사회의 모든 영역에서 그대로 받아들여진 것은 아니었다. 특히 상급학교에 진학하여 관료로 입신하여 출세한다는 노선 이외에 다른 길을 걸어야 하는 청년들을 설득할 만한 방법은 많지 않았다. '입신출세'를 포기한 이들에게 남겨진 길은 물질적인 성공뿐이었다.

청일전쟁의 배상금이 새로이 투자되면서 일본은 전후 공전의 호경기를 맞았다. 또한 제국주의의 질서로 재편되는 아시아 대륙에 대한 꿈을 품고, 종래에는 염두에 없던 실업계로 진출하려는 흐름이 형성되었다. 그와 동시에 물질적 성공이 중요한 가치로 부각되었다. 이러한 성공담에 목말라했던 독자층은 과연 누구였는가? 제국대학과 그 예비코스인 구제고등학교에 진학하여 관료가 되려는 이들은 아니었다. 학력을 통한 입신출세의 길에서 소외되었으나 성공의 열망을 품고 출구를 찾던 청년들이 바로 그 독자층이었던 것이다.

러일전쟁기까지 소학교小學校의 의무교육이 어느 정도 정착하면서 국민의식의 형성이라는 정부의 목적은 일정하게 달성되었다. 그러나

교육을 받는 이들이 증가하면서 상급학교에 진학하는 것이 성공을 보
장해주는 '교육을 통한 계층상승'이라는 입신출세의 길은 좁아졌다.
1900년부터 1910년 사이에는 소학교의 중도퇴학자가 급증함과 동시
에 상급학교인 중학교로 진학하는 비율도 상승하였다.15) 적극적으로
교육을 받아 성공하려는 자와 초기에 포기해버리는 자 사이에 격차가
벌어지고, 계층의 분화가 진행되기 시작하였다. 호경기 속에서 새로운
시대에 걸맞은 새로운 직업을 찾아 중학 이상의 교육을 받는 이들과,
소학교만 졸업하고 고향에 남거나 도시로 떠나 말단 점원으로 살아가
야 하는 이들 사이에 격차는 확대되어 갔다. 일단 물질적 성공을 꿈
꾸며 도시로 떠나온 후자의 청년들이 현실에서 성공이 불가능하다는
것을 깨닫고 목표를 상실하는 순간, 도시의 불만세력이 될 위험성은
매우 컸다.

　니토베가 교육대상으로 주목한 집단이 바로 이들 도시의 근로청년
이었다. 반대하는 이들에게 니토베는 다음과 같이 설명하였다.

　　일본의 현 상황에서 가장 중요한 일은 대중교육이다. 학교교육의 기
　회를 얻지 못한 채 일하는 수많은 이들에게 가능한 한 사회교육을 베푸
　는 것이 오늘날 초미의 급무라 생각하기에, 나는 이를 위해 어떤 희생이
　라도 치를 결심이다. 듣자하니 포병 공장 근처의 공원들이 가장 많이 읽
　는 잡지가 《실업지일본》이라 한다. 때문에 이 잡지를 통하여 이들 근로
　대중을 교육하는 것이 가장 효과적이라고 생각한다.

　이후 정기적으로 〈어떻게 세상을 살아갈 것인가〉, 〈번민을 해결하

---

15)　土方苑子, 《近代日本の学校と地域社会──村の子どもはどう生きたか》, 東京
　　大学出版会, 1994, 136~138쪽.

는 방법은 무엇인가〉, 〈청년의 타락을 방지하는 방법〉과 같이 청년을 대상으로 하는 교훈적인 글을 쓰기 시작하였다. 나아가 1908년 2월 《실업지일본》의 편집위원에 취임하며 이후 10여 년에 걸쳐 경영에까지 참가하게 되었다. 편집위원으로 취임하며 니토베는 자신의 의도를 적극적으로 다음과 같이 설명하였다.[16]

첫 번째로, 오늘날 가장 시급한 일은 '중학을 중도퇴학하거나 중학의 교육조차 받지 못한 이들'을 교육하여 관념을 바로잡는 것이다.《실업지일본》은 이미 예전부터 사회교육을 행해 왔으며 8만 부를 넘는 발행부수와 24만 명의 독자를 거느리고 있으니 그 영향력은 막대하다고 할 수 있다. 이 잡지를 통하여 학문이 없는 이에게도 학문을 전하고 번민하는 이에게 위안을 전하고자 한다.

두 번째로, 고상한 이론이 아무리 훌륭하여도 이대로는 일반의 사람들에게 통하지 않는다. 따라서 사소한 것이라도 누구의 눈에도 들어올 수 있도록 설명하고 그 속에 고상한 원리에서 응용된 것임을 설명하는 것은 매우 중요한 일이다. 잡지《실업지일본》은 고상한 것을 그대로 고상하게 말하는 것이 아니라, 누구나 이해할 수 있도록 전하고 있다.

세 번째로,《실업지일본》의 독자들은 지식의 정도와는 달리 성실하다. 독자의 수가 많을 뿐만 아니라, 성실한 사람이 많다는 것은 감동적이다. 독자와 잡지에 대한 이 열렬한 관계는 보통의 스승과 제자 이상의 관계이다.

네 번째로,《실업지일본》은 실업에 종사하는 사람들에게 필요한 것을 알리고 국가의 부를 늘리는 일을 하고 있다. 일본이 외국에 대하여 많은

---

16) 〈余は何故実業之日本社の編集顧問になったのか〉, 《実業之日本》第12권 제1호, 1909년 1월.

부채를 가지고 있는 오늘날, 실업가의 수양을 말하여 국부의 증진에 노력하는 잡지가 일본 실업의 건전한 발달에 기여할 것을 간절하게 바라고 있다. …… 본인도 청년시대에 지금의 청년들처럼 번민에 빠진 시대가 있었다. 그러나 다행히 선량한 친구에게 감화를 받아 기독교 신앙을 찾음으로써 번민에서 벗어날 수 있었다. 젊은이들의 번민을 가라앉히는 것은 매우 중요한 일이다.

즉 니토베는 당시의 일본사회에서 계층이 분화되기 시작한 것을 의식하면서, 사회의 저변을 형성할 청년들이 좌절의 끝에 타락하지 않도록 교육 계몽해야 한다는 사명감을 가지고 있었다. 계몽과 교육하기 위한 매체로 도시의 근로청년들이 주요독자인 《실업지일본》을 통하여 학교를 대신할 수 있다고 판단한 것이다.

5. 수양의 목적

니토베가 《실업지일본》에 기고한 원고들은 후에 여러 권의 책으로 묶여서 나왔다. 이전의 원고를 묶어서 1911년에 출판된 《수양修養》은 1929년까지 18년 동안 140판을 찍고 25만 부가 넘게 팔린 대 베스트셀러였으며, 지금까지도 최고의 누적판매부수를 점하고 있다. 그 뒤를 이어 1912년에는 《세상사는 길(世渡りの道)》을, 1916년에는 《일일일언 一日一言》과 《자경自警》 등이 잇달아 출판되었다. 이 책들이 연달아 판매에 성공한 것은, 니토베의 글이 당시 청년들의 공감을 얻는 부분이 있었기 때문이다. 니토베는 현실세계에서 급속한 출세와 성공을 꿈꿀 수 없는 청년들에게 새로운 도덕을 '수양'이라는 개념으로 제공하였다.

니토베는 다음과 같이 말한다.

첫 번째로, 상급학교에 진학하지 못했다는 상처를 품은 청년들은 학력과 교육에 대한 지나친 환상을 버려야 한다. 세상을 살아가기 위해 굳이 학문적 원리를 탐구할 필요가 없기 때문이다. "세상의 이론을 학리적으로 연구하여 재미있는 이론이 사용될 수도 있으나, 이는 이론적 연구의 경우이고 실제로 세상을 살아가는 데 머리를 짜내어 선악곡직을 구별할 만한 큰 문제는 일생에 한번 있을까 말까하는 상황"에 지나지 않는다는 것이다.

두 번째로, 정말로 중요한 것은 매일의 평범한 일상생활을 성실하게 꾸려나가는 것이다. "우리가 시행하지 않으면 안 되는 임무는 평범한 문제이고 머리를 쥐어짜지 않아도 상식으로 판단할 수 있는 일"이며 "매일의 평범한 임무를 만족하게 계속 수행하기만 한다면 일생 한번 있을까 말까 한 대난제가 일어난다고 해도 이를 해결하는 것은 쉬운 일이다. 다만 매일의 평범한 일을 게을리 하는 자는 이러한 난제에 부딪히면 낭패를 보며 방책을 찾지 못한다. 때문에 난제의 해결도 매일의 평범한 임무를 수행함에 따라 비로소 가능"한 것이다.[17]

세 번째로, 성공의 기준을 지나치게 높이 설정하지 않는 것이 좋다. 청년들은 정치가나 군인, 학자와 같은 사회적 지위를 열망하지만, 이러한 지위를 얻기 위한 노력과 책임에서 오는 고통이 얼마나 큰지 모르기 때문이다.[18] 또한 청년의 입지立志란 본래 스스로 인격을 연마하고 발전시켜야 하는 것이거늘, 요즘은 어떤 목표를 자신의 외부에 세워 이를 달성하는 것에서 찾으려는 것이 문제이기 때문이다.[19]

---

17) 新渡戸稲造, 《修養》, 實業之日本社, 1911. 7~8쪽.
18) 위의 책, 51쪽.
19) 위의 책, 60쪽.

네 번째로, 그는 이처럼 달성하기 어려운 성공의 목표를 세워 좌절과 고통을 겪지 말고 "먼저 자신의 특성과 기호에 맞는 직업을 선택"하라고 권한다. 그러나 "특성이 뚜렷하지 않은 이류의 사람들은 학문과 예술보다는 실학實學에 종사하는 것이 사회에 도움이 될 것"이다. 한편 국가와 사회를 위한다는 명분에 휩쓸려 반드시 국가 사회에 직접 관련되는 직업을 가져야 한다는 것은 오해이며, "자신의 재능을 살려 어떤 직업이라도 성실하게 수행한다면 결과적으로 국가를 위한 행동"이 된다는 것이다.[20] 그 사례로 세계에 기억되는 일본인은 일본의 정치가나 관리를 가리키는 것이 아니라, 페스트의 병원균을 발견한 기타자토 시바사부로北里柴三郎 박사와 같은 인물이라고 지적한다.[21]

결론으로 수양법이란, "우리가 평범한 날마다의 것을 하는 일에 필요한 마음자세가 목적이다. 갑자기 영웅호걸의 흉내를 내거나 어려운 일, 세상의 갈채를 얻는 일은 목적이 아니다. 스스로를 돌이켜보아 아무리 빈곤하여도 마음속은 만족하고, 어떤 비방을 당해도 스스로 즐기고, 어떤 역경에 처해도 그 속에서 행복을 느끼며, 감사의 마음으로 세상을 살아가는 것"이 목적이라고 정리하였다.[22]

그 밖에 니토베는, 결심을 지속하는 법, 용기를 내는 법, 극기, 명예심, 각종 저축법, 독서법, 순경과 역경에서의 마음가짐, 도, 묵상 등 도회지에 나온 청년들이 부딪히는 구체적인 삶의 장면에서 적용할 수 있는 실천법 등을 세세하게 알려주고 있다. 역경에 처했을 때 상황을

---

20) 위의 책, 83쪽.
21) 기타자토 시바사부로北里柴三郎(1853~1931). 내과의사이자 세균학자. 1894년 홍콩에서 발생한 페스트(bubonic plaque)의 병원체를 Alexandre Yersin와 거의 동시에 발견하여 국제적인 명성을 얻었다.
22) 위의 책, 16쪽.

바꾸어가는 방법이 아니라, 상황이 바뀌지 않는다는 것을 전제로 하여, 자신의 마음을 다스리고 견뎌내는 방법에 주력한다는 점이 그 특징이다. 이는 더 이상 청년이 시대의 주역이 아니라 이미 형성된 구도 속에 '쓰이는 자'로 존재할 뿐이며, 그의 내면을 '쓰이는 자의 미덕'으로 재형성하는 것이 마음의 평화를 가져온다는 니토베의 통찰에서 비롯된 것이다. 그리고 그 설명법이 하층청년들이 이해하기 쉽도록 수양修養과 예禮, 은恩과 같은 에도시대 이래의 통속도덕의 개념을 차용하고 있다는 사실도 아울러 지적하고자 한다. 그러나 이해를 돕기 위해 통속도덕의 개념을 차용하면서도, 니토베는 일본의 전통을 미덕으로 강조하지 않는다. 니토베가 설득하고 만들어내고자 하는 것은, 전통적 규범이 지배하는 고향을 떠나 도시에 모여 새로이 형성되는 산업사회에 적응해야하는 청년들의 내면을 채워줄 새로운 도덕이었기 때문이다.

《세상사는 길》에서는 이 점이 더욱 명확하다. 니토베는 이 책에서 인간이란 고립하여 살아갈 수 없는 존재이기 때문에, 인간끼리 원만하게 살아나가는 방법인 처세의 기술을 배워야 한다고 말하며, 인간이 사회적 존재임을 선언하고 출발한다.23)

니토베는 먼저 일본인의 전통적 예절에 대하여 비판한다. 일본인은 동양류의 호걸을 표방하는 이가 너무 많아서 사람을 만나도 웃는 이가 드물고 남을 겁주는 것으로 스스로 지위를 얻은 것처럼 여기는 이가 많다고 지적하였다. 모르는 이를 만나 웃는 것이 어렵다 하더라도 수양을 통해 마음을 즐거운 상태로 유지하는 등 노력을 통해 바꿀 수 있다는 것이다. 또한 일본인들은 서로를 돕지 않으며 서로의

---

23) 新渡戸稲造, 《世渡りの道》, 實業之日本社, 1912, 1쪽.

약점만을 지적하는 경향이 있다. 쉽게 분노한다. 그러나 자신과 이해관계가 없는 '사회를 위한 정당한 분노'를 제외한다면, 사람은 일상생활에서 분노를 억제하도록 노력해야 하며 그를 위해서도 역시 마음의 수양법을 배울 필요가 있다고 주장하였다.24) 그는 일본사회가 이처럼 쇠락한 이유는, 메이지유신 이후 서양의 문화가 들어오며 종래 예절의 기본을 이루던 중국의 학문이 쇠퇴하였음에도 불구하고 이를 대체할 문화가 자리 잡지 못하였기 때문이라고 지적하였다. 또한 유신정부를 세운 겐로元老들이 청년이었기에 예절을 무시하는 경향이 강화되었다는 것이다.25) 즉 유교적 도덕도 정부의 지도자도 그의 모델은 아니었다. 그렇다면 니토베가 지향하는 모델은 무엇인가?

기본적으로는 '노동자와 같이 자신보다 아래의 사람에게도 인격과 그의 노동을 존중하는 것'26)이며 '서로 모르는 타인 사이에도 좌석이나 길을 양보하는 등 공공의 도덕을 지키며 적에게도 인격을 공격하지 않는 서양의 습성'이 모델로 제안되었다.27) 그는 거듭하여 윗사람에 지나치게 치중된 일본의 예절문화를 비판하면서 유럽적인 사회도덕을 배워야 한다고 강조한다. 업무상 유능한 사람뿐 아니라 주위를 따뜻하게 만들어주는 영국 신사와 같은 이가 주위에서 아낌을 받는다고도 설득한다.28) 그러나 현재 아랫사람의 위치에서 윗사람에게 그러한 도덕을 요구할 수 없는 상황에 놓인 청년은 어떻게 이 문제를 해결할 수 있을 것인가? 이러한 현실에서 니토베 수양론의 특성이 발견된다. 아랫사람은 윗사람에 대한 예절을 지키려면 끊임없이 윗사람

---

24) 《世渡りの道》, 72쪽.
25) 위의 책, 80쪽.
26) 위의 책, 87쪽.
27) 위의 책, 94~104쪽.
28) 위의 책, 292쪽.

272

의 장점을 발견하도록 노력해야 한다. 장점을 찾아 존경할 수 없을 경우에는 신도와 불교의 예배를 통해 전통적인 예절수양을 쌓음으로 써 도움을 받을 수 있으며, 이 모든 행위를 통해 결국 존경받을 가치 가 없는 윗사람에게도 예의를 다함으로써 자신의 인격이 향상될 수 있다는 것이다. 좋은 대인관계는 단순히 기술이 아니라 자신의 인격 을 발전시키는 수양이 될 수 있다.29)

또한 그 밖에도 거짓말이나 남을 비방하는 것, 변명과 같은 것이 일본의 악습이니, 이를 고치기 위한 수양으로 염치심을 깨닫고, 아는 이와 모르는 이(內外人) 모두에게 동등한 친절을 베풀어야 한다고 거 듭 주장하였다. 이는 공공의 개념을 모르는 이들에게도 친절해야 한 다고 풀어 설명하려는 노력이었다. 타인에 대한 동정이야말로 본래 일본에 존재하던 무사도의 근본이며, 일본의 사상인 타인에 대한 은 혜를 잊지 말아야 한다고 강조하였다.

니토베가 거듭 강조한 것은 일상생활 속에서 적당한 목표를 설정 하여 끊임없이 노력하라는 것이다. 그는 자신의 경험을 통해 스스로 세상의 차별 때문에 불우한 상황의 인재라 일컫는 이들이 끊임없이 찾아오지만, 이들은 자업자득의 불평불만분자일 뿐이라고 말한다. 진 정으로 훌륭한 사람은 자신이 놓인 위치에 맞는 합당한 업무를 수행 하고 있기에 자신이 직접 모시러 가야했다는 것이다. 훌륭한 인물이 란 아무리 하찮은 일을 맡겨도 누가 보아도 그 업무에는 능력이 아 깝다는 평을 받는 이였다. 주어진 의무에 충실하여 그 지위에 두기 아깝다는 평을 받을 정도가 되어야 비로소 그의 훌륭함이 우러난다는 것이었다.

---

29)《世渡りの道》, 130～132쪽.

때문에 인생의 목적을 훌륭해지는 것에 둔다면, 자신의 능력에 견주어 부족하다고 느껴질 정도의 매우 사소한 일을 하는 것이 가장 직접적인 방법이라고 설명하였다. 공자孔子가 소를 키우면 가축이 늘고, 촌장의 자리에 오르면 마을에 평화가 찾아왔다. 도요토미 히데요시는 오다 노부나가의 신발을 지키는 미관말직이었으나, 주인이 차가운 신발을 신도록 놓아두지 않았고 안마를 시키면 안마사보다 뛰어났다. 이들은 초라한 일을 맡겨도 완벽하게 달성하고, 여력이 있어도 자신에게 부족한 일이라고 불평을 하지 않았다. 만약 상점의 점원이나 소학교의 교원의 일이 자신의 마음에 들지 않는 일이라고 현재의 직무를 게을리 한다면 이는 그 사람이 훌륭하지 못하다는 것을 증명함에 지나지 않는다. 때문에 훌륭한 사람이 되려면 현재 자신에게 맡겨진 일을 완벽하게 이루어 내야한다는 것이 니토베의 주장이었다.[30]

그럼에도 불구하고 세상에 인정받지 못할 때에는 어찌해야 할 것인가? 니토베는 말한다. 진정한 훌륭함은 다른 사람이 인정해 주는 것이 아니라고. 그는 졸업을 앞둔 교토대학 학생의 질문을 빌어 인생의 목적에 대해 설명한다.

중학 정도의 (학력인) 사람에게 어떤 사람이 되고 싶으냐고 질문하면 대부분 훌륭한 사람이 되고 싶다고 대답하지만, 어떤 사람이 훌륭한 사람이냐고 묻는다면 대답을 하지 못한다. 이들은 비범한 사람이라고 생각하겠지만, 비범한 사람이 되고자 하면서 나쁜 일을 저지르더라도 남의 눈에 뜨이는 존재가 되면 된다, 그것이 비범함이라고 생각하는 듯하다.[31] …… 그러나 비범함에는 일반의 무리를 뛰어넘는다는 의미와 타인

---

30) 《世渡りの道》, 524~525쪽.
31) 《世渡りの道》, 524쪽.

에게 존경받는다는 의미가 있다. 이 두 가지가 반드시 동반하는 것은 아니다. 개인이 천부의 특성을 거리낌 없이 발휘하여도 빈드시 타인에게 존경을 받는 것은 아니기 때문이다. 즉 비범함이란 자신의 천성을 다하여 천명을 받아들이고 하늘에서 받은 능력을 충분히 발휘하여 자신의 의무를 충실하게 행하는 것, 이것이 진정한 훌륭함이며 세상에서 떠받들어지는 것은 훌륭함의 기준이 아니라는 것이다.[32]

청년이 아무리 주관적으로 노력해도, 그 노력을 평가하는 이는 그의 고용주와 주위의 사람들인 이상, 그의 노력이 보답 받지 못하는 경우가 더 많다는 것을 니토베도 알고 있었다. 그러한 노력이 인정되지 못하고 '타인에게 존경'받지 못하더라도 '하늘에게 받은 능력을 발휘하여 자신의 의무에 충실히 하는 것' 그 자체만으로 비범한 행위라는 것이 니토베 수양론의 핵심이라고 할 수 있다. 도요토미 히데요시가 비범한 것은, 그의 노력이 주인에게 인정 받아 성공을 거둘 수 있었기 때문이 아니라 날마다 자신의 임무를 완벽하게 행하려는 끊임없는 노력 자체 때문이라고, 종래 '목적을 달성하기 위한 수단'에 지나지 않았던 '노력'이 '인생의 목적 그 자체'로 변환된 것이다.

맺음말

러일전쟁 이후의 수양론에 대한 기존의 연구는, 농촌지역의 청년단체와 수양단 운동을 분석하여 '천황제를 중심으로 하는 위로부터의

---

32) 위의 책, 524~525쪽.

국민교화운동'이라는 성격을 강조하였다. 그러나 수양론이 명확하게 단일한 개념으로 정의하기 어려울 정도로 다양한 방법론과 내용을 담고 있었다는 점을 고려할 때, 일괄적으로 '천황제'와 '국민교화'만으로 설명해낼 수 없는 측면이 분명히 존재한다.

이 글에서는 현재까지 일본에서 가장 많이 팔린 청년 수양서인 《수양》의 저자인 니토베 이나조의 수양 언설을 분석하여, 당시의 수양론이 사회적 (신분)상승 통로가 막힌 청년층의 불만을 내면의 문제로 돌리는 노릇을 하였음을 지적하였다.

본인이 도호쿠 출신이라는 사회적 역경을 딛고 출세한 입신출세의 모델이었던 니토베 이나조는, '국제사회에 통용되는 인력'을 양성하고자 하는 메이지 정부의 고등교육 정책의 목표에 동의하여, 적극적으로 청년층에 입신출세를 대신할 새로운 목표를 제시하고자 노력하였다. 이는 급격한 사회변동 속에 교육받은 인력이 부족하여 교육이 입신출세를 보장해주던 메이지 초기와는 달라진 사회를 살아가야 하는 청년들의 상황을 반영한 것이었다.

니토베의 수양론은 '인생의 목표'와 같은 개인의 고민에서 출발하지만, 개인이 사회적 존재임을 전제하고 있다. 그러나 그 구실이 반드시 국가적 필요로 수렴되는 것은 아니며, '개인으로 자기형성'과 '국민의 육성'의 중간지점에 존재한다고 볼 수 있다. 니토베의 수양론이 대중들에게 폭발적인 반응을 얻었던 이유는 이러한 타협적 절충적 성격에 있었다고 볼 수 있다. 메이지 정부 고위인사들의 적극적인 지원을 받았다고 하더라도, '천황제에 바탕을 둔 국민교화'만으로 단순히 설명할 수 없는 부분이 이것이다. 니토베의 모델은 유럽의 사회였고, 일본은 국제사회 속에서 사회적 역할을 수행해야 하는 존재였다. 일본의 청년은 새로운 질서를 만들어내는 것이 아니라 이미 존재하는 질서를 적극적으로 몸에 익혀야 하는 임무가 주어졌다.

이미 편성된 질서에 몸을 맞추어야 하는 것은 고등교육을 받아 입신출세를 꿈꾸던 고학력 청년만의 문제가 아니었다. '무엇을 목표로 어떻게 살아가야 하는가'라는 의문은 농촌을 떠나 도회지로 나온 교육받지 못한 청년들에게 더욱 절실한 과제였다. 니토베의 수양론은 '인내와 노력을 유지하는 것 자체가 비범함의 증명'이라고 이들의 의문에 답을 제시하여 주었다. 떠나온 고향이나 직장에서 겪은 불합리한 상황은, 미풍양속으로 미화하지 않고 타파해야 할 악습이라고 비판함으로써 그들의 마음을 위무하였다. 그러나 이러한 비판으로 현실은 바뀌지 않는다. 결정권이 없는 청년들이 취할 수 있는 방법은, 니토베가 그리하였듯이 자신의 능력을 인정해주는 이가 나올 때까지 계속 노력하는 것이었다.

계속 노력하였음에도 끝까지 인정받지 못하는 경우는 어찌할 것인가? 여기서 수단과 목적의 전이가 생긴다. 수양의 목적은 '공명과 부귀를 얻기 위한 것'이 아니라, 주위에서 인정받지 못하고 역경에 빠지더라도 일상생활에 완벽을 추구하며 그 속에 행복을 느끼며 감사의 마음으로 세상을 살아가라는 것이 바로 니토베 수양론의 핵심이었다. 급속한 계층상승이 더 이상 불가능한 사회에서, 청년들이 사회적 불만세력을 형성하지 않도록 매일 반복되는 일상에서 의미를 찾으며 마음의 평정을 유지하도록 도움을 주는 논리, 사회의 문제를 '남들에게 인정받지 못하여도 분노하지 않는 마음'이라는 내면의 문제로 바꾸는 논리, 그것이 체제의 안전장치로서 니토베 수양론의 역할이었다.

■ 참고문헌

가와이 에이지로 지음, 서정완 옮김,《학생과 교양》, 소화, 2008.
김종식 지음,《근대일본청년상의 구축》, 도서출판 선인, 2007.
니토베 이나조 지음, 일본고전연구회 옮김, 최관 감수,《무사도》, 문,
    2010.
루스 베네딕트 지음, 김윤식 옮김,《국화와 칼》, 을유문화사, 2008.
야마무로 신이치 지음, 정재정 옮김,《러일전쟁의 세기》, 소화, 2010.

竹內洋,《立身出世主義》, 世界思想社, 2005.
竹內洋,《日本の近代12—学歴貴族の栄光と挫折》, 中央公論新社, 1999.
筒井清忠 編,《「近代日本」の歴史社会学—心性と構造—》, 木鐸社, 1990.
筒井清忠,《日本型「教養」の運命—歴史社会学的考察》, 岩波書店, 1995.
E.H.Kinmonth 著, 廣田照幸 訳,《立身出世の社会史》, 玉川大学出版部,
    1995.

다이쇼기大正期 여성해방의 사상과 논쟁

—'모성보호논쟁'(1918~1919)을 다시 읽다

이 은 경

머리말

　근대 일본의 역사 가운데 다이쇼기大正期(1912~1925)는 다양한 의미에서 변혁의 시대라고 할 수 있다. 하지만, 그 초점을 '여성'에게 맞춘다면 '변혁'을 넘어 '혁명'의 시대라고 불러야 할지도 모른다. 근대 일본을 대표하는 여성운동가들이 대부분 이 시기에 등장하여 활동을 시작했을 뿐 아니라, 일본 여성사에서 가장 대표적인 문제제기와 사건들도 대부분 이 시기에 일어났기 때문이다. 물론 그것은 일본 사회 전체적으로 억압이 완화되면서 다양한 목소리를 낼 수 있었던 '다이쇼 데모크라시'라는 시대적 분위기에 영향 받은 것이기는 했지만, 그것이 전부는 아니었다. '자각하는' 여성들의 동시다발적인 등장은, 이들의 성장과 등장이 이전 시대부터 준비된 것이었음을 짐작하게 한다. 당시 벌어졌던 다양한 논쟁의 쟁점들은 개인의 문제가 아니라 다이쇼기 여성들이 안고 있었던 공통의 문제였고, 심지어 지금에도 여전히 유효한 경우가 많다. 나아가 이 시기에 등장한 이른바 '신여성' 들이 패전에 이르기까지의 기간 동안 지속적으로 활동한 점, 그들을 능가하는 후속 세대의 등장이 두드러지지 않는 점 등을 고려하면, 일본의 여성사에서 다이쇼기가 가지는 의미는 더욱 중요하게 다가온다.

일본 여성운동에서 사실상의 '시작'임과 동시에 '전성기'이기도 했던 이 시기를 고찰하기 위해 본고에서는 '모성보호논쟁'(1918~1919, 이하 '논쟁')을 중심적으로 살펴보고자 한다. 그 이유는 첫째, '모성보호논쟁'으로 근대 일본 여성들이 고민하던 문제가 압축적으로 드러났고, 특히 쟁점이 되었던 '모성'이라는 개념이 근대 일본 전시기를 관통할 뿐 아니라 여전히 현재적인 문제로서도 의미 있는 주제라 여겨지기 때문이다. 둘째, '논쟁'에 참여했던 인물들, 즉 요사노 아키코与謝野晶子, 히라쓰카 라이초平塚らいてう, 야마카와 기쿠에山川菊栄와 같은 논객들이 사실상 일본 여성운동의 중추적 인물이고, 나아가 이 논쟁을 통해서 각자의 입장 차이를 선명하게 드러냈기 때문이다. 이 '논쟁'에서 쟁점이 된 개념만이 아니라 이들 참가자의 생애에 관한 고찰을 통해, 근대 일본의 중류층 여성들의 삶에 대한 조망이 가능할 것으로 생각된다. 셋째, 이미 언급한 바와 같이, 바로 이러한 '논쟁'을 벌이게 했던 역사적 배경 또는 역사적 요인에 관한 고찰이 근대 개항 이후의 일본 여성사 전반을 조망하는 데 유익하다고 여겨지기 때문이다.

본론에 들어가기에 앞서, 이 글에서 자주 등장하고 또 중요한 의미를 갖는 '모성母性'과 '양처현모良妻賢母'라는 용어에 대해 설명해야 할 듯하다. 이 두 용어는 매우 광범위하게 사용되지만, 그 의미를 정의하기는 다소 모호하고 애매하다. 심지어는 상당한 선입견이나 왜곡된 이미지를 동반한 채 사용되는 경우가 적지 않은데, '모성'의 경우 그 정도가 더욱 심한 듯하다. '모성'의 사전적 의미는 '여성이 어머니로서 갖고 있는 성질, 또는 어머니다운 것', 또는 여기에 '어머니로서의 기능'이 추가되어 있기도 하다.[1] 여기에는 '모성'은 여자가 '어머니'가 되면 당연히 갖게 되는 성질이고, '모성애'는 선천적·본능적인 것, 혹은 자연적인 것이고 초역사적인 것이라는 뉘앙스가 깔려 있다.[2]

더 나아가 "여성의 일생은 어머니가 되는 것, 어머니인 것으로 이루어져 있다고 할 것이다. 어머니가 된다는 것은 여성만이 갖는 특권이며 …… 여성이 태어나면서부터 갖는 어머니로서의 천분天分을 총칭하여 '모성'이라고 한다"거나, "자신의 체내에서 태아를 키우고 출산하여, 그 뒤의 육아에서도 본능적 애정을 가지고 임하는 역할이나 천성은 그야말로 여성만의 독특한 것이라 할 수 있다. 이처럼 태어나면서부터 가지고 있는 여성의 특성을 모성이라고 한다"와 같은 모성에 대한 설명은, 실제 일상생활에서 상식처럼 통용되고 있는 가치관이기도 하다.[3] 하지만 여러 연구를 통해 밝혀진 것처럼, '모성'이라는 용어가 서구로부터 수입되어 번역어로서 일본에 등장한 것은 20세기 초의 일이며, 아키코가 1916년에 발표하여 '모성보호논쟁'의 최초 발단이 된 글(〈母性偏重を排す〉)을 계기로 널리 사용되기 시작했다. '모성'이 결코 보편적·천성적인 것 혹은 초역사적인 것이 아니라, 근대의 산물이라는 사실은 이제 학계의 정설로 자리 잡게 되었다.

선입견과 오해 속에 오랜 기간 동안 널리 사용되어 온 것은 '양처

---

1) 전자는 《広辞苑》(第六版)에 따름, 후자는 《国語辞典》(三省堂), 《国語大辞典》(小学館) 등을 따름.
2) 加納実紀代 ,〈「母性」の誕生と天皇制〉, 《母性から次世代育成力へ》, 1991, 天野正子 等 編, 《新編日本のフェミニズム 5 母性》, 岩波書店, 2009, 68쪽.
3) 大日向雅美,〈母性概念をめぐる現状とその問題点〉, 《母性の研究》1988, 天野正子 等 編, 《新編日本のフェミニズム 5 母性》, 岩波書店, 2009, 43~44쪽.

현모'도 마찬가지다.4) 이러한 현상은 '현모양처'라는 용어에서 조선시대의 신사임당을 곧잘 연상하는 한국에서 더욱 심한 편이다. '현모양처·양처현모'가 매우 오래 전부터 지속되어 온 '전통적'인 여성상이며, 현모양처주의는 시대에 뒤떨어진 '유교적' 여자교육관이라는 인식이 바로 그것이다. 그러나 최근에는 '양처현모' 역시 근대의 시작에 즈음하여 생겨난 개념이라는 쪽으로 의견이 모아지고 있다. 다만 근대국가의 형성 및 전통의 유교 이념과의 관련성 등에 관해서는 그 정도와 방식에 관한 의견이 다양한 편차를 드러내고 있다. 이 글에서는 '모성보호논쟁'의 전사前史이자 '논쟁'의 주역들이 성장한 배경으로서 바로 이 양처현모 사상과 이를 이념으로 삼은 교육에 관해서 살펴보는 것에서 시작하고자 한다.

이 글에서는 '논쟁'에서 각 주장을 비교적 공평하게 순차적으로 살펴보고자 한다. 기존 한국 학계에서의 '모성' 연구는 히라쓰카 라이초를 중심으로 그의 '모성주의' 사상의 한계를 주로 근대 일본이라는 '국가'와의 관련 속에서 찾으려는 연구에만 집중되는 경향이 있었다.5)

---

4) 한국에서는 '현모양처', 일본에서는 '양처현모', 중국에서는 '현처양모'라는 각기 다른 용어로 정착되어 가는 과정에 대해서는 瀨地山角, 《東アジアの家父長制》(勁草書房, 1996)가운데 〈第4章 日本の近代主義と家父長制〉를 참조할 것. 최근 한국과 일본에서의 '현모'와 '양처' 순서가 바뀐 것을 근거로 한국에서는 '현모'가, 일본에서는 '양처'가 더욱 중시되었다는 식의 연구가 있다. 그러나 용어의 순서를 가지고 중요도를 판단하는 것은 실상을 간과한 지나치게 단순한 논리로서 설득력이 떨어진다.

5) 라이초에 관한 국내 연구 가운데 다음 연구들이 눈여겨 볼만 하다. 張晟宇, 《근대 일본에서의 모성과 국가─平塚らいてう의 '母性論'을 중심으로─》, (서강대학교 사학과 석사학위 논문) 2009.7 ; 朴娥凜, 〈히라츠카 라이초(平塚らいてう)의 國家 인식─母性保護論爭을 중심으로─〉, 《서울大 東洋史學科論集》33, 2009. 일본 연구자의 논문이 번역·소개되는 경우에도 역시 라이초 편중 현상은 마찬가지인데, 그 가운데 참고할 만한 것으로는 다음의 연구들이 있다. 요네다 사요코·이시자키 쇼오코, 〈《청탑》 이후의 새로운 여자들─히라츠카 라이초우와 '신부인협회'의 운동을 중심으로〉, 《신여성》, 청년

라이초의 모성주의 주장에 결함이 많다고 강조하는 데 그칠 뿐, 당시 라이초의 주장에 대해 가장 먼저 문제를 제기한 아키코의 주장 자체에는 귀를 기울이지 않고 있다. 심지어는 '논쟁'을 종결시켰고 실제적인 승자라고까지 인정받는 사회주의 여성운동가인 야마카와 기쿠에의 주장조차도 라이초를 설명하기 위한 수식어로 간단히 언급하는 것에 그치는 형편이다. 본고에서 '라이초에게 초점을 맞추지 않겠다는 것' 그 자체가 기존 연구와 차별성을 갖는 새로운 시도인 셈이다.

1. 양처현모良妻賢母와 신여성의 등장

(1) '교육하는' 어머니의 필요성

메이지유신 이후 일본에는 '현모' 양성의 필요성이 강조되기 시작했다. 이를 달리 표현하면, 전근대 일본사회에서는 여성에게 '현모'는 기대되는 덕목이 아니었다는 것이다. 에도江戶시대 일본여성이 결혼 전에 갖추어야 할 네 가지 덕목(四行)은 부덕婦德, 부언婦言, 부용婦容, 부공婦功으로, 여성에게 지적인 항목은 우선적으로 요구되지 않았다. 여성을 교육하기 위한 교훈서(女訓書)로서는 《여자훈女子訓》, 《여훈초女訓抄》 등과 같은 중국에서 직수입한 서책과 교훈의 내용을 알기 쉽고 짧게 적은 습자 겸 독본용 교과서(往來物)가 사용되었는데, 이들 서책의 내용 가운데 '어머니로서의 마음가짐, 자녀 교육'에 관한 항목은 매우 적은 비중을 차지했다. 심지어 실제로는 어머니가 관여하던 여아의 교육조차도 어머니의 책임 영역으로 여겨지지 않았다. 당시의

사, 2003; 히로세 레이코, 〈일본의 '신여성'과 서양여성해방사상—엘렌 케이 사상의 수용을 둘러싸고—〉, 《여성과 역사》5, 2006.

어머니에게 요구되는 것은 어디까지나 '훌륭한' 아이를 낳는 것에 지나지 않았던 것이다.6)

당시 결혼한 여성에게 요구되는 덕목은 교육하는 어머니가 아니라 오로지 아내로서, 그리고 며느리로서의 덕목에만 한정되었다. 이것은 여성을 철저하게 '어리석은 존재'라고 간주하던 당시의 여성관과 깊은 관계가 있었다. 심지어는 어머니의 '사랑'은 정에 휩쓸리기 쉽고 고식적인 것으로 자녀교육을 저해하는, 바람직하지 못한 성정으로 인식되기도 하였다. 에도시대 여성에게 기대되는 것은 "아이를 낳는 것이기는 해도 키우고 교육하는 것은 아니었으며, 그야말로 '배[腹]는 빌리는 것'이라는 말에 적합한" 상황이었다.7) 전근대 일본에 선천적인 '모성' 개념이 자리 잡을 여지는 매우 적었으며, 전근대 일본은 근대 이후 일본사회를 석권한 '양처현모'와 같은 여성관과는 매우 동떨어진 사회였다.

그러나 일본이 메이지유신을 거쳐 근대화의 길을 걷기 시작하면서, 국민의 양적 증가와 더불어 질적 향상이 필요해졌다. 그러한 맥락 속에서 '교육하는 어머니' 이데올로기가 등장하는 것이다. 사실상 메이지시대의 문명개화정책을 이론적으로 뒷받침하는 구실을 담당했던 메이로쿠샤明六社 지식인들이 에도시대 여자교육의 교과서였던 《여대학 女大学》을 비판하며,8) 새로이 '교육하는 어머니'상을 제창했다. 모리

---

6) 小山静子, 《良妻賢母という規範》, 勁草書房, 1991, 14~19쪽.

7) 위의 책, 20~24쪽.

8) 《여대학》은 가이하라 에키켄貝原益軒의 〈和俗童子訓、巻之五、教女子法〉을 바탕으로 만들어진 것으로 알려졌으나, 저자를 에키켄으로 확정할 수 있는 증거는 없다. 최고본은 1716(享保1)년의 《女大学宝箱》로 알려져 있다. 여자 교육의 이념과 필요성, 아내로서의 마음자세 등을 적은 19개조의 女訓과 결어로 구성되어, 봉건체제 아래 이에家를 지탱하는 여성의 구실과 그 육성에 관한 조항이 열거되어 있다(《日本歴史大事典》, 小学館, 2007).

아리노리森有礼는 어머니의 역할에 대해 "아이와 어머니의 관계는 그 야말로 카메라 렌즈에 물질이 비치는 것과 같다. 만일 그 물질이 순정하지 않다면 이것이 비치는 아이도 순정할 수 없다"고 규정하면서, 어머니가 될 여자는 항상 그 생각을 높이 하고 학술·물리를 터득해야 한다고 주장했다.9) 후쿠자와 유키치福沢諭吉 역시 어머니[母体]가 강건하지 않으면 아이도 강건하지 않다며, 일본인의 인종개량을 위해서는 여성의 "심신을 활발하게 하지 않으면 안 된다"고 보았다.10) 나카무라 마사나오中村正直 역시 도덕교육은 태교의 영향이 크며, 따라서 어머니가 될 여자에게 '수신 및 경신 교육'을 받게 하여 '좋은 성정을 가진 어머니(好性情ノ母)'를 만드는 것이 인민개량의 일보라고 주장했다.11) 이들 계몽 운동가들이 공통적으로 주장한 것은 첫째, 어린이 교육에서 어머니의 역할이 중요하다는 것, 둘째, 이것은 인류 발전, 사회 진보를 위해 필요하다는 것, 셋째, 따라서 여자에 대한 교육을 추진해야 한다는 것으로 정리할 수 있다.12)

여자를 어리석다고 여겨 오로지 아내·며느리로서 '순종'만을 요구하던 에도시대의 여자교육관은 이제 어린이의 교육을 여자가 감당해야 할 주요 몫으로, 그것도 국가의 처지에서도 매우 중요한 몫이라고 간주하고, 그를 위해 여성들에게 지식·학문을 요구하는 것으로 바뀌

---

9) 森有礼, 〈妻妾論〉, 《日本婦人問題資料集成》5, ドメス出版, 1996(1976), 341~346쪽.

10) 福沢諭吉, 〈日本婦人論〉, 《福沢諭吉著作集》10, 慶應義塾大学出版会, 2003. 유키치는 자신의 저서 《世界国尽》(1869)에, 국익의 원천은 입헌정치와 국민교육 두 가지가 있으며, 특히 국민교육을 위해서는 초등교육의 충실과 더불어 '자애로운 어머니慈母의 교육'이 중요하다고 강조하는 외국의 문장을 번역하여 서문 대신으로 실은 바도 있다.

11) 中村正直, 〈善良ナル母ヲ造ル説〉, 《明治文化全集》5, 日本評論社, 1992.

12) 林千代, 〈大正期に展開された母性保護論争について〉, 《淑徳大学紀要》5, 1971.3, 6쪽.

어 갔다.13) 1872년에 문부성은 "인간의 도리는 남녀의 차별이 있지 않다"는 남녀 평등론과 "학문의 단서를 열어 물리를 변론할 수 있는 것은 모친에게 교육의 힘이 많을 때 가능하다"는 논리에 근거하여 여아의 초등교육에 착수했다.14)

(2) '양처현모'의 사상과 여성교육

여아에 대한 학교교육이 시작된 지 20여 년이 지나도록 여자교육의 성장은 두드러지지 않았다. 기껏해야 1892년의 〈중학교령개정〉에 따라 고등여학교가 처음으로 심상尋常중학교의 일종으로 규정된 것 외에, 정부는 여자교육에 대해 별다른 관심을 보이지 않았다. 그러나 청일전쟁(1894~1895)이라는 근대적 총력전을 경험한 일본은 '총후銃後' 안정을 위해 여자교화가 불가결하다는 점과, 1899년부터 외국인 내지 잡거內地雜居를 앞두고 국가통합이 필요하다는 것을 절감하게 되었다. 이처럼 국가의식이 고양되는 가운데 양처현모 육성의 필요성을 외치는 여자교육론이 정책담당자의 입을 통해 제기되기 시작했다. 여자교육이 국가경제의 이익이 되며 현모를 양성할 수 있고 '국민 일반의 도덕을 진척'시키는 이점이 있다는 주장이 잇달아 제기되었다.15) '현모'의 필요성에 대한 주장은 새삼스러울 것이 없으나, 지식에 의한 내조나 여성의 도덕성은 이 시기에 본격적으로 주목되기 시작한 것으로, 가정에 대한 관리능력이 여성의 덕목으로 강조되었다. 즉, 단순한

---

13) 小山静子, 앞의 책, 1991, 33~34쪽.
14) 光田京子, 〈近代的母性観の受容と変容―「教育する母親」から「良妻賢母」へ〉, 脇田晴子 編, 《母性を問う 歴史的変遷(下)》, 人文書店, 1985, 105~106쪽.
15) 대표적인 논자는 여자 고등사범학교장이었던 秋月新太郎의 〈女子教育管見〉 (《第日本教育会雑誌》167, 1995.7)이었다.

종순從順이 아니라, 가사노동을 충분히 감당하고 가정을 관리하는 여성이 '양처'로 간주되었던 것이다.

이처럼 청일전쟁 이후 '남자는 일, 여자는 가정'이라는 근대적 성별 분업관에 근거하여 여성이 아내·어머니로서 가정에서 감당하는 구실, '높은' 도덕성이 국가적으로 가치 있는 것으로 평가되면서 여성교육의 필요성이 강조되었다. 여아의 소학교 취학률은 급격히 상승했고, 중등교육 희망자도 증가했다. 이러한 분위기 속에서 1899년에 〈고등여학교령〉이 공포됨으로써 양처현모사상이 국가공인 여자교육이념의 지위를 획득하게 된다. 여자중등교육이 이처럼 공교육체제 안에 자리 잡은 것은 고등여학교 교육이 국가 발전과 밀접한 관련을 갖는다고 인식되었기 때문이며, 여자와 국가와의 관계성을 논리적으로 명확하게 한 것은 바로 양처현모주의였다.16)

　　건전한 중등사회는 오로지 남자 교육으로 양성할 수 있는 것이 아니고, 현모양처와 함께 잘 그 가정을 다스림으로써 비로소 사회 복리를 증진시킬 수 있으니, 여자교육의 부진은 현금 교육상의 일대 결점이라 하지 않을 수 없다 …… 고등여학교 교육은 그 생도가 뒷날 중인 이상의 집에 시집가, 현모양처가 되도록 소양을 갖추게 하는 데 있으며, 그러므로 우미고상優美高尚한 기풍, 온량정숙溫良貞淑한 자성資性을 함양함과 더불어 중인 이상의 생활에 필수적인 학술·기예를 지득知得케 할 필요가 있다.17)

---

16) 小山静子, 앞의 책, 1991, 45~48쪽, 尾崎ムゲン, 《日本の教育改革》, 中公新書, 1999, 78~79쪽.
17) 〈高等女學校令〉 공포 당시 文部大臣 樺山資紀의 발언. 文部省 編, 《歴代文部大臣式辞集》, 1969, 117쪽(小山静子, 앞의 책, 1991, 49쪽에서 재인용).

이처럼 여성의 활동의 장은 가정이고 견실한 중산층 가정을 이루는 것이 여성의 일이라는 양처현모주의적 교육관 아래 고등여학교에서는 남자 중학교에 견주어 수학·외국어·이과 등의 수업시간이 절반 이하인 대신 수신·국어·재봉 등 도덕·실업과목이 큰 비중을 차지하게 되었다.[18] 이러한 여성교육의 기조는 패전까지 크게 변하지 않고 지속되었다.

이러한 과정을 통해 근대 일본 여성교육을 지배했던 양처현모사상은 몇 가지 특질을 지니고 있었다. 첫째, 남녀는 단순히 생식능력만이 아니라 생리적·심리적으로도, 그리고 그 역할에서도 매우 큰 차이가 있다는, 이른바 대극적對極的인 존재로 규정된다는 점이다. 둘째, 여성은 아내·어머니로서 가정뿐 아니라 국가에 공헌하는 존재로서 남성과 동등함이 인정되지만, 그것은 어디까지나 추상적 인간으로서의 동등함에 그쳤다는 점이다. 즉, 남녀의 직업은 구분되었고, 여자는 어디까지나 내조나 양육과 같은 간접적 방식으로만 국가에 공헌하는 존재로 남아 있었다. 겉으로는 남녀동등이 인정되면서도, 실제로는 여성이 남성에 비해 여전히 열등한 지위에 놓여 있었던 것이다.[19]

여성이 아내·어머니로서 '이에家'에 이바지함으로써 국가에 공헌한다는 양처현모주의의 여성관은, 여성의 종속을 요구한 유교의 그것과 분명 상통하는 바가 있다는 점을 부인할 수 없다. 즉 근대의 양처현모주의란 이전 유교적 규범이 갖고 있던 '종속적이고 무지한' 여성상을 '가정을 담당하는 아내, 교육하는 어머니'라고 부분적으로 개조함으로써 성립하였던 것이다. 정절이나 절제와 같은 유교적 덕목이 부덕婦德으로 칭송되는 것도 우연은 아니었다. 요컨대 양모현처주의의

---

18) 尾崎ムゲン, 앞의 책, 1999, 79쪽.
19) 小山静子, 앞의 책, 1991, 56~57쪽.

교육이란 단순한 봉건적 교육의 연장이 아니라, 유교적 덕목을 중시하면서도 그 가운데 양질의 차세대 국민의 재생산을 위해 '교육하는 어머니'라는 형태로 서구 여자교육관을 수용하고, 나아가 국가통합의 필요로 인해 국가로까지 시야가 확대된 여성을 요구한 근대적 여자교육이라고 정리할 수 있다.[20]

(3) 다이쇼기의 정세 변화와 신여성 출현

양처현모주의 사상에 입각한 교육이라는 여성교육의 원칙이 지속되는 가운데, 20세기 초부터는 양처현모주의에 대한 비판뿐 아니라 여성이 놓인 상황과 문제들에 주목하는, 이른바 '부인문제'가 사회문제로서 부상하기 시작했다. 주로 진보적인 남성들 사이에서 논의되거나 이에 대한 대안으로서 구미의 여성론·여성운동이 소개되는 데 그치던 '부인문제'에 대해 여성 스스로가 문제를 인식하고 논의의 주체로 서기 시작한 것은 바로 다이쇼시대, 즉 1910년대 초반을 넘어서면서부터였다. 그 대표적인 존재가 바로 일본 최초의 여성에 의한 문예잡지라고 일컬어지는 《세이토青鞜》(1911년 9월~1916년 2월)이었다. 발기인은 히라쓰카 라이초를 비롯한 5인이고, 요사노 아키코를 비롯한 저명한 작가 7인이 찬조인으로 참여했다. 《세이토》 창간호에 실린, 장래 '논쟁'에서 격돌하게 될 두 여성의 글, 즉 라이초의 창간사 〈원시, 여성은 태양이었다(原始、女性は太陽であった)〉와 아키코의 〈부질없는 말(そぞろごと)〉은 일본 여성해방의 선언(manifesto)으로 널리 알려지게 되었다. 이들 '신여성'의 등장은 양처현모의 틀에 갇혀 있던 당

---

20) 瀨地山角,《東アジアの家父長制》, 勁草書房, 1996, 144~146쪽.

시 여성들은 말할 것 없고, 양처현모주의에 입각한 여성들을 양성하고자 했던 당국에게도 상당한 충격을 주었던 듯, 뜨거운 지지와 비판을 동시에 받으며 상당한 반향을 일으켰다.[21]

여성문제를 둘러싼 다이쇼시대의 이러한 급격한 변화, 특히 여성해방을 주장하는 '신여성'이 등장하고 이에 대한 관심이 고조되었던 이러한 현상은 과연 어떻게 가능했을까? 거기에는 두 가지 계기가 있었다. 하나는 바로 여자 중등교육의 비약적 보급이었고, 또 하나는 직업여성의 증가였다. 비록 고등여학교 교육은 중류계층의 여성에 한정된 것이었고, 남성에 대한 중류교육에 견주어 수준이 낮은데다가 양처현모의 양성을 목표로 한 것이었지만, 역설적이게도 바로 이러한 교육이 여성들에게 집에서 해방된 자유로운 시간·공간을 제공하고, 그들의 지적인 시야를 확대해 주었던 것이다. 이미 널리 알려져 있듯이 중등교육을 받은 여성들이 급증함에 따라 이들을 대상 혹은 주체로 하는 여성 저널리즘이 급속히 발달했고, 이것이 여성해방 사상과 운동의 매개체가 되어 갔다. 또한 중등교육의 보급은 직업여성의 증가로 연결되었다. 특히 제1차 세계대전에 따른 산업화의 진전과 제3차 산업의 확대에 따라, 직업여성은 더욱 급속히 증가하였고 여성이 진출할 수 있는 직종도 다양해졌다. 다이쇼 말기, 여성의 취직률은 최고를 기록했지만 대전大戰 경기에 따른 물가등귀와 전후 공황으로 말미암은 생활난, 여성에 대한 저임금정책 등으로 인해 이들 직업여성이 안고 있는 문제가 사회적으로 공론화된 것은 자연스러운 흐름이었다.

그러나 다이쇼기가 오로지 여성해방운동의 전성기였던 것만은 아

---

21) 村上信彦, 《日本の婦人問題》, 岩波新書, 1978, 26~36쪽.

니다. 여성에 대한 중등교육의 보급은 직업여성의 증가를 가져왔을 뿐 아니라, 더 많은 수의 '양처현모'들을 배출했음을 잊어서는 안 된다. 다이쇼 시대에는 도시 봉급생활자를 중심으로 이른바 '신중간층'이 새로이 등장했는데, 양처현모교육을 받은 여성들은 바로 이들과 결혼함으로써 중류가정을 지키는 '주부'가 되었기 때문이다.22) 이들 신중간층은 대개 농가의 차남·삼남 등이 농촌공동체로부터 이탈, 도시로 유입되어 핵가족을 형성하는 경우가 많았기 때문에, 집안의 자산이나 유산을 기대할 수 없이 자신들의 월급을 계획적으로 사용함으로써 가정家政을 운영해야만 했다. 이러한 도시 신중간층 가정의 주부들은 가사나 육아에 관한 정보를 시어머니를 비롯한 친족공동체로부터 얻는 전통적인 방식 대신, 여성잡지나 미디어 등을 통해 얻을 수밖에 없었다. 따라서 이들 중류가정의 여성들은 스스로 다양한 정보를 수집, 선택하는 지적 능력을 갖출 필요가 있었으며, 생활과 문화에도 자신만의 관심과 욕구를 가지고 접근하였다. 이들 신중간층 가정에서야말로 '남편은 일, 여자는 가사'라는 남녀분업에 의한 근대적 가정이 구현되었다. '단란'한 가정(ホーム)을 꾸리는 것은 근대적 가정의 주부에게 요구되는 과제였으며, '양처현모'야말로 이러한 역할의 적임자로 여겨졌다.

결국 19세기 말에 확립된 양처현모주의의 여자교육을 받고 자란 세대는 러일전쟁에서 제1차 세계대전으로 이어지는 다이쇼기의 시대

---

22) 데라데 고지寺出浩司에 따르면 신중간층은 러일전쟁~제1차 세계대전 기간 동안 공장노동자와 함께 하나의 사회계층으로서 본격적으로 등장, 다이쇼 중기부터 후기에 걸쳐 스스로의 생활구조를 형성·확립했다. "두뇌노동이라는 노동형태, 봉급(샐러리)이라는 소득형태, 자본가와 임노동자의 중간에 존재한다는 사회계급구성상의 위치, 생활수준의 중위성中位性" 등을 특징으로 한다. 이를 포함, 신중간층에 대한 설명은 《家庭の生成と女性の国民化》(小山静子, 1999)의 제2장 2절을 참조.

변화 속에서, 여성해방을 외치는 선구적인 신여성들과 도시 신중간층의 중류가정을 지탱하는 '양처현모'라는, 서로 다른 성격을 가진 여성들로 자라났다. 그리고 이러한 상황이 절정에 달했다고 여겨지는 다이쇼 말기에는 이들 가운데서도 여성해방의 입장을 대변하는 신여성의 대표적 인물들과, 정부 입장을 대변할 정도의 보수적 입장은 아니었지만 비교적 양처현모 사상을 합리적인 방식으로 내면화하는 것을 목적으로 삼았던 개량주의적 입장의 여성운동가들이 여성의 '모성'과 '경제적 독립'이라는 개념을 매개로 이상적인 여성의 삶의 방식에 대해 각자의 입장을 선명히 제출하며 충돌하였다. 이것이 바로 '모성보호논쟁'(1918~1919)이다.

2. '모성보호논쟁'(1)—모성 실현과 경제적 독립

(1) '모성보호논쟁'의 배경—케이 사상을 둘러싼 논전

스웨덴의 평론가 엘렌 케이Ellen Key(1849~1926)는 히라쓰카 라이초가 그의 모성 관련 언설을 적극 소개·지지했던 것 때문에 근대 일본의 여성사 가운데 매우 중요한 위치를 차지하게 되었다. 그의 대표적 저작인 《연애와 결혼》(1903)·《아동의 세기》(1900)에 실린 그의 사상은 첫째, 모성의 보호, 둘째, 어린이의 주체성 보장, 셋째, 자유연애에 따른 종족유지로 요약된다. 이러한 케이의 사상은 '여권신장'을 주된 목표로 삼았던 서구의 제1차 페미니즘이 새로운 단계로 진입함을 보여주는 것이었으며, 일본에서는 바로 '모성보호논쟁'의 중요 쟁점이 되었고, 중국에도 상당한 영향을 미쳤다. '모성'이라는 용어 역시 바로 그의 저작을 번역하는 과정에서 나온 것으로,23) 그의 '모성주의'가

라이초 등의 번역서를 통해 보급됨으로써, 앞 절에서 살핀 바와 같이 직업여성이 증가하고 신여성과 양처현모가 등장하고 활약하던 다이쇼 시대 일본 여성들의 주목을 받게 되었다.

케이는 원죄론에 입각한 기독교적 인간관을 비판하면서, 다윈과 스펜서의 진화론에 영향을 받아 다음과 같은 새로운 성도덕을 주창했다. 첫째, 인간 본성을 신뢰하여 개인의 자유를 존중하고, 둘째, 정신과 육체의 일원화를 꾀하는 것이다. 이에 근거하여 케이는 정신과 육체가 일치하는 성애의 중요성, 즉 '연애의 자유(및 이혼의 자유)'를 주장하게 된다. 그는 자신의 가장 대표적인 주장인 '모성보호'에 관해 "여성의 우수성은 자연으로부터 주어진 모성에서 유래한다"는 점을 명확히 했다. 그는 남녀 본성의 질적 차이를 인정하여 여성의 독특한 영역을 창조력, 애정, 모성, 가정家庭, 가정家政에서 찾았고, 특히 가정에서 어머니의 역할을 중시했다. 양육기에 이른 아이를 둔 어머니가 육아에 전념할 수 있도록, '모성보호(양육을 위한 사회급여)'의 필요성을 주장했고, 남편의 수입증가에 따라 남편이 아내의 가사 관리비를 지불하도록 제안했다. 기혼여성의 이중부담을 해소하는 동시에, 여성에게는 인간 개인으로서의 활동 의욕을 모성이라는 사명에 쏟으라고 권면하였던 것이다.24)

---

23) '모성'이라는 용어는 케이가 사용한 스웨덴어 'moderskap(영어의 motherhood, maternity에 해당)'의 번역어로 등장했다. 처음에는 반드시 '모성'이라는 표현이 아니라, '母心' '母的愛' 등과 병용되었으며, '모성'으로 정착된 것은 쇼와(1926~1989년) 초기에 들어와서였다(大日向雅美, 앞의 책, 2009, 41~42쪽). 엘렌 케이의 사상 및 일본·중국의 영향에 대해서는 다음의 연구를 참조. 〈ケイ、エレン〉, 《岩波 女性学事典》, 2002; 히로세 레이코, 〈일본의 '신여성'과 서양여성해방사상—엘렌 케이 사상의 수용을 둘러싸고—〉, 《여성과 역사》5, 2006; 千聖林 ,〈1920·1930年代 中國知識人의 '母性'談論과 '母性保護' 認識〉, 《中國史研究》24, 2003.6.

24) 金子幸子, 《近代二本女性論の系譜》, 不二出版, 1999, 129~131쪽. 기혼여성

케이의 모성주의 사상에 경도된 라이초가 케이의 저서를 《세이토》에 번역·게재한 것은 1913년 1월부터 약 2년 동안이었다. 1915년 12월과 1917년 9월에는 두 명의 아이를 출산하여 직접 모성을 경험하기도 했다. 흥미롭게도, 궁극적인 모성의 경험이라고 할 수 있는 두 번의 출산 중간 시점에 해당하는 1916년, 라이초는 《세이토》의 동인이자 문학계의 선배인 요사노 아키코와 케이의 '모성'과 관련된 짧은 논쟁을 벌이게 된다.25) 바로 본격적인 '모성보호논쟁'의 전초전인 셈이었다.

아키코는 출산·양육이 여성에게는 '천부天賦의 사명'이라는 톨스토이의 주장, '여자의 생활의 중심요소가 어머니가 되는 것'이라는 케이 등의 주장이 많은 이들로부터 주목을 받는 당시의 현실에 대해 "여자가 세상을 살아가는데, 왜 어머니가 되는 것만을 중심요소로 해야 하는가?"라고 개탄했다. 그는 톨스토이가 "인류의 본무本務는 둘로 나뉜

의 노동과 관련하여 케이는 양육기 이후의 여성의 아동·청소년, 노인이나 환자 등 사회적 약자를 위한 공익적 활동은 권장했으나, 가정 밖에서의 노동에 대해서는 소극적이었다. 노동력 과잉에 따른 노동시장 악화, 여성 건강 장애(불임 및 유아사망률 증가), 아동 비행 초래 등이 그가 제시한 이유였다. 다만 일하는 여성에 대해서는 8시간 노동, 야간노동 금지 등의 보호정책이 필요하다고 주장하기도 했다.

25) 아키코의 문제제기로 촉발된 논쟁들을 통해 '모태母態'나 '모권母權'이 아닌 '모성'이라는 용어가 다수의 논자에 의해 사용되어, 결국 '모성'의 사용이 정착되었다. 모성 중시를 반대한 아키코가 '모성'이라는 용어의 정착에 기여한 것은 아이러니지만, 진짜 문제는 '모성'이라는 용어가 가져올 오해였다. '모권'은 '여권' '인권' 등과 마찬가지로 모친의 구체적 권리를 의미하는 것이었고, '모태'는 말 그대로 '어머니인 상태'를 의미한다. 여성이 어머니라는 상태가 된 것 때문에 사회적으로 불이익을 받지 않도록 하기 위해서는 어떻게 해야 할까라는 것이 '모성보호논쟁'의 주된 테마였음에도 불구하고, 논쟁 이후 '모성'이라는 용어가 정착함에 따라, 구체적인 '권리'나 '상태'와는 동떨어진 추상적인 관념으로 독자적인 의미를 띄고 사용되기 시작했다(加納實記代, 앞의 글, 2009, 69~70쪽).

다. 즉 하나는 인류 행복의 증가, 또 하나는 종족의 존속. 남자는 후자를 이행할 수 없기 때문에 주로 전자로 부름을 받았다. 여자는 그들만이 그에 적합하기에 전적으로 후자로 부름을 받았다"고 하지만, 자신은 남녀 모두 '인간성'을 본성으로 보아야 하며 이는 전적으로 평등하고, 인류의 본무도 둘로 구분하지 말고 '인류 행복의 증가'라는 하나로 보아야 한다고 주장했다.26) 그에 따르면, 모든 일은 남녀가 평등하게 이행하는 것이 맞으며, 종족의 존속 역시 남자가 여자와 협력하는 것이 당연하다. 인간에게는 개개인의 '개성'이 있고, 이는 수시로 변화[流転]하고 진화하며 성장하고 또 각자의 다양한 '욕구'를 갖는 것이기 때문에, 여성이라고 해서 '모성'만이 강조돼서는 안 된다는 것이다.27)

아키코는 모성중심의 또 하나의 오류로, 실제 질병이나 빈곤 등 다양한 원인 때문에 부모가 되지 못하고 일생을 마치는 남녀도 적지 않다는 현실을 간과하고 있다는 점을 지적했다. 그리고 설령 부모가 되는 것이 인류 최고의 생활이기 때문에 여성이 모성중심의 생활을 해야 한다고 한다면, 남성도 당연히 '부성중심'의 생활을 하는 것이 논리적으로 맞다는 점도 덧붙였다. 그는 '천부의 사명'이 있다거나 '(여성은 인류 존속을 위해) 개인 권리를 천성적으로 제한'해야 한다는 식의 주장에 반대하면서, 오히려 "개개인의 권리와 의무를 …… 자유롭게 신장시켜 이행해 나가야 한다"고 주장했다.28) 나아가 아이의 입장에서 보더라도 "부성의 사랑도 모성의 사랑과 마찬가지로 필요"한

---

26) 与謝野晶子, 〈母性偏重を排す〉(1916. 2), 《資料 母性保護論争》, ドメス出
　　版, 1988(1984), 29~30쪽.
27) 위의 글, 30~34쪽.
28) 위의 글, 35쪽.

만큼, 여성의 '모성'만이 강조되는 것은 옳지 않다고 주장했다.[29]

이상과 같이 여성을 '모성'이라는 틀 안에 넣으려는 모든 주장에 반대하면서, 남녀평등에 입각한 개개인의 행복추구의 자유를 주창한 아키코에 대해 반응한 것은 바로 라이초였다. 그는 케이의 사상에 대한 아키코의 이해부족을 개탄하면서, 케이는 아키코가 말하는 것처럼 '절대적 모성중심설'을 주장한 바가 없으며 여성이 결혼하지 않는 것도 '자유선택'이라고 인정했음을 환기시켰다.[30] 또한 모성을 실현하지 않는 여성을 '싸잡아서 완전 제멋대로'라고 비난한 것도 아니라고 반박하며,[31] 다음과 같은 케이의 문장을 인용했다.

결혼을 피하는 것, 혹은 또한 부모·자식이 되는 것은 피하면서 결혼하려는 것은 남자와 마찬가지로 개인으로서의 부인의 자유선택이다. 부모가 된다는 무거운 부담에서 벗어나려는 동기에는 진정한 이기주의와 진정한 타애他愛주의라는 두 가지가 있다. 그녀의 자아발달 및 그녀의 행동의 자유에 장애가 된다고 하여 이를 피해 고립하는 것도, 남자와 마찬가지로 개인으로서 부인의 자유선택이다. 만일 이러한 견지로부터 연애 및 모태母態를 본다면 부인은 연애도 아이도 없어도 무방하다. 만일 그녀가 이를 최고의 행복으로 본다면, 그녀는 제삼의 성第三性, 즉 일벌[勞働蜂]이나 신하벌[臣性蜂]이 될 권리는 충분히 있다.[32]

---

29) 위의 글, 36쪽.
30) 케이 자신도 결혼하지 않고 독신으로 집필 활동을 하며 생을 마쳤다.
31) らいてう, 〈母性の主張に就いて与謝野晶子氏に与ふ〉(1916.5), 《資料 母性保護論爭》, ドメス出版, 1988(1984), 40~41쪽. 아키코는 앞의 문장에서 모성을 실현하지 않는 여성에 대해 "케이 여사처럼 싸잡아서 '완전 제멋대로(絶対の手前勝手)'라고 공격하는 것은 가혹하다"라고 비난한 적이 있다.
32) 위의 글, 40쪽. 강조점은 필자.

라이초는 케이가 결코 절대모성을 주장한 것이 아니며, 결혼하여 어머니가 되는 길을 가지 않은 여성의 선택도 존중했다는 점을 증명하기 위해 이상과 같은 문장을 제시했다. 그러나 아키코의 비판에 대한 완전한 반박이 된 것 같지는 않다. 결혼하지 않고 자아를 추구하는 여성을 '제3의 성'으로 간주한다는 것 자체가 그 동안 남성·여성을 구성원으로 하여 논의해 오던 '인류'의 범주에서 그들을 아예 배제하는 것으로 보이기 때문이다. 결혼하지 않는 동기를 '이기주의'와 '타애주의'로 구분하여 생각하고 있는 것도 의미심장하다. 라이초는 케이의 주장을 선명하게 하고자 다음과 같이 자신의 친절한 설명을 덧붙여 케이의 문장을 소개한다.

> 모태가 되는 욕망을 전혀 버리지 않는 여성은(이러한 조건이 붙어 있습니다) 소녀로서 또 그 이상 부인으로서 미래의 아이에 대해 의무를 가지고 있다. (이 의미는 단지 아이를 낳을 의무가 아니라, 좋은 아이를 낳고 나쁜 아이를 낳지 않기 위한 의무로서, 예를 들면 근대의 열악한 노동 상태 아래서 여공 등이 되어 과도한 혹은 위험한 노동에 종사함으로써, 뒷날 낳으려는 아이의 생명 및 능력을 희생해서는 안 된다, 곧 허약자, 병자, 또는 생리적 불구자 등을 낳아서는 안 된다는 것이 아닐까요?) 그리고 그 의무로부터 도망치려고 한다면, 그것은 '완전히 제멋대로'하는 행동에 불과하다는 것을 나는 단지 주장하고 싶은 것이다.[33]

라이초가 일찍부터 '우생주의'를 신봉했다는 의심을 더하는 데 일조할 것으로 보이는 이 문장은, 케이의 여성노동에 관한 입장을 함께

---

[33] 위의 글, 41쪽. 강조점은 필자, 괄호 안은 라이초.

살핌으로써 그 뜻이 명확해질 수 있다. 라이초는, 케이가 여성노동의 금지를 주장한 것이 사실이지만, 그것은 '현실을 고려한' 때문이라고, 즉 당시 여성노동의 실태를 알고 이를 고려했기 때문이라고 설명한다. 즉, 이상적 조건에서 하는 노동이라면 찬성할 것이지만, 현대 산업조직 아래 열악한 노동 상황을 보았기 때문에 열렬한 반대자가 되었다는 것이다.34) 그런데 케이가 산업사회의 열악한 노동 상태를 이유로 여성 노동을 금지한 것은 그것이 여성의 모성 발휘, 그것도 좋은 아이를 낳아야 한다는 여성으로서의 역할을 수행하는 데 방해가 되기 때문이었다. 만일 '좋은 아이'를 낳아서 종족을 보존하는 데 방해가 되지 않을 수 있는 쾌적한 환경과 윤택한 조건의 노동이라면 반대할 이유는 없는 셈이었다. 이처럼 케이가 여성노동을 무조건 반대한 것은 아니었지만, 여성에게 모성을 최우선적으로 요구했던 것은 사실이었으며, 그것도 더 나은 아이를 낳아 종족의 보존에 기여해야 한다는 '이타적' 이유 때문이었는데, 이는 라이초도 크게 다르지 않았다.35)

아키코는 "여사(라이초)가 나와 마찬가지로 모성에만 편중되지 않고, 여자가 가진 모든 좋은 능력을 존중한다는 것을 알고 안심했다"면서도, 육아에서 벗어나는 4~5년 뒤에는 좀 더 독서가 가능할 것이라고 했다. 이는 모성에 관한 케이의 사상에 대한 이해가 부족하다는

---

34) 위의 글, 44~45쪽.
35) 라이초가 케이의 모성주의 사상에 영향을 크게 받은 것은 사실이지만, 그의 생각이 케이의 사상과 완전히 같았던 것은 아니었다. 케이는 국가가 여성을 1년 동안 징집하여 교육시켜야 한다는 '모성교육론'을 주장했지만, 라이초는 이에 대해 관심을 보이지 않았다. 여성의 모성보호를 위해 케이는 국가와 남편이 도움을 주어야 한다는 주장이었지만, 라이초는 남편에 대한 복종으로 이어지기 쉽다는 이유로 남편의 도움에는 반대했다(히로세 레이코, 앞의 글, 2006, 109쪽).

비난에 절묘하게 응수한 것이다.36) 곧 모성주의에 반대하는 자기 자신이 실제로는 육아를 몸소 실천하고 있다는 것, 그리고 라이초의 응답에 완전히 납득한 것이 아니며 이후 논쟁이 재연될 것임을 암시했던 것이다. 실제로 모성을 둘러싼 이들의 본격적인 논쟁은 아키코의 예상보다 좀 더 빠른 시기에, 그리고 좀 더 많은 사람들이 참가하여 이루어지게 된다.

(2) '모성보호논쟁'의 전개—아키코와 라이초의 논쟁

유명한 가인歌人이자 시인, 그리고 《겐지모노가타리源氏物語》의 번역자로 유명한 요사노 아키코(1878~1942)가 여성문제에 관심을 갖고 의견을 개진했던 것은, 그의 치열한 삶이 바탕이 된 것으로 알려져 있다. 오사카의 사카이堺 지역의 전통 있는 제과점 집안에서 태어난 그는 1901년 문학계에 데뷔한 이래 40여 년 동안 24권의 가집과 15권의 평론집, 시집, 소설, 번역서 등을 내놓는 정력적 집필활동과 교육활동을 펼쳤다. 그리고 그러는 동안 자신이 가계 대부분을 책임지면서도 11명의 자녀를 출산·양육하기까지 했다.37) 여학교 졸업 후 한동안 가업을 혼자 운영해야 했던 고통스러운 경험까지 포함하여 평생을 '정력적'으로 살아낸 그는, 최소한 '경험'에 한정해서 이야기한다면, 근대의 어떤 여성보다도 '모성'과 '여성의 노동'에 관해 당당히 발언할 자격을 가졌다고 할 수 있을 것이다.

---

36) 与謝野晶子, 〈平塚明子樣〉(1916.6), 《資料 母性保護論争》, ドメス出版, 1988(1984), 50쪽. 괄호는 필자.

37) 島田燁子, 《日本のフェミニズム》, 北樹出版, 1996의 2장 〈与謝野晶子の思想〉을 참조.

그에 비하면, 일본 여성해방운동의 상징 히라쓰카 라이초(본명은 히라쓰카 하루明, 1886~1971)는 여러모로 아키코와 대조되는 환경과 경력을 가졌다. 아키코보다 8살 연하인 그는 회계검사원 관리이자 대학교수였던 아버지를 둔 인텔리 가정의 셋째 딸로 태어나, 일본여자대학 3기생으로 입학할 때까지 아주 윤택한 환경 속에 성장했다. 어릴 적부터 학문적인 것, 이론적인 것, 사색적인 것을 좋아했고, 한때는 선종禪宗 등 신비적인 종교에 몰입하기도 했다.[38] 문학에 입문한 뒤, 세상을 떠들썩하게 한 스캔들을 거쳐 《세이토》 창간(1911), 새로운 연인 오쿠무라 히로시奧村博와의 만남(1912), 케이 사상의 대면(1913), 연인과의 공동생활 시작(1914)과 첫 출산(1915), 나아가 '논쟁'으로 이어지는 그의 삶의 궤적을 보노라면, 라이초 역시 여성으로서 사적인 생활과 여성해방운동가로서 공적인 삶이 절묘하게 얽혀 있음을 알 수 있다.[39]

본격적인 '모성보호논쟁'은 아키코가 1918년 3월 《부인공론婦人公論》에 〈여자의 철저한 독립〉이라는 문장을 게재하여[40] 당시 '모성보호' 주장에 대해 적극 반대한 것에서 시작되었다. 그 핵심적인 내용은 다음과 같다.

나는 구미의 부인운동에서 주장되는, 임신·분만 등의 시기에 있는 부인이 국가를 향해 경제상의 특수한 보호를 요구하려고 하는 주장에 찬성하기 어렵습니다. 이미 생식적 봉사에 의해 부인이 남자에게 기식하는 것을 노예도덕이라고 간주하는 우리들은, 같은 이유로 국가에 기식하는

---

38) 水田珠枝, 〈平塚らいてうの神秘主義 (上·下)〉, 《思想》996·997, 2007.4; 2007.5.
39) 島田燁子, 앞의 책, 1996의 3장 〈平塚らいてうの思想〉을 참조.
40) 《中央公論社の八十年》, 中央公論社, 1965, 168~171쪽.

것도 거절하지 않으면 안 됩니다. 부인은 어떠한 경우에도 의뢰주의를 취해서는 안 된다고 생각합니다. 금후 생활의 원칙으로서는, 남자도 여자도 자신들 부부의 물질적 생활은 물론, 미래에 낳을 자기 아이의 포육哺育과 교육을 유지할 수 있을 만큼의 경제적 보장이 상호 노동에 따라 확보될 것이라는 확신이 있고, 그 정도의 재력이 이미 남녀 양쪽 모두에게 축적되기를 기다린 뒤에 결혼하고 또 분만해야 할 것입니다. 설령 남자에게 그 경제적인 보장이 있더라도 여자에게 아직 그 보장이 없다면 결혼 및 분만을 피해야 한다고 생각합니다.[41]

라이초는 즉각 〈모성보호 주장은 의뢰주의인가〉라는 글로 반박했다. 그는 상당한 양의 지면을 할애하여, 유럽에서 케이의 사상이 나오게 될 수밖에 없었던 이유를 자세히 설명하고 있지만,[42] 아키코의 관심 자체가 케이의 사상에 대한 텍스트 분석이나 논쟁이 아니었던 만큼 라이초의 이러한 응답이 효과를 거둘 수 있었을지는 의심스럽다. 이 글에서도 당시 논쟁의 초점은 케이 사상 자체가 아니라 '일본 여성에게 모성보호가 필요한가(아니라면, 무엇이 필요한가)'에 있다고 상정하고, 이에 맞추어 양자의 텍스트를 살펴보고자 한다.

---

41) 与謝野晶子, 〈女子の徹底した独立〉(1918.3), 《資料 母性保護論争》, ドメス出版, 1988(1984), 85쪽.
42) 라이초에 따르면, 당시 유럽에서 여성문제의 중심문제는 바로 '결혼제도의 개혁'이었고, 그 배경에는 심각한 '사생아 문제'가 자리 잡고 있었다. 독일의 경우 1년에 18만의 사생아가 태어나는데, 그 비율은 전체 출생아의 1/12에 해당할 정도의 수였다. 더 큰 문제는 "현재 결혼제도에 따르지 않았다는 이유만으로" 그들을 가혹하게 비난·공격하고, 도덕적으로는 사회의 '죄인'으로 다룸으로써, 결국 그들의 "경제생활을 곤란과 위험의 경지"에 밀어 넣는다는 점이었다. 사생아의 아버지에게는 아무런 책임도 묻지 않기 때문에, 어머니만 모든 부담을 감당해야 하는 현실이 유럽에서 '모성보호' 주장이 제기되는 사회적 배경이었다(らいてう, 〈母性保護の主張は依頼主義か〉(1918.5), 《資料 母性保護論争》, ドメス出版, 1988(1984), 88~89쪽).

라이초는 아키코를 향해 '한 사람의 개인적 입장에서만 보고 시비를 논하려는' 태도라고 비난하며, 여성의 "의뢰주의나 경제적 독립과 같은 형식적 명목에만 매달려 실상을 보는 것을 잊어버린 공론空論"이라고 비판했다. 또한 만일 아키코가 말하는 조건을 채워야만 결혼할 수 있다면, 대부분의 여성이 평생 결혼해서 분만하는 날은 오지 못할 것이라고, 그 비현실성을 지적했다.43) 그러나 현실 상황을 충분히 고려하지 않은 것이 아키코였는지에 대해서는 재고할 필요성이 있다. 그것은 그동안 '논쟁'의 일부로서 제대로 고려되지 않았던, 그러나 실은 〈여자의 철저한 독립〉보다도 먼저 발표된 〈여자의 직업적 독립을 원칙으로 하라〉(1918.1)에는 아키코가 왜 이러한 문제제기를 하는지가 좀 더 자세히 나타나 있기 때문이다.

> 세계 전쟁은 이제 2년도 가지 않을 것이다 …… 전후의 생활은 분명 세계의 구석구석까지도 공전의 엄청난 격변을 보게 될 것이다 …… 그 격변 가운데, 그 최초에 우리나라가 입을 경제적인 일대부진으로 다수의 중산계급과 무산계급이 치명적으로 비참해질 것을 생각하면, 우리는 지금부터 그 불안과 공포에 아연실색하지 않을 수 없을 것이다. 일국一国으로서도 일가一家로서도 또 개인으로서도 이른바 '전후 경영'의 중요한 문제는 이 경제상의 대난大難으로부터 얼마만큼 깊지 않은 상처만 입고 벗어나는가라는 한 가지로 연결된다. 생각건대, 그 때가 오면 지금도 곤란을 겪고 있는 남자의 경제생활은 몇 배의 곤란이 더해질 것이다 …… 남자가 이제부터 그에 대해 대비하지 않으면 안 되는 것 이상으로, 본래 경제적 무능력자인 여자는 그보다 배

---

43) 위의 글, 90쪽.

로, 두 배로 그에 대비하지 않으면 안 되는 것이다.[44]

아키코가 자신의 예상보다 빠른 1918년 신년 벽두부터 펜을 잡은 것은 바로 이러한 위기의식이 작용했기 때문이었다. 제1차 세계대전 종전 뒤에는 전쟁 호황의 반동으로 심각한 경제난이 찾아올 것을 예견했고, 그로 말미암은 피해는 남성 뿐 아니라 본래 사회적 약자인 여성에게 더 집중될 것이라 생각했다. 어차피 종전 후의 상황에서 국가에 의한 보호를 기대하는 것은 난망할 것이기 때문에, 결국 각자의 생계를 위해 악전고투해야 하므로 여성의 경제적 독립의 필요성을 제기했던 것이다.[45] 특히 아키코는 경제적으로 영세한 계급의 여성은 자활의 능력을 갖춘 반면, "부모 형제 및 남편의 재력에 의존하면서 어떻게든 의식생활을 계속해갈 수 있는 지위에 있는" 중간층의 '기생적 여자'들이 남성들에게 경멸의 대상이 될 뿐 아니라 결국은 남성들의 발목을 잡는 족쇄가 될 것이라고 우려했다.[46]

아키코의 이러한 위기감을 이해하지 못한 채 '공론'이라고 비판했던 라이초였지만, 그 또한 당시 여성이 처한 상황의 열악함에 대한 인식은 아키코와 크게 다르지 않았다. 라이초가 여성의 '경제적 독립'에 대해 부정적인 입장을 보인 것은 그에 반대한 것이라기보다, 그 '필요를 인정'하면서도 몇 가지 부정적인 현실 상황에 대한 인식에서

---

44) 与謝野晶子, 〈女子の職業的独立を原則とせよ〉(1918.1), 《資料　母性保護論争》, ドメス出版, 1988(1984), 82~83쪽.
45) 제1차 세계대전과 상황이 다소 다르기는 하지만, 제2차 세계대전이 끝난 이후 일본의 상황을 보면 아키코의 우려는 타당한 것이었다고 보인다. 실제로 전후 경제난이 시작되자 모두가 각자 최소한의 생계유지를 위해 악전고투해야 했고, 홀로 된 과부와 고아가 넘쳐나는 가운데 모성에 대한 배려는 커녕, 오히려 산아제한의 필요성까지 제기되었기 때문이다.
46) 与謝野晶子, 〈女子の職業的独立を原則とせよ〉, 83쪽.

비롯된 것이다. 곧 라이초는 어차피 "어머니의 경제적 독립이라는 것은 웬만큼 특수한 노동능력을 가진 사람 외에는 전혀 불가능"하다고 보았고, 따라서 부부 서로 간에 경제적으로 자식을 부양할 능력을 확보한 후에야 결혼이 가능하다는 주장은 비현실적이라고 생각했다. 만일 아키코의 주장을 따른다면, "건강한 아이를 낳을 수 있는 부인을 생애 또는 장기간 독신자로서 노동시장에 두려고 하는" 셈이 되고, 이것은 "부인 자신의 불행"일 뿐 아니라 "국가로서도 여러 가지 의미에서 커다란 손실"이라고 생각했다. 나아가서는, 사생아의 증가를 비롯한 여타의 죄악을 양성하는 계기가 될 수 있다는 점을 경고하였다.[47]

라이초의 주장은 대부분 '부정적 현실'에 대한 차선책의 성격이 강했다. 사생아가 증가하는 현실, 상대 남자로부터 부양을 받기는커녕 윤리적 죄인으로 내몰리는 미혼모, 이러한 현실을 묵인하는 결혼제도 때문에 보호받지 못하는 모자의 비참한 생활, 여성이 경제적 독립을 달성할 만한 기술이나 지식을 습득하기 어려운 열악한 사회적 지위. 라이초는 이 모든 '부정적' 상황을 타개하려는 대안으로 '국가'를 끌어들였다. 국가에게 이 책임을 지우고자 내놓은 논리는 바로 이러한 모자(혹은 모녀)를 보호하는 것이 궁극적으로 국가와 인류의 발전에 도움이 될 것이라는 시각이었다. 여기에서 엿보이는 그의 사상이란, 첫째, 케이의 영향을 받은 종족발전에 기여해야 한다는 당위성, 둘째, 당분간 자립할 전망이 없는 여성을 당장 구할 수 있는 것은 '국가'밖에 없다는 인식이었다. 1916년의 논쟁에서도 확인된 것처럼, '개인'을 중시하는 아키코와 천부적인 모성의 발휘를 거쳐 종족유지에 기여해

---

47) らいてう, 〈母性保護の主張は依頼主義か〉(1918.5), 90~91쪽.

야 한다는 케이의 사상을 수용한 라이초의 인식의 차이는 이미 확연한 것이었다. 본격적인 '논쟁'에서 새로운 쟁점으로 떠오른 것은 라이초의 국가에 대한 인식과 기대가 타당한가 하는 점이었다.

많은 연구자들이 '논쟁' 이후 라이초의 행적, 즉 우생학에 대해 관심을 보이면서 제국 일본의 정책에 협조했던 것과 연관성 속에서 그의 국가관에 문제가 있음을 지적했지만,[48] 사실 그의 현실인식과 국가관에 문제가 있음을 가장 먼저 지적한 것은 다름 아닌 아키코였다. 그는 먼저 자신도 '모성을 존중'하지만, "순당順當한 모성 실현을 기하기 위해서라도 여자가 경제적으로 독립하는 것이 필요하다"는 입장을 전제로,[49] 라이초와 다른 입장에 서게 된 이유로 라이초의 문제제기가 '현재'와 '미래'를 혼동하는 데서 온다는 점을 지적했다.

히라쓰카 씨는 '현재 있는 것'과 '장래에 있어야 할 것'을 혼동하고 있습니다. 현재 다수의 부인이 경제적으로 독립하지 못했다고 해서, 미래의 부인도 언제까지 마찬가지의 생활 과정에 있는 것은 결코 아닙니다. 우리는 하나의 이상을 향해 미래의 생활을 조준하여 전향하려고 하는 것입니다. 임신·분만, 육아기에 국가의 보호를 구하지 않으면 안 될 정도의 경제적으로 무력한 불행한 부인이 되지 않으려는 자각을 가지고, 여자 스스로 훈련하고 노력하려는 것입니다. 따라서 국가의 특수한 보호

---

48) 이 글의 처음에도 언급했던 것처럼, 국내에서 나온 '모성보호논쟁' 혹은 '히라쓰카 라이초' 관련 연구들은 신기할 정도로 라이초의 '국가'에 대한 인식을 탐구하는 내용들로 채워져 있다. 왜 이토록 라이초의 국가인식에 관심이 편중되었는지, 연구의 동기로서 작용하는 욕구에 대해서도 다시 한 번 생각해봄직하다. 그의 국가관에 문제가 있음을 가장 먼저 지적한 요사노 아키코의 주장을 제대로 살피지 않고 있다는 점도 지적할 필요가 있다.

49) 与謝野晶子, 〈平塚さんと私の論争〉(1918.6), 《資料 母性保護論争》, ドメス出版, 1988(1984), 97쪽.

는 결코 일반 부인에게 바람직한 것이 아니라, 어떤 불행한 부인을 위해서만 어쩔 수 없이 요구되어야 하는 성질의 것이라고 생각합니다.[50]

아키코의 말을 따르면, 라이초는 자신도 여성의 경제적 독립의 필요성은 인정하면서도 '현재 있는 것'을 매우 부정적으로 인식했고, 쉽게 바뀌지 않을 것이라는 절박함이 강한 나머지 '국가'라는 차선책을 끌어들이고자 했던 것이다. 그에 견주어 아키코는 부정적인 현재의 상황보다는 그 이후의 '앞으로 있어야 할 것'에 주된 관심이 있었고, 무엇보다 미래에 대해서 낙관적이었다. 여전히 '이상'을 포기하지 않았다.

이상은 현실을 개조하는 것을 항상 예상하고 있습니다. 그리하여, 현실의 대부분은 항상 다소라도 변동하고 있는 것입니다. 거기에 정당한 방향의 지도를 더하여 통일된 추이를 도모하는 것이 이상입니다. 고정적으로 보이는 현실의 일면 만을 주시한다면, 히라쓰카 씨가 주장하고, 우리들도 요구하고 있는 연애결혼도 '오늘날 사회에서는 전혀 실행 불가능한 이상'이라고 말하지 않을 수 없을 것입니다.[51]

그는 그 이상을 빨리 포기하기보다는 계속 붙들고 있는 쪽을 택했다. 현실이 부정적이라는 이유로 포기한다면, 경제적 독립뿐 아니라 라이초가 주장하고 또 스스로 실천한 '연애결혼'이라는 이상도 일찌감치 포기했어야 한다는 논리를 펼쳤다. 나아가 아키코는 라이초가 갖고 있는 '국가'의 실체가 모호하다는 것, 또는 그 실현 방법이 모호하

---

50) 위의 글, 99쪽.
51) 위의 글, 100쪽.

다는 점을 지적했다.

> 히라쓰카 씨는 '국가'라는 것에 다대多大한 기대를 걸고 있는 듯하지만, 이 점도 나와 다소 일치하기 어렵다고 생각합니다. 히라쓰카가 말하는 '국가'는 현상 그대로의 국가가 아니라, 물론 이상적으로 개조된 국가의 의미겠지요. 그렇다면, 개인의 개조가 제일의 급무이지 않으면 안 됩니다. (왜냐하면) 개조된 개인의 힘을 모으지 않으면 개조된 국가는 실현되지 않을 터입니다. 히라쓰카 씨는 나에 대한 항의 가운데 왜 '국가'에 대해서는 많이 말하면서, 개인의 존엄과 가능성까지는 한 마디도 하지 못했습니까? 히라쓰카 씨의 견식이 만일 개인의 개조를 수위에 두었다면, 여자를 경성警醒케 하여 경제적 독립의 정신을 훈련시키는 것이 우리들 각자의 인격 개조에 가장 급요急要한 사실이라는 것을 우리와 동감했을 것이라 생각합니다.52)

아키코는 라이초의 '국가'에 관한 인식이 너무도 추상적인 나머지 자신이 추구하는 국가의 개조 방법에 대한 인식이 부족하다는 점, 국가를 개조하려면 먼저 개인의 개조가 이루어져야 함에도 이에 대한 인식이 부족하다는 점을 지적하였다. 아키코는 라이초가 "'국가'의 경우만 개조된 국가를 예상하면서도 미래의 여자와 사회 상태에 관해서는 개조된 그들을 전혀 고려하지 않고", 여성의 노동 참여라는 방법으로는 경제 상태가 언제까지나 개선되지 않을 것이라고 비관하는 것을 납득할 수 없었다. 자유연애를 주장할 때는 여전히 부정적인 현실에도 불구하고 이상주의적 논의를 펼치던 라이초가 "부인의 경제적

---

52) 위의 글, 102쪽. 괄호는 필자.

독립에 반대할 때는 왜 그렇게까지 운명론적, 자연주의적으로 꽉 막힌 소극론을 펼치는가"라고 반문했던 것이다.[53] 국가의 개조 가능성과 개인의 개조 가능성에 대해, 그리고 여성의 자유연애와 경제적 독립의 가능성에 관한 일관성 없는 태도에 대해, 아키코는 비판의 칼날을 겨누었다.

그러나 이러한 비판에 대해 라이초는 주로 모성의 사회적 기여 또는 국가적 이익이라는 측면에서 국가가 모성보호에 나서야 하는 이유를 다시 한 번 강조하는 것으로 답변을 대신했다. 여성의 현상에 대한 비관과는 대조적인, 국가에 대한 긍정과 기대의 근거가 무엇인지에 대해서는 여전히 명확하게 해명하고 있지 않았던 것이다.

> 아이란 설령 자신이 낳은 자신의 아이라도 자신의 사유물이 아니라, 그 사회의, 그 국가의 것입니다. 아이의 수나 질은 국가사회의 진보발전, 그 장래의 운명과 지대한 관계가 있기 때문에, 아이를 낳고 또 키운다는 어머니의 일은 이미 개인적인 일이 아니라, 사회적·국가적 일인 것입니다. 그리고 이 일은 부인에게만 부과된 사회적 의무로, 아이를 낳고 또 키울 뿐 아니라, 좋은 아이를 낳아서 잘 키운다는 이중의 의무가 되고 있습니다 …… 따라서 국가는 어머니가 이 의무를 다한다는 한 가지만 생각해도, 충분한 보수를 줌으로써 보호할 필요가 있습니다. 게다가 이렇게 모성에 가장 확실한 경제적 안정을 주는 것은 …… 자연 아동의 사망률을 낮추고 …… 아동의 정신과 육체도 일반적으로 건전한 자로 키우기 때문에, 국가의 이익과도 일치합니다 …… 모성을 보호할 것인가 말 것인가는, 직접 보호를 받는 어머니나, 어머니를 통해 보호되는 아이

---

53) 위의 글.

의 행복뿐 아니라 국가의 이해와 크게 관계가 되는 것이기 때문에 ……
결코 자선구제의 사업이 아닙니다. 다음으로 어머니 입장에서도 이것은
어머니의 일이라는 사회적 사업에 따르는 것으로 사회적 의무를 다하는
자의 당연한 권리로서 요구해야 할 것으로, 이것은 부인의 존엄을 손상
시키기는커녕, 어머니로서 부인의 정당한 사회적 지위를 인정하는 것입
니다.[54]

라이초는 가정생활과 직업생활 사이에는 필연적으로 출산 전후의
짧은 기간에만 국한되지 않는 모순과 갈등이 생길 수밖에 없으며, 이
갈등은 국가에 의한 '모성보호'에 따라서만 해결될 수 있다는 주장을
반복한다. 그것이야말로 '연애결혼의 이상을 완전하게 실현할 수 있는
길'이며, 준비되지 않은 결혼이 가족과 사회를 불행하게 하는 것이
아니라 오히려 모성보호를 통해 가족과 사회를 모두 구할 수 있는
길이라고 보았다. 그는 아키코가 자신에 대해 '지금 있는 것'과 '앞으
로 그래야 할 것'을 혼동했다고 비판한 것에 대해서도, 자신은 '앞으
로 그래야 할 것'은 말할 수 없다는 말로 자신의 주장이 아키코의 그
것보다 훨씬 더 현실적인 것임을 강조했다. 특히 라이초는 당시의 일
본 노동제도와 노동시장의 상황에 대해서 매우 부정적인 인식을 갖고
있었다. 그는 노동을 둘러싼 상황이 앞으로도 여성에게 적합해질 것
같지 않으며, 여성이 노동시장에 진출하는 것이 노동력 과잉으로 임
금의 하락을 초래, 생활난이 가중되고 가정도 황폐해질 것이라고 비
관했다.[55]

---

54) らいてう, 〈母性保護問題に就いて再び与謝野晶子氏に寄す〉(1918.6), 《資料
　　母性保護論争》, ドメス出版, 1988(1984), 109쪽. 생략은 필자.
55) 위의 글, 114~115쪽.

이처럼 가사노동과 직접생활의 병립 불가, 거기에 노동력 과잉에 따른 임금 하락, 출산과 육아가 국가의 이익으로 직결되는 사회적 행위라는 그의 신념이 변하지 않는 한, 라이초가 모성보호의 주장을 굽힐 가능성은 없었다. 신기한 것은 그가 모든 현상의 개조에 대해서는 비관적이면서, 그 비관을 없앨 수 있는 유일한 기대 대상으로 '국가'를 상정하고 있다는 것이었다. 그의 근거 없는 국가에 대한 긍정과 낙관이 어디서부터 말미암은 것인지는 이렇듯, '논쟁'이 끝날 때까지도 여전히 모호한 채로 남아 있었다. 모성보호를 둘러싼 라이초와 아키코의 주장은 평행선을 달릴 뿐이었다.

3. '모성보호논쟁'(2)—사회주의 · 가정 · 생활

(1) '논쟁'의 일단락—야마카와 기쿠에

서로에 대한 다소 감정적인 공격까지 곁들여지면서 전개되던 두 사람의 '논쟁'이 새 국면을 맞이한 것은, 이들 두 선배의 논쟁에 '명쾌하고도 통절'한 비평을 가하며 등장한 신진 여성운동가 야마카와 기쿠에山川菊栄(1890~1980) 때문이었다.56) 미토水戸번의 유학자 집안 출신으로 도쿄여자사범 2기 졸업생이었던 그의 어머니는 자녀교육에서 남녀평등을 관철시켜 특히 딸의 재능계발과 자립을 위한 응원을 아끼지 않았다. 이처럼 개명한 집안에서 성장한 기쿠에는 당시 양처현모 양성을 주된 목적으로 하는 여성교육에 심한 반감을 갖고 외부로 눈을 돌려 게슈閨秀문학회에서 요사노 아키코 등의 강의를 접했으

---

56) 島田燁子, 앞의 책, 1996의 4장 〈山川菊栄の思想〉을 참조.

며, 1908년에는 쓰다주쿠津田塾의 전신인 조시에이가쿠주쿠女子英学塾에 입학하여 어학과 여성해방론 등을 깊이 공부하였다. 1916년 사회주의 자인 남편 야마카와 히토시山川均를 만나 결혼, 1917년에 장남을 낳고 폐결핵 요양을 하다가 '논쟁'에 참여하게 된다. '논쟁'에 끼어들게 되기까지 그의 역정을 보면, 기쿠에 역시 자신의 경험 및 현실과 무관하지 않은 자세로 '논쟁'에 나섰으리라는 것을 쉽게 짐작할 수 있다.

아키코·라이초에 견주어 경력이 일천한 기쿠에였지만, 당대의 주목을 받는 '논쟁'에 적극 참여하면서 "지식의 풍부, 논리의 엄정, 관찰의 예리함" 등을 가지고 당대 여성계의 양대 거목을 평론함으로써, 아직은 지명도가 높지 않은 자신이 그들과 필적하거나 심지어는 그들보다 우월한 실력을 가지고 있음을 드러냈다.57) 사회주의 여성운동가로서 본래 엘렌 케이와 같이 '성적性的 구별을 과장하는 주장'은 '반동적 사상'이라는 입장에 서 있었던 기쿠에는,58) 여성해방운동사에서 아키코와 라이초 두 사람의 위치를 확인하는 것으로부터 자신의 논의를 시작했다.

---

57) 堺利彦, 〈婦人界の三思想家—与謝野晶子·平塚明子·山川菊栄〉(1918.10), 《資料 母性保護論争》, ドメス出版, 1988(1984), 278쪽.

58) 山川菊栄, 〈婦人を裏切る婦人論を評す〉(1918.8), 《資料母性保護論争》, ドメス出版,1988(1984), 117~119쪽. 기쿠에는 여성의 자유를 주장하면서도 이를 가능하게 하는 사회를 실현하기 위한 정치활동에는 반대하는 엘렌 케이에 대해, '진부하고 상투적인 사회정책론자'에 지나지 않는다고 폄하하고, 성적 구별의 과장에 입각한 그의 사상은 반동사상이라고 비판했다. 그럼에도 케이의 사상이 일본에 수용된 것은, ① 새로운 것, 서양의 것은 뭐든 무조건 감사하는 경향이 있는 일본인의 결점, ② 일본 여성의 학문의 부족과 무비판, 무조건적으로 추수追隨하는 경향, ③ 케이의 사상이 현재의 생활을 긍정하기에 적합하기 때문이라고 보았다. 그에 따르면, 현재 여성의 해방에 대한 이상理想과 실제 결혼생활에는 큰 모순이 있는데, 이를 인식·극복하기를 포기한 이들이 '모권부활'이나 '가정 부흥'과 같은 이름으로 남녀분업을 주장하는 케이의 사상을 지지한다는 것이다.

그에 따르면, 아키코는 18세기 말 유럽에서 시작하여 19세기 말에 대세가 된 '여권운동'의 전통을 계승하고 있으며, 라이초는 여권운동에 대한 대항 혹은 수정안으로서 19세기 초 북유럽에서 시작된 '모권운동'을 계승함으로써, 양자 모두 각 시대의 요구에 맞추어 출현한 것이라 할 수 있다. 특히 자본주의를 긍정하고 부인의 권력 강화에만 집중한 여권운동은 상당한 성과에도 불구하고 이른바 '부인해방의 비극'이라고 할 만한 여러 비참한 결과를 동반했다. 여성의 직업의 자유, 경제적 독립 등을 외치는 것도 결국은 자본가에게 유리한 상황을 조성하는 구실을 했고, 이러한 상황에서 여권운동은 타인을 착취하고 또 착취당하는 자유에 지나지 않았다는 것이 그의 평가였다.59) 이에 견주어 엘렌 케이의 모권운동은 19세기 말 자본주의 완성에 따른 비참한 결과에 대한 완화제로서 다양한 자선구제사업·사회정책이 제창되는 가운데 등장한 것이다. 자본주의의 폐해로부터 여성과 아이를 보호하는 등 이전의 여권운동보다 진일보한 것이었지만, 근본적 해결이 아닌 부분적 구제책에 안주하려는 것에 불과하다고 지적했다. 또한 자본주의가 남자에게 미치는 악영향에 대해서는 눈을 감았다는 점에서 여전히 불철저하고 심지어는 구식 '현모양처주의'의 오류에 빠질 위험을 안고 있기까지 하다는 것이 그의 냉정한 평가였다.60)

기쿠에는 본업이 문예작가인 아키코가 시인적·공상적 태도를 버리고 현실에 근거하여 사회문제를 비평하기 시작, 사회적으로 적지 않은 영향을 미치고 있는 것을 주목했다. 그리고 급격한 공업화와 그에 따른 자본의 집중으로 생활문제가 대두하는 당시의 시대적 상황에서,

---

59) 山川菊栄, 〈母性論争と経済的独立「与謝野、平塚二氏の論争」〉(1918.9), 《資料 母性保護論争》, ドメス出版, 1988(1984), 132~133쪽.
60) 위의 글, 1988(1984), 134~135쪽.

아키코의 주장이 차지하는 위치를 부여하고자 했다.

> 근래 갑자기 여자의 직업교육이나 경제적 독립을 요구하는 소리가 활발해진 것도 필경 이러한 사회적 사실의 반영에 다름 아니다. 그리고 요사노 아키코 씨의 근래의 언론은 모두 중류계급 부인의 입장으로부터 이러한 사회 상태에 순응하여, 이러한 난경難境을 무난하게 빠져나가려면 어떻게 하면 좋을까라는 문제를 중심으로 삼고 있다. 따라서 그는 여자에 대해서 어디까지나 이지理智주의, 정력주의, 분투주의를 고취하고 있다. 나는 이 점에서 그의 외침이 주저하고 게으른 중류계급 이상의 부인에게 딱 좋은 자극제가 될 것임을 의심하지 않는다.[61]

기쿠에가 아키코의 주장을 그다지 긍정적으로 평가했던 것 같지는 않다. 그는 아키코가 "노력을 존숭하고, 분투를 중시한 나머지, 일체의 사회적 곤란은 개인의 노력으로 해결할 수 있다"는 식의 결론, 개인의 빈곤은 자신의 게으름으로 말미암은 '자업자득'이라는 식의 결론에 이르기 쉽다는 점을 경계했다. 시대에 민감했으나 시대를 앞서지는 못했으며, 결국 부르주아지로서 계급을 극복하지 못했다는 것이 존경하는 선배이기도 한 아키코에 대한 기쿠에의 냉정한 평가였다.[62]

기쿠에는 히라쓰카를 일본의 엘렌 케이라고 명명하였다. 따라서 그에 대한 평가도 케이에 대한 그것과 별반 다르지 않았다. 즉, "중류계급의 부인으로서는 다소 넓은 관찰과 다소 진보한 견해를 가지고 현대문명에 맞닥뜨린 정도에 지나지 않는다"는 것이다. 흥미로운 것은 당시 '논쟁'에 대한 그의 평가이다. 서양에서는 약 1세기의 간극이 있

---

61) 위의 글, 136쪽.
62) 위의 글, 136~137쪽.

는 여성해방을 위한 두 가지의 운동이 동시에 공존하는, 즉 '여권운동'과 한 세기 뒤에 경험하게 될 그 폐해에 대한 예방이 공존하여 마치 "북쪽 지방에서는 매화와 벚꽃이 같이 피는" 것과 같은 상황이 1910년대 일본에 발생한 것이라고 해석하였다.[63] 기쿠에는 두 사람의 근본적 상이는 "육아기에 있는 부인이 직업에 종사하는 것이 가능한가, 불가능한가"에서 출발한 것으로, 이를 가능하다고 보는 아키코는 국가의 모성보호가 무용하다고 보았고, 라이초는 반대로 불가능하기에 이에 대한 보호가 필요하다고 본 것이라고 간단히 정리하였다.

하지만 기쿠에는 양자의 주장이 병립 불가능한 것이 아니라 조화를 이룰 수 있다고 보았다. 그 역시도 '육아'를 여성의 사회적 임무로 보았으며, 이들이 놀고 먹는다는 것[遊食]으로 꾸짖음 당해서는 안 된다는 점을 지적하면서, 다른 직업과 마찬가지로 가정에서 수행하는 사회적 임무에 정당하게 지불함으로써, 여성의 경제적 독립을 가능하게 하는 것이 결코 아키코의 주장과 배치되지 않는다고 설명하였다. 중류 이하 가정의 어머니는 자기 생활비를 충당할 수 없는 당시 일본의 현실에서, 아키코와 같은 '천분天分과 정력精力'을 갖지 못한 여성의 가사노동에 대해 경제적 가치를 인정하는 것이 타당하다고 보았던 것이다. 그는 아키코가 주장하는 여성의 경제적 독립 자체에는 동의하였지만, 그 방법과 과정에서는 이른바 모성을 보호하는 방식을 수긍했다고 정리할 수 있다. 하지만, 그렇다고 해서 사회주의 운동가인 그가 라이초나 케이와 같은 입장에 선 것은 아니었다.

---

63) 위의 글, 137쪽. 기쿠에는 케이의 주장에 그다지 높은 점수를 주지 않았다. 사회의 자본주의화에 따른 폐해에 대해서는 케이류의 주장보다 먼저 더 철저한 운동이 세계적으로 나타나고 있는 사실로부터, 그의 사상이 너무 늦은 주장이고 내용적으로도 너무나 불철저하며 실행방법도 아주 요원하다는 것이다.

본래 경제적 독립이라는 것은, 반드시 사회에 유익한 노동으로 의식衣食하는 것을 이름이 아니라, 어떻게 해서든 독자적인 한 목숨을 지탱할 수 있는 수입의 수단을 갖는 것을 의미한다. 이러한 의미에서 귀부인에게도 창부에게도 경제적 독립은 있을 수 있는 것이다 …… 자본주의 사회에서 무산자의 경제적 지위는 시장의 형성과 자본가의 상황에 따라 결정되는 것이기에, 그들의 독립은 항상 그러한 사정으로 위협받고 있는 것이다 …… 그렇다면 각 개인의 진정한 경제적 독립, 혹은 생활의 안정은 어떻게 얻을 수 있는가. 그것은 현재의 경제관계라는 근본적 원인과 절멸하는 것 외에 실현 방법은 없다고만 여기서는 말해두고자 한다.[64]

"현재의 경제관계가 영속할 것을 희망하지도, 그 가능성을 믿지도 않는" 기쿠에는 여성의 경제적 독립에 절대적 가치를 인정하지 않았지만, 현실적인 문제로는 아키코와 마찬가지로 그 필요를 인정하는 입장이었다. 그와 동시에, "그토록 비참하게 희생되기 가장 쉬운 부인과 소아의 운명을 다소라도 완화시키고자 하는" 케이 일파의 모성보호 주장에도 일리가 있다고 인정하여, 그 실현을 환영하는 입장이었다. 결론적으로는, 두 사람 모두의 주장이 일면의 진리라고 생각하면서도 양자가 함께 가는 편이 현재 사회의 지위 안정에 다소나마 도움이 될 것이라고 보았다. 그럼에도 이 모두가 "부인문제의 근본적 해결이 아니"라고 생각했다는 점에서는 이들과 입장을 달리했다.[65] 평소 소신인 사회주의에 입각하여, 자본주의에 입각한 경제관계라는 근본적 원인을 해소하는 것 없이 여성의 진정한 경제적 독립은 불가능하다는 신념을 갖고 있었기 때문이었다.

---

64) 위의 글, 141쪽.
65) 위의 글, 142쪽.

(2) '논쟁'에 대한 다른 시각—야마다 와카와 하니 모토코

'모성보호논쟁'은 주로 여성해방을 주창하던 이른바 '신여성' 또는 그들의 목소리를 대변하던 진보적 잡지의 지면을 중심으로 이루어진 것으로 알려졌지만, 아키코·라이초·기쿠에의 대립과는 다른 방향에서, 또 다른 입장의 차이를 보이는 경우도 있다. 야마다 와카山田わか(1879~1957)가 바로 그러한 사례이다. 그는 어린 시절에 거리에서 꼬임에 빠져 미국 시애틀의 창관娼館으로 팔렸다가 탈출하여, 기독교에 입신, 영어학원에서 만난 사회학자 야마다 가키치山田嘉吉와 결혼한 뒤 귀국하는 등의 특이한 이력을 소유하고 있었다. 라이초보다 먼저 엘렌 케이의 사상을 접하여 그의 저술을 번역·소개했고, 상당한 친분이 있던 라이초에게 처음으로 케이의 사상을 알게 했을 뿐 아니라, '논쟁'에서도 라이초와 의기투합했다. '논쟁' 후 실제 모성보호법 제정을 위한 단체를 결성(모성보호법제정촉진부인연맹, 후에 모성보호연맹)하여 초대위원장을 역임, 실질적으로 〈모자보호법〉(1937) 성립이라는 결과를 낳은 것도 그였다.

엘렌 케이의 사상을 적극 지지했고 라이초와 의기투합하여 '논쟁'에서 아키코·기쿠에와 대립각을 세웠다는 점에서, 그의 모성 관련 주장이 라이초의 그것과 같은 것으로 생각하기 쉽지만, 반드시 그러했던 것만은 아니다. 와카가 모성보호를 주장하는 가장 큰 이유이자 주된 관심은 '가정'이었다. 그렇기 때문에 '논쟁'에서 '사회'나 '인간'에 대한 이야기뿐이고, 가정에 대한 관심이 적은 것에 대해서는 불만을 품을 정도였다. 와카는 '논쟁'에서 오가는 주장들이 "인간을 낳는 본원本元이 되는 가정을 잊고 있음과 동시에, 한편으로는 개인적 자유에 편중되어 부인의 독립, 부인이 남자와 동등하다고 크게 외치는" 잘못된 사상이라고 비판했다. 그는 "사회의 단위는 가정"이라고 단언, "고독을 좋아하는 것은 야수거나 혹은 신"이라는 다소 현학적인 표현까지 동원해 가면서, 가정을 모든 논의 가운데 가장 우선적인 가치를 갖는 것으로 자리매김하고자 하였다. 특히 그는 여성의 노동을 주장하는 아키코에 대해 비판적으로, "나의 희망은 부인의 심신의 전력을 가정으로 다시 돌이켜 신성한 부인의 천직을 온전하게 하는 것"이라면서, 가정에 절대적인 가치를 부여하는 자신의 가정론과 여성의 역할론을 설파하였다.66)

와카와 마찬가지로 '가정'을 중시하는 입장에서 여성의 직업과 모성에 관해 언급했던 또 한 사람의 주목할 만한 인물로는 《부인지우婦人之友》(1903~)의 창간자이자 〈자유학원自由学園〉의 창립자였던 하니 모토코羽仁もと子(1873~1957)가 있다.67) 그는 개인적 회심을 통해서

---

66) 山田わか, 〈今後の婦人問題を提唱す〉(1918.4~7(추정)), 《資料 母性保護論争》, ドメス出版, 1988(1984), 91~95쪽. 아키코는 와카가 "독립이라는 아름다운 말에 매료되어" "독립 등이라는 공상에 현혹되어"와 같은 표현을 쓰면서 자신을 공격하는 것에 대해 혹시 '독립'과 '고립'조차 구분하지 못하는 것인가라고 반문하고, '인간의 독립'이란 칸트 뿐 아니라 동양의 사상에서도 지지되는 것인데 이를 공격하는 것은 타당하지 않다고 지적하면서, 인류의 공동생활과 개인의 독립생활이 모순하지 않는다는 점을 강조했다(〈平塚·山川·山田三女子に答う〉, 鹿野政直·香内信子 編, 《与謝野晶子評論集》, 岩波文庫, 1999(1985)). 기쿠에 역시도 와카에 대해서는 매우 비판적이었는데, 일단은 와카가 여성의 '독립'을 고독이나 독신으로, 남녀평등을 여성의 남성화로 오해하고 있음을 지적하고, 다음으로는 가정생활은 인간생활의 한 방편일 뿐 그 자체가 절대적인 목표는 아니라는 점을 명확히 함으로써 가정을 중시하는 와카와는 매우 다른 입장에 섰다(山川菊栄, 〈婦人を裏切る婦人論を評す〉(1918.8)).

67) 하니 모토코에 대해서는 다음의 연구를 참고할 것. 斎藤道子, 《羽仁もと子 ― 生涯と思想》, ドメス出版, 1987, 이은경, 〈근대 일본 기독교인의 전쟁협력 ―하니 모토코(1873~1957)의 언설을 중심으로―〉, 《東洋史學研究》110, 2010.3; 이은경, 〈근대 일본 여성 기독교인과 생활: 羽仁もと子(1873~1957)의 언설을 중심으로〉, 《日本學研究》30, 2010.5.

318

크리스천이 되었음을 천명한 근대 일본의 대표적 여성 기독교인이자,
자신의 신앙을 바탕으로 하여 중산층 가정의 여성들에게 주로 '생활
합리화'를 주제로 한 계몽활동을 펼쳤던 인물이다. 또한 항상 당시
유행하던 사상이나 정세의 변화에 관심을 갖고 이를 자신의 언어로
해석하여 중류가정의 여성들에게 전달하는 일에 평생을 바친 지식인
이기도 했다.68) 그러한 평소의 성격과 활동상을 고려할 때, 그가 여
성·가정과 관련하여 가장 왕성하게 정력적으로 활동하던 다이쇼시대
의 '논쟁'에 대해 몰랐을 리는 없다. 그러나 평소 신여성 그룹과는 어
느 정도의 거리를 두고 비판적이었던 그는, 실제 적극적으로 '논쟁'에
직접 참여하기보다는 '논쟁'의 추이를 지켜보며, 그와 관련된 자신의
의견을 《부인지우》에 싣는 방식을 택했다.

원래 《부인지우》의 창간 당시 이름이 《가정지우家庭之友》였을 정도
로 '가정'을 중요하게 생각했던 점이나 크리스천이라는 점에서 와카와
공통점이 많은 모토코였지만, 와카와는 대조적으로 당시 유행하던 모
성보호론에 대해서 결코 호의적이지 않았다는 특징이 있다. 독특한
기독교적 가치관에 바탕을 둔 그의 여성·가정에 관한 사상을 정리하
는 것은 이 글의 목적이 아니기에 생략하지만, 여전히 보수적·전통적
인 여성·가정론의 소유자로 분류되는 그가 실은 '양처현모'론에 바탕
을 둔 여성교육과 주부상에 대해 이의를 제기하면서 한편으로는 신여
성의 여성해방운동과도 구별되는 고유한 입장을 견지했던 것은 몇몇
연구에 의해서 이미 지적된 바와 같다.69)

그는 여성의 직업과 경제력, 모성 등의 문제를 '여권'이 아니라 '생

---

68) 기독교 신앙과 사회문제에 대한 그의 적극적 관심은 곧잘 "한 손에 성경,
　　한 손에 신문"이라는 표현으로 상징되곤 한다.
69) 이은경, 앞의 글, 2010.5.

활'이라는 측면에서 접근했으며,70) 그러한 사고의 배경에는 기독교에 근거한 신神의 존재가 있었다. 모토코가 '모성'의 실현, 즉 출산과 자녀의 교육을 여성의 '최고의 일'로 여겼던 것은 사실이지만, 그에게는 몇 가지 포기할 수 없는 다른 요소들이 있었다. 그에 따르면 "어머니인 부인 자신에게도 자신의 절대적 의지와 인격을 가지고 사회에 직접 작용하는, 어떤 정도의 생활이 반드시 필요"하며, 여성에게는 "자기 스스로 직접 세상 속을 홀로 걷는" 자세가 필요하다고 보았다. 곧 모성의 실현은 분명 가장 중요한 일이었지만, 그럼에도 하루의 시간 속에서 사회적인 공헌을 할 수 있는 일이 여성에게는 필요하다는 것이다. 그의 주장을 정리하면, 결국 다음과 같은 것이 된다. 첫째, 모성의 실현이 우선이나 반드시 노동과 공존해야 하며, 둘째, 사회적 노동은 경제적 대가를 목적으로 하는 것은 아니다. 셋째, 이로써 신이 요구하는 '이상적 생활'이 가능하다는 것이다.

이를 위해서 여성은 하루 온종일 일하는 직업은 갖지 말고, "매일 약간씩의 시간을 살린, 연속된 일을 하는 것이 좋겠다. 일용직 같은 마음으로 일하는 것은 여성의 본질에 맞지 않다"고 주장했다. 그는 여성의 직업을 설명하고자 '재능의 자녀'라든가, '여왕벌·일벌·수벌'과 같은 흥미로운 비유를 사용하는데, 직업이란 각자가 가진 재능이 자연스레 성장하여 나타나는 결과물, 즉 '재능'에서 탄생하는 '자녀'와 같다고 본다. 즉 재능 있는 여성이 직업을 갖고 일하는 것은 자연의 이치와 같이 지극히 당연하다는 논리다. 그는 직업이 돈을 목적으로 하는 것이라면 결코 오래 갈 수 없으며,71) 또 그렇다고 해서 그 역

---

70) 羽仁もと子, 〈この生の使ひ方〉, 《婦人之友》14-6, 1920.6. 이하, 여성의 직업에 관한 모토코의 의견은 대부분 이 글의 내용에 기초한 것이다.
71) 여성의 직업이 돈을 목적으로 하거나, 노동의 역할 자체를 목적으로 해서

320

할만을 중시한다면 번식의 의무를 다한 '수벌'이 죽어버리는 것과 같
다며 비판하였다. 그는 절대적인 자기를 자각하기 위해서 자기의 절
대적인 생활이 필요하며, 그 가장 좋은 길이 바로 '직업'에 있다고 보
았다. 나아가 그는 돈을 목적으로 일하는 것은 '일벌'과 같고 '여왕벌'
은 '모성보호론'을 떠올리게 하기에 양자 모두 싫다는 지극히 주관적
인 말로, 한창 '논쟁'을 벌였던 아키코와 라이초류의 주장을 함께 배
척하였다.

'논쟁'은 주로 여성해방을 주장하는 입장에 섰던 '신여성'들의 전유
물처럼 여겨지는 경향이 있는 것이 사실이다. 하지만 적극적인 여성
해방론자의 범주에 들지 않으나 여성들의 지위향상과 생활개선에 관
심을 갖고 있던 하니 모토코나 야마다 와카와 같은 중도적 혹은 개
량주의적 여성운동가들에게도 '논쟁'은 관심의 대상이었음을 알 수 있
다. 특히 여성에게서 '모성'과 '직업'의 양립 가능성에 관해서는 현대
에도 여전히 해법을 모색 중이라는 사실을 고려하면, '논쟁'에 직접
참여했는지 여부와는 별개로, 각자의 입장에서 이에 대한 나름의 고
민과 해결을 모색했던 것은 지극히 당연한 현상이었다.

맺음말

이상에서 살핀 '모성보호논쟁'은 출산하는 성性인 여성이 직업을 가

는 안 된다는 것은 이전부터 모토코가 곳곳에서 주장한 것이다. 이에 대해
야마카와 기쿠에는 모토코의 직업관이 "여자는 직업 외에 반드시 다른 생활
수단을 갖고 있다"는 식으로 "지금의 무산계급의 사정에 어두운 계급적 편
견을 드러내고 있다"고 비판하기도 했다(山川菊栄, 〈婦人と職業問題〉(1919),
《山川菊栄集》Ⅱ, 岩波書店, 1982, 19쪽).

지고 일한다는 문제 즉 생명의 재생산과 생활수단인 직업과의 양립이라는 오늘날의 문제를 가지고, 이보다 약 한 세기 앞선 시기의 일본 여성들이 근대 일본사회의 커다란 특징이라고 할 수 있는 잡지 저널리즘을 통해 벌인 대표적 논쟁이었다. 이것은 어리석은 여성이라는 전근대 시대의 여성인식이 근대 이후 양처현모 양성이라는 여성교육 이념으로 변화하고, 이러한 교육 속에서 답답함을 느껴 자각하기 시작한 여성들의 등장이, 다이쇼 데모크라시 및 제1차 세계대전을 전후한 급격한 산업 발달이라는 시대 변화와 맞물리면서 가능해진 것이었다.[72] 이들의 '논쟁'은 계층과 시대를 넘어 모든 여성들이 공통적으로 안고 있던 여성의 모성 실현과 경제적 자립이라는 문제를 둘러싸고 활발한 의견 개진을 벌인 사건이다. 그렇지만 논쟁의 내용뿐 아니라 각각의 참여자가 다소 과격할 정도의 설전을 벌임으로써 여성문제에 대한 관심을 높이고 각자의 인지도도 높였던 전략적인 의의도 평가할 수 있다.

일찍이 '논쟁'의 주된 참가자인 아키코·라이초·기쿠에 3인에 대해 한 연구자는 "그들의 삶 자체가 다이쇼기 새로운 여성상을 보여주고 있으며, 많은 공통점을 갖고 있다"며, 그들의 공통된 특징을 열거한 적이 있다. 그 내용을 정리하면 첫째, 비교적 좋은 여건의 가정환경에서 여학교 이상의 교육을 받았다는 점, 둘째, 배우자를 자신의 손으로 골라 연애결혼을 하고 일부일처와 자녀 중심의 가정을 이룬 것, 셋째, 외국의 여성론으로부터 영향을 받으면서도 결혼·출산·육아라는 생활체험 자체에 바탕을 두고 자신의 여성론을 구축한 것, 넷째, '논

---

[72] 다시 한 번 문제가 되는 것은 패전 후 약 10년이 지나 점령 정치가 종결되고 극심한 경제적 빈곤도 어느 정도 극복했던 시점, 즉 이른바 '전후가 끝난' 시점(1955~1956, '주부논쟁')부터였음도 의미심장하다.

322

쟁' 뒤 각자 다이쇼기를 상징하는 교육실천·사회실천의 길로 나아간 것 등이다.73) 이러한 특징은 야마다 와카나 하니 모토코에게서도 대부분 공통적으로 찾을 수 있지만, 성장 환경만큼은 다소의 차이를 보인다. 야마다 와카는 빈농 출신일 뿐 아니라 해외의 매춘부로 팔렸다가 탈출한 극단적인 고난을 경험을 했고, 아키코도 "구식 가정의 음울과 빈곤이 극에 달한 분위기 가운데 어렵고도 어렵게 자랐다"고 고백하고 있으며, 모토코도 아오모리靑森현의 시골 출신으로 학비 면제를 조건으로 메이지明治여학교 입학을 결정할 정도로 넉넉한 생활은 결코 아니었기 때문이다.

오히려 그들의 공통점은 각기 다른 환경에도 불구하고 왕성한 지적 욕구와 여성문제 뿐 아닌 사회의 다양한 문제에 대해 폭넓은 관심을 가졌다는 점일 것이다. 윤택한 환경에서 최고의 교육을 받은 라이초나 기쿠에는 '양처현모' 교육에 답답함을 느껴 장외의 새로운 학문으로 관심을 확대시켰고, 모토코는 도쿄 유학 시절 처음 접하는 도시문명에 정신을 빼앗겨 한동안 학문을 등한시할 정도였을 뿐 아니라, '호기심'이 발단이 되어 친구를 따라 교회를 방문하고 세례를 받기까지 했다. 가게 일과 가사 일에 쫓기면서도, 밤에는 부모의 눈을 피해 책을 읽으며 공상의 나래를 폈던 아키코나, 무학의 창녀 출신임에도 남편 야마다 가키치에게 학문을 배워 평생 독서를 즐겼던 와카도, 열악한 생활환경이나 고난이 그들의 지적 욕구를 방해하지 못했음을 보여준다. 무엇보다 자신의 경험 안에 갇히기보다는 평소의 생활에서 느낀 문제의식을 확대, 자신이 포함된 더 넓은 계층에 관련된 보편적인 문제를 발견하고 이를 해결하고자 실천에 나섰다는 점이 공

---

73) 金子幸子, 앞의 책 , 1999, 117~118쪽.

통적이다.

또 하나 흥미로운 점은, 이들 대부분이 이상과 같은 남다른 삶을 지탱할 만한 특별한 정신적·사상적 지주를 가지고 있었다는 점이다. 라이초가 한동안 선禪을 비롯한 신비주의 종교에 탐닉했음은 모두 아는 사실이며, 기쿠에는 사회주의 사상을 받아들였고, 모토코와 와카는 기독교 세례를 받고 크리스천이 되었다. 아키코만이 이와 같은 정신적·사상적으로 의존할 대상을 갖지 못했고, 심지어는 모토코나 와카와 같이 든든한 버팀목이 되어줄 정도의 배우자를 만나는 행운과도 가장 동떨어져 있었다는 점에서, 어쩌면 다이쇼기 일본 여성이 처한 문제를 가장 절실히 경험하고 또 호소하고 있었던 것은 아닐까 하는 추론도 가능하다.

마지막으로 이들 여성이 '논쟁' 이후 어떠한 삶의 궤적을 보였는지를 간단히 언급하는 것으로 이 글을 마무리하고자 한다.74) 그것은 주로 당시 여성이 당면한 문제에 대해 여전히 '추상적'인 의미부여에 그쳤던 '논쟁'의 주역들이 이후 자신의 주장을 어떤 식으로 실천해 갔는가에 대한 대답이기도 하다. 이를 요약적으로 보여주는 것은 '논쟁' 직후 사카이 도시히코堺利彦가 제안한 '부인참정권운동'에 대한 각자의 반응일 것이다. 먼저 아키코는 '실천운동은 불가능하다'는 입장을 표명하면서, 그 이유로 첫째, 일본 여성들이 '부인의 선거권[婦選]'에 무관심한 현상, 둘째, 11명의 자녀 양육으로 '상당히 바쁜 맞벌이'에 쫓기고 있는 현실을 들었다. 그는 '문필로 개인적으로 펼치는 조심스러운 운동'을 지향, 여성의 선거권을 요구하는 글로 여론 조성에 공헌했다고 평가된다.

---

74) 香内信子, 〈『母性保護論争』の歴史的意義—論争から運動へのつながり〉, 《歴史評論》195, 1966.11.

324

라이초의 경우, 여성참정권은 이미 세계적으로 승인된 것으로, 여성에게 참정권을 '언제 부여할 것인가'라는 시기의 문제만이 남은 것으로 보긴 했지만, 당시 일본의 현실 속에서는 시기상조론이라는 입장이었다. 오히려 정치적인 요구보다 일상적인 문제에 관심을 갖고, '신부인협회新婦人協会'를 조직하여 〈치안경찰법 제5조〉의 개정, 〈화류병 남자의 결혼제한법〉 제정과 같은 운동에 매달렸음은 모두가 아는 사실이다.75) 기쿠에는 당장의 여성참정권 운동에 대해서는 "무산부인은 참정권운동 이외에 그 이상 유리한 해방 수단을 가질 수 있는가 아닌가, 나는 무산계급의 역사와 민중의 본능 가운데 이 질문에 대한 답을 발견하고자 한다"며 신중한 자세를 보였지만, 결국은 전후에 이르기까지 무산계급 여성의 이해를 대변하고 이를 관철시키려는 여성운동의 형태를 지속적으로 모색해 나갔다. 가정의 중요성을 역설했던 와카는 이후 〈모자보호법〉 제정(1937)이라는 성과를 냈고, 《주부지우主婦之友》 등의 저널에서 가정문제 상담가로서 전후까지 활동을 지속했다. '생활'에 바탕을 두고 주장을 펼쳤던 모토코는 이후로도 여성계몽(《부인지우》)과 교육[〈자유학원〉(1921~)]으로 중류층 여성들의 사상과 생활에 커다란 영향을 미쳤다. 근대 일본 여성계에 커다란 영향을 미친 이들의 서로 다른 활동과 지향점이 이미 '논쟁' 가운데 확인된다는 점에서, '논쟁'이 현대 일본 여성사에서 출발점이었음을 실감할 수 있다.

---

75) 요네다 사요코·이시자키 쇼오코, 앞의 글, 2003.

■ 참고문헌

권숙인, 〈일본제국시대(1866~1945)의 여성의 지위: 정치적 보수주의와 '양처현모' 이념의 대두〉, 《한국문화인류학》30-1, 1997.
오고시 아이코 지음, 전성곤 옮김, 《근대 일본의 젠더 이데올로기》, 소명출판, 2009.

윤소영, 〈근대국가 형성기 한·일의 '현모양처론'〉, 《한국민족운동사연구》 44, 2005년.
이은경, 〈근대 일본 기독교인의 전쟁협력―하니 모토코(1873~1957)의 언설을 중심으로―〉, 《東洋史學硏究》110, 2010.3.
이은경, 〈근대 일본 여성 기독교인과 생활: 羽仁もと子(1873~1957)의 언설을 중심으로〉, 《日本學硏究》30, 2010.5.
히로세 레이코, 〈일본의 '신여성'과 서양여성해방사상―엘렌 케이 사상의 수용을 둘러싸고―〉, 《여성과 역사》5, 2006.

小山静子, 《良妻賢母という規範》, 勁草書房, 1991.
島田燁子, 《日本のフェミニズム》北樹出版, 1996.
瀬地山角, 《東アジアの家父長制》勁草書房, 1996.

찾아보기

ㄱ

가네사와 사네토키金澤實時　70

가마쿠라 막부鎌倉幕府　57

가마쿠라 막부법(御成敗式目)　105

가모賀茂　75

가스가묘진春日明神　80

가쓰 가이슈勝海舟　180

가이세이조開成所　204

《가정지우家庭之友》　318

가즈노미야和宮　177

가즈히토量仁　90

가토 히로유키加藤弘之　202

간다 다카히라神田孝平　222

간토關東　67

간파쿠關白　95

개명파開明派　204

개척사開拓司　255

건무식목建武式目　105

게이오 기주쿠慶應義塾　204

겐로元老　271

겐지源氏　59, 98

겐페이源平　96

《계태자서誡太子書》　64

고 모로나오高師直　105

고곤 상황光嚴上皇　105

《고금저문집古今著聞集》　75

고다이고 천황後醍醐天皇　65, 90, 113, 114

〈고등여학교령〉　287

고사가 상황後嵯峨上皇　90

고사가 원後嵯峨院　62

고시라카와 원정後白河院政　59

고우다 법황後宇多法皇　90

고케닌御家人　57

고쿠진 잇키國人一揆　124

고토 신페이後藤新平　258, 259

고토바 상황後鳥羽上皇　57

고토바 원後鳥羽院　57, 111

고호리카와 천황後堀河天皇　89

고호조 씨後北條氏　126

고후시미 상황後伏見上皇　90

곤겐權現　78

곤고부지金剛峰寺　75

공가 신제公家新制　63

공가 정권公家政權　58, 99

공가公家　57

공경귀족　88

공도덕公道德　231

공리公利　232

공무합체公武合體　177

공의公儀　107, 108, 123, 124, 125,
　　127, 128, 129
관동신제關東新制　112
관선의원론官選議院論　240
관세자주권關稅自主權　212
교양교육　260, 261
교육칙어敎育勅語　252
구니히토 왕邦仁王　89
구로다 기요타카黑田淸隆　196
구보公方　125, 130
구조 가네자네九條兼實　78
구조 미치이에九條道家　89
국민교화　275
국민교화운동國民敎化運動　252
국주國主　86
국체國體　229
〈국체신론國體新論〉　228
군담기軍談記(軍記物語)　96
군덕君德　65
군민동치君民同治　233
군사郡司　51
군사권문軍事權門　66
군신론　94
군주전치君主專治　230
군주정체君主政體　229
군주천제君主擅制　230
권청勸請　78
권화權化　75
귀종貴種　78, 121
규슈九州　169
기내畿內　87
기도 다카요시木戸孝允　186, 195
기소 요시나카木曾義仲　97

기청문起請文　81
기타자토 시바사부로北里柴三郎　269

ㄴ

나니와궁難波宮　21
나리아키(도쿠가와 나리아키)　151,
　　152
나이토 고난內藤湖南　103
나카무라 마사나오中村正直　202,
　　253, 285
낙중洛中　87
난징조약南京條約　201
남북조南北朝시대　58
내지여행內地旅行　218
《노부나가공기信長公記》　116, 117,
　　128, 238
《노부나가기信長記》　108
농정학農政學　256
누마 모리카즈沼間守一　205
니노미야 손토쿠二宮尊德　253
니쇼모데二所詣　82
니시 아마네西周　202
니시무라 시게키西村茂樹　202, 253
니조 천황二條天皇　93
니치렌日蓮　74
니토베 이나조 新渡戸稻造　254

ㄷ

다가 무네하야多賀宗隼　63
다이라노 기요모리平淸盛　58
다이라노 마사쓰라平政連　71
다이쇼 데모크라시　279, 321
다이카개신大化改新　17, 21

다이카쿠지 통大覺寺統　63, 91
다이토大途　130
다이호율령大寶律令　17
다케노우치 스쿠네武內宿禰　80
다케노우치 오카미武內大神　80
다케다 노부미쓰武田信光　98
《대괴비초大槐秘抄》　93
대극전大極殿　21, 24, 28, 29
대마주(→쓰시마)　172, 175, 178
대왕제大王制　24
대의기관代議機關　238
대일본실업학회大日本実業学会　263
덕정德政　63
덴무天武　17, 23, 45
도고土豪　104
도리道理　68, 105, 109
도리정치道理政治　233
도바 원鳥羽院　85
도성제都城制　15, 16, 54
도쇼다이곤겐東照大權現　106
도요쿠니다이묘진豊國大明神　106
도요토미 히데요시豊臣秀吉　169,
　　173, 184, 273
도쿠가와 나리아키德川齊昭　142,
　　147, 149
도쿠가와 막부　171
도쿠가와 요시노부德川慶喜　181
도쿠가와 이에모치德川家茂　177
도쿠가와 이에야스德川家康　172
도쿠다이지 사네모토德大寺實基　62
도쿠소得宗　69
도쿠토미 소호德富蘇峰　259
도키 요리토土岐賴遠　105

도토미遠江　86
동국東國　79
동대사東大寺　31, 33
동도서예론東道西藝論　248
동이東夷　89

ㄹ

러일전쟁　254
로쿠하라六波羅　92
롯카쿠 씨六角氏　127
리젠들李仙得　168, 191

ㅁ

《마스카가미增鏡》　90
마쓰다이라 사다노부松平定信　145
마쓰무라 스케이시松村介石　253
마키노 노부아키牧野伸顯　258
만세일계론萬世一系論　230
말대末代　76, 89
말법사상末法思想　73
말세末世　79
망라의원網羅議院　243
《매송론梅松論》　68, 111, 122, 123
메이로쿠샤明六社　201, 284
《메이로쿠잡지明六雜誌》　204
《명월기明月記》　94
모리 모토나리毛利元就　115
모리 아리노리森有禮　195, 202
모성母性　280, 282, 284, 292, 293,
　　295, 296, 298, 299, 304, 308,
　　314, 317, 319, 320
모성보호논쟁　280, 281, 282, 283,
　　289, 292, 294, 299, 300, 302,

305, 310, 311, 316, 321

모자보호법 316, 324

《묘에상인전明惠上人傳》 67, 109, 122

묘슈名主 104

무가사회 72

무가신격화武家神格化 106

무라카미 겐지村上源氏 95

무로마치 막부법(建武式目) 105

무문武門 91

무민撫民 61, 62, 63, 64, 66, 69, 70, 72, 99, 100, 105, 106, 112, 113, 114, 119, 125, 133

무민주의撫民主義 104, 119

무사 정권武士政權 58, 99

《무사도武士道》 257

무상관無常觀 97

무신武神 77, 78

〈무역권형론貿易權衡論〉 225

무위武威 7, 85, 86, 88, 90, 91, 93, 95, 99, 101, 109, 122, 134, 184, 185

무자도武者道 131

문명개화文明開化 202

《문명론지개략文明論之槪略》 208

문무병용론 93

문무이도론 94

미나모토노 다메토모源爲朝 97

미나모토노 사네토모源實朝 57

미나모토노 요리요시源賴義 78

미나모토노 요리이에源賴家 57

미나모토노 요리토모源賴朝 57, 120

미시마다이묘진三嶋大明神 81

미시마샤三島社 83

미우라 요시무라三浦義村 98

미일통상조약 152, 160

미일화친조약 141, 147

미즈쿠리 린쇼箕作麟祥 202

미즈쿠리 슈헤이箕作秋坪 202

민권民權 233

민본주의民本主義 235

민선의원설립건백서民選議院設立建白書 239

민선의원설립론民選議院設立論 230

ㅂ

백대百代 73

백왕 진호 72, 73

백왕관百王觀 73

백왕설百王說 73

범천梵天 81

병인양요 182, 183

보덕사상報德思想 253

보아소나드 168, 194

보조무궁관寶祚無窮觀 59

보호무역 222

본지수적설本地垂迹說 104

부국강병富國强兵 202

《부인공론婦人公論》 300

《부인지우婦人之友》 317, 318, 324

부인참정권운동 323

분국分國 128

불경사건不敬事件 262

불신佛神 68

불평등조약不平等條約 201

비리법권천非理法權天 133

330

비스마르크 242
비전론非戰論 252
비토 마사히데尾藤正英 103

ㅅ

사대천왕四大天王 81
사리私利 232
사부합전서四部合戰書 95
사쓰마薩摩 173
사영리私營利 231
사이고 다카모리西鄕隆盛 189
사이四夷 93
사카이 도시히코堺利彦 323
사카타니 시로시阪谷素 240
사회진화론 209
산악신앙山岳信仰 82
삼보三寶 231
삼십번신三十番神 76
삼한三韓 75
삿포로농학교札幌農学校 255
서남웅번西南雄藩 167, 174
선지宣旨 88
섭정攝政 78
세이와 천황淸和天皇 78
《세이토青鞜》 289, 294, 300
소 요시아키라宗義達 178
소 요시요리宗義和 175, 177
소가노 우마코蘇我馬子 18
소네 아라스케曾禰荒助 258
속성제屬星祭 79
쇼니 씨少貳氏 176
쇼하치만正八幡 74
수양단修養團 252

수양론 252, 253
수호사守護社 78
스기 고지杉亭二 202
스에 하루카타陶晴賢 114
《승구기承久記》 77, 95
시나노信濃 86
시마궁島宮 18
시조 천황四條天皇 89
신감神鑑 91
신공황후 184
신국사상神國思想 104
신기神器 65
신기신앙神祇信仰 59
신대神代 81
신려神慮 108
신미양요 187
신본수적설神本垂迹說 106
신손神孫 60
신손위군神孫爲君 59
신여성新女性 289, 290, 292, 293,
    316, 318, 320
신인神人 95
신판神判 118
《실업지일본實業之日本》 263
심학心學 253
《십훈초十訓抄》 94
싯켄정치執權政治 57
쓰가루津軽 92
쓰다 마미치津田眞道 202
쓰루가오카 와카미야鶴岡若宮 78
쓰루가오카 하치만鶴岡八幡 77
쓰시마주對馬州 172, 175, 178
쓰치미카도 사다미치土御門定通 95

쓰치미카도 상황土御門上皇 89

□ㅇ

아마테라스 오미카미天照大御神 59, 72, 122

아베 마사히로阿部政弘 142

아사쿠라 다카카게朝倉孝景 115

아사히코朝彦 친왕 182

아스카飛鳥 17, 19

아시가루足輕 103

아시카가 다다요시足利直義 113

아시카가 다카우지足利尊氏 113

아시카가 요시미쓰足利義滿 114

아시카가 요시아키足利義昭 129

《아즈마카가미吾妻鏡》 72, 120

아편전쟁 201

안도 노부마사安藤信正 177

야마나 소젠山名宗全 114

야마다 가키치山田嘉吉 316, 322

야마다 와카山田わか 316, 317, 318, 322, 324

야마카와 기쿠에山川菊栄 280, 283, 310, 312, 313, 315, 321, 322

야마카와 히토시山川均 311

야만野蠻, 개화開化의 초보, 반화半化, 개화開化 208

야만野蠻, 반개半開, 문명文明 207

양 통兩統 90

양이론攘夷論 144, 149, 155, 217

양이론자 152, 155, 156, 160, 162

양처현모良妻賢母 280, 282, 284, 286, 288, 291, 318, 322

양학洋學 202

〈어성패식목御成敗式目〉 68, 109

에도江戶 178

에조가시마蝦夷が島 92

에토 신페이江藤新平 191

엔랴쿠지延曆寺 87, 119

엘렌 케이 292, 311, 312, 313, 316

《여대학女大學》 284

역가驛家 34, 39, 54

역로驛路 16, 33, 37, 41, 54

역마驛馬 38

역성혁명설易姓革命說 60

오노즈카 기헤이지小野塚喜平次 263

오다 노부나가織田信長 107, 108, 118, 128, 129, 133, 273

오미경近江京 17

오미령近江令 17

오슈奧州 81

오에이應永의 난 113

오우치 씨大內氏 114

오우치 요시타카大內義隆 114

오우치 요시히로大內義弘 113

오제 호안小瀨甫庵 108

오쿠보 도시미치大久保利通 190

오키 법황隱岐法皇 74

오하리다궁小墾田宮 19, 20

왕법불법론王法佛法論 104, 121

왕손王孫 98

왕위王威 93

왕정복고王政復古 216

왕토왕민사상王土王民思想 67, 86

왜관 187, 188

요로령養老令 17, 50

요사노 아키코与謝野晶子 280, 283,

289, 294, 295, 297, 298, 300, 303, 305, 307, 309, 310, 313, 317, 321, 323

요시노 사쿠조吉野作造   263

요시다 가네토모吉田兼俱   106

요시다 사다후사吉田定房   65

요시다 쇼인吉田松陰   152, 154, 155

《우관초愚管抄》   73, 110

우에키 에모리植木枝盛   205

우지가미氏神   78

우치무라 간조内村鑑三   255

원선院宣   87

웨이드   193

유덕자위군론有德者爲君論   60

유사전제有司專制   239

《육대승사기六代勝事記》   60

육십여 주六十餘州   81

율령제律令制   15, 22, 27, 42, 54

이가 미쓰스에伊賀光季   77

이국관異國觀   167, 197

이도二道   93

이마가와 료순今川了俊   113

이봉移封   175

이세 신궁伊勢神宮   70

이세理世(세상을 다스림)   112

이시게 다다시石毛忠   83

이시다 바이안石田梅岩   253

이시모다 쇼石母田正   124

이십이사二十二社   75

이역만류異域蠻類   89

이와시미즈 하치만石淸水八幡   75, 77

이와쿠라 도모미岩倉具視   186

이와쿠라岩倉사절단   203

이이 나오스케井伊直弼   175, 177

이즈伊豆   81

이즈·하코네곤겐   82

이치카와 신고로市川新五郎   98

이타가키 다이스케板垣退助   239

이타쿠라 가츠키요板倉勝靜   178

이홍장李鴻章   192

인군독재人君獨裁   233

인습도리혼합정치因襲道理混合政治   233

인습정치因襲政治   233

인왕백강仁王百講   79

인정仁政   69

일본총진수日本總鎭守   82

임진왜란   169, 170

입신출세立身出世   251

입헌정체立憲政體   230

잇키一揆   104

《잇펜상인회전一遍上人繪傳》   82

ㅈ

자유독립自由獨立, 약속독립約束獨立, 공납독립貢納獨立   210

자유민권운동自由民權運動   205, 259

〈자유학원自由学園〉   317, 324

《장문기將門記》   96

장사壯士   259

적극적 개국론자   162

적극형 개국론   156

적례·대등지교敵禮對等之交   171

적례敵禮관계   167

《정관정요貞觀政要》   93

정도론政道論 67

정도政道 98

〈정론政論〉 215

정이대장군征夷大將軍 59

정체政體 229

정한론征韓論 167, 168, 174, 197, 238

제덕帝德 67

제범帝範 61, 93

제일고등학교第一高等學校 259

제정일치祭政一致 213

조가朝家 94

조리제條里制 35

조방제條坊制 22, 25, 27, 30

조슈長州 179

조위朝威 91, 121

조큐承久의 난亂 57, 109

조헤이承平 96

종묘신宗廟神 78

《주부지우主婦之友》 324

주세이 왕忠成王 89

주종제 115, 117

주쿄 천황仲恭天皇 72

준토쿠 상황順德上皇 89

중세 사원법寺院法 110

〈중학교령개정〉 286

지묘인 통持明院統 63, 90

지엔慈圓 73, 110

진무 천황神武天皇 73

〈진정대의眞政大意〉 228

진항秦項 87

진호국가신鎭護國家神 78

징병제도 188

천도天道 68, 107, 108, 109, 114, 115, 116, 118, 123

천명天命 67, 68, 111

천변지이天變地異 75

천부인권론天賦人權論 205

천손설天孫說 230

천신지기天神地祇 75

천의天意 90

천조지부제天曹地府祭 79

천조天祚 66

천하天下 65, 107, 108, 114, 123, 127, 128, 131

〈천하초창天下草創〉 120

천하포무天下布武 120

청일전쟁 264

《춘추좌씨전春秋左氏傳》 94

치세안민론治世安民論 60

치외법권治外法權 212

치천治天의 군君 89

칠덕七德 94

타이완 총독부 258

타이완 침공 192, 193, 249

탈공가성脫公家性 82

탈아입구론脫亞入歐論 209

탐적사探賊使 171

태정관太政官 44

통속도덕 270

통신사 171, 172

ㅍ

평민공화平民共和　233
평정제評定制　62
평정중評定衆　62, 70, 84, 110
폐번치현廢藩置縣　186, 187
프리드리히 대왕　230
피터 대제　216

ㅎ

하나부사 요시모토花房義質　187
하나조노 천황花園天皇　64
하니 모토코羽仁もと子　316, 317,
　　318, 320, 322, 324
하무로 미쓰치카葉室光親　88
하치만 대보살八幡大菩薩　74, 81
하치만궁八幡宮　122
하치만신八幡神　59
하코네箱根　81
하코다테函館　176
해방海防　138, 142, 143, 147, 151
해외팽창론　62, 163
헤이안平安　73
헤이조경平城京　17, 22, 25, 41
《헤이지모노가타리平治物語》　93, 95
헤이지平治의 난　85
《헤이케모노가타리平家物語》　95
헤이케平家　97
《호겐모노가타리保元物語》　74, 95
호겐保元의 난　58

호조 도키요리北條時賴　69, 112
호조 마사코北條政子　77
호조 사다토키北條貞時　71
호조 소운北條早雲　116
호조 시게토키北條重時　85
호조 야스토키北條泰時　67, 109, 122
호조 요시토키北條義時　58
혼간지本願寺　118
홋카이도北海道　255
홋타 마사요시堀田正睦　156, 157,
　　158, 159, 160
화란학和蘭學　203
화혼양재론和魂洋才論　248
황위皇威　65
황윤皇胤　64
회답겸쇄환사回答兼刷還使　171
후루사와 시게루古澤滋　205
후지와라 씨藤原氏　81
후지와라경藤原京　17, 22
후지와라노 고레미치藤原伊通　93
후지와라노 노부요리藤原信賴　88
후지이 조지藤井讓治　126
후쿠자와 유키치福澤諭吉　202, 285
히라노平野　75
히라쓰카 라이초　280, 283, 289,
　　292, 294, 296, 299, 301, 303,
　　305, 307, 311, 314, 316, 320,
　　323

필자소개

김용덕金容德
하버드대(박사)
경력: 서울대 동양사학과 교수, 同 국제대학원장, 역사학회장, 동북아역사재
　　　단 이사장, 현재 서울대 명예교수, 광주과학기술원 석좌교수.
대표논저: 《명치유신의 토지세제개혁》(일조각, 1989), 《일본근대사를 보는
　　　눈》(지식산업사, 1991) 등.

이근우李根雨
한국학대학원(박사)
경력: 부경대 박물관장, 인문사회과학연구소 소장, 현재 부경대 교수, 同 대
　　　마도연구센터 소장.
대표논저: 《고대왕국의 풍경》(인물과 사상사, 2006), 《전근대한일관계사》
　　　(방통대출판부, 2009) 등.

남기학南基鶴
교토대(박사)
경력: 일본사학회 회장, 현재 한림대 일본학과 교수
대표논저: 《蒙古襲来と鎌倉幕府》(臨川書店, 1996), 《몽골의 고려·일본 침
　　　공과 한일관계》(공저, 경인문화사, 2009) 등.

박수철朴秀哲
교토대(박사)

경력: 전남대 교수, 현재 서울대 동양사학과 교수
대표논저: 《아틀라스일본사》(공저, 사계절, 2011), 〈織田정권의 公家정책과 '王權'〉(《東洋史學研究》115, 2011) 등.

박훈朴薰
도쿄대(박사)
경력: 서울대 사회과학연구원 선임연구원, 국민대 교수, 현재 서울대 동양 사학과 교수.
대표논저: 《講座 明治維新I: 世界史のなかの明治維新》(공저, 有志舍, 2010), 〈'名君' 德川齊昭의 대민활동과 그 의의〉(《일본역사연구》32, 2010) 등.

현명철玄明喆
홋카이도대(박사)
경력: 제2기 한일역사공동연구위원회 위원, 현재 한일관계사학회 편집이사, 무학여고 교사.
대표논저: 《19세기 후반의 대마주와 한일관계》(국학자료원, 2003), 《메이 지 유신과 서양문명》(역서, 소화, 2006) 등.

이은경李垠庚
도쿄대(박사).
현재 서울대 일본연구소 HK연구교수.
대표논저: 〈근대 일본 기독교인의 전쟁협력〉(《東洋史學研究》110, 2010), 〈전후 일본여성의 대외인식〉(《日本歷史研究》31, 2010) 등.

원지연元智妍
히토쓰바시대(박사)
현재 전남대 국제학부 일본학과 교수
대표논저: 《우리안의 보편성》(공저, 한울, 2006), 《동아시아와 한일교류》 (공저, 아연출판부, 2008) 등.